21世纪经济管理精品教材·经济学系列

Economics of Technological Innovation

技术创新经济学（第2版）

柳卸林 著

清华大学出版社
北京

内 容 简 介

本书是一本技术创新经济学领域的入门著作和学术普及著作。全书对创新经济学百年来的学术发展作了一个全面的综述和评价。第一部分是基础知识，分析了创新的过程，熊彼特对创新经济学的贡献和创新的技术推动与市场拉动，市场结构与创新的关系。第二部分从企业、产业和经济增长三个不同层次（微观、中观和宏观层次）分析了创新的推进、产业演化与促进增长的过程。第三部分分析了外部环境如何促进创新，包括创新与知识产权的关系、创新的测度、创新与地理、创新与全球化、科技创新政策。全书言简意赅，非常适合对创新经济学感兴趣的研究生、企业工程师、政府公务员和政策研究者。

本书封面贴有清华大学出版社防伪标签，无标签者不得销售。
版权所有，侵权必究。举报：010-62782989，beiqinquan@tup.tsinghua.edu.cn。

图书在版编目（CIP）数据

技术创新经济学／柳卸林著．—2版．—北京：清华大学出版社，2014（2024.8重印）
（21世纪经济管理精品教材·经济学系列）
ISBN 978-7-302-36494-8

Ⅰ．①技… Ⅱ．①柳… Ⅲ．①技术革新－技术经济学－高等学校－教材 Ⅳ．①F062.4

中国版本图书馆CIP数据核字（2014）第103215号

责任编辑：高晓蔚
封面设计：汉风唐韵
责任校对：宋玉莲
责任印制：丛怀宇

出版发行：清华大学出版社
网　　址：https://www.tup.com.cn，https://www.wqxuetang.com
地　　址：北京清华大学学研大厦A座 邮　编：100084
社 总 机：010-83470000 邮　购：010-62786544
投稿与读者服务：010-62776969，c-service@tup.tsinghua.edu.cn
质量反馈：010-62772015，zhiliang@tup.tsinghua.edu.cn
课件下载：https://www.tup.com.cn，010-62770175-4903
印 装 者：三河市龙大印装有限公司
经　　销：全国新华书店
开　　本：185mm×260mm　　印　张：15.75　　插　页：1　　字　数：364千字
版　　次：1993年6月第1版　　2014年7月第2版　　印　次：2024年8月第6次印刷
定　　价：49.00元

产品编号：059239-02

第2版前言

《技术创新经济学》是我1992年在清华大学经济管理学院攻读博士学位时写的一本学术型教科书。当时，我还是一个博士生，师从名师傅家骥教授。面对这门新的学科，我感觉国内尚缺乏一本系统的入门教材，于是便花了近一年的时间，阅读了大量的文献，写作了本书。非常感谢当时的中国经济出版社编辑刘一玲的支持，使本书得以顺利出版(1993)。本书出版后，业界给予了充分的肯定，可以说是我的一本成名作。许多学者和官员，事先不认识，见我面后说，"柳老师，我是读了您的书之后，才知道什么叫'技术创新'，才喜欢上技术创新的研究，才进入创新经济与管理这一学术之门"。每当听到这些赞语，我深感作为一名学者的责任与使命。

本书从第一版到今天，已经过去二十年。我已经成为一名资深的教授，不再是一个朝气横溢的年轻学者。从清华大学经济管理学院的一名博士生和教师，到国家科技部中国科技促进发展研究中心的研究员，我为国家的科技与创新政策出谋划策，再到今天，我重新成为中国科学院大学的一名教授。期间，我一直有再改写此书的想法，但因缺少时间，起头后又放下，数次都未能成功。到了2013年底，我下决心要完成此事，才有了今天的第二版。

如今，世界已经发生了大变化，创新已经深入人心，已经从一个学术术语成为家喻户晓的名词，创新管理的书籍也是汗牛充栋，创新专业的书刊也越来越多。但是，从经济学角度解读创新的书还不是很多。而且，我也有意愿将自己从事创新经济管理学术二十多年的体会浓缩到本书中，为年轻的学子提供一些入门书籍或者说做一块铺路石。写作学术性的教科书，在今天是一个产出远低于投入的经济活动，因为写此类书没有经济利益可图。但作为一名老兵，我有义务传承学术的知识体系，让年轻人站在我们的肩膀上飞得更高，望得更远。

与20年前相比，创新经济学的领域不断被拓宽，如，创新体系与科技园区，创新的全球化，都已经成为新的研究热点。因此，本书在新版中加进了这一新内容。当然，与环境问题相关的低碳创新，科技创新如何惠及于民的包容性创新，也成为新的研究焦点。由于篇幅所限，环境创新和包容性创新的内容本书没有涉及。

数年来，国家自然科学基金委、国家科技部、中国科学院一直以不同的方式支持我的学术研究。本书的第一版就是在国家自然科学基金委管理学部支持下才得以完成出版的。再次感谢恩师清华大学傅家骥先生对我的关爱和支持。感谢北京大学厉以宁老师在20年前为本书写的序言。在过去8年里,我的学生,陈傲、何郁冰和高广宇,帮助我增改了许多章节。曾辉、徐晓丹和张迪也为本书付出了大量的心血和支持。当然,没有我贤惠的妻子和可爱的女儿的大力支持,本书也难以完成。在此,对他们都表示深深的谢意。

最后,还要感谢清华大学出版社高晓蔚编辑为本书的出版提供的支持和帮助。

柳卸林
2014年2月于北京

第1版序言

厉以宁

本书作者柳卸林同志毕业于北京大学,后来考入清华大学经济管理学院攻读博士学位。《技术创新经济学》是他多年来研究的成果,也是国内第一部系统论述技术创新经济学的专著,他请我为本书写一篇序言,我是很乐意允诺的。这不仅由于他曾是我的学生,更重要的是研究技术创新经济学对于正在转向市场经济体制的中国的现实意义。

我们知道,技术创新经济学是根据创新理论发展而来的。创新理论由熊彼特提出,但他并未专门研究技术创新经济学,技术创新经济学是以后的一些经济学家遵循熊彼特创新理论的研究途径而逐步形成的。

在熊彼特的经济体系中,创新概念占据着十分重要的位置。熊彼特关于经济发展、经济动态均衡的论述,都与创新概念直接有关。熊彼特的创新理论有以下三个主要论点:

1. 创新和企业家。按照熊彼特的观点,创新是生产要素的重新组合,其目的是获取潜在的利润。经济中存在着潜在利润,但并非人人都能看到,更不是人人都能得到。只有通过创新即生产要素的重新组合才能获得。创新者就是企业家。企业家是指从事创新活动的人,而不是泛指资本家。企业家必须具备以下三个条件:(1)要有眼光,能看到潜在利润;(2)要有胆量,敢于冒风险;(3)要有组织能力,能动员社会资金来实现生产要素的重新组合。因此对企业家来说,仅有一般的"开拓精神"是不够的。

2. 创新和经济发展。经济由于创新而得以发展。创新一经出现,必将在社会上引起模仿,因为未能获取潜在利润的企业也想得到它。模仿活动引起创新浪潮,于是经济走向高涨。当较多的企业实现模仿之后,创新浪潮消逝,经济也就停滞了。这时经济再要发展,就必须有新的创新。只有接连不断地出现创新,才能保证经济持续不断的发展。在这里,对创新的模仿起到促使创新浪潮来临的关键作用。当然,在创新以后所发生的模仿过程中,有时也会发生失误和过度投资行为等现象。因此,一定高涨之后所出现的经济停滞或衰退实际上也起着经济调整和恢复的作用。只要有创新,经济就不会停滞;只要有模仿以及相伴而生的失误和过度投资行为,经济就不会一直高涨下去。

3. 创新和毁灭。创新是一种创造性的毁灭,这是熊彼特的一个极为重要的思想。创新是"创造",这一点好理解。创新又是"毁灭",如何理解呢? 毁灭是指对旧资本的破坏,指一批企业在创新浪潮中被淘汰。不淘汰一批企业,经济就无法发展。另外,一些企业被淘汰对整个经济而言并不重要,因为生产要素(人员、设备和资金等)可以重新组合。所以说,每一次创新,既是创造,又是毁灭。

技术创新经济学的研究者把熊彼特创新理论和新古典学派的经济理论(微观经济理论)应用到技术创新的研究中。技术创新可分为以下几种:(1)节约资本型。创新后,活劳动在产品价值构成中所占比重增大,这时经济向劳动密集型靠拢;(2)节约劳动型。创新后,资本(即物化劳动)在产品价值构成中所占比重增大,这时经济向资本密集型靠拢;(3)中性创新型。创新后,在产品价值构成中,活劳动和物化劳动各自所占比重不变,各国可按其资源丰富和分布的情况(这些通常在价格上得到反映),考虑在不同部门、地区和不同发展阶段上选择适宜的技术创新类型。

对"里昂惕夫之谜"的研究推动了技术创新的研究,导出了知识技术密集型产品的概念。

1953年,里昂惕夫对美国100年来的外贸情况进行了研究,发现一个难以解释的现象:按照传统理论,美国劳动力较缺、资本较多,出口应是资本密集型产品,进口应是劳动密集型产品。但事实与此不符,美国大量出口的是农产品,大量进口的都是钢铁、汽车等。这被称为"里昂惕夫之谜"。这一疑难问题的提出引起了不少经济学家的兴趣,它不仅促进了现代国际贸易理论的研究,而且有助于技术创新问题的进一步探讨。

为什么美国的进出口贸易的商品构成中会出现上述这种难以解释的现象?究竟应当怎样解释这一现象呢?

一种解释是从人力资本角度来进行分析。根据人力资本理论,所有的生产都耗费劳动,但劳动应分为复杂的(熟练的)和简单的(非熟练的)两种,相应地,商品也就有熟练劳动密集型和非熟练劳动密集型之分。前者就是知识技术密集型。从这一观点来看,美国的优势在于高度的劳动生产率。其出口的农产品是熟练劳动密集型产品,而进口的钢铁、汽车等对美国来说,则是非熟练劳动密集型产品。此外,美国出口产品中还包括在世界科技领域内领先的产品,它们同样属于熟练劳动密集型的产品。根据这种解释,美国的进出口贸易与传统理论相符,因为传统理论认为一国应出口其在资源上占优势的商品。另一方面,这种解释也给予技术创新研究新的推动力,它表明:一国要发展经济,增加出口,扩大外汇收入,就必须致力于提高国内劳动者的文化技术水平,提高劳动生产率,不断推出新技术和凝聚了新技术的新产品。而要实现这一要求,一国就必须增加教育投资,制定正确的技术政策,选择合适的技术创新类型,并为技术发明在生产领域内的推广应用制定有效的措施。

另一种解释是从产品生命周期角度来分析。工业品生产可分为三个阶段:(1)开创期。这时,厂商可以独占市场,利润率很高;(2)成熟期。这时,一方面产品逐渐成熟,另一方面,其他厂商都来模仿,利润率虽下降一些,但仍然比较高;(3)标准化生产期。这时厂商只能取得平均利润。从这一观点看,美国的优势是集中精力生产开创期和成熟期的产品。美国出口工业品是这两个阶段的产品。而由于美国的工资成本较高,所以,进口的则是以标准化生产期的产品为主。这种解释同上一种解释一样,也是与技术创新研究直接相关的。要知道,工业品生产的这三个阶段在技术创新方面各有特点。

在第一阶段,即开创期,厂商享有独占的新技术,成本虽高,但利润也高。在第二阶段,即成熟期,新技术已臻于成熟并被推广,模仿者和创新者都能得到盈利。到了第三阶段,即标准化生产期,投资的规模效益起着重要作用,只有适度规模的厂商才能盈利,而且利润率与过去相比大为下降,这表明该项新技术已走到路的尽头。根据这种解释,一国在发展对外贸易时,应当一方面不断致力于新技术、新产品的开发,以便不断获得较多的利润;另一方面则注重规模经济,即使在标准化生产期也能使自己保持优势。

学术界对于"里昂惕夫之谜"还有其他一些解释,这里只举出上述两种与技术创新研究直接有关的解释。他们并不彼此抵触,而是互为补充。

在创新和模仿的关系方面,主要是研究技术推广的问题。根据爱德温·曼斯菲尔德的分析,影响新技术在同一部门的不同企业之间推广的有3个基本的因素、4个补充的因素。

3个基本因素如下:(1)模仿比例,指一定时期内,某一工业部门采用新技术的企业数与总企业数之比。模仿比例越大,对其他未采用该种新技术的企业的推动力也越大,因为这意味着模仿的风险减少了,不采用新技术就会受到越来越大的市场压力。(2)采用新技术的企业的相对利润率,这是指相对于其他投资机会而言的利润率,而不是指绝对利润率。模仿的相对利润率越高,企业越愿意采用新技术。(3)采用新技术所要求的投资额越大,资本越不容易筹集,于是会影响模仿比例的增大。

3个补充因素如下:(1)旧设备被置换前已使用的年数;(2)一定时间内该工业部门销售量的年增长率(市场扩大情况);(3)该工业部门采用某项新技术的最早年份;(4)该新技术初次采用时在经济周期中所处的阶段,新技术被初次采用的时间是高涨阶段还是收缩阶段,将会影响其他企业的模仿速度。

根据曼斯菲尔德的研究,上述4个补充因素虽然各自可能对模仿速度有一定的影响,但模仿速度并不取决于这些补充因素,而取决于基本因素。各个不同工业部门内新技术推广速度的差异表明,凡是采用新技术的企业所占比重越大,新技术的相对盈利率越高,所要求的投资额越小的部门,对新技术的模仿速度就越快。

在创新和模仿的关系方面,一个有重要意义的问题是采用新技术的厂商规模的"起始点"的研究。自从保罗·戴维以收割机在美国中西部推广过程为例进行研究后,这个问题引起了学术界的兴趣。根据保罗·戴维的分析,在一定的利益率条件下,一个使用有一定耐用程度并能节约一定劳动力的收割机的农场规模的"起始点",与收割机的价格成正比。只要收割机的相对价格(即一台收割机的售价与使用人工收割时的日工资率之比)下降,适于采用收割机的农场规模的"起始点"也会下降。另一方面,如果收割机的相对价格不变,但收割机变得更耐用了(折旧率下降了),或者收割机变得更有效率了(它代替的劳动力数额增大了),或者使用收割机的机会成本降低了(利息率降低了),那么采用收割机的农场规模的"起始点"同样会下降,这也会促使收割机推广。

这方面的另一个有重要意义的问题是新技术推广曲线的分析。新技术的推广通常分为三个阶段:刚开始时,新技术推广缓慢;过了一定时间,新技术推广速度逐渐加快;然后,新技术推广速度又放慢下来,最后达到水平线。为什么新技术刚开始时推广速度慢呢？从经济学上讲，很可能是由于尚未找到商业上最适宜的地区。第二阶段的新技术推广速度之所以加快，是与新技术在商业上进入最适宜的地区有关。这时，采用新技术的厂商将会盈利。等到适宜于改用该项新技术的厂商都已采用了，新技术的推广便进入第三阶段，即水平线阶段。当然，这并不意味着新技术已停止推广，而是表明推广速度大大减慢。总有一些地区和一些厂商愿意保持旧技术，于是新技术与旧技术将在一定时间内并存。

在技术创新和市场结构的关系方面，根据莫尔顿·卡曼和南赛·施瓦茨的研究，决定技术创新的有三个变量：(1)竞争程度。引起技术创新的必要性，因为通过技术创新能获取比竞争对手更多的利润。(2)企业规模。影响技术创新所开辟的市场前景的大小，规模越大则开辟的市场越大。(3)垄断力量。影响技术创新的持久性。垄断程度越高，对市场的控制越强，则创新越不易被模仿。

他们认为，目前在西方世界主要存在三种市场结构：(1)完全垄断。这时可能有小的技术创新，但不易有大的技术创新，因为缺少竞争对手的威胁。(2)完全竞争。这时企业规模一般较小，又缺少足以保障技术创新的持久收益的垄断力量，也不利于引起大的技术创新。(3)介于以上两者之间的市场结构，即垄断竞争下的市场结构。这时市场中存在着"中等程度的竞争"，即竞争保持在一定的程度内，从而技术创新的速度最快，并且可以出现重要的技术创新。他们得出的结论是：垄断竞争下的市场结构最有利于技术创新。在这样的结构中，技术创新又可分为两类：(1)垄断前景推动的技术创新，指企业由于预计能获得垄断利润而采取的技术创新措施；(2)竞争前景推动的技术创新，指企业由于担心在竞争对手模仿或创新的条件下丧失利润而采取的技术创新措施。具体地说，在垄断竞争的市场中，由于既存在着某种程度的垄断，又存在着某种程度的竞争，所以，一个有一定规模的厂商，为了确保自己在市场中的地位，防止竞争对手的竞争，需要投资于新技术、新产品的开发（竞争前景推动着技术创新）；而由于这种新技术、新产品的开发肯定能给厂商带来垄断利润，这就增强了他们从事技术创新的信心和决心（垄断前景推动着技术创新）。

由此可见，如果只有前一种技术创新，创新活动到一定阶段就会停止，因为企业已经独占了垄断利润。如果只有后一种技术创新，创新活动也很难大量涌现，因为谁都愿意做风险小的和成本低的模仿者。这时，厂商们会认为，既然技术创新不能获得垄断利润，何必过早投入较多的研究和开发费用呢？

近年来，由于技术创新和推广之间的时间间隔日益缩短，不少经济学家重视小企业在技术创新中的作用，这可以说是一种新的观点。传统观点单纯从规模经济考虑，认为大企业由于规模大，在竞争中居于有利地位；但现在从技术创新的角度来看，研究者认为新型的小企业的好处很多。比如说，知识密集的新型小企业，只搞产品生命周期中的第一阶段的产品生产，一到成熟期就把产品转让出去，自己再去搞新产品。这样，企业不断从事创新，不怕别人模仿。此外，小企业还有以下四大好处：(1)易于调动研究人员的积极性，因为企业中人员少，领导容易了解和发挥每个人的才能和特长；(2)易于使每个职工和企业的整体利益保持一致；(3)能和大企业配合，形成协作关系；(4)即使在生产和竞争中遭到挫折，由于摊子易于收缩，不至于长期陷于进退两难的困境；转产也很容易。这也与垄断竞争的市场结构密切相关。只有在垄断竞争的市场结构下，具有知识密集性质的新型小企业才能如此灵活,又如此盈利。近年来发展迅速的一些风险企业,就属于这种新型小企业。

小企业在技术创新中的重要作用,是在技术创新和推广之间的时间间隔日益缩短的形势下受到人们重视的。而风险投资性质的、知识密集型的小企业的涌现,在客观上促进了技术创新和推广之间的时间间隔的缩短。

关于部门间的技术扩散问题,研究者认为,新技术的推广主要包括三个方面的内容:一是新技术在本部门中的推广。前面谈到的模仿问题以及爱德温·曼斯菲尔德的研究,就是这方面的内容。二是新技术在国际间的传播(后面将谈到)。三是一个部门的新技术如何对其他部门的技术进步发生影响,这就是部门间的技术扩散问题。

据研究,部门间的技术扩散或者通过新质量的原材料、燃料的采用而影响到其他部门,或者通过新技术设备的一般性、通用性而影响其他部门,或者通过熟练工人的转移工作岗位而把新技术带入其他部门。从历史上看,一个时代的先进技术集中反映于武器生产技术上,军事工业最先出现尖端的技术。但军事工业出现的尖端技术要传播到民用工业部门往往需要一段时间。造成这段时间间隔的原因有:军事保密,经济上代价过大,技术不适应等。因此,需要着重分析的是如何缩短这种时间间隔,如何降低成本,如何使技术更为适用。

部门间的技术扩散当然不仅限于从军事工业部门向民用工业部门转移技术,民用工业部门之间的新技术的相互转移也是常见的。这里存在着技术的改造和适应问题,但除此之外,决定着部门间技术扩散的速度的基本因素仍然是投资的相对利润率和绝对投资额的大小。部门间的技术扩散经常是通过企业集团的方式进行的。无论是纵向型的企业集团(指彼此的产品在生产过程中彼此衔接的各个企业的联合)、横向型的企业集团(指彼此的产品有主件与配件关系的各个企业的联合)、还是混合型的企业集团(指彼此的产品没有明确联系的各个企业的联合),只要组成企业集团的有关企业之间存在某种利益关系,那么技术扩散将会比较顺利。这种利益关系越密切,技术扩散就越容易,也越迅速。

部门间的技术扩散还同新技术的可分解性有关。新技术的可分解性是指:一项新技术可能是专门为某一特定部门而设计的,但这项新技术有时可以分解为若干部分,其中有些对其他部门有较大的适用性。假定新技术是不可分的,那么它在部门之间的扩散就比较困难。新技术越具有可分解性,它在其他部门的推广、应用的困难就越小。实际上,这个问题也同采用新技术所要求的绝对投资数额大小联系在一起。新技术越具有可分解性,采用其中某一部分所要求的绝对投资数额就会相对地少一些,这样就有助于新技术的扩散。

据技术创新经济学的研究,技术国际传播的障碍主要来自于以下三个方面:(1)经济方面的障碍。如缺少资本、劳动力和市场。这些障碍相对说来较易解决,因为资本可以借入,劳动力可以招聘,市场可以刺激和开拓。(2)制度方面的障碍。如法律不完善,投资缺少保障等。克服这些障碍比较困难。(3)观念方面的障碍,指对新事物、新技术、新产品以至新生活方式的不同评价态度。这是最难克服的障碍,这也是某些发展中国家难以产生企业家的原因之一。技术创新经济学在研究技术的国际传播问题时,主要从经济方面的障碍进行分析,即主要研究通过何种途径可以克服资本、劳动力、市场的障碍,使一国的新技术能较快地在国际上被人们接受、获取利润，以及一国能较快地从国际市场上得到本国所需要的新技术，使之在国内产生经济效益。

在技术国际传播的研究中，一个值得重视的问题是：在一国已被证明有效的技术为什么在另一国却不能发挥其应有的效益？这就是技术引进的适用性的研究。除了前面提到的各种经济障碍（如资本、劳动力、市场障碍）外，这个问题还同规模效益与基础设施有关。假定所引进的技术在一国由于种种原因未能取得规模效益，或者，一国由于基础设施薄弱而未能使引进的技术发挥其应有的效益，那就表明这种技术引进是不经济的。为了防止这种不经济的技术引进的出现，一国应采取恰当的技术政策和产业政策，为根据市场和资本状况确定适度规模，然后选择引进的技术项目，或者及时投资于基础设施，使得有利于引进的技术发挥作用。

技术创新经济学的研究范围绝不限于以上所说的内容，但这些内容可以清楚地表明，技术创新经济学研究对于现代化事业及其进程的重要性。柳卸林同志的这本著作是国内有关技术创新经济学的第一部专著。希望今后有第二部、第三部……专著出世。经济学的发展依靠集体的智慧与努力。技术创新经济学的研究必将在集体的努力之下取得丰硕的成果。

厉以宁

1992 年 12 月

第1版前言

技术是人们借以改变自然,使自然服务于人类的手段。对技术的发明和利用是人类区别于他种动物的主要标志之一。最近几个世纪的科学技术已经大大地改变了人类原有的生活习性。今天,技术对人类是如此之重要,几乎已成为除了水、空气之外人类赖以生存的又一要素。

长时间以来,经济学家们虽然承认科学技术对经济生活的巨大影响,但他们并不把科学技术活动看作是经济学分析的对象。英国著名经济学家琼·鲁宾逊曾说过这样的话,技术进步是"上帝、科学家和工程师给定的"。

显然,上述看法是片面的。技术活动并不具有完全的自律性,它受到各种经济因素的制约,更进一步地说,技术,在某种程度上,是一个经济内生变量;因为人们并不开发那些对人类福利毫无益处的技术。大量的技术活动,是在有着明显的经济动机的情况下进行的。

所谓技术创新,就是指人类通过新技术改善经济福利的商业活动。技术创新,就是研究有商业化价值的技术活动,而不是一般意义上的技术活动。因此,可以这样说,技术创新这一概念抓住了技术和经济关系的实质。也正因为此,技术创新这一概念才为人们所广泛接受。

经济学家约瑟夫·熊彼特(Schumpter,1883—1950)在20世纪初提出了创新这一概念,但直到20世纪50年代,人们才真正承认熊彼特的创新学说,才开始科学地研究技术创新,技术创新才开始登上经济学舞台。

经历了开始于20世纪中叶以微电子技术、材料技术和生物技术为代表的新技术革命之后,人们加深了对技术创新这一概念的理解。为了迎接新技术革命的挑战,各国政府莫不采取各种手段以推动本国的技术创新活动;企业莫不采取各种战略,投入大量的人力、物力从事技术创新,以使本企业在市场竞争中立于不败之地;学者们更是投入大量精力,力图更好地理解技术创新的机制和规律。可以说,技术创新在今天,得到了有史以来的最高荣誉,受到了最高程度的重视。

技术创新对经济的影响,主要表现在以下几个方面:(1)产品创新,它可以提高消费质量;(2)过程创新,它可以提高生产率,改变劳动力的需求结构;(3)一国的技术创新能力,在很大程度上决定了它的经济、军事和政治力量;(4)各国创新要素不同将影响国家的贸易流动;(5)技术创新将导致市场结构、产业结构的转变。

经过几十年的努力,学者们在创新研究上取得了丰硕的成果。人们从不同侧面、不同学科角度,用不同的方法,对技术创新过程、技术创新与其他经济因素的关系、不同层次的技术创新都进行了大量的研究。技术创新经济学这一学科,正在茁壮成长。

随着我国社会主义市场经济的建立和我国恢复WTO缔约国的地位,技术创新将成为我国各类企业面临的首要问题。正因为此,越来越多的人才关注创新实践、感兴趣于技术创新经济学的研究。但目前在市面上缺乏一本系统阐述技术创新经济学的著作,难以满足人们的创新实践和理论研究的需要。填补这一空缺正是写作本书的主要动机。

在本书中,作者主要做了三件事:第一,系统地阐述了技术创新经济学这一学科的内涵、外延以及近几十年来所取得的成果。第二,力图为技术创新经济学这一新学科制定一个较为合理的框架。西方学者虽然在这方面做了大量的研究,但这些研究是不系统的,从一个学科建设的角度看是不完备的。作者认为,本书各章所讨论的内容,都是作为一门名副其实的技术创新经济学所应有的内容。因此,如果说本书有什么特色的话,那就是,它是一本系统的、从经济学角度阐述的、探讨创新的著作。第三,作者把技术创新看作是经济增长的主要源泉,从而也是经济理论的核心概念,并以此作为统串全书的中心思想。

"中国技术创新的研究"是国家自然科学基金委资助的"八·五"重大课题,清华大学经济管理研究所是这一课题的主要承担者之一,本书的写作是在参加此课题的背景下完成的。

在本书的写作过程中,作者得到了导师傅家骥教授的亲切关怀和指导。姜彦福教授通读了全书的手稿,并提出了许多宝贵的意见。吴贵生教授也给予了许多帮助。郝洪同志对本书的写作提出了许多有益的建议。在此一并向他们表示诚挚的感谢。

我还要感谢中国经济出版社给予本书出版机会,感谢刘一玲编辑为出版本书所做的大量工作。

柳卸林
1992年12月5日

第1章	导论	1
1.1	技术创新的定义	1
1.2	技术创新的分类	5
1.3	非技术创新	6
1.4	技术创新经济学的兴起	7
	参考文献	13
第2章	熊彼特和技术创新经济学	14
2.1	亚当·斯密和马克思的贡献	14
2.2	熊彼特的创新经济学理论	15
2.3	熊彼特创新模型Ⅰ	17
2.4	熊彼特创新模型Ⅱ	18
2.5	熊彼特之后创新研究的复兴	20
2.6	技术创新和主流经济理论的对接	21
2.7	新熊彼特主义经济学	22
2.8	技术创新与进化理论	25
2.9	结语	27
	参考文献	28
第3章	技术创新过程	30
3.1	新技术的供给	30
3.2	新技术的需求	32
3.3	创新的技术推动说与市场拉动说的论战	39
	3.3.1 论战的发生	39
	3.3.2 链环-回路模型(Chain-linked Model)	40
3.4	技术创新作为一个学习过程	42
3.5	Nelson和Winter的演化经济学的创新过程模型	44
3.6	用户创新	45

3.7 结语 ………………………………………………………………… 46
参考文献 ………………………………………………………………… 46

第4章 市场结构和技术创新 …………………………………………… 48

4.1 熊彼特假设 …………………………………………………………… 48
4.2 实证研究 ……………………………………………………………… 49
4.3 机制研究 ……………………………………………………………… 54
4.4 理论探讨 ……………………………………………………………… 58
    4.4.1 阿罗论市场结构与创新 ……………………………………… 58
    4.4.2 竞争情况下的创新资源配置——谢勒尔方法 ……………… 60
    4.4.3 一些新的研究进展 …………………………………………… 63
4.5 关于中国创新问题的研究 …………………………………………… 64
参考文献 ………………………………………………………………… 65

第5章 企业和技术创新 …………………………………………………… 68

5.1 企业,制度与创新 …………………………………………………… 68
5.2 企业的研究开发活动与创新主体 …………………………………… 69
5.3 中国的企业与创新主体 ……………………………………………… 73
5.4 企业研究与开发的外部化 …………………………………………… 74
5.5 垂直一体化、模块化和技术创新 …………………………………… 77
5.6 企业的技术合作与战略联盟 ………………………………………… 79
5.7 基础研究与企业创新 ………………………………………………… 81
5.8 结语 …………………………………………………………………… 84
参考文献 ………………………………………………………………… 85

第6章 技术创新和产业演化 ……………………………………………… 88

6.1 创新和产业演化:从艾伯纳西-厄特巴克(A-U)模型说起 ……… 88
6.2 后发国家的创新与产业演化 ………………………………………… 92
6.3 技术创新集群 ………………………………………………………… 94
6.4 技术轨道理论 ………………………………………………………… 97
6.5 技术创新和经济长波 ………………………………………………… 100
6.6 技术经济范式 ………………………………………………………… 105
6.7 结语 …………………………………………………………………… 110
参考文献 ………………………………………………………………… 110

第7章 技术创新和经济增长 ……………………………………………… 112

7.1 技术创新对经济增长的贡献 ………………………………………… 112
    7.1.1 技术创新对经济增长贡献的测度 …………………………… 112

  7.1.2 技术创新与产业的生产率增长 ······ 116
 7.2 新古典经济增长理论和技术进步 ······ 119
  7.2.1 哈罗德-多马模型 ······ 119
  7.2.2 索洛模型 ······ 119
  7.2.3 罗默技术进步的内生增长模型 ······ 122
 7.3 从干中学的阿罗模型 ······ 126
 7.4 技术差距理论 ······ 128
 7.5 我国的全要素生产率的测算 ······ 131
  7.5.1 克鲁格曼引发的争论 ······ 131
  7.5.2 我国全要素生产率的测算 ······ 134
 7.6 结语 ······ 135
 参考文献 ······ 136

第8章 技术创新的激励 ······ 139

 8.1 创新激励系统——一个分析框架 ······ 139
 8.2 创新的产权激励 ······ 139
  8.2.1 历史上的有形资产产权与创新 ······ 139
  8.2.2 委托代理制度与企业创新 ······ 142
  8.2.3 企业内的创新激励 ······ 144
 8.3 知识产权与创新 ······ 145
 8.4 创新的市场激励和创新的自组织过程 ······ 149
 8.5 创新的政府激励 ······ 152
 8.6 中国技术创新的激励 ······ 154
 8.7 结语 ······ 155
 参考文献 ······ 156

第9章 技术创新的测度和指标 ······ 157

 9.1 技术创新测度的发展与现状 ······ 157
 9.2 作为创新投入的研究开发 ······ 158
 9.3 创新调查 ······ 160
 9.4 新产品、新工艺数作为创新指标 ······ 161
 9.5 专利数作为创新水平的指标 ······ 162
  9.5.1 国外用专利数作为创新指标的历史和现状 ······ 162
  9.5.2 专利数作为创新指标的合理性 ······ 166
  9.5.3 专利分析方法 ······ 170
 9.6 创新能力的评价 ······ 171
 9.7 创新测度的挑战：服务创新与商业模式创新 ······ 174
 参考文献 ······ 175

第 10 章　创新体系与创新园区 …… 177

- 10.1　国家创新体系研究的兴起 …… 177
- 10.2　区域创新体系研究的由来与内涵 …… 181
- 10.3　创新网络化与产学研合作 …… 186
- 10.4　科技园区与技术商品化 …… 189
- 10.5　结语 …… 192
- 参考文献 …… 192

第 11 章　创新全球化与中国 …… 195

- 11.1　创新全球化及其实质 …… 196
- 11.2　全球化条件下的新型生产模式 …… 198
  - 11.2.1　新型生产模式的特征 …… 198
  - 11.2.2　新型生产模式与价值链锁定 …… 199
  - 11.2.3　只有加强创新,才能占据全球价值链的高端 …… 200
- 11.3　跨国公司在中国及对中国创新的影响 …… 201
  - 11.3.1　跨国公司在中国经济发展中的作用 …… 202
  - 11.3.2　跨国公司与其他部门的联系及知识流动 …… 203
- 11.4　中国企业的全球化与创新 …… 206
- 11.5　全球竞争的新规则与创新 …… 208
- 11.6　结语 …… 212
- 参考文献 …… 213

第 12 章　科学技术与创新政策 …… 215

- 12.1　科学与技术政策 …… 215
- 12.2　技术政策与创新 …… 218
- 12.3　创新政策的内涵与合理性 …… 223
- 12.4　中国的科技创新政策 …… 231
- 12.5　结语 …… 235
- 参考文献 …… 236

第1章 导论

本章的主要内容有：技术创新的定义、分类和技术创新经济学的由来，这些知识是我们后面各章的基础。自从技术创新引入中国以来，这一概念在中国的含义越来越泛化，也引起了许多争论。因此，开篇有必要理清技术创新的含义并对其进行必要的历史分析。

1.1 技术创新的定义

所谓创新（Innovation），依这一名词发明者熊彼特的定义，是指把一种从来没有过的关于生产要素的"新组合"引入生产体系。这种新组合包括以下内容：(1) 引进新产品；(2) 引用新技术；(3) 开辟新市场；(4) 控制原材料新的供应来源；(5) 实现工业的新组织（熊彼特，1990：73）。

显然，熊彼特的创新概念，其含义是相当广泛的，它是指各种可提高资源配置效率的新活动，这些活动不一定与技术相关。当然，与技术相关的创新——"引进新产品"、"引用新技术"是熊彼特创新的主要内容。

本书仅以与技术相关的创新为研究对象。技术创新在本书是指与新产品的制造、新工艺过程或设备的首次商业应用有关的技术、设计、制造及商业的活动。它包括产品创新、过程创新和扩散。

所谓产品创新（Product Innovation），是指技术上有变化的产品的商业化。它可以是完全新的产品，也可以是对现有产品的改进。

所谓过程创新（Process Innovation），也叫工艺创新，是指一个产品的生产技术的重大变革，它包括新工艺、新设备及新的管理和组织方法。

所谓扩散（Diffusion），是指创新通过市场或非市场的渠道的传播。没有扩散，创新便不可能有经济影响（OECD，1992）。

新产品或产品创新是我们生活中常见的现象，例如，计算机和数码相机，其相关产品都一直不断更新，每隔一段时间便会有更大的内存、更快的运行速度以及更多的新功能出现。我们生活在一个科技改变生活的时代，创新层出不穷。

过程或工艺创新是经常发生的，但它们不一定被我们所见。它们常常是由创新者发明并由创新者使用。例如，海尔早期做冰箱时，常常用胶条来固定各个部件，后来他们推出了无胶条冰箱，从而提高了冰箱的生产率。

一个创新可以是复杂的，也可以是简单的。一个产品的复杂性是指一个产品由众多的零部件和零部件之间复杂的互动组成。汽车就是一个复杂产品。由此，高技术产品的创新可以是简单的，而传统技术产品的创新可以是复杂的。

技术进步也是人们经常使用的概念，它与创新在内涵上既有重叠又有区别。美国经济学家罗森堡(N Rosenberg)把技术进步定义为是"某种知识,在一给定的资源量上,它能使产量增加,提高产品质量"(Rosenberg,1982)。这一定义把技术进步与知识联系起来了。

在我们看来,技术进步是利用技术提高生产率的活动,用经济学术语来说便是"生产函数的移动"。显然,技术进步的含义要比技术创新广。如技术引进是技术进步的手段,但技术引进并不属于技术创新。我们认为,技术进步的根源是技术创新。技术进步是以往各种创新积淀性的经济表现和反映。所以,罗森堡把技术进步与知识相联系的做法是很恰当的。

技术进步是一个经济学文献中频繁出现的词,在西方尤其如此。究其原因,是因为技术进步有渐进、累积的含义,较易拓展为一个连续的变量,所以西方经济学家比较喜欢用技术进步一词。但技术进步缺乏对产品创新、过程创新这些行为的强调。因此,创新研究者一般选择使用技术创新一词。

需要指出的是,在最近几十年中,中国学者常把英文 Technological Innovation 一词译为技术革新,而技术革新,在中国一般指小发明、小创造,因而这种译法现在再用是欠妥的。

发明和创新的区别,被认为是熊彼特的一大贡献。熊彼特认为,企业家就是把新发明引进生产体系,创新就是发明的第一次商品化。在发明未能转化为创新之前,发明只是一个新观念、新设想。可以这样说,发明不一定导致创新,但创新的前身大多是发明。

务必注意"第一次"这三个字。因为在熊彼特看来,只有第一个将发明引入生产体系的行为才是创新行为,第二、第三个只能算作模仿。然而,正是在这里,创新一词在使用上遇到麻烦与挑战,因为创新是相对的。对某个企业而言算是新的产品,但对整个国家、地区而言,也许只是模仿。比方说,天津在全国最早生产彩电,这对中国来说是创新。但对世界而言,这绝不是创新。北京首家企业生产彩电的行为对北京地区而言是创新,但对全国来说就不是了。此类问题,在研究时经常遇到,给人以麻烦。

我们认为,要解决这一困难应分两步走。第一步,确定这家企业所谓的新产品,是单纯模仿呢,还是自己对这种产品进行了改进。如果是纯粹模仿或和创新厂家联合生产,就不能算作创新。第二,是要看你研究创新的层次。如果是在企业层次上的、对企业而言是新的且对产品有所改进的,便可算作是创新。但在国家层次上,它们也许就不能算作创新了。举一个例子来说,如果我们的兴趣是国家层次,则国内某家钢铁厂最早实行连续浇铸,便可算作创新行为。但对世界而言就不是了,因为它已落后于世界许多年。

创新者可以是一个人,也可以是一个组织。如杜邦公司在推出尼龙这一重大产品创新的过程中,既有许多杰出的科学家在杜邦实验室工作的结果,也是杜邦公司在资金上支持并将它引入市场的结果。许多伟大的企业家也常常是创新者。

下面,我们来谈一谈创新和研究开发(Research and Experimental Development,以下简写为 R&D 或 RED)的关系。对这两个概念的关系,历史上曾有所误解。

经济合作和发展组织(OECD)对 R&D 的定义是:"研究和实验开发是在一个系统的基础上创造性工作,其目的在于丰富有关人类、文化和社会的知识库,并利用这一知识进行新的发展"(OECD,1981:25)。

R&D一般包括三种活动：基础研究、应用研究和实验开发。它是创新的前期阶段，是创新的投入，创新成功的物质和科学基础。它也可说是创新的实体化机构。过去的误解是，认为只要有R&D活动，便有创新。R&D活动越多，创新便越多，故常把R&D和创新看作是同一回事，并以R&D经费来衡量创新活动。后来人们发现，这两者之间并无这样的线性关系。有R&D，并不一定有创新，创新也并不一定非要有R&D活动。当然，R&D活动，总有助于创新，否则，人们就没有从事它的必要了。故现在人们常用R&D经费多少来测定一国或一企业对技术创新的重视程度，并把R&D活动看作是创新的关键部分。

一般说来，基础研究是指增进知识的活动，这一活动并不以直接的新产品或新工艺的应用为目的。有人认为，基础研究可以分为两类：一类是科学研究，例如，关于宇宙的研究，生物的研究等；一类是通用技术的研究。两者的共同点是它们的产出是新的知识，区别是科学研究并不以直接的应用为目的，研究者常为大学或国家研究机构服务，从事通用技术研究的则常常是企业。虽然不是直接新产品产出新产品，但企业期望通过此类基础研究获得新产品的思想和原理。

应用研究是指直接以发现新技术为目的的研究活动。它基于基础研究的成果，致力于发明的商业化开发。

开发是指直接进行发明和研究成果商业化的活动。如果说应用研究可以产生新产品的原型的话，则开发是将原型进行物质实现并进行检测和完善。

表1-1是英国弗里曼（C Freeman）教授所制的研究、发明、开发和创新的关系表，该表有助于我们更清楚地理解它们四者之间的关系。

最后，我们讨论一个创新和模仿、扩散的关系。要区别这三者，也是相当困难的。

所谓模仿，是指企业通过逆向工程（reverse engineering）等手段，仿制生产创新者的产品。由于一个创新商品并不能瞬时占领市场，以及缺乏有效的产权保护手段，模仿者很容易进入市场。有时，模仿者也许能比创新者占领更多的市场。日本被认为是世界上最大、最好的模仿者。

熊彼特本人并不赞同模仿。但后来人们渐渐发现，模仿是创新传播的一种重要形式。模仿不只是简单地仿制，它包含着渐进的创新，对原设计的不断改进。"因此，模仿者也应被看作是某种创新家"（凯恩克劳斯，1990：126）。例如，录像机是美国公司的创新，但日本通过模仿掌握这项技术后，对产品进行了改进，使录像机性能有了很大的提高。结果，日本的录像机公司（像松下等）占领了世界市场。当然，模仿之间差别也很大。

扩散是指创新的产品、技术被其他企业通过合法手段采用的过程。因此，扩散是一件对全社会有益的事情。创新的潜在效用一般通过扩散逐渐得以发挥。正是因为模仿、扩散，创新才引起产业结构的改变。在熊彼特的思想体系中，正因为模仿的聚集，才引致经济周期性波动。

由于扩散与创新的这种密切联系，许多西方学者在技术创新方面的著作，常包括具体的扩散内容，如各种扩散模型的介绍。本书并没有这样做。因为那样会增加本书的负担。但本书仍视扩散为技术创新的组成部分。

表 1-1 研究、发明、开发创新的投入和产出表

阶段	投入 无形	投入 有形与人力	投入 可计量	产出 无形	产出 有形	产出 可计量
1. 基础研究（预期产出：方案）	科学知识 科学问题与直觉	科学家 技术助手 办事员 实验室 材料、燃料、能源	人员、工时 当前及缩减后的工薪 当前的及缩减后的支出 当前的及缩减后的平均个人支出		a. 新的科学知识：假设与理论 b. 新的科学问题与直觉 c. 新的实际问题与创意	研究论文与备忘录
2. 发明（包括较小的改进但不包括发明的进一步开发）（预期产出：草图）	科学知识 技术 实际问题与创意	科学家 非科学家 发明家 工程师 技术助手 办事员 实验室 材料、燃料、能源	人员、工时 当前及缩减后的工薪 当前的及缩减后的支出 当前的及缩减后的平均个人支出		a. 原始发明 b. 技术诀窍 c. 获专利的发明，可专利明，未申请专利，既已发表也未发表也可表，不能申请专利但发表的发明不能申请专利也未发明的发明 d. 较小的改进 e. 新的科学课题与创意 f. 新的实际课题与创意、故障	专利申请，专利技术文件与备忘录文件
3. 开发（预期产出：蓝图与说明）	科学知识 技术 实际问题与创意 原始发明与改进	科学家 工程师 技术助手 办事员 实验室 材料、燃料、能源 试验厂原型	人员、工时 当前及缩减后的工薪 当前的及缩减后的支出 当前的及缩减后的平均个人支出		a. 开发了的发明、蓝图、说明、样品 b. 新的科学课题与创意 c. 新的实际课题与创意、故障	新型和改进产品及工艺的蓝图和说明
4. 新型工厂的建设（预期产出：新型工厂与新产品）	已开发的发明 商业敏锐性与市场预测 财政资源企业（风险性）	企业家 经理 金融家与银行家 营造商与承包商 工程师 建筑材料 机器和工具	新型工厂和产品上的投资金额 新型工厂上的投资金额		a. 新的实际课题与创意、故障	生产新颖产品，优质产品，价廉产品（即产品与工艺的新颖）的新型工厂或生产线

资料来源：克里斯·弗里曼·罗克·苏特，2004：9-10。

1.2 技术创新的分类

分类是科学研究的一种手段,没有分类,我们会对复杂的研究对象不知从何着手。人类时时刻刻都在进行创新活动,但这些创新之间是有区别的,而且差别相当大。如圆珠笔的创新与青霉素药的创新,其意义不可同日而语。因此,对创新进行分类,是完全必要的。

1. 希克斯(Hicks)分类

1932年,英国著名经济学家希克斯在《工资理论》一书中,给出了一种发明的分类法。但从上下文看,书中的发明与创新是同义的。希克斯假设只存在两种生产要素:资本和劳动。若此,发明或创新可根据它最初的效果是增加、保持不变或减少资本边际产品对劳动边际产品的比而分类(Hicks,1932:121-122)。

节省劳动的创新,是指相对于劳动边际产品而言,增加了资本的边际产品。

节省资本的创新,是指相对于资本边际产品而言,增加了劳动的边际产品。

中性的(Neutral)创新,是指以同样的比例同时增加了资本和劳动的边际产品。

这一分类的意义在于,有助于人们分析创新的走向。它也是新古典理论分析技术进步的概念框架。

2. SPRU分类

英国苏塞克斯(Sussex)大学的科学政策研究所(Science Policy Research Unit,SPRU),是一家著名的技术创新研究机构。他们基于多年的经验,在20世纪80年代提出了一种基于重要性的创新分类(Dosi. et al.,1988:45-49)。

(1) 渐进的创新(incremental innovation)。这是一种渐进的、连续的小创新。这些创新常出自直接从事生产的工程师、工人、用户之手。中国的技术革新便落入这一范畴。渐进的创新虽是小创新,但它的重要性不可低估,美国的罗森堡就十分强调小创新的作用。这一方面是因为许多大创新需要许多小创新的辅助才能充分发挥作用,这些大小创新是融于一体的。例如,电是一项重大创新,但若离开变压器、高压输电原理这些小创新,电就不可能进入千家万户。另一方面,一些创新虽然从规模、科学突破上不起眼,但却可能具有很大的商业价值,集装箱的推广使用便是一个例子。集装箱,从原理上很简单,但却引起了一场运输革命。

(2) 突破性的创新(radical innovation)。这种创新的特点是在观念上有根本的突破。这一般是研究开发部门精心研究的结果。常伴有产品创新、过程创新和组织创新的连锁反应,可在一段时间内引致产业结构的变化。尼龙的发明便属此例。

(3) 技术系统的变革(change of technology system)。这种性质的创新将产生具有深远意义的变革,影响经济的几个部门,伴随新兴产业的出现。这时,不但有突破性的、渐进的创新,还会有技术上有关联的创新群的出现。著名的例子有石化创新群,化纤材料创新群。

(4) 技术-经济范式的变更(change in techno-economic paradigm)。这种变更既伴随着许多根本性的创新群,又包含有许多技术系统的变更。它几乎影响到经济的每一个部门,并改变人们的常识。它们的兴衰将表现为经济周期。与微电子技术相关的创新就是一例。

创新的分类,是根据人们研究的需要而作的,故不少学者,常从自己的研究角度出发,对创新另行分类,这里就不再一一叙述了。目前看来,SPRU分类对业界有一定的影响。

1.3 非技术创新

随着技术的不断变化和企业竞争的日趋激烈,导致新的创新形式不断涌现。进入20世纪后期后,在西方发达国家,非技术的创新在经济发展中的作用也很重要,且越来越突出。非技术创新包括管理创新、服务创新、商业模式创新、供应链的创新等。从中国当前的国情看,可能非技术创新在未来,对中国企业提高国际竞争力而言,其意义不亚于技术的创新。例如,日本丰田公司的精益生产管理模式、全面质量管理,都是一种非技术的管理创新。但它们对企业的竞争力起着重要的作用,是日本企业竞争力提升的关键。日本的崛起,正是得益于引进技术基础上的创新、供应链的创新和管理的创新。

1. 商业模式创新

商业模式创新的定义很多,就其本质来看,是指一个企业如何利用自身资源,在一个特定的包含了物流、信息流和资金流的商业流程中,将最终的商品和服务提供给客户,并收回投资、获取利润的解决方案。Johnson等人的定义是商业模式创新是四个互相连接的要素整合而创造和配置价值的过程。这四个要素是提供客户价值、利润公式、关键资源和关键流程(Johnson et al.,2008)。

因此,商业模式创新可以理解为企业根据自身特点或所处行业的特点采用了不同于现有商业模式的一种新模式,其中可能是对现有商业模式中的物流、信息流和资金流的一项或者几项进行了改变,从而使企业能够获得竞争优势。例如,戴尔公司就是商业模式创新的典型范例。在制造企业传统的商业模式中,面对大量的顾客需求,企业一般采用的是大规模生产产品,然后通过分销渠道出售给客户的方法。这样很容易出现产品生产与顾客需求脱节的情况,既不能及时适应顾客需求的变化,也无法满足顾客的个性化需求。而戴尔电脑公司与传统的计算机销售商不同,在创业之初就使用了独特的商业模式——直销方式,这种销售方式不通过分销商,而是直接接受顾客的订单,与客户建立联系,迅速准确地了解顾客的需求。这使得戴尔能根据顾客的需求调整企业的生产制造方式,使企业能生产制造出满足终端客户个性化需求的产品。

从上面例子当中我们可以看到,利用先进的网络技术实现一种更贴近客户、运作成本更低、产品更优良或具有一些其他成本或竞争优势的新型业务方式将给企业带来超越对手的竞争优势。

2. 服务创新

人们对服务创新的关注是最近十几年的事情,而且对服务创新的关注程度也远低于制造业创新。随着一个国家的经济中服务的贡献越来越大,越来越多的制造业企业如IBM、美国通用电气公司都将核心业务从制造转向服务,这使服务创新研究越来越为人们所关注。有学者认为,服务创新主要是指在服务过程中应用新思想和新技术来改善和变革现有的服务流程和服务产品,提高现有的服务质量和服务效率,扩大服务范围,更新服务内容,增加新的服务项目,为顾客创造新的价值,最终形成企业的竞争优势(迈尔斯,2009)。例如,爱立信作为一个通信产品制造商,不仅提供有形的通信产品系统,而且为了拓展产品销售市场,还在产品销售的同时提供金融信贷服务。因为通信产品系统本身的特点是产品复杂程度高、售价昂贵、售后服务市场巨大,有很多电信运营企业由于无法支付或者在短期内无法支付,所以很多的消费需求被遏制。爱立信针对这种情况提供了设备贷款融资服务,帮助电信运营企业解决了支付问题,同时也为自己的产品销售和后期的产品售后服务创造了机会。虽然金融信贷业务一般是金融机构的服务范围,但是爱立信通过服务创新将其融入了自己的产品销售体系,建立起相对于其他通信产品制造商来说的竞争优势。同样,我们从海尔公司的服务中也能看到这样的影子。以前,用户购买空调以后需要自己将其从购买地点运到自己的住处,然后再雇人进行安装,这对于很多消费者来说,是非常麻烦而且不稳妥的。海尔针对这种情况率先提供了产品送货到家并负责安装调试的服务,这种服务创新在当时对于其他的空调制造商来说就具有了一定的竞争优势。

服务创新作为一种提高竞争优势的手段,在服务业和制造业当中都能够体现出来,这主要是因为企业间竞争的日趋激烈。正是由于竞争,使企业不断地从低附加值的领域向高附加值的领域进军。因为相对于产品制造来说,服务能够用相对较小的投入为企业提供更多的产出,并且能够不断巩固企业的领导地位。正是从这些意义上说,服务正在变为经济增长的推动力。

有关服务业创新的著作已经开始增加,比较有代表的是蔺雷与吴贵生合著的《服务创新》(2007)和刘建兵、柳卸林的《服务业创新体系研究》(2009)。

3. 供应链创新

供应链是指设计将产品或服务提供给最终消费者的、创造交织的各种过程和活动的上游及下游联结成的网络。在供应链中,到达最终用户的产品在各个环节分别以原材料、零部件、半成品、成品、再加工品的形式存在,并在供应链成员之间发生着物品所有权的转移。

例如,沃尔玛通过对商场里的每一个产品进行条码编码和控制,使产品在世界各地的销售情况及库存情况都能为配送中心所知,从而大大降低了成本,提高了企业的竞争力。后来这一创新被各大超市企业普遍采用了。

1.4 技术创新经济学的兴起

厉以宁教授认为,技术创新经济学是根据创新理论发展而来,并认为熊彼特只提出创新理论,并未专门研究技术创新经济学(厉以宁,1990)。

我们认为,熊彼特1912年以德文出版的《经济发展理论》,可看作是技术创新经济学诞生的标志。我们这样说的根据在于,《经济发展理论》一书,是熊彼特力图创建一门以创新为主体的经济学体系的表现。在这本书中,熊彼特指出,创新是经济发展的根源,并根据创新,对利息、利润、经济周期等经济学基本概念、现象都进行了一番重新的定义。这是一种典型的技术创新的经济学研究。

遗憾的是,由于熊彼特的思想过于异端,故《经济发展理论》一书的出版,并未引起人们的注意。直到1934年此书英文版的问世,情况才略有好转。但人们真正承认熊彼特学说的时间是20世纪50年代。从那以后,技术创新经济学发展很快,但当时的许多研究都是零碎的,且只满足于验证一些熊彼特假设。

20世纪90年代之后,在社会科学出版物中,关注创新的论文的增长速度已经远远超过社科类论文的总体增长速度(如图1-1所示),这些文献使我们能够从不同视角、不同学科加深对创新问题的认识。

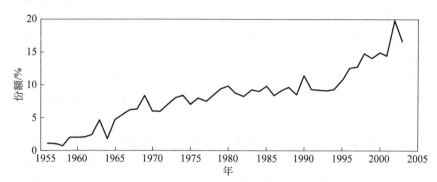

图1-1 题目涉及"创新"的学术文章所占比例(在每10 000篇社科类文章中)

注:以上数据来源于ISI知识网,具体包括1956年至今的所有社会科学引用文献索引(SSCI)。从1975年至今,研究人员对每个数据库中学术论文的数量、英文论文的数量以及所有出版物的数量进行了研究,并以占全部学术出版物的比重来反映创新类研究的发展。因此,当年社科类文章的统计数量与后来统计的数量可能不完全一致。

创新研究的复兴始于美国。早在冷战初期,美国的领导层就已经认识到,技术领先及促进技术进步的制度是全球争霸的根本。因此,理解R&D和创新的成败的影响因素就成为一个研究重点。美国空军因此成立了Research and Development(RAND) Corporation,支持Nelson、Arrow等学者研究发表了一些很有影响的创新研究成果。当时的另一个重要话题是技术创新在关键产业内的扩散,1962年Nelson编辑出版了《创新活动的速度和方向》,汇总了这方面的重要研究成果。

1965年,Freeman在英国苏塞克斯大学成立Science Policy Research Unit(SPRU),成为创新研究的新重镇。SPRU一开始就有一支多学科背景的研究团队,成员来自经济学、社会学、心理学和工程学等各领域,开展跨学科的创新研究,有博硕士的学位授予权,并争取到了大量研究经费。后来很多欧洲和亚洲设立的同类研究机构都效仿了这种模式。

逐渐,以创新为研究主题的系、所、中心不断增加。2007年,Fagerberg做了一次互联网调查,在社会科学领域找到136个此类研究机构,其中80%以上是大学设立的。

研究力量的增长导致专业期刊、会议和协会的创设。1972年,*Research Policy* 创刊,Freeman是第一任总编。其后,*Economics of Innovation and new Technology*(1990)、*Journal of Evolutionary Economics*(1991)和 *Industrial and Corporate Change*(1992)分别创立。专业协会和会议方面,1986年,International Schumpeter Society(ISS)成立,

主办两年一次的熊彼特研究传统的国际会议。1987年，美国Academy of Management设立Technology and Innovation Management(TIM)分会。1995年，Danish Research Unit for Industrial Dynamics(DRUID)开始主办每年一次的创新研究国际会议，吸引了大量国际学者参与。

核心文献方面，Fagerberg和Verspagen为了识别出创新研究领域的核心文献，考察了 *Research Policy* 上1979年到2006年的文章的参考文献，表1-2分出版年代列出了引用率最高的文献。

表1-2 创新学研究中的重要著作

出版年代	文献	《Research Policy》引用次数	文献出处 Type/Journal
1975年以前出版：	Freeman C.(1974) The economics of industrial innovation	117	Book
	Schumpeter J.(1942) Capitalism, Socialism and Democracy	77	Book
1979—2006年间引用	Arrow K.(1962) Economic Welfare and the Allocation of Resources for Innovation	76	Chapter, Book
		71	Book
	Schumpeter J.(1996) Invention and Economic Growth Schumpeter J.(1934) The Theory of Economic Development	57	Book
1979—1988	Freeman C.(1974) The economics of industrial innovation	24	Book
	Schmookler, J.(1966) Invention and Economic Growth	23	Book
	Nelson R R, Winter S G.(1977) In search of useful theory of innovation	20	Research Policy
	Rosenberg N.(1976) Perspectives on Technology	18	Book
	Freeman C. Clark J, Soete L.(1982) Unemployment And Technical Innovation: A Study of Long Waves and Economic Development	15	Book
1989—1998	Nelson R R, Winter S G.(1982) An Evolutionary theory of Economic Change	64	Book
	Freeman C.(1974) The economics of industrial innovation	43	Book
	Rosenberg N.(1982) Inside the Black Box: Technology and Economics	41	Book
	Teece D J.(1986) Profiting from Technological Innovation: Implications for Integration, Collaboration, Licensing and Public Policy	41	Research Policy
	Pavitt K.(1984) Sectoral patterns of technical change: towards a taxonomy and a theory	44	Research Policy
1999—2006	Nelson R R, Winter S G.(1982). An Evolutionary theory of Economic Change	96	Book
	Nelson R R (ed.).(1993) National Innovation Systems: A Comparative Study	80	Book

续表

出版年代	文　献	《Research Policy》引用次数	文献出处 Type/Journal
1999—2006	Cohen W M, Levinthal D A. (1989) Innovation and Learning: The Two Faces of R&D	68	The Economic Journal
	Lundvall B A(ed.). (1992) National Systems of Innovation: Towards a Theory of Innovation and Interactive Learning	66	Book
	Cohen W M, Levinthal D A. (1990) Absorptive Capacity: A New Perspective on Learning and Innovation	63	Administrative Science Quarterly

资料来源：Fagerberg and Verspagen,2009.

从表1-2这些文献中可以看出,在1960年以前出版的只有熊彼特的两本书,这有效证实了熊彼特在该领域的核心地位。熊彼特最关心的话题之一是创新在长期经济增长中的作用,这也吸引了很多学者。表1-2中Freeman,Clark和Soete(1982)以及Nelson和Winter(1982)都探讨过这个问题。另外,其他各个主题的创新研究文献也增长很快,这些主题有：影响R&D投资的因素(Arrow,1962)、发明和创新的源泉(Schmookler,1966)、各产业和部门在如何创新(Pavitt,1984)、独占性(Teece,1986)等方面的差异,以及公司能力在创新和学习方面的重要作用(Cohen和Levinthal,1989和1990)等。Freeman的《工业创新经济学》最早对创新研究的各重要主题做了一个综合,此书1974年初版,之后于1982年、1997年两次修订再版,影响很大。经济史学家Rosenberg(Rosenberg,1976和1982)对技术、制度和经济变迁的分析,为创新的系统分析方法铺平了道路。20世纪90年代,"国家创新系统"(Lundvall,1992;Nelson,1993)的研究方法兴起,这种研究不是聚焦于创新的各个侧面,而是更强调历史视角,着重于不同行动主体的互动,以及更广阔的社会、制度和政治因素如何影响这种互动。

2004—2005年,为较全面地掌握"创新研究"这个兴起中的学术领域的发展、建制状况,Fagerberg和Verspagen主持了一个调查项目,调查使用"人名生成机制"(Name Generation Mechanism)找到了三千多位创新研究学者,通过发放和分析调查问卷,了解到了创新研究领域的学者的学术背景、地区分布、灵感源泉、发表渠道、聚会地点等有价值的信息(Fagerberg and Verspagen,2009)。

通过调查,Fagerberg和Verspagen发现,绝大多数研究者的背景是经济学,其次是工程、地理和管理的学者。在中国,从事创新的学者中,具有科学和工程背景学者的比例也较高(见图1-2)。

在最有影响力的学者中,熊彼特排名第1,2~6名依次为Neslon,Freeman,Lundvall,Rosenberg,Pavitt(表1-3)。最重要的国际会议见表1-4,创新研究中最重要的杂志见表1-5。

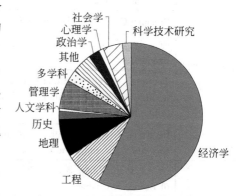

图1-2　被访者的教育(学科)背景

资料来源：Fagerberg and Verspagen,2009.

表 1-3　创新研究中最有影响力的学者

学　者	份额	被引集中度
Joseph A Schumpeter	0.159	21,23
Richard R Nelson	0.138	19,76
Chris Freeman	0.088	17,48
Bengt-Ake Lundvall	0.066	13,76
Nathan Rosenberg	0.065	15,72
Keith Pavitt	0.064	14,57
Giovanni Dosi	0.062	17,04
Karl Marx	0.055	11,83
Zvi Griliches	0.052	10,00
Sidney G Winter	0.035	11,58
Herbert Simon	0.031	7,13
Paul David	0.029	11,66
Alfred Marshall	0.029	9,94
Adam Smith	0.028	8,80
Michael Porter	0.026	9,98

资料来源：Fagerberg and Verspagen,2009.

表 1-4　最重要的国际会议

会　议　名　称	份额	集中度
International Schumpeter Society（ISS）	0.155	12,92
Danish Research Unit for Industrial Dynamics（DRUID）	0.137	14,18
European Association for Research in Industrial Economics（EARIE）	0.056	12,63
Academy of Management（AOM）	0.051	13,06
European Meeting on Applied Evolutionary Economics（EMAEE）	0.030	8,38
European Association for Evolutionary Political Economy（EAPE）	0.025	10,52
National Bureau of Economic Research（NBER）	0.025	6,91
Regional Studies Association Conferences（RSAC）	0.018	9,85
International Association for Management of Technology（IAMOT）	0.017	7,76
Strategic Management Society（SMS）	0.017	6,82
European Group for Organization Studies（EGOS）	0.014	6,76
GLOBELICS	0.014	4,33
R&D Management Activities（MS）	0.013	3,27
Regional Science Association International（RSAI）	0.011	5,56
European Association for the Studies of Science and Technology（EASST）	0.009	6,40

资料来源：Fagerberg and Verspagen,2009.

表 1-5 创新研究中最重要的杂志

期 刊	份额	集中度
Research Policy (RP)	0.456	24,84
Industrial and Corporate Change (ICC)	0.193	11,46
Journal of Evolutionary Economics (JEE)	0.144	14,02
Economics of Innovation and New Technology (EINT)	0.138	15,72
Structural Change and Economic Dynamics (SCED)	0.079	12,21
Rand Journal of Economics (RAND)	0.048	14,11
American Economic Review (AER)	0.043	15,75
R&D Management	0.040	7,04
Regional Studies (RS)	0.039	10,65
Technovation	0.039	14,76
International Journal of Industrial Organization (IJIO)	0.037	10,37
Journal of Industrial Economics (JIE)	0.035	12,48
Management Science (MS)	0.032	9,24
Strategic Management Journal (SMJ)	0.032	14,75
Journal of Product Innovation Management (JPIM)	0.030	2,93

资料来源：Fagerberg 和 Verspagen，2009.

最重要的杂志是 Research Policy 与 Industrial and Corporate Change。近几年，Technovation 在学术界的影响力也在上升。还有，创新管理的研究正在向各个学科领域扩散，随着同战略管理、组织管理的研究不断融合，在《战略管理》(Strategic Management Journal)、《美国管理研究》(Academy Journal of Management)、《管理科学》(Management Science)等顶尖杂志上发表的创新管理的论文越来越多。

国内方面，最早于20世纪70年代开始介绍创新理论。在1973—1974年间，北京大学经济系的内部刊物《国外经济学动态》上，有专文介绍了熊彼特的创新理论，这可以说是国内对熊彼特的最早介绍。在1981年中国社会科学院出版的《国外经济学讲座》一书中，张培刚、厉以宁两位教授再次向人们介绍了熊彼特的创新理论，以及熊彼特以后创新理论的发展。在创新理论的引进介绍中，北京大学厉以宁教授的贡献是相当大的。

1987年以后，国内一些学者开始陆续介绍一些国外创新研究最新的成果。人们逐渐认识到技术创新的重要经济意义。技术创新的研究也开始在我国生根。清华大学的傅家骥、姜彦福等人主编的《技术创新》(企业管理出版社，1992)一书的出版，标志着我国技术创新研究已有了一个相当的规模和深度。1993年，本书的第一版(柳卸林.技术创新经济学(第1版).北京：中国经济出版社，1993)出版，是国内第一本全面阐述技术经济学各方面内容的专著。

近年来，我国技术创新的综合性专著主要集中在技术创新管理方面，主要有许庆瑞的《技术创新管理》(浙江大学出版社，1990)和《全面创新管理：理论与实践》(科学出版社，2007)、吴贵生的《技术创新管理》(清华大学出版社，2000)、周寄中的《科学技术创新管理》(经济科学出版社，2002)以及银路的《技术创新管理》(机械工业出版社，2004)等。重要的杂志有《科研管理》、《科学学研究》、《科学学与科学技术管理》、《研究开发管理》等。在学科建设上,创新管理也取得了重要的进展,如在国家自然科学基金管理学部,在二处即企业管理处,创新管理已经成为一个子门类。中国学者在国际主流杂志上发表的创新管理和经济学的论文也越来越多。

参 考 文 献

[1] Dosi G, Freeman C, Nelson R, Silverberg G, Soete L (Eds.). 1988. Technical Change and Economic Theory. London: Pinter Books.

[2] Fagerberg J, Verspagen B, 2009. Innovation Studies-the Emerging Structure of a New Scientific Field. Research Policy, 38(2): 218-233.

[3] Freeman C, 1974. The Economics of Industrial Innovation. Harmondsworth: Penguin.

[4] Hicks, J., 1932. The Theory of Wages. London: Macmillan.

[5] Johnson M, Christensen C, Kagermann H, 2008. Reinventing Your Business Model. Harvard Business Review, 86(12).

[6] OECD. 1981. The Measurement of Scientific and Technical Activities. Paris. Chapter II.

[7] OECD. 1992. Oslo Mannual. www.oecd.org/sti/oslomanual.

[8] Rosenberg N, 1982. Inside the Black Box. Cambridge: Cambridge University Press.

[9] 阿列克·凯恩克劳斯.1990.经济学与经济政策.北京:商务印书馆.

[10] 傅家骥,姜彦福.1992.技术创新.北京:企业管理出版社.

[11] 克里斯·弗里曼,罗克·苏特.2004.工业创新经济学.北京:北京大学出版社.

[12] 厉以宁.1990.技术创新经济学.北京:科技导报,(2):3.

[13] 柳卸林.1993.技术创新经济学(第一版).北京:中国经济出版社.

[14] 詹·法格博格.2009.牛津创新手册.北京:知识产权出版社.

[15] 吴贵生.2000.技术创新管理.北京:清华大学出版社.

[16] 许庆瑞.1990.技术创新管理.杭州:浙江大学出版社.

[17] 银路.2004.技术创新管理.北京:机械工业出版社.

[18] 约瑟夫·熊彼特.1990.经济发展理论.北京:商务印书馆.

[19] 周寄中.2002.科学技术创新管理.北京:经济科学出版社.

第 2 章 熊彼特和技术创新经济学

技术创新经济学与熊彼特的名字是分不开的。今天的许多创新研究,仍然局限在熊彼特当年制定的框架内。随着技术创新越来越为人们所重视,熊彼特的身价也日益倍增。美国著名创新经济学家罗森堡(Rosenberg)曾这样说过,熊彼特将是 21 世纪最重要的经济学家。

耐人寻味的是,古典经济学家亚当·斯密和马克思都高度重视技术创新,但后继的经济学家们却背离了这一传统,熊彼特的许多灼见也长期被人忽视。直到 20 世纪五六十年代,时代才将技术创新推上经济学舞台。故有经济学家称 20 世纪五六十年代是技术创新的复兴时代。

2.1 亚当·斯密和马克思的贡献

在技术创新研究的历史上,亚当·斯密和马克思有着重要的地位。亚当·斯密的《国富论》可以说是一部关于技术进步和经济增长关系的著作。同样的思想还体现在他更早的《论警察》的讲演中。斯密的中心思想是国家的富裕在于分工,而分工之所以有助于经济增长,一个重要的原因是分工有助于某些机械的发明,这些发明将减少生产中劳动的投入,提高劳动生产率(亚当·斯密,1982:172-244)。"任何社会的土地和劳动的生产物,都只能由两种方法来增加。其一,改进社会上实际雇用的有用劳动的生产力;其二,增加社会上实际雇用的有用劳动量"。有用劳动的生产力改进取决于:(1)劳动者能力改进;(2)劳动者工作所用机械的改进(亚当·斯密,1988:243)。而劳动者能力的提升、机械的改进都与技术进步相关。可见,斯密已经认识到技术进步是除资本、劳动力之外又一个促进经济增长的重要因素。

马克思对发明、技术创新有许多精辟的论述。罗森堡认为,马克思关于这些问题的论述仍是当今对技术及其分支进行研究的出发点(Rosenberg,1982:34)。

马克思把发明和创新看成是一个社会过程。他清楚地看到了科学技术在经济生活中的巨大作用。下面是人们常引用的一段名言:

"资产阶级在它的不到一百年的阶段统治中所创造的生产力,比过去一切世代创造的全部生产力还要多,还要大。自然力的征服,机器的采用,化学在工业和农业中的应用,轮船的行驶,铁路的通行,电报的使用,整个大陆的开垦,河流的通航,仿佛用法术从地下呼唤出来的大量人口——过去哪一个世纪能够料想到有过这样的生产力潜伏在社会劳动力呢"(马克思和恩格斯,1972:256)。

但另一方面,马克思又对科学技术在资本主义社会中的作用采取了批判的态度。他认为"机器是生产剩余价值的手段"(马克思,1975:408);"使工人家庭全体成员不分男女老少都受资本的直接统治"(马克思,1975:433)。他同时赞同李嘉图的观点,认为机器使用会造成"过剩的劳动人口"(马克思,1975:447)。他还认为机器会使工人"劳动强度"增加。

正因为马克思对技术创新的这种既肯定又否定的态度,使后来的各种马克思主义者未能对技术创新研究作出更进一步的贡献。

由于时代的限制,古典经济学家一般都只强调过程创新的作用。同时,他们中许多人不能正确估价技术创新对经济的影响,有些人甚至怀疑技术创新所具有的积极作用。约翰·穆勒在他的《政治经济学原理》一书中写道:"值得怀疑的是,一切已有的机械发明是否减轻了任何人每天的辛劳。"

自斯密和马克思之后,经济学家们一般把技术进步看成是不变的,并将其排除在经济学的分析框架之外,他们仅把资本和劳动看作是经济增长的要素。瓦尔拉的均衡分析、边际主义的分析方法,使很多的经济学家为之着迷。失业、通货膨胀、经济危机这些现实问题不断地困扰着经济学家。凯恩斯革命又吸引了一大批经济学家去丰富和完善凯恩斯的宏观经济学。这些都使技术创新研究退缩到一个不为人所察觉的角落里。

2.2 熊彼特的创新经济学理论

在上述的氛围中,熊彼特1912年出版的德文著作《经济发展理论》格外引人注目。只是在1934年该书的英文版问世时,它才引起学术界一定的注意。

熊彼特认识到,静态均衡、完全竞争等正统经济学假设根本不适用于解释创新。经济的根本现象是发展而非均衡,发展的根源是创新。熊彼特所做的是重新考察了几百年来形成的经济学的概念、框架,力图拓展旧概念的内涵,把旧的经济学框架转化为一个以创新为主的框架。鉴于创新动态、非均衡、进化的特点,他的经济学框架以创新为主核,如同新古典经济学以均衡为主核一样。

熊彼特把一个经济体系分为两个组成部分:一个是资源在其中循环流转的体系,它是经济生活惯例化(routinization)的表现。这个体系里没有发展,没有创新,在每一个经济时期,发生的是基本上相同的事情,交换经济的机制以巨大的精确性运行。生产资料、生产方法,都有着自主的运作轨道,需求也如此。一切都犹如血液在生物有机体中循环一样。新古典的经济分析框架正是这种经济循环流转观念的反映,它也只能服务于这种循环流转的体系。

另一个是与循环流转体系学相对立的经济发展。经济发展是资本主义的本质现象,这种发展并不是从外部强加的。相反,它是内部自行发生的。"是流转渠道中的自发的和间断的变化,是对均衡的干扰,它永远在改变和代替以前存在的均衡状态"(熊彼特,1990)。

归纳起来说,这种经济发展有着以下几个特征:

(1) 来自经济体系内部;
(2) 是质的、革命性的、非数量性的变化;
(3) 是自发的、间断的变化;

(4) 是对均衡的破坏。

那么，是什么导致这种性质的经济发展出现的呢？是创新。熊彼特认为，资本主义的本质事实便是创新，它不断地从内部革新经济结构、引致产业突变。没有创新，资本主义就要消亡。

熊彼特从上述观念出发，对经济学的各种概念进行了重新考察与定义。他认为，"生产意味着把我们所能支配的原材料和力量组合起来"，经济发展即来自于执行新的生产组合——创新（熊彼特，1990）。

由于创新来自体系内部，因此，新的组合的实现意味着只对经济体系中现有生产手段的供应作不同的使用。这样，能否创新就转化为谁能"拥有可支配的财产的特权"。这种"特权"凭借信贷。提供信贷的人，便是那一类"资本家"的职能。"这是资本主义型的社会迫使经济体系进入新渠道、使它的生产手段去为新的目的服务的独特的方法"（熊彼特，1990：77）。因此，信贷对创新而言是首要的，因为正是它使创新进入循环流转。也可以说，信贷是创新得以进行的第一前提。

最迫切需要信贷的是企业家。企业就是实行新组合的人，它并非是一种职业，那些经理、工业家们并不一定是企业家。"每一人只有当他实际上'实现新组合'时才是一个企业家"（熊彼特，1990：83）。如果新的生产过程一再重复，企业家的活动就停止了。

什么是资本呢？在熊彼特看来，"资本无非是一种杠杆，凭借它，企业家可以使他所需的具体商品受他控制，无非是把生产要素用于新用途，或引向新的生产方向的一种手段。这是资本唯一的职能。"（熊彼特，1990：129）

在经济体系中，企业家引进新组合，即创新，其目的在于获得利润。"变革的目的在于使单位产品的费用减少，从而在现有的价格与新的成本之间创造出一个差距，这个差距就是企业家利润。一旦众多企业进入这新的产业，产生一种新的均衡，则利润就会消失。因而，利润包含有垄断成分。"（熊彼特，1990：170）

关于利息，熊彼特也有他自己独特的看法。他认为，产品的价值超过其成本的剩余，真正是利息也赖以存在的根本现象。"因此，解决利息问题所需要的全部器械，都集中在企业家身上。"（熊彼特，1990：201-202）也可以说，企业家利润中心的一部分归于利息。用边际理论表示便是："一方面，利息将等于那个'最后企业家'的利润。所谓最后企业家就是这样的企业家，他预期从他的事业项目中所能获得的利润，只是恰好足以支付利息。"（熊彼特，1990：216）而另一方面，利息也必须与最后的或边际的资本家对他的货币的价值估计相等。由此，按熊彼特的定义，货币的利息来自于创新。创新机会消失，利息也将不存在。最后，熊彼特认为，创新是产业演变、经济周期发生的根源。至此，熊彼特便完成了他的创新经济学体系。

虽然熊彼特以经济发展为经济现象的根本，但他并没有完全摆脱对均衡概念的依赖。他承认"瓦尔拉均衡"作为经济的秩序机制的重要性，将动态发展看作是从旧的均衡走向新的均衡。

我们认为，总体而言，熊彼特的这一体系具有很大的创新性。他的工作反映了一个受过新古典经济学启发的经济学家为创新经济学寻找一个理论框架所作的努力。由于熊彼特没有以大量实证经验为基础，没有统计分析，所以他的工作是一个理论家的努力。在他的体系内，也许隐含着创新经济学得以产生重大突破的线索。当然，他的体系，还只是一个框架。他的方法，本质上也是非量化的，故要将他的理论框架，作为创新概念量化的载体，也非常困难。

不管如何，熊彼特的创新经济学是富有意义的。遗憾的是，不论是主流经济学家，还是新熊彼特主义者，都没有完成一个完整的创新经济学体系。也许对新古典经济学家来说，他们不愿意为了迁就创新就去接受熊彼特的这一体系而抛弃一套早已形成的理论体系。对新熊彼特主义而言，目前主要的任务是为创新经济学正名，去完成熊彼特留下的大量实证工作。当然，他们也把熊彼特的这一体系看作是需要完善的。他们接受了熊彼特的进化思想，把进化主义理论作为创新经济学的框架。

自从技术创新登上经济学舞台以来，学者们已为此作了很大的努力，取得了许多重要的进展。作为一门新的学科，技术创新经济学正在茁壮成长。长期以来，摆在学者们面前的重要课题是：正统经济学理论能否容纳创新？创新经济学能否有一个自己的理论体系？它是否需要一套自己独有的方法体系？这些问题关系到技术创新经济学进一步发展的前途和方向。在这里，我们不可能对所有这些问题一一作出满意的回答，只是力图展示学者们在这些问题上已经取得的进展和存在的不足，以及研究所揭示的新方向。

2.3 熊彼特创新模型 I

在《经济发展理论》这本书中，熊彼特首次提出了创新（innovation）这一概念，并认为资本主义经济增长的主要源泉是技术创新，而不是资本和劳动力，"不同的使用方法（即创新）而不是储蓄和可用劳动数量的增加，在过去的50年中已改变了经济世界的面貌。"（熊彼特，1990：76）

在熊彼特看来，资本主义社会可假定为由截然不同的两方面构成：一方面，在资本主义社会存在着所谓"循环流转"（circular flow）的均衡。在这种状况下，不存在熊彼特意义上的企业家，没有创新、没有变动、没有发展、企业没有利润、资本没有利息。生产过程循环反复，犹如血液在人体内循环。

另一方面，资本主义在发展着，这种发展的内在因素便是创新。创新是资本主义手段的本质特征。在熊彼特看来，所谓企业家，就是把新组合引进生产体系，"实现了新组合"。所谓企业，便是"新组合"的实现。所谓资本家，是为新组合提供"信用"的人，"资本主义信用制度在所有各国都是从为新的组合提供资金而产生并从而繁荣起来的。"（熊彼特，1990）

熊彼特不仅把创新看成是理解资本主义体系及其发展的核心概念，而且认为由于创新是自发的、间断的、质的、革命性的而非数量性的现象，所以，资本主义经济发展过程是一个动态均衡过程，而不是瓦尔拉以来新古典经济学家着迷的静态均衡过程。

综观熊彼特的思想发展过程，其《经济发展理论》一书，有两点显得格外突出：其一，他高度强调企业家的作用；其二，他把技术看成是外生的经济变量。在他看来，技术创新应遵循如下的发展模式：

(1) 有一个与科学新发展相关但不能确定的发明流，它们大半处在现有企业和市场

结构之外,基本上不受市场需求的影响,虽然可能受到潜在需求的影响;

(2) 一群企业家意识到这些发明的未来潜能,准备冒发明和创新的风险。这种冒险行动是一般资本家或经理不敢采取的;

(3) 一旦成功地作出一项根本性的创新,它将使现有市场结构处于不均衡状态,成功的创新者将获得短期的超额垄断利润。但这种垄断会随着大量模仿者的进入而被削弱。

这一模式被后人称作熊彼特企业家创新模型,也就是熊彼特创新模型Ⅰ。图 2-1 是该模型的图示(Freeman,1982:212—214)。

图 2-1　熊彼特企业家创新模型

熊彼特的这一模型不是没有缺陷的。首先,他把技术创新看作是一个黑箱,没有研究技术创新的过程、机制;其次,他把技术看成是一个经济系统的外生变量。

但熊彼特的贡献是不可磨灭的。他首次向人们昭示技术创新对经济的巨大作用,勇敢地批判了当时主流的经济学观念:经济系统是静态的、均衡的。

2.4　熊彼特创新模型Ⅱ

1947 年,熊彼特又出版了一本富有创新的著作《资本主义、社会主义和民主》,这本书不仅发展了《经济发展理论》一书中的思想,而且又提出了许多新的见解。

首先,熊彼特与过去强调企业家的作用不同,他转而强调垄断企业在创新中的巨大作用。这自然又使他站在大多数经济学家的对立面上,因为在当时,资本主义虽然越来越具有垄断的特点,但大多数经济学家仍迷恋于完全竞争,对垄断性企业表示不信任。

针对当时流行的这种观点,熊彼特从以下几个方面进行了批驳:

(1) 完全竞争是现实生活中不存在的。即使在农产品上,也没有纯粹的完全竞争。

(2) 完全竞争是与经济进步不相容的。"完全竞争意味着自由进入任何产业……但是完全自由进入一个新领域,也许就会使进入新领域成为根本不可能的事。很难设想完全竞争一开始就会采用新生产方法和新商品。这就是说,我们所称为经济进步的东西,大部分和完全竞争是不相容的。"(熊彼特,1979:131)

(3) 完全竞争不一定能使资源配置优化,反而会导致浪费(熊彼特,1979:130—131)。

(4) 完全竞争与垄断相比,易被外来干扰击溃。

熊彼特最后结论说:"完全竞争不仅是不可能的而且是低劣的,它没有权利被树立为理想效率的模范。"(熊彼特,1979:134)必须接受的事实是,大企业"已经成为经济进步的最有力的发动机,尤其已成为总产量长期扩张最有力的发动机。"(熊彼特,1979:134—137)

其次,熊彼特在这本书中提出了技术创新是内生的思想。这是因为现代大企业会把建立一个研究部门当作首先要做的事,"其间每个成员都懂得他的面包和黄油取决于他所发明的改进方法的成功。"(熊彼特,1979:121)而成功的创新将会是一个正反馈,使该企业更重视研究和开发活动,进而增强了市场集中度。

现在,我们可把熊彼特的这一技术创新过程模型称为熊彼特技术创新模型Ⅱ,其内容如下:

(1) 技术来自于企业内部的创新部门;
(2) 成功的技术创新使企业获取超额利润,企业因此得以壮大,形成暂时的垄断;
(3) 大量模仿者的加入削弱了垄断者的地位。

这一模型可用图2-2表示。

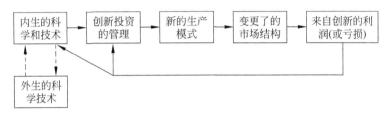

图 2-2 熊彼特大企业创新模型

当然,熊彼特的两个创新过程模型,并非是不相容的,它们各有特色。熊彼特没有排除在大企业 R&D 部门越来越重要的情况下,仍存在有熊彼特模型Ⅰ的可能性,他也没有完全排除企业家的作用。两个模型都可在现实生活中找到例子。如美国的一些高技术小企业便属于熊彼特模型Ⅰ,杜邦公司发明尼龙便属模型Ⅱ。

熊彼特在《资本主义、社会主义和民主》一书中,把创新与资本主义的命运联系在一起。他认为,资本主义已不能生存下去。一个原因是资本主义的投资机会渐趋消失,而更重要的是,作为资本主义发展灵魂的创新到了垄断阶段,会有一个德国社会学家韦伯(M Weber,1864—1920)所说的理性化过程。"技术进步愈来愈成为一伙有训练的专家的业务","创新本身已降为例行事务"(熊彼特,1979:165)。在资本主义社会中变得越来越重要的巨型企业,其成就趋向于使进步自动化,完全官僚化的巨型产业取代了企业家,一切都变得非人格化、自动化、专门化,这就摧毁了创新和企业家得以产生的土壤。也就是说,巨型企业的发展导致走向了自己的反面,它给自己掘好了埋葬自己的坟墓。正因为如此,资本主义即将消灭,代之而起的是熊彼特的社会主义(熊彼特,1979)。

这里,我们不想详细讨论资本主义是否因理性化而扼杀创新导致自己灭亡,我们关心的是熊彼特所说的前提是否成立,即资本主义是否已高度理性化了,这种理性化是否已经摧残创新以及创新赖之以存在的企业家精神。对这一点,我们的回答是:事态并不像熊彼特预测的那样发展。

首先,熊彼特对技术的预测是错误的。如他认为不可能有一个比电气化更好的技术前景,从而,投资机会终将消失的断言是不符合历史发展的事实的。

其次,技术创新的专家化、惯例化(这是一个历史发展的事实)并不能消除技术创新活动内在的不确定性、市场需求的不确定性。因此,创新组织及其活动可以理性化,但创新的产出永远是无法预测,因此创新本身是非理性化的。企业家永远会在创新中扮演一个重要角色。

2.5 熊彼特之后创新研究的复兴

一门学科的诞生，往往与一名伟人的名字联系在一起。但这门学科的发展，却与时势相关。熊彼特在世时，作为一个经济学家名声显赫，但他创立的技术创新经济学，因过于超前却不为世人所赏识，不为大多数经济学家接受。亚当·斯密和马克思都对技术进步给予了高度的关注，并将它作为研究的主要对象之一。但遗憾的是，在随后新古典学派占主导地位的经济学中，技术进步被看作是外生的、给定的，从而被排挤出经济学的研究范围。虽然熊彼特在20世纪上半叶就对创新进行了系统的研究，但因他思想的异端性，创新研究并没有引起经济学家们足够的关注。步熊彼特后尘者，在20世纪50年代前屈指可数。熊彼特去世后(1950年)，时势有了转变，技术创新终于在经过漫长的冷遇之后登上经济学舞台。

第一，在20世纪50年代，美国的经济发展相当快，快得已不能用传统的资本、劳动力因素来解释，这与统计工作的改进相关。进行这些统计工作的主要是美国国家经济研究局(National Bureau of Economic Research)和经济发展委员会(Committee on Economic Development)，经济学家阿布拉莫维茨(M Abramovitz)、丹尼森(E Denison)及肯德里克(J Kendrick)都参加了这一工作。虽然他们就当时不能解释的增长中的"剩余"到底是什么看法不一，但所有人都意识到，它与技术进步相关。

1957年，索洛(R Solow)发表了一篇著名的文章《技术进步与总生产函数》。在这篇文章中，索洛给出了一个较科学的测定经济增长中技术进步贡献的方法。据他分析，1909—1949年期间，美国的非农业部门的劳动生产率翻了一番，其中87.5%归功于技术进步，只有12.5%是由提高每单位劳动的资本量所致(Solow,1957)。

虽然当时许多经济学家认为上述数据不是很可靠，但此后的西方经济学家都接受了这一点：技术进步对经济增长的贡献相当大。

第二，人们渐渐相信技术进步并非是一种不可控制的活动。这主要归功于曼哈顿计划——原子弹计划的大功告成。这一国家计划，起因于军事目的，后在民用上即原子能的和平利用上取得了巨大的成功。它表明：技术变革可以通过国家的计划和耗费资源来实现。有些人据此相信，科学是无所不能的。各国政府也因此拨巨资用于研究和开发。在1941—1968年期间，美国用在研究和开发的总金额增加了约25倍(温特劳布,1989：71)。苏联1957年人造卫星的升天，更刺激了美国政府对科学的投资，美国国家科学基金会预算从上年的4 000万美元一下上升到1.30亿美元(OECD,1974：11)。

第三，在20世纪50年代，美国的农业经济学取得了许多新成果。美国政府历来重视对农业的研究和开发的投资，这些投资效果很好。1957年，美国经济学家格瑞里切斯(Z Griliches)发表了一篇有名的文献《杂交玉米：技术变革经济学探讨》，其中分析了1910—1955年间杂交玉米这一项创新的社会收益率，结论是至少有700%(Griliches,1957)。与此同时，其他学者也相继证明了在研究开发方面公共投资的意义。这些研究不同程度地加深了人们的这样一个认识：技术创新有着重大的经济意义。

第四，不能抹杀熊彼特本人的贡献。随着技术创新的重要性渐渐为人们所知，人们自然要重新评价熊彼特的思想,把他的著作作为技术创新研究的起点。这种局面有助于熊彼特本人思想的传播,扩大他思想的影响,使创新的重要性为更多的人所认识。

2.6 技术创新和主流经济理论的对接

20世纪50年代,索洛等人的工作令人信服地证明了技术进步对经济增长的重要作用。但大多数主流经济学家依然故我,不关心创新的经济研究。他们大多沉湎于建立、完善新古典的经济理论体系,如一般均衡的建立,致力于解释和解决经济被动和失业问题。

20世纪50年代后,一些经济学家发现,他们面临着一个挑战,既然创新或者说技术进步对经济增长如此重要,如何在现有的经济体系框架之内吸纳技术进步?(这里,指出这样一点是必要的,即经济学家们大多愿意以技术进步而不是技术创新为分析对象,这是因为技术进步可看作是一个宏观的、连续的变量,而创新则不能。技术进步可以说是创新的宏观累积效应)。一个简单且又能沿袭原有经济理论的做法,是把技术看作是一种资本。

索洛在1959年发表的《投资和技术进步》,可以说是此类工作的先驱。索洛假定新的资本比旧的资本体现了更多的技术,这是"同期模型"(Vintage Model)的基本思想(Solow,1969:89-104)。

另一位著名的经济学家舒尔茨,在肯定同期模型的有用性之后,也指出了它在应用上的困难。"在任何有意义的综合水平上,资本货物形成无论在任何时期都是部分由作为新技术载体的货物组成,部分由单纯地扩大作为旧技术载体的资本量的货物组成。当这两个部分在任何指定的时期内进入资本形成过程时,根据经验来区分它们看来是一个无法解决的问题。"(舒尔茨,1990:16)

舒尔茨以同样的思路提出了另一种做法。这种做法分二步走:第一步是将一切技术(无论是过时的还是新的)都看成是资本的形态,这样,技术就变成了可供经济分析的资本;第二步是把大多数科学研究、教育和其他产生技能的活动看成是产生新型资本的"行业",这些新型资本比特定的旧式资本更有效。

舒尔茨的做法,是在索洛的同期模型之上再迈出一大步。我们不知舒尔茨为何在知道同期模型缺陷的情况下仍坚持这样做。他自己认为,这样做之后便可将技术进步引进经济理论的主体之中。从此,"一项专门的技术可看作是一个资本单元",代表一项技术的一组专门技术是一个资本结构,技术变革就是改变资本结构(舒尔茨,1990:19)。

这种用资本异质性来统一技术和资本的做法,确实很大胆、简练,但存在的问题也相当多。试想:传统资本概念的优点在于可以量化,现在,我们怎样去量化舒尔茨的技术资本呢?那些不同的技术,其潜在的作用,往往不可同日而语,我们根本找不到给一项技术定一个量化资本值的尺度。如果在这一点上找不到一个解决的方法,我们是很难从舒尔茨指明的道路上往前走的。

另一位大经济学家阿罗(Arrow)试图另辟蹊径,将创新纳入经济学理论。他的做法是把发明看作生产知识或信息的活动(Arrow,1962)。这样,某项创新就等于生产一固定单位的知识或信息。他认为,这种产出活动本身带有不确定性,从而可用有确定经济学的方法分析创新活动。对于作为信息的商品,可用信息经济学的方法研究它的供给、需求和扩散。

我们认为,这种做法也许比索洛、舒尔茨的更为现实。但仍然存在着很大的困难。关键的问题是:知识可否作为一个经济学范畴。著名的物理学家、科学社会学家齐曼(J Ziman),在1973年指出了将知识作为经济学范畴的五大内在困难(Ziman,1981:167-171)如下:

(1) 非同一性。这是指每一种知识,都是独一无二的。因而不具有对等性,即在知识代数里,不存在 $x=y$。

(2) 不可加性。一种知识的内在价值,与一道使用的其他知识相关,且因情况不同而价值不同,故在知识代数里,会有 $2+2=0$、$2+2=100$。

(3) 不可逆性。一旦人们掌握了某种知识,便具有不可逆转性。故学习是一个不断累积的过程。

(4) 不可分性。一条信息不可能被分成几个部分。在这里,半片面包等于没有面包。

(5) 无限增殖性。一条信息可不断地再生产和传播。但这条信息经此过程后,其市场价值会有 $2x<x$、$100\,000x=0$。

综上所述,不论是将技术看作是资本,还是把创新看作是知识的生产,西方主流经济学家们在将创新引入经济学家方面并不成功。换句话说,经济学家们还没有在新古典的框架内找到一种套住"技术创新"这匹野马的挽具。

2.7 新熊彼特主义经济学

熊彼特之后,一些推崇熊彼特的创新理论的学者,如 Freeman、Nelson、Winter、Lundvall、Rosenberg 和 Dosi 等人,逐渐发表了一批以熊彼特的经典文献为基础,并且发展、深化了熊彼特的创新理论的研究成果。围绕熊彼特的理论和这些新经典文献,一个有共同的研究旨趣、研究主题和研究方法的学术团体逐渐形成,这个学派的研究范式被称为新熊彼特主义经济学。

新熊彼特主义经济学的立足点也是熊彼特脱离主流经济学的出发点,是熊彼特对竞争的与众不同的认识。熊彼特认为:

"改变的第一件事是对竞争所起作用的传统观念。经济学家现在终于从只见到价格的阶段摆脱出来。一旦允许质量竞争和销售努力进入神圣的理论境域,价格变数就被逐出它所占的支配地位。但在不变的条件、不变的生产方法、特别是不变的行业组织形式的僵硬模式中竞争,实际上依旧是人们唯一注意的中心。但在迥然不同于教科书所说的资本主义现实中,有价值的不是那种竞争,而是新商品、新技术、新供应来源、新组织形式(如巨大规模的控制机构)的竞争,也就是占有成本上或质量上决定性优势的竞争,这种竞争打击的不是现有企业的利润边际和产量,而是它们的基础和它们的生命。这种竞争比其他竞争有大得多的效率,犹如炮轰和徒手攻击的比较,这种竞争是如此重要,以致在寻常意义上它的作用发挥得快还是慢,变得比较无关紧要了。可是从长期观点看,扩大产量和降低成本的有力杠杆无论如何是用其他材料制成的。"(熊彼特,1996)

在主流经济学中,最重要的经济调节机制是建立在供求关系和价格竞争之上的"价格机制"。而在熊彼特这里,最有力的经济杠杆是"用其他材料制成的",这种材料就是以创新为核心的、熊彼特称之"创造性破坏"的竞争,现在也通称为"熊彼特竞争"。

熊彼特竞争的核心是产品竞争,如铁路对马车的竞争,蒸汽机对水车的竞争,这种产品竞争的最显著特征表现在它首先是产业演化层面的竞争,而不像新古典经济学的价格竞争那样,是生产同质产品的企业间竞争。因此,新熊彼特主义经济学的根据地是产业动力学(industry dynamics),或称为"中观(Meso)经济学"。与之相应成趣的是,新古典经济学是以微观层面的企业理论和消费者理论为基础,而凯恩斯主义是以宏观经济分析为基础。以中观的产业动力学为基础,向微观的企业理论和宏观的经济发展理论、国际贸易理论扩张,是新熊彼特主义经济学的独到之处。

Hanusch 和 Pyka 给出了一个新熊彼特主义经济学的定义:"新熊彼特经济学研究引起经济的质的转化的动态过程,这种转化由多种多样的创新的引入以及相关的协同演化过程所驱动。"(Hanusch 和 Pyka,2007)新熊彼特主义经济学正在蓬勃发展之中,但目前还没有建立起一套综合、完整的理论体系。Hanusch 和 Pyka 认为,完整的新熊彼特经济学应该有三个支柱,分别为产业、金融、公共部门。以下对新熊彼特主义经济学的发展状况作一概要性地介绍。

1. 熊彼特的影响

2007 年出版的 *Elgar Companion to Neo-Schumpeterian Economics* 一书,收录了新熊彼特主义经济学代表人物 Freeman 的一篇文章,简要回顾了熊彼特对这个学派的影响。

1950 年熊彼特去世,随后几年他的影响面比较狭窄,只有一个话题吸引了研究者的兴趣,即垄断大企业在创新中的作用。这个理论甚至被认为是熊彼特对经济学的最主要的贡献,被称为熊彼特定理(Schumpeterian Theorem)。随着相关研究成果的积累,现在一般认为科技革命的初期发展阶段,市场中竞争有许多的小企业,其中成功的一个或少数几个企业能够取得暂时垄断地位,获得超额利润,并可能成长为大型企业。利润丰厚的大企业在市场势力、渐进创新、R&D 的规模等方面都有优势。但产业的高利润会引起"赶潮流效应"(bandwagon effects),新的进入者导致竞争加剧,超额利润被竞争侵蚀。这种以演化观念分析技术和市场结构变革的研究思路,是解决复杂的产业竞争以及产业政策问题的有效工具。对产业演化的高度不确定性的关注以及深入的经验分析,是新熊彼特主义经济学的主要成就之一。一些研究者认为,熊彼特的研究方法是 Schmoller 的历史的、制度的研究视角同形式化分析技术的复合体,但新熊彼特主义经济学接受的是他的演化观念。

熊彼特认为,产品、过程和组织的创新是比价格竞争更有力的竞争手段。这一观点经过无数的案例研究,在几乎所有产业得到了充分的验证。创新是经济发展和社会转型的关键动力的观点,已经得到广泛的传播和接受。虽然这些论点不能说是熊彼特原创的,而是来自马克思、施穆勒和桑巴特等人,但在 20 世纪的经济学家中,的确是熊彼特对新古典正统经济学作出了最根本的变革。

除了对创新的重要性的认知,熊彼特对创新过程的特征也做了深入分析,从而发现创新集群化以及由此导致的新企业和产业的爆发式增长的现象。新熊彼特主义经济学做了大量的经验研究工作,验证并发展了这种观点。

Schmookler 在创新集群研究中,根据专利集群的出现落后于生产投资这一现象,论断创新一般是需求导向而非技术导向(Schmookler,1966)。这引发了一场持久而富有成果的争论,推动了新熊彼特主义经济学的发展。一个重要成果是专利以及 R&D 数据得到广泛使用,成为测度科技活动的产出、投入的量化手段,推动了创新同经济增长、国际贸易和生产率的关系的研究。专利数据有几个世纪的资料可用,但只在新熊彼特主义经济学中才成为重要的经济分析工具。科技和创新活动测度方法也在逐步改进,比如创新系统测度方法。

渐进性创新的研究也是一个富有成果的领域。在熊彼特的理论中,企业家是创新的承担者,企业家和模仿者之间是有清晰界限的。但 Hollander 在对尼龙产业的研究中发现,渐进性创新对生产率的进步极为重要(Hollander,1965)。Lundvall 则强调了用户——生产者互动对创新的作用,并进一步将其发展为"国家创新系统"理论(Lundvall,1985)。新熊彼特主义经济学在这个领域积累了大量的经验研究证据。

在经济周期研究中,熊彼特将俄国学者康德拉季耶夫在 1920 年发现的经济长波命名为康德拉季耶夫周期,并将其解释为技术革命周期。历史演进过程在熊彼特看来是由技术革命引发的一连串的产业革命。但熊彼特没有很好的说明这两个周期的同步性,这个经济周期理论在他在世时就遭到强烈反对。在新熊彼特主义经济学中,这个领域仍是论争焦点。

2. 新熊彼特主义经济学的五个知识源

熊彼特的理论无疑是新熊彼特主义经济学最重要的灵感源泉,为新熊彼特主义经济学的发展奠定了基础。Hanusch 和 Pyka 认为,在此基础上,新熊彼特主义经济学又广泛地吸收了有助于学术进步的多种智力成果(Hanusch 和 Pyka,2007)。

演化经济学是新熊彼特主义经济学的第二个重要知识源。演化理论的关注焦点是"新奇"(Novelties)的创造、选择、保持和扩散。由于新奇的产生是一个有高度不确定性的过程,未来发展是开放的,所以演化的结果不一定是最优的。演化理论的这种特征使它非常适合用来分析经济创新的过程。在演化经济学中,经济主体的学习和认知处于中心地位,经济主体是有限理性的。在不确定和持续变化的环境中,他们在学习和试验性的搜索中前行,这使得经济主体的竞争力表现为动态的和累积性的。通过在宏观历史进程中的观察,路径依赖和不可逆性则成为经济演化过程的重要特征。熊彼特的理论中已经包含了进化的思想,而在 Nelson 和 Winter 的《经济变迁的演化理论》中,演化分析方法得到了充分的发挥(Nelson 和 Winter,1982)。经常被引用的演化经济学文献还有 Silverberg 的相关著作等。

新熊彼特主义经济学的另一个知识源是"变革和发展"(change 和 development)研究。自 20 世纪初,库兹涅茨、克拉克和熊彼特等就开始关注和研究长期经济发展,但由于主流新古典经济学注重短期均衡分析,这种研究传统到 1990 年才重新得到广泛关注,并发展出"产业生命周期"(Industry Life Cycles)理论。重要文献有 Utterback and Abernathy,1975;Gort and Klepper,1982;Jovanovic and MacDonald,1994;Klepper,

1997等。

2.8 技术创新与进化理论

如果说有什么理论可以概括当今西方技术创新的种种研究的话,那无疑是进化理论。它犹如一条线,使英国、欧洲大陆和北美学者们的创新研究从理论上联系在一起。

当今西方主流经济学的方法论基础,应该说是培根、笛卡儿和牛顿等人奠定其基础的机械主义、物理主义的世界观,它以定量、还原论和均衡为其核心。这种方法论,虽已指导经济学取得了重大的进展,但也留下诸多的遗憾。遗憾之一是它不能有力地分析非均衡、动态的和复杂的经济现象,进而分析创新。

进化理论是西方经济学界一个较异端的学说。它强调以生物进化论的原理作为经济分析的方法论基础。由于它能较好地处理像系统生成、演变等现象,所以受到许多创新研究者的青睐。

在经济学说史上,马歇尔是一个较早地赞同应用生物学概念分析经济现象的学者。他说,"经济学家的目标应当在于经济生物学,而不是经济力学"(马歇尔,1983:18)。但马歇尔自己在研究上采取的是一个非进化的方法。

熊彼特对经济进化理论作出了较大的贡献。他把资本主义看作本质上是一个进化的过程。"资本主义过程的这种进化特色,不仅是由于这么一件事实,即经济生活是在一个变动着的社会环境和自然环境之中进化的,且通过它的变动又改变了经济活动的根据"(熊彼特,1979:104)。他反对经济学上的理性假设。除此之外,他还身体力行地在实践中应用进化的方法。

当今创新研究的进化学派是由纳尔逊(R Nelson)和温特(S winter)奠定基础的。他们之所以要提出用进化的理论作为分析经济变迁和技术进步的框架,是觉得正统经济学不能很好地处理经济变迁与技术进步,而且正统经济学的利润最大化和均衡假设,与创新和企业的其他行为不相符合(Nelson和Winter,1982)。

在纳尔逊看来,所谓一个进化系统应包含以下因素:首先,它具有一个将新颖引进系统的机制,这种新颖性就是创新;其次,一个进化的经济系统具有对经济实体进行可理解的选择机制。所谓可理解,是指能够指明选择的决定因素、动力机制,而不是简单地说"适者生存"。这里,经济实体是指"技术"、"企业"(Nelson,1987:12-13)。

对进化理论而言,企业是基本的分析单位。纳尔逊认为,企业的基本特征是它具有一系列的"惯例"(routines),它们是企业在实践中逐渐形成的处理事务的最好方法。一般而言,企业共有三种惯例:(1)标准的操作程序(生产某物的技术);(2)投资行为(企业是扩张还是收缩);(3)搜寻(search)行为(发现新的技术)。维持惯例的倾向类似于遗传在生物进化中所起的作用。而在经济系统中引进新的技术、新的企业,便等于生物进化中的遗传突变(Nelson,1987:21-23)。

根据上述理论,对一个经济系统进化而言,选择和搜寻是两个最关键的要素。纳尔逊认为,搜寻是系统的创新行为,它具有以下特征:不可逆性、偶然性、对待发现事物的依赖性、不确定性。

搜寻行为的规律性表现是技术进步的累积性。因为"今日搜寻的产物,不仅仅是一项新技术,而且还有利于知识的增进",并且是明日搜寻的自然出发点(Nelson 和 Winter,1982:256)。用这种搜寻的规律性可解释产品设计的进化、产品周期。兹以飞机设计为例,道格拉斯 DC-3 代表了一种完全新型的民用飞机机型,其特点是:全金属机身、低翼、流线机形、大功率引擎。在此后的 10 年,基本设计被改进为很多模型,以满足各种各样的需要。每一代新设计都使飞机飞得更快、航程更长、更舒适。道格拉斯 DC-4 则代表了一个四引擎系列的时代。在 20 世纪 50 年代中期,该设计的潜力得到了极大的发挥。DC-8 则代表了另一个产品周期的起点。

类似于产品周期,我们还可以在过程创新上发现同样的现象。一般而言,一个重大的创新之后,这种对边际利润的追求会使渐进性的产品和过程创新在几条不同的方向上进行。但其中有几条较为突出,纳尔逊和温特称它们为"自然轨道"(natural trajectories),也可以称之为"技术领域"(technological regime),它是可达到的能力的前沿(Nelson and Winter,1982:258)。虽然大多数轨道对特定的技术有特定的要素,但有两条在许多领域都显现的轨道,这就是"对潜在的规模经济的不断挖掘和手工操作的不断机械化"(Nelson and Winter,1982:259)。

选择环境具有下列要素:(1)一个组织在考察是否采取一个新创新时的费用效益评估;(2)获得利润的方式,它受消费者和管制部门偏好的影响;(3)利润和一个特定组织强盛或衰弱的关系;(4)学习、模仿机制的性质。可以这样说,给定一个创新流,选择环境决定不同的技术被采用的方式(Nelson,Winter,1982:262-263)。

纳尔逊曾经这样认为,他的进化理论可看作"文化进化分析的一个特例,在其中,市场起着关键的作用。利润是成功的标志。竞争的压力在于消除无利润的实体、增加有利润的实体"(Nelson,1987:14)。而在他的概念中,资本主义制度正是这样一个培育创新的进化制度,也正是由于此,使资本主义制度在创新上优越于他种制度。

我们知道,资本主义的市场制度应付创新行为不确定性的方法,是让众多企业为寻找最佳的方案而竞争,这是一种创新的多元主义。这一过程直至有一家企业找到最好答案才告终。纳尔逊认为,虽然这种方法有浪费资源的现象,但它却是解决创新不确定性的最好方法。可以这样说,多元主义是资本主义体制的搜寻策略。

市场为企业的创新竞争提供了空间,它决定哪个是好思想、哪个是坏思想。市场又是激励企业创新的大棒和胡萝卜。市场是一种选择环境。它决定哪个企业退出竞争,哪个企业生存下去。

总的来说,纳尔逊把市场制度看作是培育创新的进化系统。这肯定了市场是目前人类所知的实现创新的最有效的手段。这一点对于理解在中国实行市场经济的必要性,有着重要的意义。

最近几年,进化理论除继续进行上述领域的研究外,正在向以下两个新的方向发展:

第一,力图模型化具有很多正反馈的经济系统。这些系统一般具有非线性动力学的特征。他们的工作也因此与古德温(R Goodwin)等的非线性经济分析相汇合了。

第二,力图用自组织理论分析创新及其扩散。这表明,他们力图将普里高津(I Prigogine)的耗散结构理论和哈肯(H Haken)的协同学方法移植于创新研究。

进化理论的信奉者为什么会对自组织理论如此感兴趣呢?

首先,是进化理论和自组织理论的相亲性。所谓耗散结构,是指一个远离平衡的开放系统通过不断地与外界交换物质和能量、在系统内部某个参量的变化达到一定的阈值时涨落,从而发生非平衡相变,由原来的混乱无序转变为在时间上、空间上或功能上的有序状态。可以说,自组织理论既是耗散结构理论的别称,又是耗散结构理论的一个分支,因为它是耗散结构理论的实质部分。耗散结构理论的推崇者认为,它为研究自然界乃至社会经济中的开放系统,为研究生命进货、宇宙进货打开了通道。

如果耗散结构理论是正确的,则意味着物理学、化学和生物学可以统一在一起了。普里高津就这样说:"几何的世界和有组织的,有机的世界,并非是不相容的。"(普里高津,1986:5)若是这样,从进化论过渡到自组织理论是没有屏障的。另外,进化论感兴趣的是系统的生成、演变和维持,自组织理论关注的是系统从无序走向有序的过程,故两者的研究目标是相当接近的。

杜西(G Dosi)认为,所谓经济系统的自组织是指在一个系统中,"秩序"基本上是技术进步(创新、学习等)、经济活动(投资、价格制定、金融等)和制约决策、期望的制度三者匹配后无意识的动态结果(Dosi and Orsenigo,1988:21)。这种秩序化,常伴有结构转变,故带有进货的特征(Silverberg et al.,1988)。

其次,进货论缺乏定量的分析工具,自组织理论则来自于定量科学,故其一些分析工具对想将进化理论定量化的学者,正如雪中送炭。

最后,自组织研究正在把重心转向许多系统中的集体现象、合作效应,从而其成果很容易应用于社会科学,包括创新研究。

2.9 结　　语

在本章中,我们分析了熊彼特的创新经济学体系、创新的进化学派。熊彼特在创新经济学的中贡献巨大,他不仅创立了这一学科,并对一些重要的创新问题,如企业家的作用、大企业与小企业的作用,垄断和竞争与创新的关系,包括需要从演化的框架理解创新,而不是从传统的古典经济学中理解创新,都对后来的研究产生了深远的影响。

技术创新经济学还是一门发展中的学科,还有许多工作需要我们去做。另一方面,创新经济学又是一门富有生命力的学科。只要人类坚信技术可以给人类带来幸福,可以解决人类目前面临的许多困难,技术创新经济学就将会永葆青春。

我们对新熊彼特学派的研究也作了一个分析。应该说,新古典与演化学派是两个研究创新的重要分支,它们的研究方法并不相同。但互相可以互补,并不是互相排斥的,因为创新的现象非常复杂,需要多样化的理论才能更好地理解。

技术创新经济学的研究方法在一定程度上是依赖于理论的。理论的任务是指明该如何看待被研究的现象,应该作哪些假设。这也许可以说是一种世界观的选择。新古典派、进化学派,都是这种世界观不同、假设不同的反映。一旦世界观选定,便有具体如何研究的方法问题。当然,在实践中,也许理论和方法是互相交织、互相影响的。由于新古典派把经济现象看成是如同物理现象,人如同是自然界的物体,故他们喜欢动态、有机的研究方法，强调过去行为对将来行为的影响，强调学习的作用，选择的作用。那些反对用数学方法分析人的经济行为的人，一般喜欢用叙述法。他们认为，经济现象太复杂，人是主体性的、能动的、有意志的，不能把它看作是一个没有意志的原子、物体。而主观学派、制度学派一般喜欢用叙述法。

参 考 文 献

[1] Arrow K. 1962. Economic Welfare and the Allocation of Resources for Innovation, In Richard Nelson. ed., The Rate and Direction of Inventive Activity. Princeton: Princeton University Press.

[2] Dosi G, Orsenigo L. 1988. Coordination and Transformation. In Dosi et al. (Eds.), Technical and Economic Theory. London: Pinter Publishers.

[3] Freeman C. 1982. The Economics of Industrial Innovation. The MIT Press.

[4] Gort M, Klepper S. 1982. Time Paths in the Diffusion of Product Innovations. The Economic Journal, 92(367).

[5] Griliches Z. 1957. Hybrid Corn: An Exploration in the Economics of Technological Change. Econometrica, 25: 501-522.

[6] Hanusch H, Pyka A. 2007. Principles of Neo-Schumpeterian Economics. Cambridge Journal of Economic. Oxford: Oxford University Press,31(2): 275-289.

[7] Hollander S. 1965. Sources of efficiency. Cambridge: MIT Press.

[8] Klepper S. 1997. Industry Life Cycles. Industrial and Corporate Change, 6: 145-182.

[9] Jovanovic B, MacDonald G M, 1994. The Life-Cycle of a Competitive Industry. NBER Working Papers 4441. National Bureau of Economic Research.

[10] Lundvall B. 1985. Product Innovation and User-Producer Interaction. Aalborg: Aalborg University Press.

[11] Nelson R, Winter S. 1982. An Evolutionary Theory of Economic Change. Cambridge: The Belknap Press of Harvard University Press.

[12] Nelson R. 1987. Understanding Technical Change as an Evolutionary Process. Amsterdam: Elsevier Science Ltd.

[13] OECD. 1974. The Research System. Paris: OECD.

[14] Rosenberg N. 1982. Inside the Black Box. Cambridge: Cambridge University Press.

[15] Schmookler J. 1966. Invention and Economic Growth. Cambridge: Harvard University Press.

[16] Silverberg G, Dosi G, Orsenigo L. 1988. Innovation, Diversity and Diffusion: A Self-Organization Model. Economic Journal,98: 1032-1054.

[17] Solow R. 1969. Invest and Technical Progress. In Stiglitz, J. and Uzawa, H. (Eds.), Readings in the Modern Theory of Economic Growth. Cambridge: The MIT Press.

[18] Solow R. 1957. Technical Change and the Aggregate Production Function. Review of Economics and Statistics,39: 312-320.

[19] Utterback J M, Abernathy W. 1975. A dynamic Model of Process and Product Innovation. Omega,3(6): 639-656.

[20] Ziman J. 1981. Puzzles, Problems and Enigmas: Occasional Pieces on the Human Aspects of Science. Cambridge: Cambridge University Press.

[21] 马克思.1975.资本论(第一卷上).北京:人民出版社.
[22] 马克思,恩格斯.1972.马克思恩格斯选集(第一卷).北京:人民出版社.
[23] 马歇尔.1983.经济学原理.北京:商务印书馆.
[24] 普里高津.1986.从存在到演化.上海:上海科学技术出版社.
[25] 舒尔茨.1990.人力资本投资.北京:商务印书馆.
[26] 西德尼·温特劳布.1989.当代经济思想.北京:商务印务馆.
[27] 熊彼特.1979.资本主义、社会主义和民主.北京:商务印书馆.
[28] 熊彼特.1990.经济发展理论.北京:商务印书馆.
[29] 熊彼特.1996.经济分析史.北京:商务印书馆.
[30] 亚当·斯密,著.坎南,编.1982.关于当选、警察、岁入及军备的演讲.北京:商务印书馆.
[31] 亚当·斯密.1988.国民财富的性质和原因的研究(下卷).北京:商务印书馆.

第3章 技术创新过程

在20世纪五六十年代,有关技术创新的研究受熊彼特思想的影响很深,当时,大量的技术创新与市场结构关系的研究便是熊彼特主义的研究。此后,技术创新研究在西方不断深入。其核心课题可以概括为两个方面:一是技术创新的方向;二是技术创新的速度。前一方面的工作主要体现在技术创新过程和产业演化的研究上,后一方面主要体现在创新激励和创新政策的研究中。本章主要介绍技术创新过程。

技术创新过程的研究,既是技术创新的微观研究,又是创新研究的核心内容,因为只有搞清创新的过程机制,创新研究才会有坚实的基础。

技术创新过程是创新者在高度不确定性的环境下,将新技术的供给和需求结合起来,从中取得利润,进而增进社会经济福利的过程,也是创新要素(信息、思想、物质、人员)在创新目标下的流动、实现的过程。从20世纪60年代起,创新过程模型经历了一代又一代。这些模型大致可分为两大类:一类是要说明创新的推动、发生机制;一类是要说明创新要素在不同组织下具体的流动、作用方式,也可以说是创新要素与创新载体的关系。本章主要探讨第一类创新过程模式,第二类创新过程模式将在第5章中探讨。

3.1 新技术的供给

1. 技术创新过程的传统线性模型

第二次世界大战后,美国总统老布什(V Bush)发表了一份对科学技术和创新活动都有重要影响的报告,即《科学:无尽的前沿》(*Science: Endless Frontier*)。这一报告认为,基础研究是一个国家发展的基石。通过投资基础研究,可以导致大量的技术发明和新产品,进而造福一个国家的经济和国防。支持基础研究可以获得无穷的创新,可以取得不竭的经济增长。老布什结论的前提是:科技可以无障碍地被企业所利用,因此,需要政府支持大学和研究机构,以让企业利用不断涌现的科技成果(Bush,1945)。

老布什的这一个报告是世界上首次将基础研究作为兴国大略的报告,对美国成为世界上的科技和经济大国起到了重要的推动作用。正是因为美国的大学、企业非常重视基础研究,才使美国的企业在重大的技术创新方面处于全球领先地位。在美国的许多企业实验室里,有许多诺贝尔奖获得者。也正因为如此,人们对技术创新过程,有一个由来已久的观念,认为技术创新过程应遵从如图3-1所示的模型。

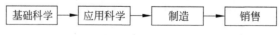

图3-1 技术创新过程的传统线型模型

科学进展是否是技术创新的先决条件呢?美国在20世纪60年代完成了两个有名的

调查项目,以决定基础——即"非使命取向"的研究在技术创新中的作用,这就是 TRACE(伊利诺伊技术研究所承担)(1968)和 Hindsight。第一个项目的方法是对 5 个重大技术创新作出贡献的重要科学事件进行追踪;第二个研究与美国军队武器系统发展相关的科学技术。这里,我们仅介绍前者,具体详见表 3-1。

表 3-1 给予某门学科关联 5 分的产业数

基础科学	生物学	14
	化学	74
	地质学	4
	数学	30
	物理学	44
应用科学	农业科学	16
	应用数学	32
	计算机科学	79
	材料科学	99
	医学	8
	金属学	60

资料来源:Nelson,1987:61.

表 3-2 是 TRACE 的一个研究结果。从表中我们可看出,有 70%的重要科学事件(对 5 个技术创新有贡献的)是"非使命取向"的研究的结果。这说明,科学在技术创新中有很大作用。

表 3-2 与 5 大创新相关的重要科学事件的 R&D 事件分布

	非使命取向的/%	使命取向的/%	开发和应用/%
研究机构、政府	10	15	10
产业	14	54	83
大学	76	31	7
总计	100	100	100
占所有事件的百分比	70	20	10

资源来源:Rothwell and Zegveld,1985:55.

但上一结果的客观性令人怀疑,因为该项目是由美国国家科学基金会资助的。

1973 年,又有一个类似的 TRACE 的调查项目,名为"科学和技术的互动"。这一调查的结果表明:在五百多个对创新有重要贡献的重要科学事件中,40%是非使命取向的,另有 40%是使命取向的。这似乎再证明了 TRACE 的结论。

随着技术创新研究的展开,人们渐渐发现这一线性模型是站不住脚的。但应该承认,这一观念是如此地根深蒂固,以致在许多宏观决策中,我们仍能看到这一线性模型的影响。例如,许多人以为只要基础研究搞上去了,技术创新水平便会自然地跟着上去。再加上改善创新环境是一个无形的过程,而增加科技的投入是一个明确的目标,因此,政策制定者常持有创新线性的思维,许多科学家也常持这样的观点。

2. 罗森堡(Rosenberg)论技术推动科学

罗森堡是一位学识渊博、著述甚丰的经济学家,他在技术创新研究上有许多独到的见解。他的特点是以史为镜,见常人之所不能见。

罗森堡不同意技术创新的线性模型。莫厄里(Mowery)和罗森堡认为,技术创新过程具有相当大的不确定性、随机性和复杂性,把技术创新看成是一系列科学事件累积起来的做法,实在是太简单化了,必然会导致错误(Rosenberg,1982:234)。罗森堡的《科学是如何外生的》一文被认为是对这一问题最有价值的贡献。

首先,罗森堡对人们普遍持有的先有科学后有技术,及只有科学影响技术而不能反之的信念提出了质疑;他认为技术有自己的独立性:"技术本身是关于某些事件和活动的一组知识,它并非只是来自其他领域知识的应用"(Rosenberg,1982:143)。

其次,情况常常是,某一方面的科学还没有出现时,早已有了这一方面的技术知识。如我们虽不知燃烧原理,但知道如何操作炉子。在 DNA 发现之前,人们已能培育优良种子和家畜。在缺乏许多流体力学的原理情况下,飞机已经可以上天。此类例子信手拈来,比比皆是。因此,罗森堡说:"技术知识领先于科学知识,在过去是一个常规,今天,在相当程度上依然如此。"(Rosenberg,1982:144)

最后,技术进步对科学活动的安排有着重要的引导作用。涡轮喷气飞机导致一门新兴的超声空气动力学的产生。在电话产业中,长距离通信、新型的传输信号方式激发了许多基础研究。

罗森堡得出结论:强大的经济冲动(impulse)决定或限定了科学活动的方向。这些冲动根基于两个事实:(1)科学研究是一个高费用的活动;(2)它可以被导向到一条能获得高利润的道路上。工业社会创造了一个广阔的、由经济需求限定的技术领域,这些领域限定了科学活动所需的物质流方向、科学所研究的问题。而研究的制度化更加强了上述倾向。因此,"工业化过程不可避免地使科学越来越成为一种依赖于技术的内生活动。技术的考虑……决定了科学的资源配置。"(Rosenberg,1982:159)我们从罗森堡的研究中可得出这样的结论:科学进展并非是技术创新的必要前提。相反,在很大程度上,它受创新活动的制约。

3.2 新技术的需求

1. 希克斯要素稀缺诱导创新论

在前一章介绍熊彼特的技术创新学说时,我们已介绍了熊彼特的两个创新过程的模型。这两个模型都是在 20 世纪上半叶完成的。在同一时期,只有少数经济学家重视技术创新,希克斯(J Hicks)便是其中的一位。希克斯在后来的研究中,并没有放弃他以前的抱负,他力图提出"一个创新过程的模式,这个模式本身可以作为一种理论体系"(希克斯,1986:196)。

希克斯在创新研究中有着自己独特的贡献,但遗憾的是,许多专职于技术创新研究的学者并没有重视希克斯的工作。我们认为这是技术创新研究中的一大疏漏,因为也许正是在希克斯指明的道路上,可以得到许多意想不到的收获。

希克斯在1932年出版的《工资理论》一书中,认为在过去几个世纪中,创新主要是节省劳动的创新,创新的方向与生产要素相对价格的变化有关。"生产要素相对价格的变化,本身便是对某特定发明的激励——这一发明的方向在于更经济地利用那价格变得相对昂贵的要素"(Hicks,1932:124)。所谓相对昂贵的要素,也就是变得相对稀缺的要素。

这样,人们就有了两种发明,一种是上面所说的"引致的"(induced)发明,所有其他的发明属另一种,叫"自主的"(autonomous)发明。

希克斯认为,可以有理由相信,几乎所有的引致发明是节省劳动的。因为从长期来看,"根本的稀缺必定是劳动的稀缺"(希克斯,1986:26)。如果自主发明与引致发明是随机分布的话,则发明便主要是引致的、节省劳动的。

希克斯的要素稀缺引致发明(创新)论,既受到20世纪60年代经济学家的重视,也引起了许多争论。

争论之一是,由于希克斯用要素相对价格的变化来说明发明方向,这会使发明算真正的发明抑或是要素替代不好区别。因为节省劳动的机器可在现有知识的情况下得到,这一过程可看作是一个资本替代劳动的过程。可见,要素相对价格的变动既可引致要素替代也可引致发明,而希克斯没有在这两者中作出区别。

为了摆脱因要素相对价格的变化而造成的替代与发明的混淆,希克斯后来对他的理论作了更详细的说明,并作了一定的修正。他认为引致发明出于这样一个因果链:首先是一项在于获得利润的发明,这一发明引起一个冲击(impulse),在短暂的阵痛之后是利润率的上升、工资的上升,造成某种要素的稀缺。如果没有其他发明出现,原有发明的冲击会衰竭,这种局面引致了节省那变得稀缺要素的发明。

由此,"替代正是克服由冲击引起的稀缺的一种方法",只要"把技术替代解释为技术变革",引致发明的难题就得以解决,只是到了由最初发明"引致"出稀缺后,技术变革才是有利可图的。因此,"它们表现为第二代的发明,是原发明的'产儿',它的'经济产儿'"(希克斯,1986:27)。这种发明,使要素稀缺得到解决,经济系统复归于稳定状态。

到此,我们可将希克斯的创新过程粗略地用图3-2表示。

图3-2 希克斯技术创新过程模型

不难看出,希克斯所指的发明,是引入生产体系的发明,从而也就是我们所说的创新。故在图3-2中,我们用创新代替希克斯上面用的发明一词,实际上,希克斯本人在后来也是这样做的。希克斯的这一创新模型是一个动态的模型。

索尔特(Salter)在1960年出版的《生产率和技术变革》一书中,对希克斯的理论提出批评。"如果这一理论意味着昂贵的劳动刺激了对目的在于节省劳动的新知识的探求,那么,它就为严厉地批评打开了大门。企业家的兴趣在于减少总成本,而不是像劳动成本或工资成本那样的特定成本"(Salter,1960:43-44)。索尔特认为:在竞争均衡中,每一要素按其边际产品价值购买。因此所有要素对厂商来说是同样昂贵的,竞争厂商没有追求节约一种特殊要素的技术积极性。

由此可以推论,随着时间的推移,一种要素相对于另一种要素变得相对昂贵,企业家的创新努力将会被引导到节约变得更昂贵的要素,如同当今的能源。现今,在金融危机过后,相当多的政府都意识到能源在未来经济发展的重要性,把新能源领域的创新上升为国家战略。

当然,希克斯这一理论的真正问题在于:资本和劳动在功能上是否能完全地互相替代。新古典经济学假定生产函数是连续的、技术知识是公开的,企业家总是可以根据成本结构的需要,选择或开发最优技术。而事实上,企业家只能把握有限的技术机会,这些技术机会不一定能使成本结构达到最优,因此很多时候,成本结构的考虑是从属于技术可行性的。另一方面,经济活动中的不确定性也是一项重要的成本,减少不确定性的努力对技术创新的方向有重要影响。这两条线索在下述罗森堡的相关研究中得到充分体现和发展。

另外,在当今社会,用知识密集型、资本密集型和劳动密集型,更能说明技术创新的方向,而不是节省资本和节省劳动。

2. 罗森堡瓶颈诱导论

在技术创新的方向上,罗森堡不满意希克斯的创新的要素稀缺诱导论。他同意索尔特等人对希克斯的批评。他认为,诱导机制是存在的,但不是要素稀缺的诱导,而是出于下列3个机制:

(1) 技术发展不平衡。在任何时刻,都有技术发展的不平衡现象。许多重大的技术创新都是为了解决技术不平衡而作出的。如早期贝氏转炉,炉底常因只使用了几次便会因高温而穿孔。当时,厂家只得停产,待炉冷却后才让人进行修补,这既费时又费钱。这是一个与贝氏炼钢法很不相称的技术弱点。霍利(A Holly)针对此弱点进行了研究,提出了可换炉底的设想。这一发明大大提高了贝转炉的效率。

(2) 生产环节的不确定性。在任何一个生产环节都有出现故障的可能性。最著名的例子是在过去几个世纪内,劳工常常联合起来罢工或与资本家讨价还价。为了解决这一问题,资本家就鼓励节省劳动的发明。

(3) 资源供给的不确定性。常有这样的情况,一条原来畅通的供给渠道突然被中断,迫使厂家另找其他替代物。在第二次世界大战早期,日本占领了许多东南亚国家,切断了美国的橡胶供应来源,迫使美国加紧研制复合橡胶。

上述3个较典型的诱导机制,这些机制的共同点是它们是生产的卡口,或者说是瓶颈,是生产进一步发展的障碍。这种障碍形成了一种压力,诱导厂家围绕这些障碍进行创新。当然,每一次创新都不可能是一劳永逸的,它会造成新的瓶颈,诱导人们进行再创新,如此循环往复(Rosenberg,1976:108-125)。

3. 施莫克乐(J. Schmookler)的市场拉动说

提出市场拉动说的是美国经济学家施莫克乐。

施莫克乐是一个有才华的创新经济学家,颇受库兹涅茨(Kuznets)的青睐,其研究也颇受库兹涅茨的影响。他于1918年出生在美国新泽西洲的一个小镇。长期执教于宾夕法尼亚大学。因体弱多病,不幸于1967年逝世,年仅49岁。

起因于库兹涅茨的建议,施莫克乐对专利数据进行了大规模的数据分析工作。他的

《发明和经济增长》一书便是这一工作的结晶。

施莫克乐主要考察了美国4个产业——炼油、造纸、铁路和农业的投资、产出和这些行业专利数量的关系。他发现,这些行业的投资、产出的变化都领先于专利数量的变化。兹以美国铁路业为例,详见表3-3、表3-4和图3-3、图3-4。

表3-3 铁路设备产出和专利的主要波谷点

项 目	铁 轨		货 车		客 车	
	产出(1)	专利(2)	产出(3)	专利(4)	产出(5)	专利(6)
年份	1861	1863				
	1874—1877	1880	1878	1879	1887	1878
	1885	—	1885	1885	1885	1886
	1894	1894	1895	1896—1900	1894	1898
			1908	1911		
	1914	1918	1919	1918	1921	1918
	1932	1934	1933	1932	1933	1935
	1928	1943	1940	1942	1938	1943
领先总数	5	0	4	2	5	1
吻合数	1		1		0	

三类加总:
专利领先　　　　　　　　　　　　　　　　3次
产出领先　　　　　　　　　　　　　　　　14次
两者吻合　　　　　　　　　　　　　　　　2次

资料来源:Schmookler,1966,123.

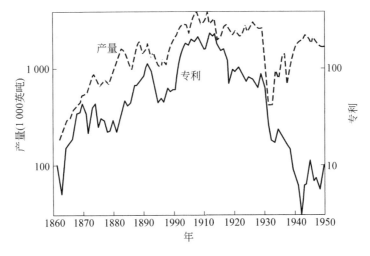

图3-3 铁轨:产出和专利数(1860—1950)

资料来源:Schmookler,1966:122.

第3章 技术创新过程

表 3-4 铁路设备产出和专利数波峰点

项目	铁轨		货车		客车	
	产出(1)	专利(2)	产出(3)	专利(4)	产出(5)	专利(6)
年份	1872	1869—1873	1876	1876		
	1881		1883	1882	1881	1880
	1887	1890	1892	1890	1890	1889
	1906	1911	1907	1908	1907	1907
			1910	1912		
	1926	1921	1926	1928	1923	1929
	1937	1935	1937	1934	1937	1937
	1944	1946	1946	1948	1948	1949
领先总数	3	2	4	3	2	2
吻合数	1		1		2	

三类加总：
专利领先　　　　　　　　　　　　　　　7 次
产出领先　　　　　　　　　　　　　　　9 次
两者吻合　　　　　　　　　　　　　　　4 次

资料来源：Schmookler，1966：124.

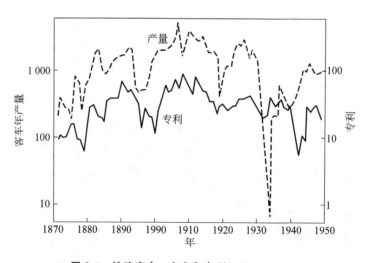

图 3-4 铁路客车：产出和专利（1870—1949）

资料来源：Schmookler，1966：123.

在进行横截面的比较中，施莫克乐发现了类似的现象：1939 年、1947 年的二十多个产业的投资对数值分别与随后 3 年的资本产品专利数存在高度的相关关系（Schmookler，1966）。

施莫克乐由此得出结论：专利活动也就是发明活动，与其他经济活动一样，基本上是追求利润的经济活动,它受市场需求的引导、制约(Schmookler,1966:206)。

后人称施莫克乐的理论为技术创新的市场需求引导模型,如图3-5所示。

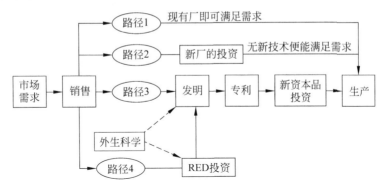

图 3-5 施莫克乐需求引导的技术创新过程模型

诱致性农业技术创新模型是在国际学术界颇具影响的有关农业增长的理论模型,为这一理论模型做出过贡献的主要有希克斯、宾斯旺格、速水佑次郎和弗农·拉坦。因此,这一理论模型又被称为希克斯-速水-拉坦-宾斯旺格假说。这个假说的要点是:在市场经济条件下,农民将受要素价格变化的影响和诱导,而致力于寻求那些能够替代日益稀缺的生产要素的技术选择(速水佑次郎和弗农·拉坦,1985)。因而它还意味着在一个经济体中要素禀赋的相对丰度的不同会导致技术变迁的有效路径的差异。

速水和拉坦对于诱致性创新理论的建立做出了重要贡献。他们认为,诱致性创新理论主要是在厂商理论的框架中发展起来的(速水佑次郎和弗农·拉坦,1985)。在试图把利润最大化的厂商的创新行为纳入经济理论的做法中,存在着两个传统:一个是希克斯传统,它着重关注由相对资源稀缺变化而引起的相对要素价格变化所诱导的要素节约偏向;另一个传统是施莫克勒-格里利切斯传统,它重点关注增长的产品需求对技术变革速度的影响。在动态的经济发展过程中,产品需求的变化和相对要素价格的变化是交织在一起的。

一个能够解释农业动态发展过程的很完善的一般均衡理论应该包括这个机制,通过它,产品需求变化和要素禀赋变化相互作用,从而影响技术变革的方向。

速水和拉坦认为,一个社会可以利用多种途径来实现农业的技术变革。由无弹性的土地供给给农业发展带来的制约可以通过生物技术的进步加以消除;由无弹性的劳动力供给带来的制约则可通过机械技术的进步解决。一个国家获得农业生产率和产出迅速增长的能力取决于在各种途径中进行有效选择的能力。如果不能选择一条可以有效消除资源禀赋制约的途径,就会抑制农业发展和经济发展的进程(速水佑次郎和弗农·拉坦,1985)。

以美国和日本的农业现代化为例。这两个国家的农业技术创新集中体现为两种:一是美国式的机械化技术,用于节约相对稀缺并缺乏供给弹性的劳动力资源。这种技术是通过机械化提高人均土地耕种面积,不断提高劳动生产率,这是农业产出增长的主要来源;二是日本式的生物化学技术,用于节约相对稀缺而且缺乏弹性的土地资源。这种技术的代表是土壤肥料技术和植物保护技术特别是育种技术。其意义在于用化肥、农药、良种等现代投入,提高单位面积产量,不断提高土地生产率。

速水和拉坦构造了一个农业领域的诱导的技术创新模型,该模型包括了与生物和机械技术进步相联系的要素替代性和互补性,如图3-6,图3-7所示。

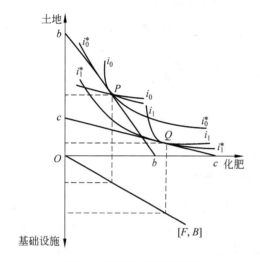

图 3-6 机械技术进步过程

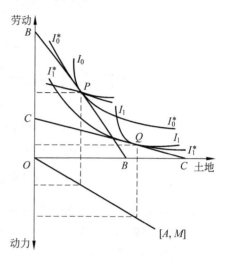

图 3-7 生物技术进步过程

资料来源:速水佑次郎和弗农·拉坦,1985.

机械技术的进步过程如图3-6所示。代表零期创新可能性曲线(IPC),它是一系列较无弹性的单位等产量曲线的包络线(如与不同类型的收割机相一致的等产量曲线)。当价格比率在某个时间 bb 时,由 i_0 表示的某种技术(如一种收割机)被发明出来了。相应地,最小成本均衡点便由 P 点确定。在此点上,土地、劳动、操作收割机的非人力动力实现了最优组合。一般地,那种能使每个劳动者耕种更大面积土地的技术,将要求每个劳动者有更高的畜力和机械动力。这意味着土地和动力之间存在着互补关系,它可以用一条直线表示,描述土地和动力的某种组合$[A, M]$。在这个简单的描述中,作为工资相对于土地和动力价格指数的反应,土地与动力被假定代替劳动,虽然实际上土地和动力当然也存在某种程度的替代关系。

代表第一期的IPC。假定从零期到第一期劳动相对于土地变得更为稀缺,例如,由于在经济发展过程中劳动力向工业转移,导致了地租相对于工资率的下降。还假定由于来自工业的一种便宜的动力源的供给,动力价格相对于劳动工资率下降了。价格比率从 bb 到 cc 的变化引起了另一种技术的发明(如联合收割机),如 i_1 所示。这种新技术能够使一个农场工人使用更大数量的动力,耕种更大面积的土地。

生物技术的进步过程可以用图3-7来说明。代表零期的IPC,它包含一系列较无弹性的土地-化肥等产量曲线(如 I_0),这些等产量曲线对应着不同的作物品种和耕作习惯。当化肥-土地价格从零期的 BB 下降到第一期的 CC 时,一种新技术(如对化肥反应更大的品种)便会沿着第一期的IPC(即)被开发出来(以 I_1 表示)。一般来说,促进以化肥替代土地的技术(如对具有化肥反应的、高产的作物品种)要求有更好的对水的控制和更好的土地管理。这意味着化肥和土地基础设施(如排灌系统)之间存在一种互补关系,如线性关系$[F,B]$所示。

速水和拉坦用这个模型考察了美国、日本、中国台湾、韩国和菲律宾的农业发展过程，这既是对他们的模型所进行的检验，也是对该模型的实际应用。结果发现，这一模型对发达国家或地区和发展中国家的农业发展过程都提供了强有力的解释。

总之，诱致性农业创新理论的核心思想是，历史上有多种农业增长道路，具有不同要素禀赋的国家应该有不同的农业增长道路：那些劳动力丰富而土地资源贫乏的国家应该走生物和化学技术进步的道路；那些劳动力稀缺而土地面积相对丰富的国家应该走机械技术进步的道路。把发达国家的农业技术直接移植到发展中国家可能会导致增长的无效率，这是诱致性技术创新理论的一个重要意义。

3.3 创新的技术推动说与市场拉动说的论战

技术创新起因于技术推动抑或是市场拉动，是20世纪60年代技术创新研究所出现的一场著名争论，并且一直延续到80年代。

3.3.1 论战的发生

直到20世纪60年代，大多数人都相信技术创新的技术推动说，这可以从各国普遍重视科学和大学教育中看出。而熊彼特本人则更偏向于创新的生产者主权说。

"不过，经济体系中的创新一般并不是按下面的这种方式发生的，那就是，首先新的需要在消费者方面自发地产生，然后生产工具通过它们的压力转动起来。我们并不否认存在某种联系的方式。可是，一般是生产者发动经济的变化，而消费者只是在必要时受到生产者的启发。消费者好像被教导去需要新的东西……"（熊彼特，1990：73）

在这里，熊彼特认为，创新中的需求拉动是不重要的，因为主动权掌握在生产者手中，消费者只是被动地去接受。严格地说，熊彼特的观点是创新的生产者主权说。当然，这种生产者主权说更接近于技术推动说。

技术推动说有两层含义：一是具有大规模研究群体的企业在创新上优于科研人员少的小企业；二是创新活动的步伐依赖于科学进展。当这一学说受到市场拉动说的挑战时，仍有不少人维护它，这包括谢勒尔（Scherer）、菲利浦（Philips）、克利（Kelly）。

1966年，施莫克乐在《发明和经济增长》一书中提出市场拉动说。由于施莫克乐的创新过程模型完全不同于熊彼特的模型，从而立即引起了一场旷日持久的争论。

迈尔斯（Myers）和马奎斯（Marquis）在1969年做的一项重要的实证工作支持施莫克乐的观点。他们考察了5个产业567个创新，得出的结论是在创新中，需求与技术潜力相比，是一个更重要的因素。这5个产业分别是铁路、铁路设备公司、房屋建筑公司、计算机制造商。罗森堡随后指出，他们所选的这几个产业，恰好是消费者占主导地位的产业，这自然有利于创新需求拉动的观点（Rosenberg，1982：196）。

另一项常用以支持施莫克乐的工作是英国兰格里希（Langrish）等人在1972年完成的。他们对在1966—1967年期间84项得到女王奖且在商业上成功的技术创新做了详细的分析。但他们其实并不赞成那种粗糙的需求拉动论，而是强调需求与技术机会在创新上的同等重要性。他们说:"也许,关于技术创新完全是最高程度的概括是:它必须是某种需要和某种技术可能性的综合。"(Rosenberg,1982:203)

厄特巴克(Utterback)在1974年的一项工作的结论是60~80%的重要创新是需求拉动的(Utterback,1974)。

支持技术推动的典型例子有激光的发明,支持需求拉动的典型例子有晶体管的发明。

3.3.2 链环-回路模型(Chain-linked Model)

莫厄里和罗森堡合写的《市场需求对创新的影响》被认为是这一领域的佳作。他们花了大量笔墨分析了支持需求拉动说的种种实证研究存在偏颇之处。这样做并不是他们不承认市场需求在成功的创新中具有的不可替代作用,而是认为,有些人夸大了市场需求的作用,那些强调市场需求的研究在方法上有误。莫厄里和罗森堡强调在创新上技术和市场需求的共同作用,认为"科学技术作为根本的、发展着的知识基础、和市场需求的结构,二者在创新中以一种互动的方式起着重要的作用"(Rosenberg,1982:195)。在另一处,罗森堡说,"创新活动由需求和技术共同决定,需求决定了创新的报酬、技术决定了成功的可能性及成本"(Rosenberg,1976:273)。罗森堡的上述断言得到了大多数创新经济学家的赞同。

科学、技术和创新之间存在着复杂的关系。在否定了科学与技术创新之间的线性关系以及技术推动和需求拉动的二元对立后,克莱因(S Kline)和罗森堡提出了创新的"链环-回路模型"。这一模型在最近几年很受人们欢迎。我们认为,它是诸多模型中的佼佼者。这一模型的构成如图3-8所示。

图3-8 链环-回路模型的构成

资料来源:Kline and Rosenberg,1986:275-305.

按照这一模型,一共有5条创新路径,而不是线性模型中的一条。如图3-9所示。

第一条路径用C表示,它是创新的中心链,该路径起于发明、设计,通过开发、生产,终于销售。

第二条路径由一系列以f、F为标志的反馈回路组成。用f表示的反馈环,用F表示的主反馈。反馈表示从对市场需求的察觉,直接返回下一轮设计,以便对产品和服务的性能作进一步的改善。

创新离不开科学知识的积累。同时,开发工作常需要再研究,即新的科学。因此,从科学到创新的回路,不只是创新的开端,而是贯穿于整个创新过程。科学是创新各阶段的基础。这条回路也就是第三条创新路径,它用图中的回路K-R表示。这是此模型被称作链环-回路模型的由来。K-R回路中箭头1、2、3、4的含义是在设计各阶段,若有问题,先看现有知识能否解决,这就是1→K→2的路径。若现有知识解决不了,则进行再研究(科

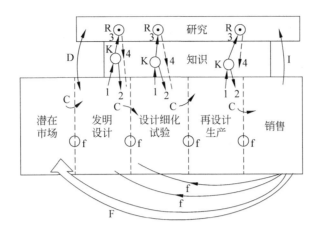

图 3-9 创新的链环-回路模型

资料来源：Kline and Rosenberg，1986：275-305.

学研究），再返回设计，这就是 1→K→3→4 的路径。

在这一模型中，科学不再是创新的初始点，而是创新主链各节点上都需要的东西。科学常引致根本性的创新，新的产业，半导体、激光等便是著名的例子，这是创新的第四条路径，用箭头 D 表示。反之，创新又能推动科学，这是创新的最后一条路径，用箭头 I 表示。

我们认为，技术创新的链环模型是一个分析创新过程的较合理、富有启发性的框架。

现在，创新过程已经越来越全球分布了，也就是说一些创新的关键环节已经不是在一个公司全部实现，甚至也不是在一个国家实现，而是在全球实现。

兹以光伏产业为例，据 Gallagher 等人的研究，在光伏产业的研究开发阶段，美国、欧盟、日本的企业领先，在设备阶段，也是这些国家的企业领先。中国企业则更多地参与了制造、电站的建设。也就是在下游产业，是中国企业的强项，但这些环节的贡献、利润率也较低（图 3-10）。在手机领域也如此，美国的苹果企业主要在研究开发设计和营销环节，而中国的企业则更多地参与制造的环节，日本、韩国的企业则成为关键部件的供应商。

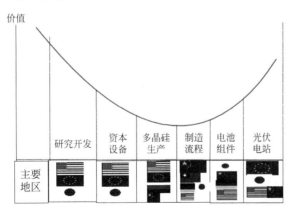

图 3-10 光伏价值链的全球分布

资料来源：Gallagher and Fang Zhang，2013.

3.4 技术创新作为一个学习过程

技术创新是一个将新思想、新设计引入生产体系的过程。这一过程,离不开大量的理论与实践、成功与失败的试验。从本质上讲,技术创新可看作是一个动态的学习过程。

事实上,早在几百年前,亚当·斯密就对学习在技术进步中的作用给予了高度的重视。他在《国富论》一书中指出,劳动分工之所以提高生产率,主要原因是分工能使人们在某一专业化工作中通过学习而提高技能。在有名的制针例子中,没有任何投资,通过专业化的学习,使制针效率大大提高(斯密,1988)。

但真正明确强调学习在技术创新中重要作用的是阿罗(K Arrow)。1962年,阿罗写了一篇著名的文章《从干中学的经济意义》。这篇文章的写作背景是,索洛(R Solow)在1957年指出,技术进步是经济增长的主要来源,其贡献占经济增长的87.5%(Solow,1957)。但在索洛的分析中,技术进步仍然是经济系统的外生变量。阿罗认为,把一个对经济增长贡献如此大的因素看成是外生的,这显然是不能令人信服的(Arrow,1962)。为了弥补这一缺陷,阿罗给出了一个用"从干中学"(learning by doing)来说明技术进步的内生理论。

支持"从干中学"的例子是 T P 赖特给出的。赖特发现,在飞机机身生产中,生产机身所用的时间是生产同一类型机身数目的递减函数。其具体的关系式如下:第 N 架机身所用时间 $T \sim \frac{1}{N^3}$。在这一过程中,没有资本和劳动的新增投入,只有"从干中学",是它提高了生产的效率(Arrow,1962:156)。

不过,真正要用经济理论来说明技术进步基于"从干中学"并不容易。因为我们很难用可度量的量来表示"从干中学"和技术进步。为此,阿罗作了如下的假设:

(1) 用累积总投资代表经验(也就是学习);
(2) 技术进步体现在新的资本品上;
(3) 技术是油灰-粘土(putty-clay)模型,即技术在未体现于新资本品前是可变的,一旦体现在资本品上,便是不可变的。

设 G 是累积总投资,并且又用它表示累积总投资达到 G 时所出现的单位资本品。由于资本品有寿命限制,设为常数 T,则在任意时刻,将有序数 G' 到 G 的资本品在使用中。

令

$\lambda(G)$ = 在序数 G 资本品上工作的人数
$r(G)$ = 序数 G 资本品的产出率
x = 总产出
L = 总就业人数

则有

$$x = \int_{G'}^{G} r(G) \mathrm{d}G \tag{3-1}$$

$$L = \int_{G'}^{G} \lambda(G) \mathrm{d}G \tag{3-2}$$

$$G'(t) \geqslant G(t-T) \tag{3-3}$$

为了简便起见,我们不考察一般情况下上述方程的解,只考虑一个特例:$r(G)=a$(常数),$\lambda(G)=bG^{-n}$。这一例子对应于前面提到过的机身生产的情况:资本品产出率不变,但所需劳动力随时间而减少。

由此,我们得到方程(3-1)、(3-2)和(3-3)的解:

$$x = aG\left[1 - \left(1 - \frac{L}{cG^{1-n}}\right)^{\frac{1}{1-n}}\right], \quad n \neq 1, c = \frac{b}{1-n}$$

$$x = aG(1 - e^{-\frac{L}{b}}), \quad n = 1$$

在 x 的这一表示式中,x 对 G、L 是规模报酬递增的。更重要的是,G 这一学习的产物——经验,是生产函数的内生变量。

阿罗的工作在以下两个方面有重要的影响:一是从此以后人们把"从干中学"作为经济系统的重要变量;二是为学习这一活动的经济分析奠定了理论基础。当然,阿罗的工作也有一定的缺陷性。他把技术进步看成渐进的,而非突变的、不连续的过程,从而,他的工作只能说明渐进性的技术进步,不能说明根本性的创新。

其实,技术创新的整个过程都可看作是学习过程。罗森堡指出,相应于不同的技术创新阶段,有不同形式的学习。阿罗的"从干中学"是指这样一种学习,"它发生在产品设计完成后的制造阶段",它是"不断增加的生产技能",它致力于减少每一单位的劳动成本(Rosenberg,1982:121)。在这一阶段之前,有根据自然规律获得知识的学习过程;在研究与开发末了,有一个寻找产品最优设计的学习过程,它是对新生产活动的学习。这种学习致力于改善生产率,因不属于 R&D 的一部分,故常被人忽视。

这样,我们就有一个贯穿于技术创新过程之中的学习序列:获得知识的学习——新产品设计中的学习——新生产活动中的学习——由熟悉生产过程、改善生产过程本身的学习(阿罗学习)。

此外,罗森堡还强调这样一种学习,它发生于某些新产品已投入使用之后。罗森堡称它为"从用中学"(learning by using)。罗森堡之所以要强调"从用中学",乃由于许多耐用品的技术很复杂,只有在相当长的使用或强化性的使用之后,人们才能理解其功能特性,从而有一个从最终用户的经验中学习的过程,此类学习较少依赖科学知识或技术,主要依赖经验。

"从用中学"产生两类知识:体现型和非体现型。体现型的知识是指,有关一项新技术的经验导致对特定设计的功能、特性的进一步了解,并最终在设计上作出改进。非体现型是指,经过一段时间使用,你会更好地使用这项新技术,提高硬件的生产率。

"从用中学"包含了这样一种思想:一种新产品在刚刚走向市场时,并不完善,只有通过使用时不断加深对产品性能的了解,作出许多小创新,改善产品性能,才能使新产品成熟起来。由此可见,用户在创新中起着重要的作用。

在一定意义上说,强调学习在技术创新中的重要作用,就是强调人力资本在技术创新中的重要作用,强调创新人员充分了解技术创新的整个过程的重要性。在目前的我国,由于许多设备都是从国外引进的,与我国原有的体系相关甚大,且这些进口设备的维修权常在外方,这导致我国广大技术人员不能很好了解这些进口设备,缺乏学习机会,这自然阻碍了我国在引进设备上再创新的能力。再加上我国普遍只重视引进成套设备,忽视相关人员的培训,这就更恶化了上面所说的局面。我们认为,在学习上下工夫有助于摆脱我国在技术引进上所走的"引进——落后——引进"的恶性循环道路。

根据以上分析,结合我们自己的研究,可得出如下结论:

(1) 创新过程不是一成不变的东西,不同的产业、不同的环境会要求不同的创新模式;

(2) 创新过程可看作是在这一投入下求得产出最大化这种经济权衡后的活动安排;

(3) 创新过程是一个进化的过程。

3.5　Nelson 和 Winter 的演化经济学的创新过程模型

自 Nelson 和 Winter 于 1982 年出版《An Evolutionary Theory of Economic Change》以来,"演化"一词在西方学界成为时髦的术语。演化经济学关于创新过程的看法,有 3 个广为接受的机制。它们分别是:(1) 多样性(Variety)原则,即进化生物学的变异,这包括由现有企业实施的或者因新企业的创立而产生的激进创新和渐进创新,也包括决定进入或者退出一个产业的过程;(2) 遗传(Heredity)原则,即存在一种复制机制,这意味着创新被保留和积累,同时也涉及创新中的历史因素,因为创新的产生要受过去的经验和发展过程中其他因素所施加的影响,这在企业中表现为惯例的路径依赖;(3) 选择(selection)原则,即一些创新主体的特征能够较好的适应环境的压力,他们与那些不太适应的个体相比,在群体中的相对重要性就会上升,任何个体独特增长优势取决于环境的特征和个体间的互动、协调。

如果把 Nelson 和 Winter 的企业惯例分析视为一个主导理论的话,创新过程可以概括为惯例的变异,环境的选择,成功惯例的累积性保留。这种创新过程关键思想是,如果企业的运转出现异常,将有可能对现有惯例进行调整,企业努力调整其惯例的行为实际上就意味着创新。Nelson 和 Winter 把创新看作惯例化行为的一个典型,并且创新在很多程度上是由现有惯例的新组合而形成的,但不排除激进的、革命式的创新(Nelson 和 Winter,1982)。

Nelson 和 Winter 把企业行为受规则支配的观念提升为演化理论的"首要原则"。他们用惯例来表示企业的组织功能,是指一种有规律的、可预期的企业行为模式,是一种光滑序列的协调一致的行为能力。惯例是程序化的,在很大程度上是一种说不出来的知识,它控制、复制和模仿着经济演化的路径和范围,经济的演化过程是一个惯例的学习过程(Nelson 和 Winter,1982)。

Nelson 和 Winter 关于企业及惯例的解释与进化生物学中的生物体及其基因的解释存在相当程度的类似。按照惯例的定义,在很大程度上,它以基因指示生物体的相同方式"指示"企业去处理事物,具有记忆特征和遗传特征,因而提供了经济的自然选择发挥作用的、稳定的"遗传物质"。

Nelson 和 Winter 并未将惯例所发出的"指示"假定是由企业内的某个中央权威设计出来的。相反,它们被认为是在企业成员及其环境之间的相互作用中逐步演化而成的。

惯例也可以被认为是企业核心竞争力或者基本能力的一部分,也可以被认为是企业生产活动面临的机会集合中的一部分,至少与企业拥有的物质资源一样重要。综合起来,企业中的惯例有两种功能:一是动机方面的,惯例对企业可以起到协调功能;二是认知方面的,惯例可以作为企业的记忆储存器。

关于惯例是如何导致企业演化的这个问题,Nelson 和 Winter 借用了西蒙的"满意"假设,认为企业未达到满意的利润水平而进行序列搜寻行动,这将导致企业发生变化。第一步是对目前结果的一个机械反应:如果结果超出了某种期望水平,那么满意者将继续这一有益的行为路线,并使他对以前行为的坚持得以强化。反之,如果结果低于某种期望的水平,满意者将开始采取行动搜寻过程因此就会被引发。这样就到了第二步,不满意的满意者的搜寻行为应该不是"随机的",他们的搜寻行为被认为是显示出了规则性和一致性。满意者的搜寻过程被假定为是由第二顺序的"元规制",即搜寻或学习规则所支配的。引发第二顺序的规则将会导致新规则对第一顺序规则的替代。进一步也可能存在指示满意者如何"学会学习"的第三顺序的规则出现。如果第二顺序的规则仍然不能产生满意的结果,那么第三顺序的规则将会被引发,以搜寻更好的第二顺序的规则(Nelson 和 Winter,1982)。

3.6 用户创新

最近几年来,关于创新过程的讨论,越来越强调用户在创新过程中的作用被不断强调。

1988 年,美国麻省理工学院冯·希普尔教授在其著作《创新的源泉》中考察了 9 个产业的创新情况,发现各产业的创新源泉存在重大差异。其中,在科学仪器、半导体生产及印刷电路板组装和拉挤流程中,用户创新(user innovation)的比例最高,分别达到 77%、67% 和 90%,这表明用户创新在某些行业已经成为主要的创新来源。用户创新是指为"产品和服务的用户对这些产品和服务所提出的新设想或进行的改进"。自此,"用户创新"及其有效管理日益引起学术界和实业界的关注。

用户创新的激励因素来自于以下几个方面:(1)创新是一种利益驱动型行为,用户期望从创新中获益。熊彼特认为,成功的创新者可以从对创新的暂时性垄断控制中获得回报,即"经济租金"。冯·希普尔认为,在任何存在可观期望创新租金的地方,都存在创新者。根据不同创新者所期望的创新租金的差异可以预测创新功能源。(2)用户创新风险更小。在创新的早期阶段,由于突破性技术的复杂性所引起的设计的不稳定和市场的高度不确定,制造商没有足够的动机去开发。用户作为创新者可以从使用该项创新获益,而不需要采用将创新推向市场的方法获得创新租金,因此,创新用户面临的风险比其他创新者进行创新时面临的风险要小一些。(3)现有产品不能满足用户的需求。有学者发现在很多领域里,用户需求的差别大相径庭。企业主要依靠销售产品来获利,通过大规模生产,以较低的成本来满足消费者的需求。在当今消费经济时代,用户需求差异日益扩大,从而导致许多用户的需求未能得到充分的满足。当用户刚有某种需求时,由于市场较小,充满着不确定性,因此生产商未必愿意大规模生产能满足这种需求的产品或服务;或者由于市场调查本身的局限性,生产商往往很难准确了解顾客的需求,因此也就无法提供能满足用户独特需求的产品或服务。所以,用户需求得不到充分满足,是导致用户创新的直接原因。(4)信息黏性。信息黏性是指信息从一个地方传递到另外一个地方以供使用所产生的增量成本。这种成本越高,信息黏性就越大;反之,信息黏性就越小。一般来说,造成信息黏性的原因主要有以下3种:① 信息本身的性质。信息对环境的依赖性越强,转移成本也就越高。例如,隐性技术诀窍的转移,往往要花费很高的成本;而可以编码的显性知识的转移则要相对容易得多。② 信息转移数量。当用户创新所需要的信息量很大,且它们之间又存在密切的关联性时,转移成本也会急剧上涨。③ 信息需求者和提供者的能力和意愿。如果需求者具有较强的吸收能力,对信息持欢迎态度,且提供者比较主动地提供信息,帮助需求者获得信息,那么信息转移就会相对比较容易。创新所需的信息有很高的黏性,从信息产生地转移到信息需求地往往需要花费很高的成本。2005年,冯·希普尔指出,成功的创新需要两种主要的信息:一种是关于需求和使用情况的信息(由用户产生);另外一种是关于解决问题的信息(由生产商产生)。用户掌握着有关自己需求的信息,而且比较准确和具体。在创新的技术与成本要求不是很高的情况下,用户往往会表现出自己完成创新的倾向。所以,从信息黏性的角度看,用户创新具有很大的经济性与合理性。(冯·希普尔,2005)

3.7 结　　语

关于创新过程,技术驱动与市场拉动是一个各有千秋的过程。但大多数市场驱动的创新是渐进的创新,而科技驱动的创新会有更多的突破性的创新。

另外,在强调开放创新的今天,创新的过程越来越全球化了,在一个创新的发展中,会有全球不同企业进入创新的接力棒中。关键是这些企业能够参与其中,并创造相应的价值。而参与的角色越来越多,如大学研究可以成为重要的创新来源,用户在一些领域可以是创新的驱动者。这在数字和社区媒体时代,更是明显。

参 考 文 献

[1] Arrow K. 1962. The Economic Implications of Learning by Doing. Review of Economic Studies XXIX, 155-173.

[2] Bush V. 1945. Science, the Endless Frontier: a Report to the President. Washington D.C.: U.S. Government Printing Office.

[3] Gallagher, Kelly Sims, Fang Zhang. 2013. Climate Technology & Development Case Study: Innovation and Technology Transfer Across Global Value Chains: Evidence from China's PV Industry, Tufts University. Working Report. July.

[4] Hicks J. 1932. The Theory of Wages. London: Macmillan.

[5] Kline S, Rosenberg N. 1986. An Overview of Innovation. In: Landon, R., Rosenberg, N. (Eds.), The Positive Sum Strategy. Washington D.C.: National Academy Press.

[6] Rosenberg N. 1976. Perspectives on Technology. New York: Cambridge University Press.

[7]　Rosenberg N. 1982. Inside the Black Box. London：Cambridge University Press.
[8]　Rothwell R，Zegveld W. 1985. Reindustrialization and Technology. London：Longman.
[9]　Salter W E G. 1960. Productivity and Technical Change. New York：Cambridge University Press.
[10]　Schmookler J. 1966. Invention and Economic Growth. Cambridge：Harvard University Press. Chapter Ⅶ.
[11]　Solow R. 1957. Technical Change and the Aggregate Production Function. Review of Economics and Statistics 39：312-320.
[12]　Nelson R，Winter S. 1982. An Evolutionary Theory of Economic Change. Cambridge：The Belknap Press of Harvard University Press.
[13]　Nelson R. 1987. Understanding Technical Changes as an Evolutionary Process. Amsterdam：North-Holland.
[14]　Utterback J M. 1974. Innovation in Industry and the Diffusion of Technology. Science 3，620-626.
[15]　冯·希普尔,著.柳卸林,等译.2005.创新的源泉.北京：知识产权出版社.
[16]　速水佑次郎,弗农·拉坦.1985.农业发展的国际分析.北京：中国社会科学出版社.
[17]　熊彼特.1990.经济发展理论.北京：商务印书馆.
[18]　亚当·斯密.1988.国民财富的性质和原因的研究.北京：商务印书馆.
[19]　约翰·希克斯.1986.经济学展望.北京：商务印书馆.

第4章 市场结构和技术创新

市场结构与创新的关系可以说是西方学者花费精力最多的研究领域,但这方面研究的结论常常互相矛盾,令人失望。谢勒尔(F Scherer)说得对,市场结构变量对创新的影响还不及其他变量(Scherer,1980:432)。虽然如此,西方学者仍然澄清了市场结构与创新之间的许多关系,并在理论上、实证上都得出了许多有价值的结论。

西方学者之所以对市场结构与创新关系的研究抱有如此大的热情,其原因是多方面的。首先,他们大多受熊彼特的影响;其次,西方许多人,尤其是美国学者,偏好完全竞争,对垄断资本主义并不信任,所以他们对熊彼特的"垄断最有利于创新"这一断言的可靠性很关注;再者,这一方面研究的数据易得,市场结构的理论也较完善;最后,这一研究与产业政策相关。

4.1 熊彼特假设

有关产业组织、市场结构与技术创新关系的研究,一般都以熊彼特开创性的工作为起点。这一领域的研究常被人称作是后熊彼特的或熊彼特主义的。为此,我们先介绍熊彼特自己在这一领域的一些论断。

熊彼特关于技术创新与市场结构关系的论述主要见于他的《资本主义、社会主义和民主》一书。在该书中,熊彼特对当时人们强调完全竞争的做法提出了批评。他说:"只要我们深入事情的细节,追踪进步最惊人的个别项目的由来,那么,我们不会追踪到工作于比较自由的竞争条件下的商行门上,却分明会追踪到大企业门上"(熊彼特,1979:103)。

在该书的另一处,他又说:"我们必须接受的是,它(指企业生产结构)已经成为经济进步的最有力的发动机,尤其已成为总产量长期扩张的最有力的发动机……就这点来说,完全竞争不仅是不可能的,而且是低劣的,它没有权利被树立为理想效率的典范"(熊彼特,1979:133-134)。

熊彼特为什么对垄断如此青睐呢?这是因为在他看来,创新是一项不确定的活动,除非有足够实力敢承担创新风险。否则,创新是无吸引力的,而大企业恰好为企业家提供了这种风险担保。故垄断是创新的先决条件。而且,正是对垄断利润的期望给创新提供了激励,因此,竞争必然走垄断。

熊彼特由此出发,自然地认为大企业最适合于创新,因为他本人并没有在大企业与垄断之间做出区分。他说:"垄断事实上意味着任何大规模企业"(Schumpeter,1939:1044)。倒是后来学者对大企业与垄断做出了区分。

关于大企业最适合于创新的假设,其实是由美国著名的制度经济学家加尔布雷斯(J Galbraith)提出来的。加尔布雷斯认为:当今创新费用是如此之高,只有大公司才担负得起。他在《美国资本主义》一书中指出:"说技术进步是小人物受竞争的压力、应用他们世罕其匹的聪明才智,为过着比邻居好而努力的产物,无疑是一个愉快的虚构。但令人不快的是,这仅是虚构。技术发展早就是科学家、工程师的份内之事了……由于发展是高成本的,这必然导致只有资源且有相当规模的企业才能胜任"(Galbraith,1952:86-87)。

我们从经验得知,垄断在创新方面有如下优势:(1)可以采取一系列手段(如专利、版权和商标),阻止竞争者仿造某种创新;(2)垄断者在研究和开发方面的信誉可吸收人才;(3)垄断者有资金优势。但垄断也有不少劣势:超额利润使垄断者失去竞争压力,垄断性企业会因袭传统。

相对于小企业,大企业有如下优势:(1)如熊彼特、加尔布雷思所说的,大企业有资金保障;(2)大企业能承担风险;(3)大企业在R&D上会有规模经济;(4)大企业在过程创新上有优势。

但小企业也有自己的优势。小企业常在新思想、新发明上起重要作用;小企业家富有创业精神,小企业实施创新的速度快于大企业。

显然,要对熊彼特的几个假设做出明确答复,需要大量的实证研究。即使如此,许多问题至今也没有明确的结论。

4.2 实 证 研 究

市场结构主要包括企业规模和市场集中度(concentration)等,下面我们逐次介绍它们与技术创新的关系的实证研究结论,包括阈值、倒U型关系与使用经营单位(Business Unit)数据的研究等。

一个明显的事实是,大企业集中了绝大多数的R&D活动及经费。如1970年美国多于5 000名雇员的大公司的R&D费用占所有产业R&D费用的89%,1978年这一比例是90%;同一比例在原联邦德国(1979年)是75%;在英国,比例也差不多。在1978—1979年间,日本雇员多于3 000名的大企业的R&D费用占所有产业R&D费用的2/3(Freeman,1989:132)。

再就R&D活动看,1972年美国制造业企业约有263 000家,其中32 000家企业的职员从50名到999名不等。在这些小企业中,10 000家企业有正式的R&D活动。在职工人数1 000名到4 999名的1 315家中等制造业公司中,47%的企业有R&D项目。在540家职工人数超过5 000名的大公司中,90%的企业有正式的R&D机构。可见,绝大多数大企业从事不同程度的R&D活动,而只有一少部分小企业有类似的活动(Freeman,1989:419)。

在我国,统计显示,2011年,我国规模以上工业企业中设立研发机构的只有2.55万家,只占全部规模以上企业的7.8%;其中,大中型工业企业中设立研发机构的有1.2万家,占全部大中型工业企业的19.8%。而大量的中小企业几乎都没有自己的研究开发机构(喻思娈,赵永新,2013)。这一格局与我国的发展阶段有密切关系。

那么,是否大企业有我们所说的R&D规模经济?他们创新活动的效率如何?何种规模的企业最有效率?

1. 早期的研究和阈值

在20世纪五六十年代,学者们刚刚开始对技术创新进行系统的研究,故许多研究落入熊彼特给定的框架内。

较早进行创新与垄断关系实证研究的是麦克拉林(Maclarin)。他在1954年分析了美国13个产业从1925—1950年间的技术进步状况,发现高度垄断性质的企业技术进步要比一般企业快。从而断言:"某种程度的垄断是技术进步必不可缺的",但麦克拉林同时强调自由、竞争精神对创新的激励作用(Baldwin和Scott,1987:65)。

1963年,曼斯菲尔德通过贸易协会和杂志的调查,确定了1918年到1958年间钢铁、炼油、沥青煤产业的重大创新。他发现,在沥青煤和炼油业,4个最大企业拥有的创新数,其比例远大于他们的市场产出额。对钢铁业而言,情况则恰好相反。这似乎意味着,技术创新与垄断的关系,因产业不同而不同(Baldwin和Scott,1987:70)。

1965年,谢勒尔分析了《幸福》杂志上1955年列出的500家美国大企业中的448家公司。他用这些公司1959年注册的专利来代表这些公司4年前的发明,得出如下结论:

(1) 专利的强度与企业大小没有明显的成正比增长的关系;

(2) 专利的强度或R&D人员与利润没有显著的关系,从而否定了熊彼特的断言:已获得的垄断地位将为创新活动提供资金;

(3) 专利与R&D人员有明显的相关关系;

(4) 市场集中度对专利有影响但不显著。

据此,谢勒尔断言:"这些发明,与其他事实一同,对这样一个熊彼特的信徒(包括我自己)相信的命题提出了质疑:规模大的、垄断性的、综合性的公司是技术进步有效的发动机"(Baldwin和Scott,1987:70-71)。

类似上述的工作被美国学者们一做再做,光专著就不下十多种。结论有支持熊彼特假设的,也有持反对意见的。

在20世纪60年代中期,有两项工作显得比过去更系统了。一项是马卡姆(Markham)在1965年作的评论;另一项是由纳尔逊(R Nelson)等人在1967年所做的综述工作。

马卡姆认为,许多人包括谢勒尔、曼斯菲尔德等,都误解了熊彼特。熊彼特真正的假设应是:没有剩余资金,不可能承担有风险的、不确定的创新。但这并不意味着,"表现为R&D费用的一个企业的创新努力,将是市场支配力、企业规模或者说,已得利润的连续的增函数"。相反,熊彼特理论只是一个阈值理论。它意味着,偏离完全竞争状态是创新的先决条件,但并非偏得越多,创新会同比例地增加(Baldwin和Scott,1987:72)。

按照这一观点,马卡姆认为,谢勒尔、曼斯菲尔德等人的工作都证实而不是证伪了熊彼特的假设。

纳尔逊等人的工作是以美国科学基金会的工作为基础的。他们的工作支持了马卡姆的假设:阈值是明显存在的。"虽则大多数产业的R&D与销售比从雇员少于1000人的企业群到雇员1000~5000人的企业群呈上升趋势,但在雇员人数多于5000人的大企业中这一趋势不再存在"(Nelson et al.,1967:67)。

但纳尔逊否认在整个经济中甚至一个产业内有单一的阈值;这一阈值,因不同时间、不同产业而不同。

曼斯菲尔德及其同事的工作也得出了相似的结论。1968年,曼斯菲尔德考察了数个产业,并没有发现创新活动的规模经济效应。"在给定规模的企业中,一个企业的重要发明数与其研究和开发费用高度相关……在大多数产业,最大公司给定规模的R&D项目的生产率不如一些小企业高"(Baldwin和Scott,1987:76)。

在1971年出版的一本书中,他们又这样说:"就缩短时间要求研究的一定灵活性而言,一个较大组织会因惯性、更困难的管理问题而受到限制"(Baldwin和Scott,1987:77)。

这样,曼斯菲尔德及其同事便否定了熊彼特、加尔布雷斯的断言。他们认为,没有事实支持这样的论断:大企业有助于创新。

1977年,曼斯菲尔德及其同事的工作再次证实了他们过去研究的结论:在企业规模超过一定阈值之后,在企业规模和R&D活动及创新产出之间不存在显著的相关性。此后,许多学者的研究也都支持曼斯菲尔德及其同事的这一研究结论。

1979年,索埃特(Soete)采用了《商业周刊》收集的美国1975—1976年间700家大公司的R&D支出数据。索埃特通过分析发现,R&D经费与销售额之比确实随企业规模增加而增加,对6家职员超过250 000人的最大企业,情况尤其如此(Baldwin和Scott,1987:84-85)。

索埃特认为,他的研究证实了熊彼特的关于企业规模与创新关系的假设。但许多学者认为,索埃特的这一工作把许多不同性质的产业混在一起,其中有些高技术产业确实与企业规模有很强的相关关系。一旦依产业逐个分析,结论就会不一样。

目前看来,在不同的产业,企业规模与创新关系有很大的不同。如钢铁大企业,创新不多;而化工大企业,创新就很多。我们可以这样说:就整个产业而言,迄今还没有可靠的证据支持熊彼特的假设。关于什么是最适合创新的企业规模,学者们常持折中的态度。谢勒尔就认为,较大企业最适合于发明和创新(Scherer,1980:422)。

2. 倒U型关系

早期实证研究假定企业规模与创新之间是一种单调线性关系。为克服早期研究中存在的缺陷,Scherer以1955年500强企业中的448个企业数据为样本,以R&D人员为被解释变量,用销售收入及其平方项和立方项为解释变量。研究发现,R&D人员和企业规模之间存在着倒U型关系(Scherer,1965)。Scherer发现的企业规模与创新之间的倒U型关系成为后续研究的一个新起点。

Grabowski利用1959—1962年16个化学企业和10个医药企业数据,以R&D支出为被解释变量,以销售收入及其平方项为解释变量。研究发现,医药产业中,R&D强度与企业规模之间存在着倒U型关系;而在化学产业中,R&D强度随企业规模单调增加(Grabowski,1968)。Philips以301个比利时企业数据为样本,发现R&D人数与总雇员人数的三次方程在统计上拟合优度最好。研究发现,总员工人数约为10 000人时,R&D人员强度达最大。研究还发现,在绝大多数产业中,R&D人数对企业规模的弹性都小于1(Philips,1971)。Howe和McFetridge以1967—1971年间加拿大电子、化学和机械产业的81家企业为样本,在控制税后利润、折旧费、政府R&D资助、市场集中度、国外企业与国内企业对R&D支出的影响后,研究发现,电子产业中国内企业规模和国外企业规模与R&D支出之间均呈现显著的倒U型关系(Howe和McFetridge,1976)。

Loeb和Lin运用1961—1972年间美国6个医药企业的数据发现,销售收入的二次方程给出了R&D支出的最好拟合,企业规模与R&D支出之间存在着显著的倒U型关系。如果以科学家和工程师的平均年度报酬为被解释变量,以企业税后净收入表示规模,二者之间也存在着显著的倒U型关系(Loeb和Lin,1977)。

Scherer、Kamien和Schwartz在总结以上研究成果的基础上认为,企业规模与R&D之间的关系似乎存在着一致的结论:存在一个规模的临界值,在临界值之前,R&D强度随规模而增加;而在那些很大规模的企业中,R&D强度甚至随规模下降(Scherer,1980;Kamien和Schwartz,1982)。

但是,也有一些研究得出了与此相反的结论。Bound等人运用1976年美国R&D支出为正值的1 479个企业样本进行了研究。他们虽然再次发现企业规模与R&D支出之间存在明显的非线性关系,但并没有像以前的研究那样发现倒U型关系,而是发现了U型关系:R&D强度先是随着规模减小而下降,而后又随着规模增大而上升,即最小和最大的企业都比中等规模的企业有更大的R&D强度(Bound et al.,1984)。这一发现使得企业规模与R&D之间的关系又变得扑朔迷离。

3. 使用经营单位数据

一般来说,大企业通常生产多种产品以满足不同的市场需求。然而在实证研究中,通常把多产品企业归入某个产业。所以,使用企业层面数据往往忽视了企业的多产品特性,掩盖了企业与企业下属经营单位在生产经营活动上的差异。美国联邦贸易委员会(Federal Trade Commission,FTC)通过调研提供了经营单位数据,这一数据集克服了企业层面数据的缺陷,避免了将多产品企业仅仅归入某一产业的弊端。学者们利用这一数据集对规模与创新之间的关系做了更精细的分析。

Scherer运用美国联邦贸易委员会1974年196个产业的经营单位数据取代了以前研究中通常使用的企业数据。回归分析表明,R&D支出强度随销售收入增加的产业数量占产业总数的20 14%;R&D支出强度随销售收入下降的产业占8 12%;在其余产业中,R&D支出强度与销售收入的关系在统计上不显著。这项研究表明,经营单位规模与R&D投入的关系因产业而异(Scherer,1984)。

Cohen、Levin和Mowery使用美国联邦贸易委员会345家大企业的经营单位数据,分别从企业和经营单位的角度探讨了规模与R&D之间的关系。研究发现,在控制了产业特性等变量后,企业规模对经营单位R&D强度仅有不显著的正影响;经营单位规模对经营单位的R&D强度也没有显著影响,但是它影响经营单位从事R&D活动的概率。而且,经营单位规模和企业规模两者对R&D强度的解释力不足1%(Cohen et al.,1987)。

Cohen与Klepper利用R&D成本扩散思想构建了理论模型,认为:(1)规模与R&D的关系应产生于经营单位水平上;(2)对创新成果容易出售、因创新而导致企业快速成长的产业而言,经营单位规模与经营单位R&D支出之间仅有较弱的关系。利用联邦美国贸易委员会1974—1977年的经营单位数据进行的实证检验表明,经营单位规模对经营单位 R&D 支出有显著正影响,而企业规模对经营单位 R&D 支出几乎没有影响。实证检验也支持了第二个推论(Cohen 和 Klepper,1996)。

4. 市场集中度、产业进入与技术创新

市场集中度与创新的关系,与前几个关系一样,同样缺乏一致的结论。

1956 年,菲利浦斯(Philips)发现,在 1899—1939 年间美国 28 个产业中,高度集中的企业有更快的技术进步。

卡特(Cart)和威廉姆斯(Williams)在 1957 年对英国 1907—1948 年 12 个产业的调查证实了菲利浦斯的结论。

威廉姆斯在 1965 年对 1919—1938 年、1939—1958 年间某产业 4 个最大企业的有关数据进行回归分析,结论是:市场集中度对 4 个最大企业的创新业绩的影响是负向的(Kamien 和 Schwartz,1982:91-92)。

产业集中度是衡量市场力量的重要指标之一,市场力量与技术创新活动之间的关系比较复杂。不少实证研究发现,市场力量与研发投入之间是正相关关系,而与创新产出是非正向关系。这是因为,集中度较高的市场具有较高的价格——成本边际,吸引在位企业和潜在进入者更多地进行研发投入,但是高集中度往往导致研发投入中的效率损失。即集中度越高的产业,研发投入越多。但是创新产出只是相当于甚至少于集中度低的产业。这意味着,一方面当竞争程度较低时,企业在研发方面的费用要高于最有效率的水平;另一方面,相对于大企业而言,小企业为了生存,其成本意识更强,研发效率更高。技术创新的目的主要有两个:通过技术创新设计生产出新产品,称为产品创新;通过技术创新改进生产工艺,提高生产效率、节约生产成本,称为生产创新。通常用价格——成本边际的提高来表示创新动机和收益。价格——成本边际越高,企业的创新动机就越强烈,创新的收益就越大。在上述两个模型中,①在生产创新中,企业价格——成本边际的提高来自于生产成本的下降,只要创新不被竞争对手模仿,企业将不断从较高的价格——成本边际中获益;②在产品创新中,价格——成本边际上升,是由于购买者愿意为新的产品特性付出更多而导致价格上升,这种受益过程一直持续到新产品特性被竞争对手模仿。实证研究显示,企业规模对产品创新和生产创新的影响是不一样的。生产创新与规模的相关性要高于产品创新与规模的相关性,即生产创新和产品创新具有不同的规模弹性(size elasticity)。在研发投入的分配中,企业的规模越大,用于生产创新的投入比例越高,用于产品创新的比例越低。这意味着,小企业将花费更高比例的研发投入用于产品创新,即在两类创新中,产品创新更适合用作小企业进入市场的工具。

产业进入的难易,也是市场结构的一个重要因素。科玛诺(Comanor)于 1967 年在这方面做了一项较出色的工作。他原初的设想是:研究活动的目标在于通过产品多样化筑起进入的壁垒。通过一系列研究,科玛诺后来放弃了原来的设想,得出了这样的结论:当技术进入壁垒太低或太高,其对创新的激励都将大大低于壁垒处于中间层次的情况(Kamien 和 Schwartz,1982:93)。

4.3 机制研究

很多学者认为,企业规模和市场势力对创新有积极影响,因此致力于通过经验研究来确定这种影响背后的微观机制。关于影响机制的重要假说中,认为企业规模对创新的益处有以下4点:一是R&D项目一般包含大额固定成本,只有大规模生产销售才能收回;二是创新中的规模和范围经济效应,适度的企业规模可以为企业进行创新提供较好的资金保障;三是大型的多元化企业易于利用未预见的创新;四是大企业能够同时进行很多项目,并以此分散R&D的风险。

同时,高集中度的产业有利于创新活动的原因有两方面:一方面,企业市场势力大,则有更丰厚的利润来资助R&D;另一方面,企业市场势力大,则更容易独占创新所得,因此更有创新动机。

这些观点得到了部分经验研究的支持,同时也受到了很多批评,最重要的批评意见是它们都是单向的因果关系,即从市场结构到创新活动,而没有考虑市场结构的内生性,即创新对市场结构的影响。

1. R&D 的成本

一种观点认为,典型的R&D项目包含很大的固定成本,小企业的市场销售额不足以回收这些成本。这种观点有两个隐含的假定:一是企业只能自己开发利用自己的创新;二是小企业的现有规模是企业成长的不利因素。

R&D项目的成本是不是一般都很大呢?这方面没有系统的材料,但"典型的R&D项目"这种考虑可能没有意义。一些产业,像飞机制造,大企业都难以独立支持其R&D;而像仪器产业,R&D成本相对就很小。同一个产业中,不同项目的差异也可能很大。而且,大的创新之后通常有很多小的改进性质的创新,其总的市场价值可能比大创新更大。

大的R&D项目是否可以通过小企业的联合开发来进行呢?这个问题也没有经过系统的研究。联合的管理成本有可能很高,难以取代大企业的作用。而且有研究认为企业规模与参与R&D联盟的倾向正相关。也有研究发现许多R&D密集型的小企业参与R&D联盟,但主要是与大企业合作。

总的来说,R&D项目的成本在产业间和产业内的差异都很大,而且企业规模和市场结构应该被视为内生的,因此不能由R&D的成本推断大企业一定有创新优势。

2. 规模和范围经济

对创新活动的规模和范围经济的研究主要在两个方面进行:一方面,考察R&D的"生产率"(即创新产出对R&D经费或人员的比率)与企业规模的关系;另一方面,分析创新的投入和产出的关系。

一些学者认为,创新活动中存在规模和范围经济,企业内部不同研究项目间的有正的溢出,较大的团队更有互动和互补效应。反方的论据通常是大企业的组织难题,如管理失控、官僚主义等。

早期的跨产业研究没有发现创新活动中的规模和范围效应,有些甚至发现了规模不经济。较近的研究也是如此,如Scherer通过对124个产业的分析发现:这其中15.3%

的产业有报酬递增,25%的产业有报酬递减,其他产业报酬不变(Scherer,1983)。

有人认为,大企业的创新更重要且更有市场价值,这方面的研究没有确切结论。重要的创新在初始阶段通常效率不高,小的渐进的改进更有市场价值。因此,这种讨论甚至很难展开。

值得注意的是,创新的投入和产出以及R&D生产率的测量手段都存在争议。一些学者认为,很多小企业的R&D是非正式的,因此在统计数据中被低估。也有人认为,大企业的专利申请倾向比小企业偏低。而且,一些大企业有基础研究,大企业的部分创新活动与小企业可能有本质的不同。这样,R&D的回报可能难以直接比较。

总之,虽然存在测量困难,跨产业的研究仍然有比较一致的结论,即R&D生产率一般不随企业规模的增长而提高。

但产业间可能存在很大的差异。Henderson和Cockburn使用制药业的10家主要公司的研究项目层面的数据,考察了30年的研究支出和专利的关系,发现越大的公司研究项目的生产率越高,而专利同多元化之间有倒U型关系(给定公司和项目规模)。研究者由此认为,在发现新药这个领域,在一个阈值内存在规模和范围经济(Henderson和Cockburn,1993)。

需要强调的是,R&D生产率与企业规模的关系和更一般的最优创新规模不是同一个问题。Cohen与Klepper指出,R&D生产率与企业规模的负相关不意味着大企业的创新效率更差。大企业R&D的固定成本更高,因此会做更多的R&D项目来分摊,使大企业R&D的边际产出落到相对于小企业更不经济的区间,但这不意味着大企业R&D的净收益更低(Cohen和Klepper,1996)。Cohen与Klepper使用FTC数据所做的经验研究也支持了他们的成本分摊模型。这说明只注意R&D生产率,忽视创新的最佳规模可能是误导性的。

3. 多元化

多元化有助于R&D,尤其是基础研究,是纳尔逊提出的假设(Nelson,1989)。目前学者推断大企业多元化与创新正相关,主要基于以下三个假说:一是上文所说的多个研究团队之间的正溢出和范围经济效应;二是多元化的大企业能够更好地利用未预见的创新,特别是对于基础研究,研究结果经常是意料之外的,多元化的大企业更有机会利用与现有产品线无关的新知识;三是大企业能够同时进行多个项目以分散R&D风险。

经验研究中很难分开检验这三种机制,因此这方面的多数研究都是简单地考察多元化和创新活动之间的关系,但并没有得出一致的结论。要证实这一论断,首先必须找到能代表多元化的指标。格拉博斯基(Grabowski)1968年用标准产业分类中独立的五位数产品数作为多元化指标,对多元化与R&D开支的关系作了回归分析。得出的结论是:在所研究的3个产业里,都存在有正相关关系,但只有化学药品产业相关性显著(Kamien和Schwartz,1982:99)。谢勒尔也在1965年做过一个类似的工作,他的结论是多元化并不必然有利于创新(Kamien和Schwartz,1982:99)。

一个严重的问题是产品线效应:如果一个企业的主要产品需要高(或低)的R&D强度,当它开展多元化经营进入其他领域时,其R&D强度的下降(上升)说明不了什么问题。解决这个问题的一个尝试是区分技术相关的多元化和技术不相关多元化。Scott使用 FTC 的商业数据中的 355 个企业,分为"有目的的"多元化和"无目的的"多元化两类,分别是进入相关和不相关的产业,发现虽然因产业而有差异,但总的来说"有目的的"多元化的企业,其 R&D 强度要更高(Scott,1993)。这可能支持了范围经济效应促进 R&D 强度的假说,但也可能是在初始产业中 R&D 资本的积累导致了相关多元化。

总的来说,因为测量和内生性问题,这个领域的研究很难有确切结论。研究显示技术相关多元化与 R&D 之间有正相关关系,但并不清楚因果关系的方向,不同产业可能也有较大差异。

4. 资金约束

支持市场势力促进创新的假说的论据,从企业方面说是企业规模因素,从市场方面说是资本市场的不完善。R&D 活动包含或大或小的沉淀成本,这是较高的风险因素,因此内部或外部资金的可得性是 R&D 活动计划的主要约束之一。这也是为什么市场势力或企业规模可能很重要。作为研究主题的有两种假说:一是市场势力大的企业能够更好地以企业利润支持 R&D 活动,因此高集中度产业的 R&D 强度更高;二是大企业更容易从外部融资,因此大企业比小企业有更高的 R&D 强度。

内部资金对创新活动的重要性已经得到充分证实。在对 1 678 个美国大企业 1976—1987 年数据的研究中,Hall 发现,R&D 强度高的企业负债较少(Hall,1992)。在对 130 个美国和英国高科技小企业的研究中,Oakey 等人发现,其中 2/3 以自己的利润作为主要投资资金来源(Oakey et al.,1988)。

从市场势力中获得的高利润有利于创新活动的假说,启发了学者考察现金流和创新活动的关系,如果二者正相关,则显示流动资金约束是影响 R&D 的因素。这方面的研究总体上支持这个假说。如上述 Hall 的研究,发现现金流与 R&D 投资显著正相关(Hall,1992)。另外几位学者也得到类似的结论,但也有少数学者报告了负相关的研究结论。因此,对现金流的定义是一个争议问题。

小企业在创新中的资金约束问题得到了大量的研究。主要发现有:一是小企业的利息率和担保要求要高于大企业;二是小企业的融资渠道比大企业少;三是高速增长的小企业和起步企业融资问题更明显。

5. 独占性条件

有学者提出假说认为,市场势力大有利于独占创新收益,因此会激励创新。检验这个假说需要从这几个方面着手:一是市场势力大的企业受益于专利体系的程度,以及专利体系对于独占性的作用;二是市场势力大的企业受益于其他独占性机制的程度,如秘密、领先时间、营销和服务方面的投资、从干中学、控制分销渠道等;三是独占性条件对于 R&D 的激励效果。

研究显示,不同产业中专利的作用非常不同。Levin 等学者调查了 130 个产业,其中仅有 5 个产业认为专利在阻止模仿方面高度有效,20 个产业认为相当有效。对于过程创新,仅有 3 个产业认为专利高度或相当有效。有效性总分为 7 分,过程专利得分 3.52,产品专利得分 4.33(Levin et al.,1987)。市场势力大的企业是否更能利用专利手段保护创新,与各国专利体系的特点有关。Scherer 分析了美国的 148 个专利决策,没有发现小公司比大公司有什么劣势。专利有效性有限的一个原因是竞争对手能够合法地绕过专利,另一个原因是对侵权的诉讼可能泄露更多的信息(Scherer,1991)。

在许多产业,企业认为其他独占性手段更有效。Levin 等调查的 130 个产业中,有 80% 认为投资于互补性的销售和服务努力高度有效。其他机制的有效性因产业而异(Levin et al.,1987)。这些机制与市场势力的关系缺乏研究。小企业可能更难以投资于互补性的销售和服务,以及利用学习曲线,因此可能更依赖于专利。

学者一般认为独占性与 R&D 激励正相关,但这方面的经验研究很少,结论也不确定。产业因素有多大影响也不确定。

6. 内生性的问题

近年的很多研究是建立在创新和市场结构的两个变量的内生性的基础上的,着重分析技术、需求特点、制度框架、战略和时机等影响要素。这方面的研究主题有:一是行动优势和劣势,例如,从干中学、组织惯性,以及它们对市场份额演化和技术领先地位的影响;二是需求特点,例如,产品差异化程度,以及它们对产品改进或系列化、市场结构的影响;三是企业创新和增长的随机模型,以及它们对建立在产业生命周期之上的市场结构演进的影响。

一些研究聚焦于 R&D 密集型行业,考察技术领先地位和市场份额的演化的决定因素。Gruber 研究认为,在产品升级换代过程中,特定企业的"干中学"是维持其市场份额稳定的机制;在"干中学"不太有效的市场中,就有"蛙跳"现象。在如果产品的质量改进过程是连续和可预见的,干中学就会带来首先行动优势。由于创新活动的不确定性,以及组织惯性、沉淀成本等因素,技术领先者可能难以对技术的重大转折作及时反应,后来者就可能蛙跳式地超越原技术领先者。因此,技术的不连续变化会降低市场集中度(Gruber,1992a,1992b,1995)。

在需求特征与市场结构的研究中,Sutton 发现了同时影响 R&D 强度和市场集中度的两个要素:一是 R&D 成本曲线的弹性,这个要素反映产品技术性能的改进的回报;一是产品的差异化的程度,反映消费者需求的差别化程度,间接反映出引进新产品的回报。Sutton 认为,在技术机会多的产业中,R&D 支出是改进现有产品还是开发新产品是一个重要的权衡。前一种战略将导致高集中度,因为在位企业的 R&D 投入需要大规模产出才能收回;后一种战略导致相对低的集中度,开发新的差异化产品的机会将吸引新企业进入(Sutton,1996)。

近期不少研究以企业创新和增长的随机模型为主题。Klepper 假定在产业演进过程中,企业面临的产品和过程创新机会维持不变,企业的创新能力随机分布,企业的 R&D 回报与企业规模正相关。这样,在初始阶段的竞争中幸运成长起来的企业,具有了规模优势,于是新企业的进入停止,产业集中度提高(Klepper,1996)。有学者批评这个模型过分地简化,但探讨机遇、技术变化、可预见性和不可预见性等因素,对理解市场结构和创新活动的相互影响显然是必要的。

7. 成熟企业与新兴企业的创新差异

近几年来,管理学领域兴起了一个成熟企业与新兴企业创新能力差异性的研究。

克里斯滕森(Christensen)教授认为,可将创新分为渐进性创新和破坏性(destructive)创新。但不同企业对市场和产品有不同的价值体系,这种价值体系的差异导致成熟企业看不见破坏性创新机会。渐进性创新是对客户已接受的产品和服务的改良与提高,破坏性创新并不是提供更好的产品给客户,而是推出性能没有主流产品好,结构相对简单、更便宜、更便利的产品给要求不高的新客户,破坏了既有市场。但破坏性创新的演化路径是破坏性产品一旦立足,便进入产品的渐进性改进阶段。产品的改进速度大于客户所要求的速度,技术最终也会达到满足高端客户的要求,进入高端市场,破坏者就有可能称为市场上领军者。但破坏性创新往往是新兴的企业,而不是已有的成熟企业。这是为什么呢?

技术进步的步伐可能会经常超出市场的实际需求。相比某些类型的新兴企业,成熟企业的消费者和财务结构更加倾向于看上去对他们具有吸引力的投资。他对硬盘驱动器行业、挖掘机行业和钢铁行业进行了测试和验证。在此基础上克里斯滕森提出了如何来应对和管理破坏性创新,以避免变化来临时企业会失败,求得企业长久稳定的发展。

所有持续性创新的共同点都是根据主要市场的主流消费者一直以来所看重的性能层面来提高成熟产品的性能,没有摆脱原来的技术轨道。而破坏性技术就是给市场带来以下几种截然不同的价值主张:

(1) 将发展破坏性技术的职责交给确实存在消费者需求的机构,以便确保资源能够流向这些机构。

(2) 设立一个能够欣然接受小收益的独立的小型机构。

(3) 为失败做好准备。不要在第一次就用尽所有的资源,因为你不可能在第一次尝试中就抓住正确的市场方向。在对破坏性技术进行商业化开发时,将最初的种种努力看作是学习机会,在获得相关数据后做出调整。

(4) 不要寄希望于技术突破。尽早开始行动,为破坏性技术的当前属性寻找市场。你将在当前主流市场以外的地方找到它们的市场。而且,你还将发现对主流市场不具备吸引力的破坏性技术属性正是建立新型市场所依赖的属性(Christensen,1997)。

4.4 理 论 探 讨

4.4.1 阿罗论市场结构与创新

熊彼特关于市场结构与创新关系的假说,对理论家提出了挑战。

在20世纪50年代,贝恩(Bain)、索尔特(Salter)等人都不同程度地谈过市场结构与创新的关系。贝恩曾提出,通过进入壁垒,垄断可获得超额利润,从而可在内部解决创新资金问题。但贝恩也认识到,这样一种市场高度集中的结构,其创新表现不会令人满意(Baldwin 和 Scott,1987:13)。

市场结构与创新关系理论研究的第一里程碑是由阿罗(K Arrow)树立的。他在《经济福利和发明的资源配置》一文中,比较了纯粹垄断和竞争对创新的影响(Arrow,1970)。

阿罗假设,在创新活动前后,市场上没有R&D活动或者说创新的竞争,但有发明垄断者。他既可将其减少成本的发明转让于一个竞争的企业,也可自己利用这一发明垄断产品市场。这样,对产品垄断者而言,其创新的利益动力是创新前后利润之差;而发明的垄断者可从竞争的企业中提成收益,故他的利益动力是所提成的收入。

若发明是根本性的,则创新后的垄断价格将低于创新前的竞争价格;假设需求曲线不变,那么对把发明使用权转让给竞争企业的发明垄断者而言,发明的动力要高于自己发明并利用该项发明的产品垄断者。这是因为发明者可计算竞争企业使用该项发明前后的收益。然后,将这一部分收益全部拿走,而产品市场垄断者的利润只能是使用此项发明前后的利润之差,具体如图 4-1 所示。

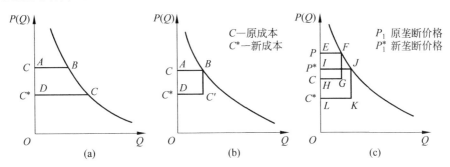

图 4-1 利用发明后产品市场垄断者的利润之差

图 4-1 中(a)对应的是发明或创新的社会收益;(b)对应的是完全竞争的情况;(c)对应的是垄断的情况。

从图 4-1 中可明显看出:

$ABC'D$ 面积 $>$ $IJKL$ 面积 $-$ $EFGH$ 面积,$ABCD$ 面积 $>$ $ABC'D$ 面积,

即完全竞争情形时的创新动力大于垄断情形时的创新动力,但二者均低于社会最优状态时的状况。

在一个较复杂的,即创新并不是那种根本性的情况下,创新后的垄断价格,高于创新前的成本,如图 4-2 所示。其中 P_{m1}、P_{m2}、P_C 分别代表创新前垄断、创新后垄断及完全竞争时的价格,C_1、C_2 表示创新前后的成本。

此时,产品市场垄断者的创新动力是 $P_C ABC + AEB$,而在完全竞争时,发明者可提成 $P_C FEC$。显然,$P_C FEC > P_C ABC + AEB$。

社会总收益是消费者剩余与生产厂家"消费者剩余"之和,这等于 $P_C FEC + d_1 d_2 FA$。

这样,我们又得到了与上一情形同样的结论:创新的社会收益$>$完全竞争时创新的收益$>$垄断情况下的创新收益。

阿罗据此结论:完全竞争比垄断的市场

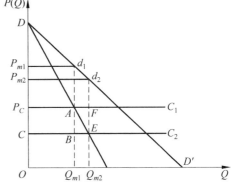

图 4-2 创新前后的成本与价格

结构更有利于创新,但无论何种市场结构,都低于社会期望的最优状态;这将导致创新动力不足。

但阿罗的工作也有缺陷。其一,阿罗只考虑了过程创新,没有考虑产品创新;其二,阿罗只考虑了一个简单的市场环境,一个企业,没有考虑 R&D 活动的竞争;其三,这一模型

第 4 章 市场结构和技术创新

是完全信息的,因为它假设了独立的发明者能够获取完全竞争市场引进该发明的全部利润。

4.4.2 竞争情况下的创新资源配置——谢勒尔方法

在这一领域,数谢勒尔的贡献最大,故我们先对谢勒尔的工作做一评述。

在讨论创新的竞争及竞争的方式对创新决策的影响时,我们拟从简单的问题着手,先讨论在没有竞争的情况下创新的收益和成本。对创新收益有影响的因素是:完成创新项目的时间、最终产品的性能、开发速度。创新的成本则依赖于技术水平、最终产品的性能、开发速度。一般而言,创新的支出时间模式是钟形的。对企业家而言,在缩短开发时间上要受到许多限制,因而不可能把创新时间压缩得很短,这是因为:

(1) 创新是一个启发式的过程,每一步研究都对下一步研究提供许多经验。如果同时进行许多步,时间虽可缩短,但却造成了经验的浪费,因为每一步都从头开始,会失去从以往的经验中学习的机会。

(2) 在有关可能的解上,创新包含有许多不确定性。要在短时期内消除不确定性,就要求增加试验次数。

(3) 在短时间内组织大量人力,会有古典的报酬递减现象。

一般而言,假设质量 Q 给定,则开发所需时间 T(从项目开始到成果完成)与总开发成本的函数关系为:

$$C = \int_0^T c(t, T, Q) \, dt \tag{4-1}$$

这一函数具有凸性的特征: $\dfrac{\partial C}{\partial T} < 0, \dfrac{\partial C^2}{\partial T^2} > 0$

谢勒尔对这一函数用计算机进行了简单的模拟,得出了一个如下的模拟函数:

$$C = \$10^3 \int_0^T \frac{3\,500}{-25.5 + 10T - 0.5T^2} e^{-[(t-T)2/2T]-rt} \, dt \tag{4-2}$$

其中 r 是折现率。

图 4-3 所示是假设 $r=0$ 时创新支出对开发时间的函数。

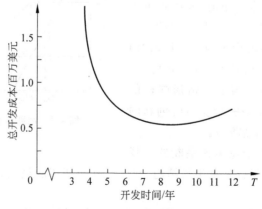

图 4-3 创新支出对开发时间的函数

图 4-4 所示是创新成本与时间的凸性关系图,共描出了 $T=4、6、8、10$ 年的 4 种情况。该图告诉我们,创新时间越短,开发成本就越高。但创新时间过长,会产生规模报酬递减现象。

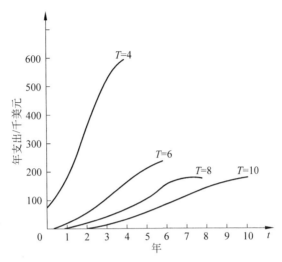

图 4-4 开发时间与总开发成本的凸性关系

下面,我们分析一下卖方双头垄断的情况。

假设竞争行为对创新企业毫无影响,也就是说,创新的主要问题是技术问题。这样的例子是存在的,如竞争者引进工艺创新。

再假设创新项目从 $t=0$ 时开始,并在 T 年内使成果商品化,也就是创新在 T 时完成,资金的时间折现率为 r,且在 $t=H$ 时,该项成果已完全老化,则在从 T 到 H 这一区间内,创新者期待的总收益为

$$V = \int_T^H v(t) e^{-rt} dt \tag{4-3}$$

设 π 是创新者的利润,则

$$\pi = V - C = \int_T^H v(t) e^{-rt} dt - C(T) \tag{4-4}$$

一个利润最大化的企业要满足的一阶条件是:

$$\frac{\partial \pi}{\partial T} = 0 \tag{4-5}$$

也即

$$v(T) e^{-rT} = -\frac{\partial C(T)}{\partial T} \tag{4-6}$$

式(4-6)的右边总是随时间减少而增加。式(4-6)的含意是最优的创新完成时间 T 越短,则在 T 附近,收益流也越大。也就是说,创新收益越大,企业就越愿意承担创新成本。

设创新的潜在收益为每年 \$$V$,且在此时,$V$ 和价格不受企业数的影响。并假设折现率是 r,技术折旧率是 σ,则 t 年时的潜在收益是 \$$Ve^{-\rho t}$,其中 $\rho = r + \sigma$。

但一个创新者不可能马上获得其所有的潜在收益,因为一个新产品有消费阻力,应有的市场份额不能一下完全占领。令 1.0 代表收益完全实现,γ 是实现系数,T_C 是产品引入时刻。

则在没有模仿者的情形下,领先创新的收益为

$$V_L = \int_{T_L}^{\infty} [1.0 - e^{-\gamma(t-T_L)}] V e^{-\rho t} dt \tag{4-7}$$

若有模仿者,则创新者的利益必将受损。作为一个模仿者,其收益依赖于如下几个因素:新市场的份额、达到上一目标的速度。假设模仿者的目标份额是 S_F^*,实现这一目标的年速度是 μ,则模仿者的收益是

$$V_F = \int_{T_F}^{\infty} [S_F^* - S_F^* e^{-\mu(t-T_F)}] V e^{-\rho t} dt \tag{4-8}$$

式中,T_F 表示模仿者引入新产品的时间。

(4-8)式实际上意味着,不管模仿滞差多大,模仿者最终能实现其新市场的份额,但这事实上是不切实际的。有时,一旦落后几年,则将永远落后。考虑到这一因素,可令模仿者每滞后一年,其目标份额降低比例 ε(消减因素);如此,模仿者可得收益为:

$$V_F = \int_{T_F}^{\infty} [S_F^* e^{-\varepsilon(T_F-T_L)} - S_F^* e^{-\varepsilon(T_F-T_L)-\mu(t-T_F)}] V e^{-\rho t} dt \tag{4-9}$$

创新者的收益份额将变为:

$$V_L = \int_{T_L}^{\infty} [1.0 - e^{-\gamma(t-T_L)}] V e^{-\rho t} dt - \int_{T_F}^{\infty} [S_F^* e^{-\varepsilon(T_F-T_L)} - S_F^* e^{-\varepsilon(T_F-T_L)-\mu(t-T_F)}] V e^{-\rho t} dt$$
$$\tag{4-10}$$

现在,我们可以讨论一些不同创新参数下的古诺解(Cournot Solution)了。

先看开发时间 T_L。把竞争者的开发时间当作参数,然后就方程(4-10)对 T_L 求导,就得到有关开发时间利润最大化的一阶条件,即

$$\frac{\partial C_L}{\partial T_L} = \frac{\partial V_L}{\partial T_L} = V \Big[-\frac{\rho e^{-\rho t} L}{\rho} + \frac{\rho e^{-\rho t} L}{\gamma + \rho} - \frac{S_F^* \varepsilon e^{-\varepsilon(T_F-T_L)-\rho T_F}}{\rho} + \frac{S_F^* \varepsilon e^{-\varepsilon(T_F-T_L)-\rho T_F}}{\mu + \rho} \Big] \tag{4-11}$$

显然,上式右边对正的参数值 ρ、γ、μ、ε 而言,总是负的。也就是说 $\frac{\partial V_L}{\partial T_L} < 0$,其含意是在 T_F 给定的情况下,T_L 越大,则总收益 V_L 就越少。在有意义的区域内,$\frac{\partial C_L}{\partial T_L}$ 也总是负的。

我们还知道,就时期和费用的凸性关系而言,总有 $\frac{\partial^2 C_L}{\partial T_L^2} > 0$。

由于 V 总是正的,且从(4-11)式知 $\frac{\partial V_L}{\partial T_L}$,则(4-11)式两边对 V 求偏导数,便有 $\frac{\partial^2 V_L}{\partial T_L \partial V} > 0$。

这一关系式的含义与第(4-6)式的含义一样:创新的潜在收益流越大,则创新企业的开发时期就越短。

就市场份额参数而言,从(4-11)式可以看出,$\frac{\partial^2 V_L}{\partial T_L \partial S_F}$ 总是负的。其含义是:竞争对

手的市场份额目标越大,则创新者受损的份额也越大,从而创新者会有更大的动力,以更快的速度实施创新。

最后,我们看一看竞争对手的项目规划变化对创新企业的影响。如果 $\frac{\partial^2 V_L}{\partial T_1 \partial T_2}>0$,则意味着当企业 2 的开发时间缩短时,企业 1 的收益函数的斜率越来越大,企业 1 会加快自己的开发步伐,以响应企业 2 的快速开发计划。如果 $\frac{\partial^2 V_L}{\partial T_1 \partial T_2}<0$,则情况与上相反,对企业 2 的快速开发计划,企业 1 只是顺从,将自己的开发速度放慢。若 $\frac{\partial^2 V_L}{\partial T_1 \partial T_2}=0$,企业 1 将对企业 2 的任何变化毫无反应。

对一个创新企业而言,有几种情况值得考虑。一种是新市场竞争,但不存在永久目标消减因素,即 ε=0。令(4-10)式中的 ε=0 并对 T_L 和 T_F 进行偏微分,则有:

$$\frac{\partial^2 V_L}{\partial T_L \partial T_F} = 0 \tag{4-12}$$

创新者将在新市场竞争中对无阻碍地达到其市场份额的模仿企业的变化,不作任何响应。另一种也是新市场竞争,但 ε>0,此时,将(4-10)式对 T_L、T_F 进行微分,得:

$$\frac{\partial^2 V_L}{\partial T_L \partial T_F} = V S_F^* \left[\frac{\varepsilon(\varepsilon+\rho) e^{-\varepsilon(T_F-T_L)-\rho T_L}}{\rho} - \frac{\varepsilon(\varepsilon+\rho) e^{-\varepsilon(T_F-T_L)-\rho T_L}}{\mu+\rho} \right] \tag{4-13}$$

不难看出,只要 $\mu>0$,上式便为正。$\frac{\partial^2 V_L}{\partial T_L \partial T_F}>0$,此时,创新企业会对竞争对手们加速开发计划采取行动,加速自己的开发步伐。

对市场份额分享的情况,解要复杂得多,有兴趣的读者可参看文献(Scherer,1984)。

由上述讨论,可得出这样的结论:在竞争企业数不是很多的情况下,竞争一般会加快创新的步伐,这一结论与熊彼特的假设基本上是一致的。另一点可以肯定的是当一个新市场刚刚打开时,竞争所致的加速性的创新是有益的,且优于垄断情形。谢勒尔模型的一个最大缺陷是没有考虑不确定性。

4.4.3 一些新的研究进展

市场环境和创新的关系相当复杂,故要在理论上和实证上探讨他们,虽有经济理论基础,仍然存在很大的困难。在近几年,学者们又在前人的基础上,在该领域作出了新的贡献。

在 4.4.2 节谢勒尔方法中,我们只考虑了卖方双头垄断情况下的古诺解。1990 年,戈尔(R Goel)在一篇文献中,探讨了市场结构与创新在斯塔克伯格情况下的解。设想的情况是斯塔克伯格领先者面对着一些竞争的外围企业,领先者在 R&D 上进行投资,并导致过程创新,跟随者没有自己的 R&D 投资,但能从领先者的研究中获益。戈尔对这一情况进行了模拟研究,得出的结论是当斯塔克伯格领导者比外围企业更有效率且技术可能性很大时,则少量企业能比大量企业产生更多的福利。这意味着,"当产业正面临很大的技术可能性时,垄断力量比其他市场结构提供更多的社会福利"(Goel,1990)。这一结论是与熊彼特的假设一致的。

杰罗斯基(P Geroski)在1990年对创新与市场结构做了一件新的实证工作。用的数据是20世纪70年代英国的重要创新。他借用了卡米恩和施瓦茨对垄断所作的期望垄断和实际垄断的区分,并认为,期望垄断的愿望必然会引致创新,问题的关键是实际垄断会产生什么效果。这些效果肯定是有正有负(Geroski,1990)。

杰罗斯基把第 i 个企业创新后的利润表示为

$$\log \pi_i = \phi_0 + \phi_1 I_i + \phi_2 M_i + \phi_3 W_i + \varepsilon_i$$

其中, $\phi_0, \phi_1, \cdots$ 是系数; ε_i 是回归误差; I_i 表示创新产出; M_i 表示垄断; W_i 表示其他因素。

现在,问题的关键是用什么实际可测的量代表上述变量。杰罗斯基为了细致地考察这一问题,用了6个指标而不是一个来代表竞争或垄断度。它们分别是进入(ENTRY)、进口市场份额(IMPORT)、相对小企业数(SFIRM)、在一定区间内的集中度变化(DCON)等。若进入易、小企业数多、集中度低,便意味着是一个竞争性的市场,反之是垄断性的。对其他因素,一共找了5种:产业大小(SIZE)、增长情况(GROW)、资本集中度(KAYO)、出口集中度(EXPORT)、产业一体化(UNION)。

如此,便得到下式:

$$I_i = f_i + \lambda_1 \log \pi_i + \lambda_2 \text{CON}_i + \lambda_3 \text{ENTRY}_i + \lambda_4 \text{IMPORT}_i + \lambda_5 \text{SFIRM}_i + \lambda_6 \text{EXIT}_i + \lambda_7 \text{DCON}_i + \lambda_8 \text{SIZE}_i + \lambda_9 \text{GROW}_i + \lambda_{10} \text{KAYO}_i + \lambda_{11} \text{EXPORT}_i + \lambda_{12} \text{UNION}_i + \zeta$$

其中 $\lambda_1, \lambda_2, \cdots, \lambda_{12}$ 是系数, ζ 是误差项。

然后将数据代进,进行回归。杰罗斯基的结论是高度集中的产业,在促进创新方面不如竞争性产业。也就是说:"实际的垄断对创新有阻碍效果"(Geroski,1990)。这一结论显然是否定了熊彼特的假设。

因此,最新研究在判断何种市场结构最适宜于创新、判断熊彼特假设的可靠性上,似乎仍无结论。

卡茨(M Katz)和夏皮罗(C Shapiro)在近期研究创新、R&D竞争时,讨论了有技术转让和模仿的情况,这使理论在通向现实的道路上又迈进了一步。他们的研究表明:对一个由大小企业组成的产业,不管模仿和转让是否可能,产业领导者将主要从事于小创新。而对于有高度的专利保护的市场,大创新将主要由产业领导者做出。但如果存在模仿、转让的可能性,则产业跟随者或新入者便有可能做出大发现(Katz和Shapiro,1987)。

还有的学者探讨了在有创新溢出(Spillover)效应和对创新给予津贴情况下的企业创新竞争行为(Spencer,1984)。

总的来说,最近几年的研究越来越关注更贴近于现实的问题,研究领域不只局限于当年熊彼特所给定的领域,要比过去广泛、深入得多。

4.5 关于中国创新问题的研究

相对于国外的创新问题研究而言,关于中国创新问题的研究刚刚起步。只有少量文献关注了中国的市场结构与创新之间的关系,但是已有学者注意到了中国经济转轨过程中产权因素对创新的影响。他们用不同的数据样本实证,检验了中国企业或产业的创新决定因素问题。

Hu 等人运用 1995 年北京市海淀区 813 个高科技企业横截面数据,设立了包括生产函数、私人 R&D 投入和政府 R&D 投入的联立方程模型。在私人 R&D 投入方程中,解释变量包括销售收入、政府 R&D、利润、外贸进出口、产品质量评价以及企业所有制虚拟变量和产业虚拟变量。研究表明,销售收入和政府 R&D 对私人 R&D 有显著正作用;在政府 R&D 方程中,企业科技人员数量和私人 R&D 有显著正作用。他们还发现,不同性质产权类型的企业在 R&D 支出上并没有显著差异(Hu,2001)。

Jefferson 等学者利用中国 1997—1999 年间 5 451 个大中型制造企业面板数据,研究了 R&D 支出、新产品销售收入的决定因素。在 R&D 支出方程中,以 R&D 支出强度为被解释变量,以企业规模(用销售收入表示)、两厂商集中度、利润、企业类型和产业类型虚拟变量为解释变量,研究表明,在控制住产业效应后,企业规模和市场集中度对 R&D 支出强度并没有显著影响。在未包括产业虚拟变量的回归模型中,外资企业和港澳台企业比国有企业有更高的 R&D 强度,而集体企业的 R&D 强度最低。但是,当在模型中加入产业虚拟变量后,各种不同产权性质的企业在 R&D 支出强度上并没有显著差异(Jefferson et al. ,2004)。

周黎安、罗凯运用中国 1985—1997 年间 30 个省级水平的面板数据,应用动态面板模型方法对企业规模与专利数量之间的关系进行了实证检验。研究发现,企业规模对创新有显著的促进作用,但是企业规模对创新的正向关系主要来源于非国有企业,而不是国有企业。他们认为,企业规模与创新的关系要以一定的企业治理结构为条件,单纯的规模化和集团化并不一定能够保证企业的创新能力(周黎安、罗凯,2005)。

安同良、施浩、Alcorta 在江苏省制造企业调查问卷的基础上,考察了企业所处行业、企业规模以及企业所有制等因素对企业 R&D 行为的影响。统计分析表明,行业是影响企业 R&D 支出强度的重要因素;小企业、中型企业和大企业的 R&D 强度存在着倾斜的 V 型结构关系;外国企业的 R&D 强度最高(3 111 %),国有和集体所有制企业的 R&D 强度最低(1 153%),股份和有限责任公司以及港澳台公司的 R&D 强度位于两者之间(2 181 %)(安同良、施浩、Alcorta,2006)。

吴延兵运用 1993—2002 年间中国大中型工业企业产业面板数据和 2002 年四位数制造产业横截面数据两个样本,实证检验了市场结构和产权结构对创新投入和创新产出的影响。研究表明,随着企业规模的扩大,R&D 支出和新产品销售收入也相应地增加,这为熊彼特关于企业规模促进创新的假说提供了支持证据,但并没有发现熊彼特关于市场力量促进创新假说的支持证据。研究还表明,界定清晰的产权结构有利于激励技术创新和提高创新效率,不具有排他性的模糊的产权结构对技术创新和创新效率具有抑制作用(吴延兵,2006)。

参 考 文 献

[1] Arrow K. 1970. Economic Welfare and the Allocation of Resources for Invention. In: Needham, D. (Ed.), Reading in the Economics of Industrial Organization. New York: Holt, Rinehart and

Winston.

[2] Baldwin W, Scott J. 1987. Market Structure and Technological Change. New York: Harwood Academic Publishers.

[3] Bound J, Cummings C, Griliches Z, Hall B, Jaffe A. 1984. Who Does R&D and Who Patents? In: Griliches, Z. (Ed.), R&D, Patents and Productivity. National Bureau of Economic Research. Chicago: University of Chicago Press.

[4] Cohen W, Levin R, Mowery D. 1987. Firm Size and R&D Intensity: A Re-Examination. Journal of Industrial Economics, 35: 543-565.

[5] Cohen W, Klepper S. 1996. A Reprise of Size and R&D. The Economic Journal, 106: 925-951.

[6] Christensen C M. 1997. Innovator's Dilemma. Cambridge: Harvard Business School Press.

[7] Freeman C. 1989. The Economics of Industrial Innovation. Cambridge: The MIT Press.

[8] Galbraith J K. 1952. American Capitalism. Boston: Houghton Mifflin.

[9] Geroski P A. 1990. Innovation, Technological Opportunity and Market Structure. Oxford Economic Papers, 586-600.

[10] Goel R. 1990. Innovation, Market Structure and Welfare: A Stackelberg Model. The Quarterly Review of Economics and Business, 30(1): 40-53.

[11] Grabowski H. 1968. The Determinants of Industrial Research and Development: A Study of the Chemical, Drug, and Petroleum Industries. Journal of Political Economy, 76(2): 292-306.

[12] Gruber H. 1992a. Persistence of Leadership in Product Innovation. Journal of Industrial Economics, 40: 359-375.

[13] Gruber H. 1992b. The Learning Curve in the Production of Semiconductor Memory Chips. Applied Economics, 24: 885-894.

[14] Gruber H. 1995. Market Structure, Learning and Product Innovation: the EPROM Market. International Journal of the Economics of Business, 2: 87-101.

[15] Hall B H. 1992. Investment and Research and Development at the Firm Level: Does the Sourche of Financing Matter? NBER Working Paper, 4096.

[16] Henderson R, Cockburn I. 1993. Scale, Scope and Spillovers: The Determinants of Research Productivity in the Pharmaceutical Industry. NBER Working Paper, 4466.

[17] Howe J D, McFetridge D. 1976. The Determinants of R&D Expenditures. Canadian Journal of Economics, 9: 57-71.

[18] Hu, Albert G. 2001. Ownership, Government R&D, Private R&D, and Productivity in Chinese Industry. Journal of Comparative Economics, 29(1): 136-157.

[19] Jefferson G H, Bai H, Guan X, Yu X. 2004. R and D Performance in Chinese Industry. Economics of Innovation and New Technology, 13.

[20] Kamien M, Schwartz N. 1982. Structure and Innovation. Cambridge: Cambridge University Press.

[21] Katz M, Shapiro C. 1987. R&D Rivalry with Licensing or Innovation. The American Economic Review, 77(3): 402-420.

[22] Klepper S. 1996. Entry, Exit, Growth, and Innovation Over the Product Life Cycle. American Economic Review, 86: 562-583.

[23] Levin R C, Klevorick A K, Nelson R R, Winter S W. 1987. Appropriating the Returns from Industrial Research and Development. Brookings Papers on Economic Activity, 783-831.

[24] Loeb P D, Lin V. 1977. Research and Development in the Pharmaceutical Industry-A Specification Error Approach. Journal of Industrial Economics, 26: 45-51.

[25] Nelson R, Peck M, Kalachck E. 1967. Technology, Economic Growth, and Public Policy. Washington: Brookings.

[26] Nelson R. 1989. The Simple Economics of Basic Scientific Research. Journal of Political Economy, 67: 297-306.

[27] Oakey R, Rothwell R, Cooper S. 1988. The Management of Innovation in High-Technology Small Firms. London: Printer Publishers.

[28] Philips L. 1971. Effects of Industrial Concentration: Across Section Analysis for the Common Market. Amsterdam: North-Holland.

[29] Scherer F. 1965. Firm Size, Market Structure, Opportunity, and the Output of Patented Inventions. American Economic Review, 55: 1097-1125.

[30] Scherer F. 1980. Industrial Market Structure and Economic Performance. Chicago: Rand McNally.

[31] Scherer F. 1983. Concentration, R&D, and Productivity Change, Southern Economic Journal, 50: 221-225.

[32] Scherer F. 1984. Research and Development Resource Allocation Under Rivalry. Innovation and Growth. Cambridge: The MIT Press, 83-119.

[33] Scherer F. 1991. Changing Perspectives on the Firm Size Problem. In: Acs, Z. J., Audretsch, D. B. (Eds.), Innovation and Technological Change. An International Comparison. Ann Arbor: University of Michican Press.

[34] Schumpeter J A. 1939. Business Cycle. New York: Mc Graw-Hill.

[35] Scott J T. 1993. Purposive Diversification and Economic Performance. Cambridge: Cambridge University Press.

[36] Spencer M. 1984. Cost Reduction, Competition, and Industry Performance. Econometrics 52 (1): 101-121.

[37] Sutton J. 1996. Technology and Market Structure. European Economic Review.

[38] 安同良,施浩,Ludovico Alcorta. 2006. 中国制造业企业 R&D 行为模式的观测与实证(第 2 期). 北京:经济研究.

[39] 吴延兵. 2006. R&D 存量、知识函数与生产效率(第 5 卷第 4 期). 北京:经济学.

[40] 熊彼特. 1979. 资本主义、社会主义和民主. 北京:商务印书馆.

[41] 喻思娈,赵永新. 2013. 大幅提高企业建立研发机构比例. 人民日报.

[42] 周黎安,罗凯. 2005. 企业规模与创新:来自中国省级水平的经验证据(第 4 卷第 3 期). 北京:经济学.

第 5 章 企业和技术创新

随着我国的各种企业逐渐走向市场并具有生产经营自主权,技术创新从此将成为企业的一项重要任务,这是因为,创新是企业在市场竞争中立于不败之地的武器。由于企业是社会生产的细胞,是技术创新得以发生、实现的场所,所以,企业和技术创新活动的关系是技术创新经济学的主要内容之一。鉴于企业和技术创新活动之间的关系相当复杂,现如今,已经有大量的文章和书籍阐述企业的创新管理,在本章中,我们仅限于讨论以下对企业而言较重要的创新经济学问题:企业制度与创新的关系,企业的产权与创新,企业的规模与创新,企业如何投资创新的经济学分析。

在中国,企业与创新一直存在着无数的争论。一是企业的产权与创新的关系。我国长时期以来,基本的企业形态是国有企业。这种企业否有利于创新?二是企业是否是创新的主体?即在中国相当长的时间内,企业只是一个生产车间,没有能力进行研究开发。现在,企业的研究开发投入已经占到整个社会研究开发支出的 70% 以上的份额,它是否是创新主体了?三是如果企业是创新的主体,应该如何去实现这一目标?如何投资创新活动,才能实现企业的价值。以上几个问题是本章要回答的核心问题。

5.1 企业,制度与创新

关于企业与创新的关系,最经典的一篇文献是 Arrow 于 1962 年写的。他提出了创新的市场失灵论:阿罗认为,科技发明活动,本质上是生产一种信息。但这种信息生产过程存在着很大的不确定性(Arrow,1962)。在普通产品的经营中,因产品的价值都较易确定,市场经济体系会使交易双方形成价格,双方对利润和效用也很明确。但科技发明活动的价值不确定,即很难事先判断一个发明成果的价值如何,且无论那种合同安排,都难以解决此类不确定性。这是由于信息作为一种商品所具有的一个特性:信息是有价值的商品,但信息可以几乎无成本地进行传播。如果没有法律如知识产权给予保障,谁都难以获得垄断的权利。后面的拥有者都可以仿制销售这一信息。除非原始拥有者不想销售。但这对社会来说,不是最优的结果。阿罗的结论是:很难找到一个信息产品的市场——拥有者都不想出售,想要者都难以判断价值。因此导致产生了一个不是社会最优的结果(Arrow,1962)。这种发明信息的价值不确定性,导致小企业不敢做,大企业则在众多的项目进行投资以分散风险,但不是最优的。因此,存在着创新的市场失灵现象,需要政府干预。但如果给创新活动以保险,则发明者会丧失动力。

一个解决方案是让大公司成为投资主体,通过投资无数多的小项目来分担风险。科学发现可以免费获取,这是社会最优的。但如果这样,会压制发明本身(社会主义)。如果给予知识产权保护(资本主义),则会形成一个社会知识利用的次优结果。后来的研究也证实了这样一点：科技的价值不容易得到确定，科技走向商业的时间过长，超越市场的投资能力(Aghion，2009)。结论是在自由市场经济条件下，对科学和创新的支持不是社会最优的。

因此，研究企业与创新关系的一个重要基点是：如何设计企业制度让它敢于承担创新的风险？让企业能够从创新中获得收益？这也引发了一个创新体系效率的话题：什么是好的国家创新体系，能够不断激励企业去创新？

Hall 和 Soskice 于 2001 在《Varieties of Capitalism》这一著名著作中把企业看成是关系(Relations)的组合。他们认为，企业是一个力图建立核心能力或动态能力的行为者，但达到这一目的的关键因素是企业能够建立的关系的质量，包括与企业内员工的关系，和与企业之外的供应商，利益相关者，行业协会和政府的关系(Hall 和 Soskice，2001：6)。

他们提出，在自由市场经济(liberal market economy)国家，企业协调自己的行为主要是通过竞争性的市场安排或级层(hierarchy)的安排。市场关系在一个特定的竞争环境下通过合同实现产品和服务的交易。市场制度在协调经济行为中的努力非常有效。这一类国家的典型是美国和英国。

在协调性的市场经济(coordinated market economy)中，企业更依赖非市场的关系来实现目标，要求更多的网络联系和完成不完全的合同。企业行为的平衡，通过企业间的战略互动而实现。这一类国家的典型是德国和日本。

Hall 和 Soskice 认为，协调性的市场经济，更有能力实现渐进的创新，因为它们的企业更强调了关系的构建。员工受到了长期就业的影响，会积累技能，员工也会得到授权，不断对现有技术的改进。日本和德国就是这类市场经济的典型(Hall 和 Soskice，2001：39)。

但自由经济国家会更有利于突破性创新。因为企业强调当期的利润，会使公司高层不关心员工的长期安全感，流动的劳动力市场和短期的职业保障，会使员工更关心个人的发展而不是企业的成功，关心一般的技能而不是产业或企业需要的技能(Hall 和 Soskice，2001：39)。但这种劳动制度安排有利于突破性创新的出现。因为裁员的容易，会使企业更关注全新的产品开发和生产。股市上大量散户的出现，交易的频繁，会使企业不断购并有技术的小公司。大量的风险投资公司的出现会使科学家不断将技术推向市场(Hall and Soskice，2001：40)。

但许多学者与 Hall 和 Soskice 持相反意见。D Akkermans 等人认为，Hall 和 Soskice 的假设不具有普遍意义。至少不是说在所有的产业都能成立。他们通过实证研究发现，自由市场经济国家只有化学和电子领域更具有突破性创新的能力，而协调市场经济国家在机械和交通设备产业更具有突破性创新能力(Akkermans et al.，2009)。

5.2 企业的研究开发活动与创新主体

在一个国家中，发明的主体是谁？是个体发明家，还是企业的研究开发部门，还是大学研究院所？如果主体是企业，则意味着企业是创新的主体。

从历史上讲，显然是先有技术创新后有企业。而在今天，几乎所有大中型企业，都有从事创新的部门,即研究开发部门。为了更好地理解 R&D 部门和企业之间的关系,我们先重温一个经济学悖论的解决,这个悖论是按照亚当·斯密的理论,只要市场容量足够大,则专业化的生产趋势便将不断继续下去。照此推论,便将只有生产某单一部件的专业化工厂,而没有集研究开发、生产、销售及多种经营于一身的企业。但现实是,是企业而不是工厂成为当今生产组织的主要形式。

20 世纪 30 年代诞生的科斯"交易费用学说"较好地解决了这一悖论。科斯指出市场交易是有费用的。企业代替工厂是要将许多原本市场的交易内部化,以减少交易成本。企业规模将扩大到这样一点,在该点,在企业内部组织一笔额外交易的成本等于在公共市场上完成这笔交易所需的成本(Coase,1937)。

在当今流行的企业形式出现以前,或者说在 19 世纪和 20 世纪初,重大的发明、创新都是由工厂之外的独立发明者、研究机构作出的。我们知道,在英国的工业革命时期,瓦特只是合伙人,他不属于那一个厂。Jewkes 等学者做过一项很有影响的研究,他们对 20 世纪的 70 个重大创新的来源进行了分析。在 70 个重大创新中,有 38 个是个人发明家或独立于企业之外的小组作出的。有 24 个是由企业实验室或小企业作出的。其他的几个难以分类。因此,他们的结论是,从 1900—1960 年这 60 年内,大企业在重大创新中并没有起到主导的地位(Jewkes et al.,1969)。

但个体发明家或个体的实验室的作用在不断下降。从 20 世纪 20 年代以来,独立的专业实验室数目在不断减少,见表 5-1。

表 5-1 德国、美国率先创立企业实验室的企业

成立时间/年	公　　司
1889	拜耳(合成染料),1900 年,有 134 位化学家
1900	通用电气
1902	美国钢联
1903	杜邦
1906	FORD
1913	柯达

这也意味着,独立的发明者的数目也在不断减少。不仅如此,人们还发现,那些独立实验室所从事的合同研究开发,大都致力于改善现有生产过程,较少关注真正的新产品开发。与此相伴的一个事实是,企业内部从事实践开发的比例在不断上升。

从历史的角度看,1880—1890 年间,是企业实验室发展的萌芽期。当时,英国、德国一些公司开始独立研究合成染料,是对织物色彩变化作出重要贡献。1900—1945 年间,是企业实验到快速发展的一个时期。美国开始领先世界进入大规模建立企业实验室(表 5-1)。最早是 EDISON 的独立实验室,但是独立的发明家之后,公司内的 R&D 成为主流,"二战"后是企业实验室的成熟期。到 20 世纪 70 年代,已很少有独立的、商业化的研究开发机构。如今,企业的研究开发实验室主导着研究开活动和创新活动。

为什么会出现研究开发的企业内部化呢? 原因如下:

首先,我们看独立的发明者。他们要进行发明创新,必须具备以下条件:发明的才能、一定的实验设备、资金。如果说在古代、近代,技术较简单,从而实验设备、资金并不对

发明者构成制约因素的话,在现代却成为了一个事实。瓦特一度因缺乏资金停止了工作。有许多独立的发明者为了发明创新而家破人亡。在技术越来越复杂、越来越依赖实验设备的今天,独立的发明者所起的作用在整个发明中的比例越来越小了。

其次,我们看看独立的研究开发机构。这些机构虽具有较好的实验设备、拥有许多人才,但因它们大多并非是发明产品的直接生产者,对市场需求了解不够,所以它们普遍面临着与市场脱节的危险。

当然,独立的研究机构可采取与企业进行合同开发、创新等形式,但现实表明,这种种形式都具有交易费用高、不确定性大、道德风险等弊端。

就价格固定的合同而言,第一,由于在订合同前及讨论合同详细条款时,技术供给方必须昭示其技术水平和解决问题的途径,但技术供给方一般不愿意这样做,这是因为,这种合同签订后,双方都有被拴在一起的感觉。在完成合同的过程中,双方有了较深的了解,若在下一轮合同中易主,技术秘密就有被泄露的可能性;而对于技术接受方而言,也有着积累起来的诀窍、经验无用的可能。上述问题只有在新产品设计处于成熟时才可能有所缓解。故许多合同性的研究开发,常致力于产品生产过程的创新而非新产品开发。第二,由于创新成果的不确定性,双方在签订合同时会有所顾虑,造成合同的价格不好议定。第三,出于同上一样的原因,企业常会有技术供给方不能完成合同、最后成果达不到要求的顾虑。

成本追加合同虽有助于解决合同研究中的价格问题,但同时也引发新的问题,如合同技术供给方会因此对成本减少关心,委托方会因此对技术供给方进行部分行政管理、监督,造成另一种形式的成本增加。

当然,除了合同形式的研究开发外,企业还可以采取其他的从市场上获取新技术的手段,如专利许可证贸易、技术转让等。但一个企业不可能长期依靠此种手段来获取技术,对大中型企业而言尤其如此。

综上所述,R&D 的企业内部化,有着一定的经济必然性,因为它减少了技术市场交易的费用。

正是在这个意义上,许多国家包括我们国家,减少了独立的研究开发机构的作用。英国有过政府研究开发机构私有化的改革,我国原来有一支庞大的中央和地方属应用研究开发研究院所,在 1998 年的科技体制改革中,这一支队伍主体已经转为科技型企业。

由此看来,企业的技术交易与一般的商品交易一样,有着通过市场获取和企业内部生产两种可能性。技术创新的企业内部化程度取决于企业自己开发的成本和通过市场交易获取的成本的比较。现代研究表明,企业内部的 R&D 活动,除能减少交易成本外,还起到提高一个企业的技术水平的作用。而技术的市场交易,有时能大大减少创新的成本。我们由此得出的结论是:创新技术的企业内部化有着一定的经济必然性,但并非说所有创新技术都由企业内部来完成是经济的。

表 5-2 显示,对不同国家的大企业而言,企业内部专业化的 R&D,从 1982—1987 年间仍是创新技术的重要来源。

表 5-2　1982、1987 年技术获取战略的重要程度

	平均		日本		瑞典		美国	
	1982	1987	1982	1987	1982	1987	1982	1987
	(N=42)		(N=14)		(N=12)		(N=16)	
内部的 R&D	3.7	3.6	3.8	3.6	3.4	3.0	3.8	3.8
创新企业的兼并	1.7	2.3	1.2	2.9	1.7	2.3	2.1	2.4
联合企业	1.9	2.0	2.1	2.9	1.7	2.1	1.8	2.8
合同的 R&D	1.7	2.3	2.2	2.6	1.7	2.4	1.4	2.0
技术购买	1.9	2.1	2.3	2.3	1.9	2.0	1.6	2.1
技术搜索	2.7	3.2	2.9	3.3	2.1	2.7	2.8	3.2

注：表中的数字为重要性程度，以 0 为最低，4 最高，N 为调查的企业数。
资料来源：Granstrand et al.，1992：118。

企业所做的研究开发，大多是应用研究和开发。在企业内进行基础研究、应用研究和开发有时是很难的，尽管人们也在做。杜邦公司对尼龙的发明进行了大量的研究开发的投资。企业在这一重大新产品开发的过程中，经费主要花在了开发中，在基础研究中投资有限。还有一点很重要的是：企业在尼龙的产业化过程中，投资在工厂设备方面的投资要远高于对研究开发的投资。

20 世纪 50 年代至 80 年代，是企业研究开发实验室的黄金时期。美国企业强调了一个信念：一类的产业创新能力需要一类的研究开发实验室，一类的实验室需要一类的投入和人才，而投入和人才会保障核心技术的不断涌现。不断涌现的技术会带给企业超额利润。最风光的企业实验室有：AT&T 的贝尔实验室、IBM 的华生实验室，还有 GE、杜邦、施乐的实验室等(表 5-3)。这些企业实验室聚集了大量的顶尖技术人才，并成为行业创新的领头羊。

表 5-3　美国一些大型企业的实验室规模

	研究人员/人	研究所/个
Bell	24 000	30
IBM	40 000	32
General Electric	16 000	200
DuPont	10 000	87

其中，贝尔实验室进行了大量的基础研究，培养出了许多诺贝尔奖的科学家，作出了对今天的信息产业都有重要影响的创新(表 5-4)。

表 5-4　美国贝尔实验室的重要发明

1924 年	第一台传真机	1951 年	长途自动拨号
1926 年	无线电话,纽约到伦敦	1958 年	激光器
1937 年	数字计算机	1962 年	国际通信卫星
1941 年	可视电话	1973 年	光纤通信
1947 年	晶体管	1988 年	数字蜂窝通信技术

但从 20 世纪 90 年代以后，美国大企业的实验室出现了重大变革，向开放创新时代转

型，出现了研究开发的外部化。后来，在 Cohen 和 Levinthal 著名论文中指出，企业进行研究开发还有一个重要的功能：研究开发不仅是创新的重要基础，也是吸收外来技术的重要保障(Cohen 和 Levinthal,1990)。

第一，技术是复杂的。一个市场成功的产品，需要编码类知识与诀窍类知识的有机结合。编码类知识需要不断再学习才能够理解，而诀窍类知识，需要长时期的积累才能掌握。相当多的实验室成功的科研成果在进入市场后出现问题的一个重要原因是这些成果经不起大规模生产的考验，包括对工艺的深层了解。比如现在许多的媒体产品，如苹果公司的 iphone 系列手机，需要软件、硬件、设计、制造工艺等技术的集成。

因此，企业层面的研究开发，大量解决的工艺层面、产品开发层面的技术问题。这里，相当多的研究开发是一个从干中学、从用中学的过程。

第二，技术是传递过程中存在着很大的粘性，即技术的模仿和再开发，需要大量的学习成本或研究开发。有时，技术模仿过程也是一个再创新的过程。

第三，当今时代是一个科学技术不断革命的时代。企业必须持续对新技术给予投入，才能跟上时代的步伐。如信息技术革命给所有领域的产品创新提出了新要求，给企业的供应链带来了新的机会与挑战。这些都要求企业不断学习才能掌握。

5.3 中国的企业与创新主体

在相当长的时间内，我国的科研和生产、科学和经济是脱节的，我国企业只是经济体系中的一个生产车间，缺乏相应的研究开发能力和创新。大量的研究开发力量在研究机构和高等院校，企业不是创新的主体。正是这种局面，导致了在计划体系下，中国创新能力低下的状况。我国企业的生产能力的提高，主要依靠技术的引进。从表 5-5 可以看出，在 1987 年，企业执行的研究开发经费只占全社会的 1/3，而科研院所达到了 54%。但到了 2011 年，企业执行的研究开发费用已经占到了 75.8%(图 5-1)，与发达国家的构成比例相当。因此，许多学者认为，从这一点上看，企业已经是创新的主体。

表5-5　科研机构在研究开发经费执行上的情况变化

	1987年	1990年	1996年	1997年	1999年	2000年	2001年	2002年
科研院所	54.4	50.1	41.1	42.9	38.5	28.8	27.7	27.3
大学	15.9	12.1	13.0	12.1	9.3	8.6	9.8	10.1
企业	29.7	27.4	36.8	42.9	49.6	60.3	60.4	61.2
其他		10.4	9.1	2.1	2.6	2.3	2.1	1.4

资料来源：《中国科技统计数据》,1988—2003.

我国企业在成为国家技术创新的主体方面已经迈出了重要的步伐，但离真正的创新主体的要求还有很大的距离。

(1) 企业科研投入较低。据统计，2012 年，我国规模以上工业企业研发投入占销售额的比重仅为 0.77%(国家统计局等,2013)，而国外企业研发投入一般都在 4% 左右甚至更高。

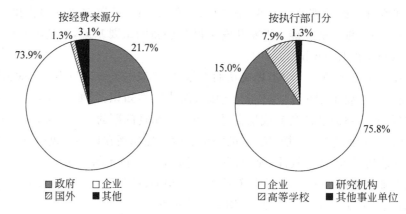

图 5-1　全国 R&D 经费支出来源和执行部门(2011)

资料来源:《中国科技统计数据》,2012.

(2) 企业缺乏一流的科研人才。发达国家一些超大型企业建立了世界上最庞大的研究开发机构,如贝尔实验室现有 2.4 万人,在美国 8 个州和 20 个国家和地区设立了 30 余个研究开发机构,由 4 000 人获博士学历,有 11 名科学家获诺贝尔物理奖,5 名获得国家科学奖,有 14 人是美国国家科学院院士,29 人是美国国家工程科学院院士。IBM 实验室、杜邦实验室的情况也与贝尔实验室相似。这些企业实验室人数之多、规模之大、水平之高,堪称世界一流。而在我国,据统计,科技工作者分布在事业单位的有 67%,国有和集体企业 17%,"三资"和民营企业 16%,绝大多数企业缺少领军型科研骨干,难以在技术上取得突破和创新。如中国工程院理应是企业工程师比较集中的地方,但实际情况恰恰相反。如果不考虑工业部改制的公司,在 663 位院士中,企业院士仅仅 10 位,只占院士总额的 1.5%。而在美国,2002 年美国工程院 2 360 位院士中,企业院士占 49%(刘进先,2004)。

(3) 企业技术创新机构不健全,科技活动层次大多处于低端。据有关资料统计,发达国家的企业 80% 建有研发中心;2004 年,我国规模以上工业企业设立研究机构的只有 5%,开展科技活动的仅占 11.9%。企业现有的技术创新活动也主要处于产业链的低层次,基本上没有涉及战略性的超前研发、产业核心技术的开发和大规模的系统性技术集成等。主要行业的高端技术创新活动基本上被跨国公司所垄断(科学新闻,2012)。

5.4　企业研究与开发的外部化

从 20 世纪 70 年代开始,特别是 20 世纪 80 年代以后,情况发生了一些变化,企业的研发活动变得越来越外部化(刘建兵和柳卸林,2005),内部的研发活动不再是企业唯一的技术来源,研发活动也不再完全依赖自己的力量,而是通过与企业以外的研发力量(大学、研究机构及其他企业等)进行各种形式的合作以及外包,或通过并购、购买等手段从外部直接获得技术。这些越来越成为企业技术获取的重要方式。那么,研发的外部化现状和趋势如何?研发的外部化是如何发展的?研发外部化的原因和动力是什么?对我国企业有什么启示和值得学习的地方?本文在对国内外文献考察的基础上,试图对上面的几个问题做出回答。

1. 研发的外部化的现状与趋势

从总体上看,在工业化国家,虽然内部化的研发活动仍然占主导地位,但研发活动外部化的趋势已经相当明显,并且发展的速度在加快。据统计,英国企业在1995年的研究开发支出中有10%是外包给其他机构完成的,在医药业则更高达15.5%(Howells,2000)。美国自然科学基金会的调查显示,1993—2001年间,美国制造业的企业合同支出的增长率平均为4.8%,要高于同期企业内部支出的增长率。2000年的合同的支出高达147.85亿美元,2001年有所下降,但仍然高达87.23亿美元(NSF,2004)。

另据1999年美国麻省理工学院罗伯特教授等人对北美、日本和欧洲年度研发支出超过1亿美元的244家公司的调查,20世纪90年代以来,越来越多的公司倾向于从外部寻求技术的来源;依赖外部技术的企业在全部调查企业中所占的比例越来越高,而且这一比例增长很快(Roberts,2001)。特别是在ICT行业,对外部技术源的依赖更为明显,从外部获取技术已经是这一行业获取竞争优势的重要手段(Horwitch et al.,2000)。

在大企业越来越依赖从外部获得技术的同时,也出现了大量以研发为主要收入来源的小企业,使研发越来越从企业的内部职能中独立出来,甚至成为一种新的产业。如在美国硅谷大量存在的"纯设计"的半导体公司,这类公司唯一的业务是设计半导体产品,然后将设计方案作为知识产权出售给其他公司,自己并不制造和营销最终的半导体产品本身。今天,苹果公司已经是这一类企业的典型代表。苹果手机主要精力在核心能力——手机的设计上,而大量的部件,来自世界许多国家,最后的制造在中国。在其他行业,研发外包的现象也较为普遍,如美国目前有上千家专业的医药研发公司,业务涉及从临床研究咨询与策划到临床实验的每一个环节,其中最大的公司在1998年的收入已经超过14亿美元(中关村管委会,2003:85)。

2. 研发外部化的原因和动力

从经济学的角度讲,研究开发的内部化还是外部化是一个交易费用的问题。当交易费用低,企业就愿意让更多的研究开发活动进行外包,否则反之。但现实中企业的选择要比这复杂得多。以下几个因素在当今时代非常关键:

(1) 寻找互补性的研发和技术能力以及分散风险是企业寻求外部合作的最基本的原因。从产业革命起,科学技术的发展就使工业技术变得越来越复杂,越来越具有跨学科性质,一个企业很难具有完成研发和创新的所有能力,从而使合作和形成互补性力量变得有意义。以信息技术和生物技术为代表的新兴技术,与以前的技术相比,复杂程度更是有了巨大的提高,研发和创新也更加困难,如半导体和生物医药的研发,寻求外部资源和合作是研发和创新成功最基本的条件。工业技术复杂程度的提高,也使研发投资越来越高,从而使研发和创新的风险增大,需要企业与其他企业合作,以分散风险。局域网创新模式阶段的大多数合作都是出于这种原因和目的的。

(2) 新的科学技术革命所带来的企业商业环境。在科技革命的冲击下,创新越来越以科学为基础,成果转化速度加快,产品复杂性增加,产品生命周期缩短等。这种新的商业环境也是推动研究与开发外部化的一个重要因素。商业环境的复杂易变要求企业必须时刻关注技术和市场的变化,并具有一种动态的整合能力,以快速适应环境的变化,而内部化的研发模式已经不能适应这种新的环境。企业商业环境的这种变化一方面是因为"二战"后欧洲和日本产业的竞争力不断上升,实力的迅速增强,以及新兴市场经济国家的崛起所造成的全球竞争的加剧;另一方面是科学技术的进步,特别是以信息技术和生物技术为代表的新一轮技术变革的影响。其中新技术革命起了决定性的作用。

新技术革命的作用主要体现在三个方面:一是其破坏性使原有产业的平衡打破,原来领先的企业已经拥有的能力过时;二是其渗透性使其他产业的竞争优势越来越建立在对新技术的应用上;三是其创造的新市场的高成长性,使小企业得以迅速发展,在创新中的作用提升。而且,在新技术处于发展的初期,创新频率很高,技术和市场的变化很快,大企业由于"技术轨道"和原有管理模式的制约,一般反应较慢,而这一阶段也正是小企业具有优势的阶段。为了在新的环境下获得竞争优势,行业内已经落后的企业和其他行业的企业必须尽快地获取新的技术,建立新的能力。而新技术迅速发展和小企业的蓬勃发展也使研发合作、研发外包以及企业风险投资、并购创新型小企业等成为了企业的合理选择。

(3) 新的研究开发技术手段的推动。现代科学技术的飞速发展,一方面使技术的复杂程度日益提高,风险日益增加;另一方面也为人们应对这种新的变化提供了技术上的手段。特别是以 ICT 技术为基础的新的研发工具和手段的出现,使研发的分工不断深入,进而使研发能够进行外包,甚至独立成为产业成为可能。ICT 技术的发展使得数据和信息的交换、继承非常方便,在一定程度上克服了地理和时间因素的限制,使得协作研究和开发越来越方便,也使得技术外包成为更有效率的研发方式。

今天,在许多行业的研发中,信息技术已经成为研究与开发的基本手段和工具。美国和印度的软件企业利用网络实现 24 小时的无缝对接,一直被认作是印度软件企业成功的一个原因。另外,我国也有一些小的研发型公司专门对国内外到期或即将到期的专利进行仿制和研究,然后把研究成果转卖给其他的研发机构或企业,进行进一步的开发。信息技术提供的快速、便利的检索条件是这些公司迅速发展的一个重要条件。在制造业设计中,有的软件公司已经开发出了 PD2M II,提供虚拟产品开发管理 VPDM,利用虚拟技术为产品开发提供一个数字化的开发环境。

另外,技术的封装和模块化、编码化及技术的复用,使技术的难度降低,从而使分包成为可能。编码化使知识正在拥有普通商品所具有的特性。如芯片的设计工具的发展,集成了许多原来需要通过隐性方式传播的知识,使知识更易扩散,也使芯片设计日益从原来的分工中独立出来。

(4) 国家科技政策转变的推动。新的科学技术的特点,使科学转化为成果的速度加快,从科学研究到产业化的路径缩短,如生物领域的一些基础研究可以直接转化为商业化的产品。大学和科研机构衍生的科技型小公司得以蓬勃发展,在推动创新和经济增长中起着越来越重要的作用,也使大学和科研机构在国家创新体系中地位不断提升。斯坦福大学在硅谷、MIT 和哈佛大学在 128 号公路的重要作用便是很好的例子。在这种情况下,20 世纪 80 年代以后,西方发达国家纷纷对其科技政策进行了调整,一向崇尚自由市场经济的美国也在 20 世纪 80 年代后,先后发布了一系列的法律来促进各种研发主体之间的合作,以提高企业的竞争力。最主要的政策是 1980 年拜—杜法案的实施,把政府资助项目的成果授予大学以知识产权，允许大学和政府研究机构从科研成果转移中获益；鼓励大学和研究机构创办科技型企业；放松垄断法对合作的限制，鼓励研发主体（大学、研究机构与企业等）的合作，等等。这大大释放了大学科技人员的创业创新积极性，激励大学和政府研究机构向产业转移技术，促进了硅谷的兴起，这些科技政策转变一定程度上也使研发外部化程度越来越高。

但研发外部化程度的加深并不说明企业内部研发的重要性已经下降，相反，企业实施研发外部化的根本还是企业内部的核心能力。如前面提到的，虽然研发的外部化程度正在变得越来越高，但企业内部化的研发活动仍然占有很大的比重，说明内部研发对于企业核心能力的培育和提升依然十分重要。大规模研发活动中形成的隐性知识是在特定的环境下形成的，很难从一个产业转移到另外一个产业，甚至也很难从一家公司转移到另外一家公司，因而可能形成企业的核心能力。这样，大规模的内部研发活动事实上形成了一种进入壁垒。如大规模集成电路之所以到现在还集中于少数的企业手中，高昂的固定资产投资是形成进入壁垒的一个原因，但这并不是根本的原因。因为鉴于大规模集成电路在经济和国家安全中的战略性地位，很容易得到一个国家政府的支持，特别是一些大国政府的支持，资金问题并不是根本的问题。大规模集成电路产业最大的进入壁垒是大规模集成电路技术的复杂性对企业能力的要求，这种能力很难通过简单的外部合作和获取建立起来。

研发外部化的发展只是对企业的技术管理和创新管理提出了更高的要求。为了能在新的商业环境下获得竞争优势，企业必须建立和发展一种新的能力，即能够发现、识别外部有用的资源和知识，并且把它们整合进企业能力体系的能力。企业的研发投入必须与建立这些能力相结合。

现今，有一大批文献是对研究开发外部化的延伸，例如，开放创新的兴起。这是创新要素和过程全球化的结果。

5.5 垂直一体化、模块化和技术创新

在当今社会中，许多企业的结构呈垂直一体化的形式。这些企业由许多部门组成，其中一些部门为本企业内的另一些部门制造零部件。这些部门的生产之间常为上下游的关系。传统的观点认为，不同的企业实行垂直一体化，是出于经济的考虑，而在这些考虑里，技术一体化占有突出地位。如炼铁厂和炼钢厂的合并，有利于减少燃料成本。但交易费用学派不这样看，他们认为，垂直一体化的主要因素是资产专一性（asset specificity）。在不存在资产专一性时，相继的生产阶段之间的自主合同，可以有很好的经济特性。但当资产专一性增加时，这种平衡会向垂直一体化倾斜。以人力资产的专一性为例，当一个人不具备什么专业知识时，企业愿意和他保持合同关系。当一个人通过干中学获得专业才能时，企业便愿意正式雇佣他，作为企业的一员（Williamson，1986）。

虽然在垂直一体化方面有许多有价值的研究，但在有关技术创新的方向、速度与企业界限关系这样一个非常有意义的领域，研究还相当少。在这里，我们想指出这样一点：在今天，垂直一体化企业比斯密的专业化工厂更有助于创新。

弗兰克尔（M Frankel）在1955年便认为，英国在纺织业、钢铁业创新的缓慢与垂直一

体化的企业缺少相关(Frankel,1955)。金德尔伯格(Kindleberger)在1964年甚至认为,原联邦德国、日本之所以超过英国,关键在于英国的工业组织是分离的、缺乏联系的企业。这阻碍了创新,因为创新收益的许多部分对单个企业而言往往是外在的(Kindleberger, 1964)。

为了说明这一问题,可借用蒂斯(Teece)的两种创新概念:一种创新是自主的,它的引入无需对其他部门的设备等进行调整;一种是系统的,这一类创新的引入,只有在其他部门作出重大改造后才有可能(Teece,1988)。快速照相机便属于系统创新,因为它的使用要求对相机、胶卷进行重新设计。在创新是系统的情况下,只有相关部分的合作,才能使创新的引入成为可能,而垂直一体化,正好为这种创新的引入提供了组织保证,减少了因合作而引致的交易费用。

这里试举一例。世界引入自动纺织机开始于20世纪初。在1914年,美国纺织机中的31%属于自动纺织机,到1919年,这一数字是51%,到1939年,该数学达到了95%。而在英国,1939年只有5%的纺织机是自动的。为什么英国在引入自动纺织机方面如此缓慢呢?弗兰克尔认为,这与英国的工业组织相关。自动纺织机的引入,不是简单的机器替换,它要求重新设计纺织厂,如加固厂房地基、取消柱子,还要求对加工初纱的设备等进行改造,此外还要求产品简化、配料方式改变,如此等等。这些常常是单一工厂以外的事务。而这恰恰是英国的薄弱点,因为英国缺乏垂直一体化的工业组织(Frankel,1955)。

此类例子还相当多。总的来说,垂直一体化在创新方面有以下几大优势:第一,它消除了重复性的工作;第二,它消除了不同部门生产中的互相不信任而出现的机会成本;第三,它消除了合同交易必然带来的不确定、技术相互依赖而致的高交易费用;第四,也是最重要的一点,它使涉及许多部门的创新收益内部化。还有一点是,这种一体化加快了产品开发的速度,为不同部门提供了和谐的信息交流。

当然,一体化也有着一个潜在的危险。当一体化企业既是一个垄断者又是一个创新者时,它有可能压制新技术的商品化,以使自己在旧技术上获得更多的利润。此类事件并不少见,通用电气公司便压制过许多发明。

如今,随着技术的不断进步,垂直分裂化(disintegration)也在加快。这一过程其实从19世纪就开始了。罗森堡(N Rosenberg)在研究时发现,美国在金属切割和成型方面的技术进步,导致了专业化的机床公司出现(Rosenber,1976)。Pavitt曾经就技术的进步与一些产业的垂直分裂化制成了一张表,详见表5-6。

表5-6 技术趋同和垂直分裂化的要素

技术的进步	技术的趋同	垂直分裂化
金属的切割与成型	加工流程	机床公司
化学和金属	材料分析和测试	合同研究
化学工程	过程控制	仪器商和合同工厂
计算	设计、重复运行	CAD,机器人
新材料	建筑原型	快速成型企业
ICT	应用软件	知识密集企业
	生产系统	企业服务,合同制造

资料来源:Pavitt,2006:92。

但现在,IT技术的发展使制造业的垂直分裂化的速度大大加快了。一是产业的分工越来越细化,使更多的企业加入了一个产业链中,这在IT业尤其突出。中国企业加入了外包生产的高潮中,并取得了利益。

二是模块化的加快,提高了中国企业的制造集成能力。模块化的概念取自于汉德森(R M Henderson)和克拉克(K B Clark)关于将一个产品的结构设计分解为一系列功能部件思想(Henderson和Clark,1990)。桑切斯(R Sanchez)认为,一个产品的结构可以有两种不同的分解方法:常规的和模块的方法。其中常规的方法依赖高强度的营销来寻找特定产品的功能,通过很好的性能价格比来吸引特定的顾客。这种产品常常是复杂的产品,分立的元器件要通过良好的集成形成产品特性并降低成本(Sanchez,2000)。

一个模块化的产品结构则是由可替换的模块构成。一个模块是一个产品功能结构的子系统。模块之间的界面是标准化的。最典型的模块化产品是计算机,它允许通过将硬驱、储存芯片、显示器等模块在软件的带动下进行运转。产品的模块化结构有以下优点:

首先,增加了产品的多样性。由于产品是通过模块的组装而产生的,如此,组装的多样性就可以带来产品的多样性。

其次,可更快地推出新产品。在给定的设计下,新产品可以通过模块组合实现,这就为面向市场的设计推出新产品更加容易。

最后,更低的设计、生产、配送和服务成本。由于模块的标准化,因此,规模生产比较容易实现。这使设计商、制造商的劳动分工更加明细(Sanchez,2000)。它使我国的许多企业更快地进入了国际的产业链分工。如作为总装配厂商,可以通过面向全球的模块采购来实现制造,企业也可通过为一些大企业进行分包生产而进入产业链。模块化是中国企业实现成功追赶的一个重要因素。在手机业,摩托罗拉等企业是进入中国企业最早的厂商,它们一般都是多芯片、制造、服务都一体化的企业。但后来,手机制造的模块化不断加快,导致中国企业可以通过技术外包进入这一产业,实现了在手机业的追赶(柳卸林,2005)。

在不同的产业,模块化的程度并不相同。在IT产业、汽车产业、家电产业、银行服务业,模块化要高得多,而在流程工业,如化工、医药等,模块化程度就要低得多。

5.6 企业的技术合作与战略联盟

企业的技术与创新合作是一项早就有的活动。从理论上给予解释的是交易费用理论和减少不确定性。创新是一项高度不确定的活动,有技术的不确定性,市场的不确定性。创新的产品越来越成为一个需要集成多种技术的活动。任何一个企业都难以拥有所有所需的技术。因此,当企业有创新中觉得可能的风险要高于自己能力时,寻找合作者是一个常用的方法。与过去不同的是,现在,竞争对手间也会在竞争中合作。如索尼与爱立信组建合资企业共同开发IT产品。

在参与合作的动机中,大企业与小企业的动机是不一样的。小企业缺乏足够的资金,因此,参与合作是实现创新竞争中重要的手段。而对大企业而言,它们一手可通过自己的开发、兼并获得所需的技术。但在下列情况时,它们会倾向创新合作:

(1) 当技术的发展速度很快,技术的不确定性非常之高时,自己单独开发成本又高且费时,它们会考虑创新的合作;
(2) 合作对方的技术能力刚好与自己的能力形成互补时;
(3) 可以将自己的技术和产品拓展到新的市场时。

Hagedoorn 和 Schakenraad 基于 MERIT 的数据库,对全部约 1 万个中的 4 200 个技术合作进行了分析,得出了在不同产业的各种合作倾向,详见表 5-7。

表 5-7 进行技术合作的动机

进行基础研究、应用研究等合作的动机	提高新技术的复杂性和跨部门性,互相促进学科的交叉发展,促进多种技术的集成
	降低研究开发风险
	降低研究开发的成本
在创新中进行合作的动机	获得对方的专有技术和知识,获得技术,争取跨越发展
	减少新产品开发的时间
在市场开发中的合作	检测环境的变化,寻找新机会
	实现全球化,进入国外的市场
	开发新的产品,进入市场,开拓产品领域

资料来源:Hagedoorn 和 Schakenraad,1990。

其中,进入市场、降低创新的时间和技术的互补是三个最重要的动机。高技术产业强调技术的合作,而传统的产业强调的是市场的合作。

近几年,战略联盟成为在企业和经济全球化下研究的一个新热点。所谓战略联盟是指各类企业间联系,也可以是指两个以上的机构或公司之间存在的各种合作协定,以共享一些投入和产出,同时保留着各自的机构或公司利益(Osborn 和 Hagedoorn,1997)。在 20 世纪 80 年代以前,人们还很少讨论战略联盟,但此后,战略联盟急剧增多,其形式有合资企业,共同的开发合作,交叉专利授权等。

联盟的组织模式可以有很多种,如图 5-2 所示,从全资的子公司到给定时间内的合作都是。一般认为,与技术的合作一样,联盟可以在以下方面增进创新。如可以降低交易成本,可以互补知识和能力,可以分享创新的成本,可以降低创新的时间,可以更加作出明智的新产品选择等。当然,联盟也是有成本的,一是双方的价值观的冲突;二是联盟的对方可能是竞争老手,会在合作中各怀鬼胎等。

除了战略联盟,企业的兼并购并(M&A)也成为企业提高创新能力的重要手段。M&A 是独立的公司将他们的业务进行合并的一项活动。兼并购并是一个历史经常发生的现象,且出现过几次大的浪潮。最近一次的高潮与网络技术及新经济相关。1995 年全球的兼购并的交易值是 1 000 亿美元,1999 年达到了 4 000 亿美元(张锋等,2000 年)。在这种兼并和购并中,技术是其中一个重要的因素。目前,这种兼并和购并的风已经进入我国。我国的许多大企业尝试通过兼并或购并国外公司的相关业务来获得创新能力和国际品牌形象,如 TCL 对法国汤姆逊彩电业务的兼并,联想对 IBM PC 业的兼并。

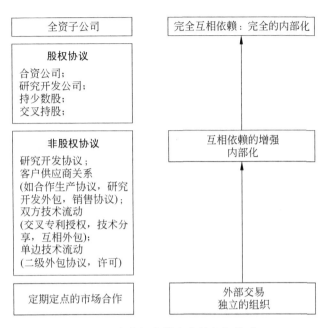

图 5-2　企业间各类合作的组织模式

资料来源：Narula 和 Hagedoorn，1999．

兼并和购并能否增强创新？有一种观点认为，可以。第一，因为技术经常是缄默的，难以转移，因此，通过兼并和购并，就可以降低交易成本，提高知识转移的效率。第二，兼并和购并可以节省研究开发的成本，因为通过自己的研究开发努力来获得技术能力，需要较长的时间积累。在一个技术变化很快的时代，有些小的技术公司也有很多有前景的技术。此时，通过兼并这些小技术企业就是一个获得技术能力的重要方法。美国的思科公司可以说是这类公司的典型。第三，兼并可以增加研究开发的规模，提供研究开发的规模效应。第四，兼并可以提高企业融合不同技术的能力。当然，兼并不一定能够成功。因为公司文化的不同，价值的冲突，会导致企业不能致力于创新。就是在研究开发上的合作成功，其他方面的冲突也会导致兼并的失败。还有，兼并常常导致获得了公司不需要的许多能力和知识，造成了负担和成本。如许多企业经常是在亏损的情况下才同意被购并。

5.7　基础研究与企业创新[①]

企业作为创新的主体，另一个重要的因素是如何进行研究开发，实现创新也就是说，企业要进行什么样的研究开发活动，才能够确保创新的效率。

根据基础研究的定义及明显的外部效应，许多人怀疑企业是否应该参与或组织进行基础研究。实际上，利润导向的组织并不愿意在这类研究上进行投入，除非他们期望能在一个相对合理的时间范围内或知晓不确定性的合理边际范围，从基础研究中获得商业上

---

① 柳卸林，何郁冰．科技投入与产业创新．北京：科学出版社，2014

的重大回报。新古典经济学家认为,因为市场在支持基础科学方面的失灵,所以政府必须对基础科学研究给予支持。但是,如果基础研究被看作是纯研究性的,那么支持它的热情之火就会熄灭(Stokes,1997)。对一些企业自发从事基础研究活动的案例分析表明,这些企业在基础研究上投入了大量的财力和人力资源(Rosenberg,1990)。

由于知识内生所具有的公共品属性或知识溢出效应,因此自Arrow的相关理论之后,人们普遍认为私营企业没有投资于研发的动力。按照传统观点,既然大学和公共研究机构能提供产业界所需的基础研究成果,为什么仍有许多企业孜孜不倦地投入到基础科学领域中?Mansfield的实证研究指出了一个重要的结论:基础研究对一个企业或产业的影响不仅是正向的,而且影响效应在实际上要超过相同投入的应用研究和试验开发(Mansfield,1980)。尽管从短期上看,应用和开发研究也能为企业带来较高的市场份额和产品竞争力,但这种竞争优势是不可持续的,因为这种绩效的提高是牺牲了企业从事根本性研究和创造基础知识的资源投入为代价的,甚至对整个产业也是有害的(Calderini和Garrone,2001)。20世纪80年代以来,每隔10年左右世界都会发生一次技术革命,而起主导作用的都是企业。随着新科技革命的兴起,基础研究和应用研究之间日益融合,基础研究成为一种商业上可以获益的领域,加上商业竞争愈益激烈,许多大公司开始直接从事或资助基础研究,以提高技术创新能力和市场开拓能力(马佰莲和曾国屏,2007),源于基础研究的技术革命使企业从中得到了丰厚的回报,也提高了企业探索基础性科学的兴趣。

大量的实证研究表明,对外部知识的使用并不能取代企业自身的知识创造,使用来自基础研究产生的知识的机会越多,就越会激励企业自身开展基础研究,以更好地在产品开发和生产商获取和利用外部知识(Beise和Stahl,1999)。企业对自身研发活动的投入越大,就能获得更多的外部知识。Berman发现,创新领先型企业即使在与大学进行研发合作后,还仍然保持很高的内部研发投入水平(Berman,1990)。Cohen与Levinthal认为,企业必须通过内部研发来构建吸收能力,以有效地将外部知识整合到新产品/工艺开发中(Cohen和Levinthal,1990)。因此,内部基础研究投入水平高的企业能更愿意和更有效地从外部知识溢出中受益(Beise和Stahl,1999)。

Gibbons和Johnston认为,企业介入基础研究的动因主要有两个方面:一个是从科学研究本身获得知识的需要;另一个是使企业能够清晰地知道产业技术变化趋势的需要(Gibbons和Johnston,1974)。Callon(1994)和Pavitt(2001)认为,企业从事基础研究的目的不是为了研发特定的产品,而是为了获取相关知识并提供一般的背景知识。程鹏等人(2011)认为,企业在进行技术开发性研究的同时,还进行大量的基础性研究的目的就是为了长期发展和战略竞争的需要。胡卫(2004)认为,之所以出现许多企业投资基础研究而不是坐等外部科学"公共品"的提供,是因为基础研究的成果能够突破其技术生产的瓶颈,为其带来大量的专利产品。虽然企业基础研究获得科技知识不但不能受到专利制度的保护,而且被竞争对手用于研发活动,但投入基础研究的企业将基础理论应用于生产的时滞将明显小于其他竞争者,从而在专利申请和技术创新等方面占有较大的竞争优势。

基础研究具有巨大的社会回报,但其本身并不具有创新的反馈回路,如果没有强有力的企业R&D能力作为支撑条件,基础研究的经济效益永远无法实现。因此,企业开展基础研究是必要的。计量经济学的研究也表明,应用技术的增长受到基础科学知识储备的制约,如果没有一定的学术研究作基础,经济就不会有实质性的长期增长(杨立岩,潘慧峰,2003)。事实上,产业界自身有需求或取得更为广泛的基础研究方面的知识,从而为其在更大范围内认识和开发新的商业应用机会提供必要的基础。产业实践也表明,对于那些在市场上具有更大优势的企业,往往在基础研究上的投入将更多。当然,企业是技术创新的主体并不意味着企业是技术创新的投入主体,20世纪80年代美国生物技术产业的兴起就是政府提供了将生物科学领域的应用研究和纯研究紧密结合的重要驱动力。这表明,企业从事研发一般先以政府引导和政府投入为主,在政府定向资助的杠杆作用下,企业逐渐成为研发的投入主体(马佰莲,曾国屏,2007)。

企业基础研究主要是为学习能力提供一个知识基础,学习能力是促进企业创新,最终形成自主创新能力的关键。基础研究水平决定了企业的学习行为和选择吸收外部知识的能力。由于科研过程是一个逐渐累积的过程,创新可能会导致新的研究产生,从而创新能力的增强也会提升企业基础研究的水平(温珂,李乐旋,2007)。企业投资基础研究的方式有两种:一是企业组建自己的工业实验室,从事相关领域的研究探索;二是企业与大学合作,以委托课题的形式定向资助大学研究(马佰莲,曾国屏,2007)。

在20世纪八九十年代初期,日本的许多大企业对基础研究产生了浓厚兴趣,如日立、东芝、佳能、NEC,它们模仿美国的一些大企业的做法,高度重视资助那些预计不能以某种方式立即应用的研究(Stokes,1997)。这种基础研究更多的是致力于巴斯德象限而非波尔象限的研究。但由于基础研究投资回报的长期性和高风险性,因此企业内部开展基础研究主要是应用性研发项目而非科学知识的创造和发明,比如日本企业从20世纪60年代中叶开始开展了大量的基础研究,但这些研发活动基本是围绕企业的技术革新进行的研究,是在引进技术上的二次创新,这种模式的后果是日本基础研究产业化带来的后劲不足,对本国高技术的进一步发展形成阻碍,如20世纪90年代第5代超级计算机研制的失败(马佰莲,曾国屏,2007)。

当然,并不是所有的企业都能从基础研究中获得同样的产出。Marsili综合考虑产业内和产业间企业的差异,认为基础研究与产业创新的关系是复杂的,企业从公共基础研究中获取知识的方式也不同。比如,外部环境尤其是产业环境和市场需求,在多大程度上影响企业基础研究的方向和资源投入,至今仍是一个谜(Marsili,1999)。Calderini与Garrone发现,市场结构影响着企业对基础研究和应用研究的投资决策,在市场动荡(Market Turmoil)的环境下企业往往具有很强的短期倾向,会将更多的资源投在应用研究和实验发展上。而不同行业的企业在基础研究投入上的动因也有一定的差异(Calderini和Garrone,2001)。Joglekar和Hamburg研究了产业特征对产业研发资源配置的影响,发现研发投入高的产业表现出4个基本特征:可投入的资源巨大、企业间合作密切、风险规避倾向高、企业对基础研究投入高并较少依赖政府支持(Joglekar和Hamburg,1986)。Jaffe(1989)、McMillan和Hamilton(2001)研究发现,制药业、生物产业、电子、光学、核能等领域的科学研究对于产业创新具有显著的影响,这类企业对基础研究也具有更大的兴趣和动力。Lim(2004)认为,在医药行业的创新与基础和应用研究是紧密联系在一起,而半导体行业的创新,主要取决于应用研究。

许多年来，大企业是否比小企业更具创新性一直是经济学的热点话题。许多学者认为由于大企业建立了规模庞大内部研发实验室，因此能从基础研究中获得更多的创新知识，而小企业更多地是模仿来自产业内扩散的创新知识。但 Acs 和 Audretsch 对这一传统观点提出了挑战，认为小企业有时比大企业更具创新性(Acs 和 Audretsch，1990)。此外，企业之所以选择开展基础研究可能与企业管理层的特征有关。Buderi 分析了一些世界著名大公司(如 AT&T、朗讯、IBM、西门子、NEC、GE、施乐、惠普、英特尔、微软等)开展基础研究的历程及战略变革，发现这些企业有一个共同的特点：对基础研究高度重视。但这些企业对待基础研究的态度有差异性，如微软和施乐等公司对基础研究采取的是自由探索的精神，而英特尔和惠普更重视应用引致的基础研究(Buderi，2000)。

尽管基础研究具有巨大的经济增值潜力，然而如何鼓励企业投入或参与基础研究，长期以来却深深地困扰着政策制定者和研究者，无论在发达国家还是在发展中国家，这都是一个巨大的难题。企业基础研究往往被认为是与应用研究、实验发展、销售额、营销和基础性管理的开支相冲突的(Calderini 和 Garrone，2001)。一些经济学家很早就指出自由市场体制不能使研发投入的资源配置最优化，政府必须担当起基础研究投入的重任。Arrow(1962)指出了私营企业对研发活动低投入的两个原因：一是由于研发活动的目的是为了产生新的知识信息，其结果不能事先确定，内在的风险性导致私营企业通常拒绝研发活动，但作为社会来说是风险中立的，因此政府愿意投资研发活动以提高社会福利；二是由于研发活动具有"有限独占"(limited appropriability)或"非独占"(inappropriability)属性，投资于研发活动的企业往往不能全部占有其回报，所以尽管研发活动对社会发展是有利的，企业也不愿意投资。同时，Joglekar 与 Hamburg 指出，研发活动在结果的"有限独占"或"非独占"上程度不一，比如基础研究的"非独占"性最高，应用研究和实验发展尽管也具有较高的风险性，但专用性也相对较强(Joglekar 和 Hamburg，1986)。

5.8 结　　语

企业和技术创新的关系是一个富有意义的研究领域。我们上面的分析，还只是一个开端，许多研究有待深入。在这一点上，我们有一个很深的体会：从当今的创新实践来看，企业并非必然是创新的基本单位，也就是说，创新过程可在不同的企业单位或组织形式下实现。合同开发、合同创新、技术交易、技术商品化，都是明显的例证。这说明不同类型的企业、组织在创新的不同阶段有不同的比较优势。如小企业、科研院所在创新初始阶段有比较优势，而大企业在创新的后期阶段有比较优势。从而，小企业、科研院所与大企业的合作，将是一个较好的创新模式。但当一个创新过程在不同的组织下实现时，就产生一个交易费用问题。若交易费用过高，市场下的合作创新便会有阻碍。正因为如此，我们将把技术创新和企业的界限、产权形式和组织形式的关系，作为我们下一个阶段研究的重点。

参 考 文 献

[1] Acs A J, Audretsch D B. 1990. Innovation and Small Firms. Cambridge: MIT Press.

[2] Aghion P, David P A, Foray D. 2009. Science, Technology and Innovation for Economic Growth: Linking Policy Research and Practice in 'STIG Systems'. Research Policy, 38(4): 681-693.

[3] Akkermans D, Castaldi C, Los B. 2009. Do "Liberal Market Economies" Really Innovate More Radically than "Coordinated Market Economies"? Hall and Soskice Reconsidered. Research Policy, 38(1): 181-191.

[4] Arrow K J. 1962. Economic Welfare and the Allocation of Resources for Invention. In: Nelson R, The Rate of Direction of Inventive Activity. New Jersey: Princeton University Press.

[5] Beise M, Stahl H. 1999. Public Research and Industrial Innovations in Germany. Research Policy, 28: 397-422.

[6] Berman E M. 1990. The Economic Impact of Industry-Funded University R&D. Research Policy, 19: 97-114.

[7] Buderi R. 2000. Engines of Tomorrow: How the World's Best Companies Are Using Their Research Labs to Win the Future. New York: Simon & Schuster.

[8] Calderini M, Garrone P. 2001. Liberalization, Industry Turmoil and The Balance of R&D Activities. Information Economics and Policy, 13: 199-230.

[9] Callon M. 1994. Is Science a Public Good? Fifth Mullins Lecture, Virginia Polytechnic Institute, 23 March 1993. Science, Technology and Human Values, 19: 395-424.

[10] Coase R. 1937. The Nature of the Firm. Economica, 4(16): 386-405.

[11] Cohen W M, Levinthal D A. 1990. Absorptive Capacity: A New Perspective on Learning and Innovation. Administrative Science Quarterly, 35(1): 128-152.

[12] Frankel M. 1955. Obsolesce and Technological Change in a Maturing Economy. The American Economic Review, 45(3): 296-319.

[13] Gibbons M, Johnston R. 1974. The Roles of Science in Technological Innovation. Research Policy, 3(3): 220-242.

[14] Granstrand O, Bohlin E, Oskarsson C, Sjöberg N. 1992. External Technology Acquisition in Large Multi-technology Corporations. R&D Management, 22(2).

[15] Hagedoorn J, Schakenraad J. 1990. Leading Companies and Networks of Strategic Alliances in Information Technologies. Research Policy, 22: 163-196.

[16] Hall P, Soskice D (Eds.). 2001. Varieties of Capitalism: The Institutional Foundations of Comparative Advantage. Oxford: Oxford University Press.

[17] Henderson R M, Clark K B. 1990. Architectural Innovations: The Reconfiguration of Existing Product Technologies and the Failure of Established Firms. Administration Science Quarterly, 35: 9-30.

[18] Horwitch M, Parikh M, & Nina Z. 2000. Open innovation: Transferring Lessons from Software for Modern Value Creation. Paper Presented at the CISEP Workshop on Innovation and Diffusion in the Economy, Lisbon, Portugal.

[19] Howells J. 2000. Research and Technology Outsourcing and Systems of Innovation. Economics of

Science, Technology and Innovation, 18: 271-295.

[20] Jaffe A B. 1989. Real Effects of Academic Research. The American Economic Review, 7: 957-970.

[21] Jewkes J, Sawers D, Stillerman R. 1969. The Sources of Invention. London: MacMillan.

[22] Joglekar P, Hamburg M. 1986. A Homogeneous Industry Model of Resource Allocation to Basic Research and Its Policy Implications. Management Science, 32(2): 225-236.

[23] Kindleberger C P. 1964. Economic Growth in France and Britain, 1851—1950. Cambridge: Harvard University Press.

[24] Lim K. 2004. The Relationship Between Research and Innovation in The Semiconductor and Pharmaceutical Industries (1981—1997). Research Policy, 33(2): 287-321.

[25] Mansfield E. 1980. Basic Research and Productivity Increase in Manufacturing. The American Economic Review, 70(5): 863-873.

[26] Marsili O. 1999. Technological Regimes: Theory and Evidence. DYNACOM Working.

[27] McMillan G S, Hamilton R D. 2001. The Impact of Publicly Funded Basic Research: An Integrative Extension of Martin and Salter. Transactions on Engineering Management, 22-30.

[28] Narula R, Hagedoorn J. 1999. Innovating Through Strategic Alliances: Moving Towards International Partnerships and Contractual Agreements. Technovation, 19(5): 283-294.

[29] National Science Foundation (NSF). 2004. Science and Engineering Indicators 2004. US: National Science Foundation.

[30] Osborn R, Hagedoorn J. 1997. The Institutionalization and Evolutionary Dynamics of Inter-Organizational Alliances and Networks, Academy of Management Journal, 40: 261-278.

[31] Pavitt K. 2001. Public Polices to Support Basic Research: What Can the Rest of the World Learn from US Theory and Practice? And What They Should not Learn. Industrial and Corporate Change, 10(3): 761-779.

[32] Pavitt K. 2006. Innovation Processes. In: Fageberg, J. et al. (Eds.), Oxford Handbook of Innovation. Oxford: Oxford University Press.

[33] Roberts E. 2001. Benchmarking Global Strategic Management of Technology. Research-Technology Management, 44(2): 25-36.

[34] Rosenberg N. 1976. Perspectives on Technology. Cambridge: Cambridge University Press.

[35] Rosenberg N. 1990. Why Do Firms Do Basic Research with Their Own Money. Research Policy, 19(2): 165-174.

[36] Sanchez R. 2000. Product and Process Architectures in the Management of Knowledge Resources. In: Foss, N. J., Robertson, P. L. (Eds.), Resources, Technology and Strategy. London: Routledge.

[37] Stokes D. 1997. Pasteur's Quadrant: Basic Science and Technological Innovation. Washington D C: Brookings Institution Press.

[38] Teece D. 1988. Technological Change and the Nature of the Firm. In: Dosi, G. et al. (Ed.), Technical Change and Economic Theory. London: Pinter Publishers.

[39] Williamson O E. 1986. Vertical Integration and Related Variations on a Transaction-Cost Economic Theme. In: Stiglitz, J. et al. (Eds.), New Developments on the Analysis of Market Structure.

[40] 程鹏,等.2001.产业需求引致基础研究的阶段演进：以高铁产业为例.北京：管理评论,(11)：46-

55.
- [41] 国家统计局,等.2013.2012年全国科技经费投入统计公报.http://www.sts.org.cn/tjbg/tjgb/document/2013/20130927.htm.
- [42] 胡卫.2004.R&D知识品与我国科技财政的职能定位.杭州:财经论丛,(2).
- [43] 科学新闻.四角相倚:国家创新体系新格局.2012-08-15.http://www.sciencenet.cn/skhtmlnews/2012/8/1833.html?id=1833.
- [44] 柳卸林.2005.全球化、追赶与创新.北京:科学出版社.
- [45] 柳卸林,何郁冰.2014.科技投入与产业创新.北京:科学出版社.
- [46] 刘建兵,柳卸林.2005.企业研究与开发的外部化及对中国的启示.北京:科学学研究,(3):366-371.
- [47] 刘进先.2004.如何建立企业为主导的科研体系.山东:科技信息,(3):9-11.
- [48] 马佰莲,曾国屏."基莱问题"与政府资助基础研究的理性.北京:科学文化评论,(4):90-101.
- [49] 温珂,李乐旋.2007.从提升自主创新能力视角分析国内企业基础研究现状.天津:科学学与科学技术管理,(2):5-10.
- [50] 杨立岩,潘慧峰.2003.人力资本、基础研究与经济增长.北京:经济研究,(4).
- [51] 张锋,等著.2000.聚焦新经济:解读新经济时代的生存战略.北京:地震出版社.
- [52] 中关村管委会.2003.中关村园区国际化发展研究报告.
- [53] 中国科技统计数据.2012.北京:中华人民共和国科学技术部.

第6章 技术创新和产业演化

前几章内容主要以单个创新为对象。关于不同创新之间的联系、它们与产业演化、经济波动之间的关系,并没有研究。历史告诉我们:无数大大小小的创新,决定着一个产业的兴衰、一个国家经济的繁荣与萧条。本章为此要考虑以下几个问题:在同一产业内,一个根本性创新之后会有什么创新形式伴随?不同的创新是否遵从某种发展轨道?创新是否有群集现象?创新何以影响产业演化、经济长波?不同的创新是否因某种技术演化的必然性而存在有机联系?

6.1 创新和产业演化:从艾伯纳西-厄特巴克(A-U)模型说起

创新可分为产品创新和过程创新等。厄特巴克(James M Utterback)和艾伯纳西(N Abernathy)两人从20世纪70年代起,对产品创新、过程创新和组织结构之间的关系作了一系列的考察,发现它们三者之间既遵循着不同的发展规律,又存在着有机的联系。它们在时间上的动态发展影响着产业的演化(Utterback,1975)。

他们把产品创新、过程创新和企业组织结构的变化分为序贯变化和截面变化两种。就序贯变化而言,有三个明显的阶段:流动阶段、过渡阶段、明确的阶段。

对产品创新而言,在流动阶段,产品变化快,设计具有多样性;数家小企业并存、创新的重点在于产品性能;创新具有很大的不确定性、企业不知何种产品有最大的市场潜力。创新的思想来源很多,可来自顾客、顾问或非正式的外界联系。

随着创新者和产品用户经验的增加,原来目标的不确定性被不断消除,产品创新进入过渡阶段。在这一阶段,人们对产品的用途有了更好的理解,企业开始就产品多样化展开竞争,主导设计开始显露。

所谓主导设计,是指为消费者共同认可的设计,且具有技术可行性。主导设计排斥其他种类的设计。依怀特(G White)的见解,主导设计有以下特征(Utterback,1987):

(1) 技术局限在现有的水平内,没有新的技术要求;
(2) 设计能增进一个产品或其他过程方面的创新机会;
(3) 产品有保证会占领新市场;
(4) 产品没有新的操作要求。

随着产品的改善,产品创新率开始降低,顾客对产品有了偏好,销售、广告、维修等要求生产更高程度的标准化。改善产品性能的创新少了,厂家感兴趣的是销售最大化、市场份额。

主导设计的形成意味着产品创新进入了一个明确的(Specific)阶段。此时,原来竞争的企业变成为寡头垄断者,竞争以价格竞争为主,强调的是生产效率、规模经济,产品创新、过程创新以渐进创新为主。

过程创新是由设备、劳动力、材料投入、任务设定、信息流动等组成的系统。在流动阶段,生产单位过小、资源有限。产品的新颖性、潜在的市场,使他们以最简单的方式扩大生产,强调的是技术上非常熟练的工人,过程本身基本上是非标准化,以人工操作为主,效率不高。

随着需求的不断增加,生产线越来越标准化,生产过程进入了过渡阶段。此后,过程创新不断涌现;生产系统逐渐刚性化,有自动化的"岛",也有手工操作。总的来说,它具有"分割性"(segmented)的特点。

当特定的产品设计与生产过程高度整合时,过程创新进入明确的阶段。产量大,过程变化难,且费用高。

企业组织也会有相应的改变。在流动阶段,组织强调的是工作的不断变更,没有等级制,有很高的创新能力。组织是有机的,权力集中在有创新精神的企业家手中。

在过渡阶段,个人与组织逐渐互相依赖,组织强调协调、控制,人员壮大了,权力转到有能力的人手中。

在明确的阶段,组织控制强调目标、结构和规章制度,操作是程序化的,组织有机械的特点。

由于产品创新、过程创新和组织结构既有序贯的变化,又有截面的变化,卷入的因素又相当多。因此,用图 6-1 表示也许比叙述更为清晰。见图 6-1,表 6-1。

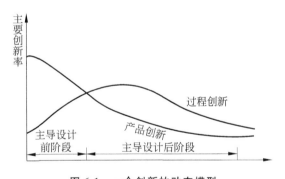

图 6-1　一个创新的动态模型

资料来源:Abernathy 和 Utterback,1978.

表 6-1　创新动态模型的阶段特点

	流 动 阶 段	过 渡 阶 段	明确的阶段
竞争焦点	产品功能、性能	产品多样性	降低成本
创新的激励来自	用户需求、用户技术投入的信息	拓展内部技术能力产生的机会	降低成本、改进质量的压力
创新的主要类型	不断对产品进行重要变革	产量增加引致的重要过程创新	产品、过程的渐进创新
生产线	多种多样的,常包括定制的设计	至少有一种稳定的产品设计,具有一定的数量规模	大多是没有判别的标准产品

续表

	流动阶段	过渡阶段	明确的阶段
生产过程	柔性的,效率不高,易于进行重大变更	逐渐变得刚性	效率高,资本密集、刚性、变更成本非常高
设备	通用、需求技术熟练的劳动力	有些过程自动化	专用的,自动化程度高
材料	投入大多限于现有的材料	一些供应商提供专业化的材料	专业化的原料,若没有,要进行垂直一体化
组织控制	非正式的、企业家精神的	通过各种关系、项目小组进行控制、强调协调	强调结构、目标、规则

资料来源:Abernathy 和 Utterback,1978.

厄特巴克还注重经验数据的支持。他引用了蒂尔顿给出的数据:1950—1968 年间的 13 个主要创新中有 8 个集中出现在 7 年里,而在这 7 年中,产值只占 18 年中的不到 5%(Utterback,1987:33)。

再以福特汽车公司为例。从 1905 年到 1909 年 4 年中,该公司共开发并售出从 2 汽缸到 6 汽缸共五种不同的引擎。那时的工厂有很大的灵活性,技术上依赖熟练工人。经过一段时间之后,福特公司在 1909 年推出主导设计——T 型汽车。在 15 年内,他们每年生产此类引擎 200 万,其工厂设备被认为是世界上最有效的。在这一期间,他们只有渐进而没有激进的、根本性的创新(Utterback,1987:34)。

根据厄特巴克—艾伯纳西模型,存在着几条较清晰的创新推进路线。

(1) 在主导设计前阶段,产品创新多,竞争在于产品性能。一旦进入主导设计阶段,工序创新便成为主要的任务,竞争转向产品的价格。此外,创新有一个从根本性向渐进性转变的过程。只有一小竞争企业能进入主导设计阶段。

(2) 一个产业,其初期为许多小企业竞争并存,后变为以几家垄断企业为主,它们引入了主导设计,通过过程创新获得规模经济的收益。

(3) 作为以创新为龙头进入市场的生产单位,有一个从无序——也即产品设计、工序、企业组织不定型、关联性不强——向有序——也即产品设计、工序和企业组织高度整合——发展的过程。显然,不能完成这一转变的企业将会被市场竞争所淘汰。

厄特巴克—艾伯纳西模型,不仅为我们理解创新之间的关系、创新和产业演化之间的关系提供了线索,而且还有着较强的政策意义。按照这一模型,在主导设计前阶段,国家应注重培养竞争环境,在主导设计阶段,国家应致力于提供吸收技术所需的基础设施。

但后来的学者对此模型提出了许多批评。一是他们提出的模型的依据主要是基于汽车产业的发展模式。但就是在汽车产业,也经常在主导设计完成前有许多工艺的创新(Klepper,1996)。

创新赌博模型就是一个不赞成主导设计的理论。这一理论也是建立在熊彼特的理论基础之上。但这理论更清晰地描述了产业演化的进程。

一个根本性的创新会引发一个新的产业。而这一产业的衰落则是一个改进性创新的推出引起的。当一个根本性创新出现时,会引起许多企业的进入,其产量达到一个最优的规模。在这一过程中,企业的进入是不断的,并没有主导设计一说,直到企业的利润接近零为止。如果市场需求停止了,则企业进入的活动也就停止了(Jovanovic 和 MacDonald,1994)。

但一个改进性的创新会引起一个新的产业变动。新的改进创新会使产业有新的利润空间,会出现产业新的进入者,但产业内老的企业会比新进入者有更强的赢利能力。当再也没有企业进入时,这一场创新赌博就结束了。

Klepper 提出了另外一个模型。其模型基于另外一个熊彼特的思想:大企业在研究开发方面的优势。他认为,这种优势可使企业具有领先者获得一种马太效应:富者更富,穷者更穷。Klepper 的模型从罗默的递增报酬出发,认为企业既要做产品创新,也要做工艺创新。其中大企业有较大的规模优势,而工艺创新主要在于降低成本,因此,大企业会更愿意进行工艺创新。而产品创新则与先前企业有没有创新无关。随着已有企业的发展,产品价格的不断降低来自工艺创新的递增报酬会给领先的企业以竞争优势,而使一些没有工艺竞争力的企业退出产业,形成了产业的衰退。在 Klepper 的研究中,他认为在产业的演化中不存在所谓的主导设计(Klepper,1996)。

Klepper 用了好几个产业的发展来说明此事,例如,汽车产业。

图 6-2 说明了在美国 1895 年到 1966 年汽车制造商和进入退出企业的数目。显然,进入最多的年份是 1895—1898 年,共有 14 个企业,1899 年,1990 年和 1901 年各有 19 个、37 个和 27 个企业进入。从 1902 年到 1910 年,平均每年共有 48 个企业进入,其中 1907 年是高峰,达到 81 个企业。1911—1921 年,平均每年只有 16 个企业进入。从绝对数来看,美国汽车厂家数目最高的年份是 1907 年,共有 274 个汽车企业。此后开始下降。因此,产业开始下调的年份是 1909 年。此后,汽车厂商不断退出,到了 20 世纪五六十年代,只有 7 家企业生存下来。

在美国的汽车产业史上,产业结构以大企业为主角。1911 年,通用公司和福特公司的市场占有率是 38%。到 20 世纪 30 年代,他们两家公司加上克莱斯勒公司,占了美国汽车生产总量的 80%。

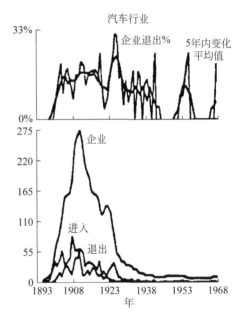

图 6-2 美国早期汽车产业进入退出趋势

资料来源:Klepper,1997:153.

Klepper 认为,首先,所有后来生存下来的企业都不是新企业,而是在产业出现下调的 1909 年之前就已经存在的企业。

其次,从汽车的产品创新看,图 6-3 共有 4 个创新周期:1899—1905 年,1912—1915 年,1922—1925 年和 1932 年前后。Klepper 想表达的是:不存在一个主导设计后产品创新下降,工艺创新不断上升的局面。产品创新在不同的阶段都在产生。

最后,Abernathy 认为,美国汽车产业的主导设计是福特的 T 型车。有学者认为,这

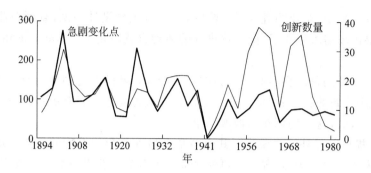

图 6-3　美国汽车产业创新的时间周期

资料来源：Klepper，1997：13.

一说法不成立。因为 T 型车仍然是非常不成熟的车型。20 世纪 20 年代，美国仍然有许多产品创新出现，使 T 型车本身显得老化。美国在 20 世纪 30 年代推出的六缸车取代了当时流行的四缸车，DODGE 发明的全封闭的车成为了主流车型。后来，Utterback 提出，应该是 1923 年推出的全钢、封闭车身的车型是主导设计。但有人认为，这已经晚于产业下沉（Shakeouts）的时候了。

克莱伯（Klepper）认为，汽车产业的发展反倒支持他的理论。首先，汽车产业确实表现了规模递增的观点。1909 年之后，产品创新的数量开始下降，产品创新呈发散分布。工艺创新在整个过程中不断增加。其次，最重要的工艺创新是产品部件的标准化和规模生产线。而这是福特在进行 N 型车和 T 型车生产时推出的，不是在所谓的主导设计之后（Klepper 和 Kenneth，1997）

莫里（Mowery）和纳尔逊（Nelson）认为，产品周期的概念已经不适用于描述产业的演化。他认为，许多产业的发展，遵循着"间歇性平衡"（punctuated equilibrium）的特点，使一个产业呈现不同的主导技术各领风骚数年的特点。如机床业，数控机床是一个重要的间歇点（punctuation）。在化工产业，石油的出现是一个重要的间歇点。在计算机产业，小型机、个人电脑是计算机产业发展中的两个间歇点（Mowery 和 Nelson，1999）。

6.2　后发国家的创新与产业演化

上述有关创新与产业演化的模型在追赶和发展中国家成立吗？韩国学者金仁秀（Linsu Kin）认为不成立。他认为，从韩国的经验来看，追赶国家的工业化过程一般都要经过获取、消化和改进三个阶段。

第一步，技术获取。追赶国家由于缺乏相应的制造能力，一般都通过从发达国家获得成套的技术来提高制造生产能力。因此，这一阶段的生产主要是进行标准的、没有差别化产品的生产，技术是国外的。由于劳动力成本低，加上高关税，因此，当地的企业没有什么压力，生产不会有什么效率。技术部门的工作是消化吸收国外已经成熟的技术。因此，此时，企业只需要工程部门，不需要研究开发部门。但外国的技术帮助非常重要，可以解决工程安装、调试等所遇到的问题。

第二步，消化吸收。一旦生产开始后，企业就想开始掌握产品的设计技术，通过学习，或由于新进入企业的竞争,还有在中国常见的为了降低成本,提高产量,企业开始进行一些工程和小范围的设计工作,反向工程工作。通过这种消化过程,当地企业也许可以获得相关的产品的生产技术。

第三步,一般生产技术掌握之后,企业开始关注进口的替代,提高本企业对该技术的掌握能力,企业开始进行研究开发和工程阶段(图6-4)。

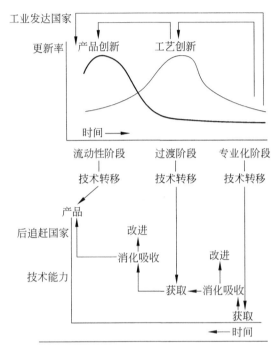

图6-4 两种技术轨迹的整合

料来源:Linsu Kim,1997. Imitation to innovation,Cambridge,Harvard business School Press,89.

一旦企业完成了金仁秀所说的在成熟技术发展的三个阶段,则企业就非常想进入在一些产业发展中的更高级阶段:技术发展的过渡阶段。现在,韩国、中国台湾的企业就是如此,这些企业要对发达国家的企业发起挑战。一时有许多产业,企业都能如此,则这一国家就已经进入了发达国家的行列。日本就是一例。

以半导体产业为例。韩国成功地实现了从一个仅做分立的元器件转变为在动态随机存储器(DRAM)方面取得重大成就的国家,且时间仅用了十年。韩国已经成为继美国、日本之后世界第三个半导体生产大国。

Motorola、AMI、Toshiba等企业在韩国利用其劳动力优势进行一些分立器件的组装工作。1975年,韩国政府提出,要利用6年的计划推进半导体产业的发展。许多大企业表示了极大的兴趣,但由于技术掌握在国外企业手中,且风险高。因此,进入的企业不多,投资也不大。1979年,投资只有4.21亿美元,而同期对消费电子的投资是11.9亿美元。政府为此建立了韩国科技高级研究院(KAI)。1976年,建立了韩国电子技术研究院(KIET),专门进行电子方面的研究。尽管这些研究机构的设立在早期及在人才培训方面有贡献,但真正的突破来自三星企业。

1974年,一个韩裔美国人 Ki-Dong Kang,在美国的 Motorola 有过半导体设计经验,且在美国做教授的科学家在韩国办起了第一个当地企业——韩国半导体公司。但该公司不久就陷入财务危机,三星公司利用这一机会兼并了它。Kang 为三星提供了大量的 TACIT 知识,使三星公司一下进入了一个较高的阶段,生产为消费电子产品所需的各种集成电路。

1982 年,三星公司建立了自己的半导体实验室,主要进行二极和 Metal Oxide Semiconductor(MOS)研究。

一开始,三星公司试图向美国的德州仪器、Motorola、日本的 NEC、东芝和日立转让 64K 的 DRAM 的制造技术,但都遭到拒绝。此后,三星公司决定根据 8 年的半导体生产经验自己研究开发。这是一次跨越:技术上要从 5micron 线宽向 2.5micron 线宽发展,晶片要从 3 英寸向 5 英寸发展,容量要从 1/16 K 大规模集成电路向 64K 超大规模集成电路发展。也可以说,要进入 A-U 模型中的产业技术发展的过渡阶段。

为此,三星公司找到了一家有能力进行 64K 技术设计的厂家:在 IDAHO 的 BOISE 的 Micro Technology,此家公司愿意转移与超大规模集成电路所需的诀窍类知识和文字化的知识,这使韩国大大缩减了技术提高的时间。同时,三星公司建立两家研究开发公司以掌握 64K 的技术。一家公司在硅谷,主要是韩籍美国人,从美国 Stanford 等著名大学毕业,且有 IBM 等大公司工作的经验;一家在韩国。两个工作组共同进行 64K 技术的开发研究,同时,又有很好的研究互动。经过这种努力,加上三星公司以前的经验,三星掌握了 8 项非常关键的且需要 309 道工序的 64K DRAM 技术。其耗时晚美国 40 个月,晚日本 18 个月,大大缩小了与发达国家之间的技术差距。用同样的方式,三星又攻克了 256K 的 DRAM 技术。此后,三星公司开始了与发达国家的公司同步起跑的阶段,进入了产业发展的流动阶段(Kim,1997)。

6.3　技术创新集群

技术创新不是均匀地分布在时间轴上,不是孤立的,而是有群集(cluster)现象,即在某一段时间里,创新会比其他时间段里多。有些学者也称创新群为创新的极化(polarization)。

最早提出创新群概念的是熊彼特。他在解释经济周期或经济波动时认为,除了战争、革命、气候等外部因素外,创新的群集和增长的非周期因素是经济波动的主要原因(熊彼特,1990)。他说:"创新不是孤立事件,并且不在时间上均匀地分布,而是相反,它们趋于群集,或者说成簇地发生。这仅仅是因为,在成功的创新之后,首先是一些,接着是大多数企业会步其后尘;其次,创新甚至不是随机地均匀分布于整个经济系统,而倾向于集中于某些部门及其邻近部门"(Schumpeter,1939:100-101)。

关于创新成群的原因,熊彼特在另一处又给出了一个类似但更详细的说明:"一旦当社会上对某些根本上最新的和未经试验过的事物各种各样的反抗被克服之后,那就不仅重复做同样的事件,而且也在不同的方向上做'类似的'事情,就要容易得多了,从而,第一次成功就往往产生一种'集群'的现象(可以用汽车工业的出现为例来说明)"

(Schumpeter,1939:294)。

我们认为,熊彼特的这一解释,并不像有些人所指责的那样,是"创新随创新而来的"同义反复(《现代国外经济学论文选》,1986:57)。熊彼特的解释有两层含意:首先,首次创新会比随后类似的创新艰难得多,一旦突破入门障碍,会给随后的创新带来外部性;其次,创新是一个学习过程,先头的创新会给后面的创新留下许多经验。

创新是否真正地群集?不少学者对这一问题作过统计研究。赫夫鲍尔(Gary Hufbauer)对合成材料方面的创新做过细致的统计工作,其结果见表6-2。

表6-2 合成材料重要创新的分布

时间/年	创新数量/个	时间/年	创新数量/个
1990年前	4	1930—1939	18
1990—1909	4	1940—1949	15
1910—1919	3	1950—1959	10
1920—1929	5	1959年以后	1

资料来源:现代国外经济学论文选.1986:162.

再以美国化学工业为例,见表6-3。

表6-3 美国1967—1982年化学工业产品创新(年平均数)

时间/年	创新(年平均数)/个	时间/年	创新(年平均数)/个
1967—1973	332	1980—1982	65
1974—1979	39		

资料来源:Freeman和Soete,1990:83.

从以上两个表中可以看出,创新群集现象是可信的。例如,在1930—1939年间,就有一个合成材料的创新群。

20世纪70年代末、80年代初,对创新群的讨论含有两个创新群集的因素,这是大多数学者都同意的。

第一,由于基础科学和技术的影响,各种创新之间往往存在普遍的"技术连结",导致创新群的产生。赫夫鲍尔这样写道:"各种塑料、橡胶和人造纤维之间名称的相似性表明该工业的另一个重要特征;在化学上,不同经济用途的材料有时是有关系的……WH卡罗瑟斯发现了尼龙,这为英国的JR温菲尔德和JT迪克森发现聚酯纤维打下基础。正如法本公司发明了聚苯乙烯酸塑料的研究为精橡胶的发明开辟道路,而这又反过来导致丙烯酸酯纤维的发现……"

在某些程度上,把塑料、合成橡胶和人造纤维合成起来的技术联结反映在创新的群集上,由于合成材料在化学上的相似性,某公司的一项创新几乎肯定会增加一项发明的可能性(《现代国外经济学论文选》,1986:163)。

第二,创新群的出现与创新的模仿、扩散有关。依罗森堡的观点,扩散过程不仅仅是一个"复杂的副本式"的复制,而是围绕原初创新展开的一系列二次创新,这些二次创新将完善原初创新。所有这些原初创新和扩散而致的二次创新便会形成创新群(Rosenberg,1976)。

加拿大的创新研究专家德布瑞森（Chris DeBresson）对创新群研究作出了新贡献。他在一篇名为《培育创新群：一个动态发展的源泉》的论文中，不仅对创新群产生的因素作了系统的分析，而且把创新群看作是经济动态发展的源泉，认为应围绕培育创新群制订发展政策（DeBresson,1989）。

把导致创新群的因素分为外在于经济系统和内在于经济系统两类。外在于经济系统的有：

（1）范式的不连续性。关于范式这一概念，我们以后会有较详细的解释。在这里，我们仅把它理解为解决问题的方式就足够了。

在技术发展史上，某一时刻往往会出现一种与过去完全不相同的技术，产生新的解决问题的方法，也就是说范式变更了。这种范式变更可因于科学发现，也可因于技术本身的进化。

用内燃机取代蒸汽机，便是火车动力范式变更的例子。此类例子当然相当多。一般而言，在新范式揭示的新领域，技术创新机会多于传统的技术领域。

（2）技术辅助系统。技术系统是一个各种成分相互依赖的组合，每一个技术系统都有其核心部分和辅助部分。在一个技术系统里，有些辅助部分会比另一些辅助部分性能好，那些性能差的辅助部分便构成了罗森堡所说的瓶颈。德布瑞森认为，创新会沿着这样的方向进行，使性能差的辅助部分与其他部分协调起来，也就是要解决瓶颈问题。

（3）累积性的学习过程。技术诀窍（know-how）是累积性的。虽然过去许多学者强调学习的重要意义，但强调学习对创新群的重要性的，德布瑞森也许是第一人。学习对创新群的推动作用，主要表现在以下几个方面：

首先，对规模经济的寻求，将把技术的发展限定在一条轨道上。

其次，技术诀窍是可转移的，一个部门往往可从另一个部门的创新中学习，当这两个部门在技术上关联密切时更是如此。从而，一个领域的创新会引发周围的创新。

这一方面的例子有比克（Bic）公司将在圆珠笔生产中获得的有关塑料拉长的大规模制造的技术诀窍，应用于剃须刀和打火机的生产。

（4）以上三个因素是属于外在于经济系统的，属于内在于经济系统的是范围经济。范围经济（economies of scope）。范围经济是一个较新的概念，它产生于以下情况：由于可共同使用创新的投入（如设备），如果由生产第一种商品 P 的厂家生产第二种商品 P'，则其单位价格将低于独立厂家生产的 P' 的价格。

范围经济可分为两种：一种是强制性的，出现于联合生产时；一种是自愿的，出现于厂家要求产品多样化的情况下。在德布瑞森看来，这两种范围经济都将带来创新群。

其他内生的因素有垂直技术外部性、创新诱导机制、独占性、创新交易成本、创新利润。

但重要的是，上述种种因素不是孤立的。"假如几个独立的因素都一致地使创新群集，此时，便会产生一种协同的效果。如范围经济引致在技术邻近区的产品多样性，这又转而增加了技术诀窍，而这些诀窍又只能再用于相邻近的技术。从而，一个典型的自我加强的动态机制增加了新的多样性"（DeBresson,1989：12）。

当然，其他因素也会产生协调的创新群集效果。历史上，此类例子相当多，如航海、天文、罗盘;蒸汽机、钢铁工业;内燃机与汽油,等等。这些根本性创新的会聚(meeting)构成了经济发展的动力。

创新的会聚可以是偶然的,但更重要的是,它可以是主观促成的。从这一观念出发,结合前面的讨论,便会得出这样的结论:发展政策应结合创新的自然倾向,培育创新群。应着眼于技术系统和创新群,而不是单个创新能力。应减少交易成本、创造良好的创新环境条件,为创新群的产生提供土壤。当然,为了培养现有创新能力,首先应确定一个国家的创新源、创新者、创新产品的第一用户,通过促进、培养它们的联系、结合,发展政策可推动一个动态的技术累积过程。

德布瑞森的上述思想对发展中国家如何借助发展政策、培育创新群,以促进经济发展,具有十分重要的意义。德布瑞森在1992年8月来华时对我们说,他已将该理论应用于实践。

中国是一个发展中国家,创新对中国的长期发展至关重要。我们应吸取德布瑞森思想中有价值的部分,找到在中国培育创新群的途径,加快中国技术创新的步伐。

德布瑞森在最近的一篇会议论文中,发展了他以前的思想,力图用创新矩阵(创新的供给——使用矩阵)的方法,确定、识别创新群。他分析的对象是意大利的情况,利用了意大利全国创新调查的数据。他把创新群分为三类:一类是"小集团"(Clique),其中所有的产业都进行双向性的创新供给——使用活动;另一类是"树"(Tree),这些产业之间的创新供给——使用关系是单向性的;第三类介乎前两者之间,称作"复合型",这些产业的创新供给——使用关系具有对称性、传递性的关系。

德布瑞森对意大利情况进行研究后得出结论:在1981—1985年间,意大利的一个主要的创新群集中于最终需求和建筑部门(DeBresson所赠会议论文)。

我们认为,德布瑞森新近的这一工作有着重要的意义,它为创新群理论的实际应用奠定了基础。在创新调查搞得较好的地方,都可以尝试用此法识别创新群,以推动技术创新的展开。

最后,我们要讨论一下罗森堡等人对创新群的研究。他们把创新群分为M型和T型,其中M型产生于这样的情况:一大群不相关的创新因适宜的条件进行同时性的扩散,在几条独立的产业轨道上造成"赶潮流效应"(Bandwagon Effect)。原来它们使不同产业造成一时增长的快、慢现象,现在,它们则同时在不同轨道上造成增长先快后慢的现象。T型产生于这样的情况:先有一个或少量几个相关的、根本性的创新,为此后更进一步的渐进创新提供基础。那些根本性创新的同时扩散或者说渐进创新、二次创新,形成了一个创新群,即为T群(Rosenberg et al.,1984)。也许可以这样说,M型创新群在很大程度上是统计现象,而T型创新群则是技术群。罗森堡这一分类的意义在于有助于我们辨别真正的创新群。

6.4 技术轨道理论

技术创新是市场需求和技术发展两者相互作用的结果。也就是说,需求和技术机会都决定着创新的方向、技术发展的方向。技术轨道理论要解决这样一些问题:为什么出现某些技术发展而不是另一些?在新技术产生的过程中以及其后的技术进步中是否有某种规律。

"自然轨道"这一概念是技术轨道概念的前身,它最早由纳尔逊和温特提出,用以刻画技术发展的某些特征,如对规模经济的寻求,工序的不断机械化(Nelson 和 Winter,1982)。意大利经济学家杜西(G Dosi)发展了自然轨道的思想,提出了技术轨道的概念,并使之引起人们广泛的关注。

与此同时,杜西进而提出了技术范式的概念。这一概念是杜西从类比库恩(T Kuhn)的科学范式概念得来的,用以指"解决选择技术问题的一种模型或模式"。它决定研究的领域、问题、程序和任务,且具有强烈的排他性(Dosi,1984)。

鉴定一种技术范式,可通过检查该范式所要解决的一般任务、所有的材料技术、所探讨的物理和化学性质,以及该范式所注重的技术尺度、经济尺度等得出。如用半导体放大电信号便是一种范式。

根据技术范式,杜西把技术轨道定义为"由范式决定的'常规的'解决问题的活动"。它是一组可能的技术方向,而它的外部边界则由技术范式本身的性质规定。

如何确定技术轨道呢?萨维奥蒂给出了一个较可行的方法。他认为,任何一个创新产品都具有一组技术特性和一组服务特性。以飞机为例,其服务特性为最大载重、速度、飞行里程;其技术特性为引擎类型、引擎功率、总功率、翼长、机身长、机身的几何特性。萨维奥蒂利用一定数据和主元素分析法(principal components analysis)发现,1915—1983年间,飞机发展有两条明显的轨道:一是注重机身宽大胜于速度;另一条是注重速度胜于机身。属于第一条轨道的是机身大、载重能力强、飞程长的客机、轰炸机,具体的机种有波音747、洛克海 L-1011、麦克唐奈1、道格拉斯 DC10 和它们的前身。第二条轨道强调速度,是战斗机发展的方向,如美国的麦克唐奈·道格拉斯 F4F、F15A 和 FA18,都在这一条轨道上(Saviotti,1984)。

比昂迪(Biondi)和加利(Galli)根据人类对产品性能的追求、技术发展的现状,总结出8条技术轨道(图 6-5)。它们分别是:降低成本;资本成本的影响范围(这是指技术有一个向资本密集型发展的趋势,造成资本成本占总成本的比例越来越高。如在发电业,在火力主导以煤、油为能源,发电厂的每千瓦的成本中,资本成本占30%～50%;在核电厂,这一比例为70%～80%;用光电效应发电,这一比例可达100%);更长的寿命;规模经济;更有效地利用资源(非物质化);更快的服务;市场分割(以交通运输工具为例,自行车、轿车、

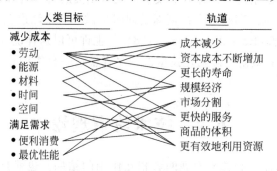

图 6-5 与技术轨道形成相关的机制

卡车、公共汽车、火车等,各有其市场范围);商品的体积(因空间成为越来越稀有的资源,商品有一个从体积大向体积小发展的趋势)(Biondi 和 Galli,1992)。

我们也能从技术发展本身归纳出一些技术轨道来。如从 20 世纪 30 年代到 70 年代,有一条很明显的基于高分子化学的技术轨道。它发源于德国化学家施陶丁格(1881—1965)在 20 世纪 20 年代有关链状高分子化合物的结构和性质的研究。这导致了几组全新的材料包括纤维、复合橡胶的发现。生产这些产品的企业是 20 世纪 30 年代发展最快的部门。从 20 世纪 30 年代到 50 年代,在这一条轨道上有着许多的创新。但自 20 世纪 60 年代后,创新模式发生了变化,从根本性的产品创新转向于过程创新。到 20 世纪 70 年代,许多此类公司已转向生产非化学的产品,创新数量大大减少。这意味着这条轨道已走到了尽头。

另一个例子可以用过程(工序)控制设备为代表。这一产业可追溯到 19 世纪。以蒸汽为动力的机器的大量问世,推动了控制设备产业的发展。20 世纪初的以电作为信息传播媒介,则标志着现代控制技术的诞生。随后,温差电偶、光敏元件、气动控制、液力控制等设备,都由电力公司、机械工程类公司开发出来并投入使用。钢铁产业、化学工业这些过程产业的兴起又大大地推动了过程控制设备产业的发展。

但随着 20 世纪 50 年代末、60 年代初计算机技术的引入,过程控制的技术轨道发生了改变,原有的机器仪器的技术轨道被以电子技术仪器为特征的新轨道所取代。各种电子控制器、微处理机等的引入,使过程控制设备产业与电子产业紧密地联系起来。当今,这一产业的大多数企业仍然提供一些老产品,但所有企业的产品都引入了电子装置,且一些电子公司在这些产业占据重要地位。

从以上分析,我们不难看出,产业的演化显然与技术轨道的方向密切相关。因为技术轨道决定了技术创新可能有的方向、强度,从而也决定了一个产业可能发展的方向和前景。

从技术轨道、范式概念出发,也许能把握某个产业的发展,并在此基础上进行创新预测。我们可以借助技术轨道理论更科学地进行技术创新的决策和技术选择。当然,要进行这些工作,有待于后人更准确地确定技术轨道、技术轨道与产业演化联系的深层机制。若如此,则我们的宏观产业政策制订便会有一个更坚实的基础,而这一领域的研究意义深远。

1984 年,Pavitt 对 1945—1979 年间英国出现的约 2 000 个重要创新进行了分析,并提出了新的产业分类,也有人认为是一种产业创新的轨道,详见表 6-4。

表 6-4　Pavitt 提出的新产业分类表

企业类型	核心部门	技术轨道的决窍			技术轨道	特 性			
		技术诀窍来源	用户类型	获得利润的方式		工艺创新的来源	产品创新和工艺创新的平衡	创新企业的相对规模	技术多角化的强调和方向
供应商主导	农业、房地产、服务业、传统制造业	供应商大用户知识密集的服务	价格敏感性	非技术性的,如商标、营销、设计	降低成本	供应商	工艺	小	低垂直一体化

续表

企业类型	核心部门	技术轨道的决窍			技术轨道	特 性			
		技术诀窍来源	用户类型	获得利润的方式		工艺创新的来源	产品创新和工艺创新的平衡	创新企业的相对规模	技术多角化的强调和方向
规模密集的	原材料(钢等)组装(汽车)等	生产工程部门、研究开发、供应商	价格敏感性	工艺秘密、诀窍、专利、动态学习	降低成本、产品设计	企业内开发、供应商	工艺	大	高度垂直一体化
专业供应商	机械、仪器	设计和开发、用户	对性能很敏感	设计、诀窍、专利	产品设计	企业内开发、用户	产品	小	产业相当分散
以科学为基础	电子、电气、化工	研究开发、公共的科学	混合	研究开发、诀窍、专利、	混合	企业内开发、供应商	混合	大	低垂直一体化、高度集中

资料来源：Pavitt,1984：354.

当然，帕维蒂的分类是非常理想型的，有许多产业，可能既属于这一类，又属于那一类。但这一分类的优点在于可以帮助我们了解各个产业的创新轨道和特点。

6.5 技术创新和经济长波

前面讨论过的厄特巴克—艾伯纳西模型和技术范式、技术轨道的理论中，都隐含着这样一个思想：一项根本性的创新或一个新的范式、轨道都有着某种诞生、成长、衰落、消亡的生命周期。由库兹涅茨、杜因等人确定的创新生命周期概念更明确地表达了这一思想。创新生命周期展示了一个根本性创新是如何随时间而发展的(杜因，1986)。

生命周期通常被假设为S型。在前期上升阶段产出的增长率快，随后产出的增长率就将放慢。现在对这种S型一般有两种解释：一是在一定的技术状态下，进一步的渐进性创新已不可能；二是在一定的渗透速度下，进一步的市场渗透已不可能。对第二种限制，一般可通过过程创新以加快产品的渗透速度，故市场饱和是过程创新的推动力。

可将创新生命周期分为4个阶段，不同的生命阶段有着不同的创新活动方式和需求结构。

(1) 采用阶段。存在着大量的产品创新，技术选择机会很多，对需求了解甚少。

(2) 增长阶段。消费者认可不断增加、产品创新数量不断减少，销售的增加导致技术的标准化，出现了降低成本的过程创新。

(3) 成熟阶段。产出率放慢，注重于产品的多样性，关注于渐进性的创新，过程创新强调节约劳动。

(4) 下降阶段。产品销售下降，力图通过改变技术而摆脱市场饱和，继续进行节约劳动的工序创新。

其中，(2)和(3)这两个阶段对应于前面讨论过的技术范式阶段。

显然，这种生命周期阶段模型与技术范式、厄—艾模型的基本原理是一致的。

但是，我们很难对下降阶段定义一个时间长度。可以这样说，一个新的技术轨道、一个根本性的创新,都是这种下降阶段的终止点、新的创新生命周期的起点。现在,人们已归纳过多种标准的生命周期模型,如图6-6所示。

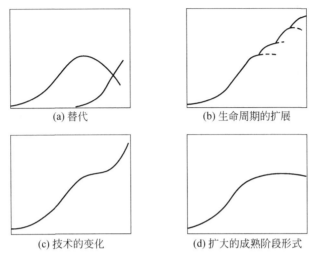

图 6-6　不同的简单生命周期模型

由于各种产业的情况有很大的不同,故我们眼下还很难给出统一的创新生命周期长度。库兹涅茨提出了一个时间长度,他估计在采用阶段约需20年,在扩散阶段要超过20年,这样整个生命周期约需半个世纪。

以上讨论,已使我们进入一个创新研究比较活跃的领域:研究创新和结构变迁、经济长波的关系。

经济长周期(long cycle)或长波(long wave)又称"康德拉季耶夫周期"(Kondratieff cycle),最早是由俄国的尼古拉·康德拉季耶夫于1926年提出的。每一周期历时50年或略长一点。

康德拉季耶夫认为,资本主义有内在的调节机制。他认为,技术变化对资本主义发展进展有很大影响,但他把技术变化看作是对资本主义内在力量的响应,是"长期波动的节奏的一部分"(《现代国外经济学论文选》,1986:15)。

熊彼特则与康德拉季耶夫的观点完全相反,他认为长波主要是由创新引起的,次要的因素有战争、革命、气候等。他把近百年来资本主义经济发展过程进一步分为三个长波,且每个长波以根本性技术创新作为其标志(熊彼特,1990)。

第一个长波从18世纪80年代到1842年,是所谓"产业革命时期",以纺织创新为代表。

第二个长波从1842年到1897年,是所谓"蒸汽和钢铁时代",或者说"铁路化时代"。

第三个长波从1897年到20世纪20年代末提出长波理论为止,都属于这一长波(到提出长波理论时它还未结束),这一长波是"电气、化学和汽车时代"。

在熊彼特看来,创新之所以引发经济波动,是因为"新的组合,不是像人们依据一般的概率原理所期望的那样,从时间上均匀分布的……而是,如果一旦出现,那就会成组或成群地不连续出现"(熊彼特,1990:249)。

那么，创新又为什么会成群呢？熊彼特认为，那些根本性的创新要冲破一定的壁垒之后才能完成。一旦这一壁垒被冲垮，则随后的创新就将容易得多，接踵而来形成创新群。有关这一点，我们已在6.3节讲过。

熊彼特把长波分为4个阶段：繁荣、衰退、萧条和回升。他常常又简单地把长波看作为两个阶段：繁荣和萧条。

产生繁荣的机制是这样的：一旦出现某个创新群，企业家的需求就大批出现，投资高潮随之而来，较多的资本被投放于新企业中。这一冲击一浪传一浪，传遍了原材料、设备、劳务等市场上，犹如凯恩斯的投资乘数效应。零售商因此大量订货，制造商扩大业务，许多不合适的生产手段又重新启动使用，价格上升、利率上升。投机性预期又加剧了繁荣本身。此时，经济体系一派繁荣景象。

但当发展过程成为常规化活动、创新成为一个可计算的问题时，企业家成群的出现就不显著了，周期性运动变得温和，而另外几个要素，则使繁荣走向萧条。

(1) 大量新企业的出现增加了生产资料的需求，提高了这些物品的价格，因为这些企业都独立于老企业。

(2) 一个新产品进入市场、进入循环流转之中，许多企业的生产成本会因此上升，最终走向破产。但在一开始，老企业因底子厚仍可支撑一段时间。渐渐地，老企业会退出生产领域，经济开始从繁荣走向萧条。所以熊彼特认为"在新产品出现之前必须经历的那段平均时间……可以从根本上解释繁荣时期的长短"(熊彼特，1990：259)。

(3) 由于老企业破产，大量新企业又处于还债的地位，导致这些企业购买力的消失。此时，银行则会主动努力限制信贷，导致资本投资和企业活动减少，生产资料的生产停滞以及利率不降。随着货币收入的下降，需求也随之减少。最终，这个过程渐渐透入到整个经济体系之中。萧条图景至此宣告完成。

熊彼特的上述有关创新与经济长波关系的论述，在很长一段时间内被人忽视。直到20世纪70年代西方出现的经济危机，人们才重新关注熊彼特的上述理论。这当然也与这一因素相关，即20世纪70年代与上一次世界经济危机刚好相差一个长波周期的50年左右。在长波研究的这一回潮中，围绕着熊彼特的观点展开了一系列的讨论。有些人对熊彼特的观点持赞成态度，有些人则反对。一般而言，学者们都不否认熊彼特的这一看法：创新并非时间上均匀地分布在整个经济系统，而是集中在某些产业，这些产业也就是人们所说的领先产业，也就是说，创新是不连续的、不和谐的现象。在这一时期的大量研究，证实R&D、专利、发明和创新在时间和产业上的不均匀分布，不同产业因此也有不同的生产率。不仅如此，人们还承认，许多结构变迁，也是创新的结果。如运河和马车作为运输工具的衰落、铁路的兴起，便是一个明显的例子，紧跟着便是内燃机的兴起，铁路的衰落。

但对以下几个问题，学者们意见并不一致，这些问题是创新引致产生变迁和经济长波的关键问题。

(1) 创新是否真正与经济长波存在着因果关系。对于这一点，门斯(G Mensch)、杜因(V Duijn)和新熊彼特学派的弗里曼(C Freeman)等人都给予了肯定的回答。

杜因这样说："主要的创新可以把其潜力扩大到一个以上的长波扩张阶段。然而，每一个扩张阶段都是与新的创新群采用相巧合的"(杜因,1986:91-92)。

门斯对过去200年的技术创新进行了调查,发现其中4个时期有基本的创新群,分别大约在1770年、1825年、1885年和1935年。有关这种创新群与康德拉季耶夫长波的比较,见表6-5。

表6-5 波峰与波谷

	门斯的基本创新	康德拉季耶夫周期(原始的)
波谷年份	1975年	1790年
	1845年	1844年
	1905年	1895年
	1955年	
波峰年份	1770年	
	1825年	1814年
	1885年	1874年
	1935年	1916年
年数		
波谷到波谷	50,60,50	54,51
波峰到波峰	55,60,50	60,42
波谷到波峰	30,40,30	24,30,21
波峰到波谷	25,20,20	30,21

不难发现,两者之间存在着较高的拟合度。这是门斯认为创新与经济长波有因果关系的证据。

弗里曼等人根据SPRU活尔什(Walsh)等在化学工业的研究提出这样的观点:"基本发明和创新的集群,导致新工业的起飞以及更多的一系列基本和从属性的发明和创新,特别是随着工业的迅速增长,在工序方面更甚"(《现代国外经济学论文选》,1986:165)。

乔治·雷则这样认为:"尽管因果关系,或甚至确定那些已经导致重要上升阶段的重要创新是非常错综复杂和难于确定的,但对于创新的巨大重要性及其对经济发展的重要影响,人们可以在研究康德拉季耶夫长周期的著作中找到证据"(《现代国外经济学论文选》,1986:219)。

罗森堡对长波本身是否存在就表示怀疑,他认为要用技术创新解释长周期的起源,需要说明:①创新速率的变化决定着新投资的变化;②创新群的综合影响采取总产出或就业波动的形式。他认为弗里曼等相信存在因果关系的人对此并没给出较好的说明(Rosenberg et al.,1984)。

还有很多学者表示,现有数据序列还不足以说明创新与长波存在着因果关系。如曼斯菲尔德便是其中的一位(曼斯菲尔德,1986)。

(2)长波的哪一阶段最适合于创新。门斯的《技术的僵局》发表于1979年,是使长波再度引起人们兴趣的重要著作。在这一部书中,门斯认为,新的基本创新群产生了全新的工业部门,使产业的生产能力提高,但市场终有一天会饱和,此时经济便处于萧条期。在此期间,经济除了进行基本创新外没有其他方法。"只有创新才能克服萧条"。社会不得不进行创新的这种局面,便是门斯所说的"技术的僵局"(Mensch,1979)。

门斯的观点遭到许多人的反对,因为在萧条期间,虽存在创新的压力,但缺乏创新的条件。

杜因的观点与门斯相反,他把创新分为以下4种:

① 创新新工业的主要产品创新;
② 现有工业中的主要产品创新;
③ 现有工业中的过程创新;
④ 基础部门中的过程创新。

表6-6显示了在长波不同阶段的创新倾向。

表6-6 在长波不同阶段的创新倾向

创新类型	萧条	加升	繁荣	衰退
产品创新(新工业)	+	++++	++	+
产品创新(现有工业)	+++	+++	+	+
过程创新(现有工业)	+++	+	++	++
过程创新(基础部门)	+	++	+++	++

在杜因看来,创造新工业的主要产品创新是最重要的一类创新,其发生在长波的回升阶段。此时,经济系统最有利于创新,企业家也敢冒风险。

(3) 为什么创新会引致一个50年左右的经济周期。虽然包括门斯,甚至是熊彼特本人的许多学者都列举过与长波相对应的创新群,但问题在于:我们很难给定一个创新的引入时间和扩散时间。有些发明很快就投入生产,有些发明则长期被束之高阁。同时,我们也很难将某一周期与某一根本性的创新联系起来,如汽车工业在美国、欧洲、日本兴起的时间是很不相同的。

(4) 创新引致宏观经济运转的机制。罗森堡认为要说明这一点,不仅要知道技术创新降低成本的直接影响和利于替代资源的使用情况,而且还要知道它们前后联系的力量。

① 它们应在建筑、机器、设备和原材料开支方面与以前有紧密联系。这样,最初的创新和投资需求就会导致在生产资料部门进行更多的投资,引致从属性的创新波。

② 创新的影响还将依赖它们与将来联系的力量。这些联系可能会以采取降低产品价格的形式表现出来。创新是作为投入而进入这些产品的,这会导致这些产品市场规模的扩大,从而还导致这些工业部门中资本积累、产出增长和技术进步速度的加快。

产业演变的事实告诉我们:新材料、新要素和设备在不同产业间的流动,可引致在整个经济范围内的产品改善和成本降低。发达资本主义社会的一个明显的特征是技术在产业间的流动。其中,来自少数产业的创新会导致整个经济的高技术进步率、生产率增长和产出增加。因此,罗森堡认为:"可以想象,技术变迁通过产业间技术流动以及相应的宏观效应产生长周期"(Rosenberg,1984)。值得庆幸的是,谢勒尔已在这方面做了一些开创性的研究(Schere,1984),这为我们进行创新对宏观经济影响的研究奠定了某种基础。

6.6 技术经济范式

英国苏塞克斯大学 SPRU 的一批以弗里曼为首的研究人员,在创新和经济长波关系方面做过不少有价值的工作,自称为"新熊彼特学派"。他们开始这项工作,一方面出于不满意门斯的理论,一方面想研究创新和就业的关系。他们认为,要理解创新与长波的关系,必须知道技术、产业诞生、增长、成熟和衰退的规律。一个技术创新可影响几个产业,但这种影响过程是呈波动性的(Freeman et al.,1982)。

他们赞同熊彼特的创新群引发经济长波的观点,并对熊氏的观点进行了重新阐述。在他们看来,门斯把萧条时基本创新群集看作是引发长波的原因,这是对熊彼特观点的误解。他们的新发明是"新技术系统"的概念。这些系统是技术上相互关联的创新群、与新产业的增长密切相关。尤为重要的是,它们是以前不同阶段的创新在扩散时形成的群集。这种群不是一有基本创新就产生的,往往要等创新后几十年利润机会成熟、引致许多二次创新、模仿时才得以形成。因此,它们是基本创新扩散、二次创新的群集。而在他们看来,正是这种扩散、模仿的群集引致了长波,而不是门斯所说的基本创新群集,这正是熊彼特思想的本意。

这种"新技术系统",有助于解决创新时间与长波时间的拟合问题。例如,当把铁路这一重大创新与长波相关联时,不知铁路创新发生在 1829 年、1825 年抑或 1817 年。而按照费里曼等人的理论,关键是铁路建设的高涨出现在 20 世纪下半叶。其时,铁路网的建设,对钢铁的需求、建筑工人的需求等,推动了经济的发展。这一时期是铁路创新的扩散期。

值得指出的是,这里所说的扩散是与罗森堡的观点相一致的。即扩散过程,不仅仅是一个"复写副本式的复制",而是包含着一系列的进一步创新,其中有些创新可能是特别重要的。由于把"新技术系统"看作是扩散的群集,弗里曼等人就较好地解释了长波时间长度的问题。按照他们的观点,之所以一个长波约需 50 年,是因为从创新到扩散,需经几十年的社会变更、组织变更方能完成。

弗里曼等人还力图把技术轨道、长波和创新群三个概念有机地联系起来,这些概念的相互关系如下:

(1) 一个基本创新和一组相关的小创新,为许多产业生产方法的革命性变革创造了机会。

(2) 处于长波上升阶段的一些增长快的产业利用了规模经济等轨道,使生产率迅速增长。

(3) 长期的经济扩张,引致劳动短缺、通货膨胀,企业利润机会消失。创新转向以节约劳动型为主。

按照弗里曼等人的"新技术系统"理论,创新与长波各阶段的关系为:

(1) 回升阶段,这是因为先前有成功的基本创新和较好的内外部条件。

(2) 超额利润的新工业部门具有显示效应,引致熊彼特所说的"成集"过程,涌现出一系列过程创新、生产率因而增长很快,这些又因投资乘数效应而得到加强。这一时的经济处于繁荣阶段。

(3) 市场需求饱和,利润机会消失、技术进步变慢,经济走向萧条。一旦条件成熟且有基本创新,经济将重新回升,走向新的循环。

下面以塑料工业为例。

(1) 基于高分子化学的创立,尤其是施陶丁格(Staudinger)长链分子结构的工作,德国战争所产生的自给自足的压力,使德国在20世纪二三十年代有了塑料创新和塑料生产。美国、日本、英国也紧随其后。

(2) 战争刺激了这些材料的生产,尤其是合成橡胶、纤维的生产,生产规模越来越大。此时,出现了许多新的产品和过程创新,并有一个二次创新的浪潮,如图6-7所示。

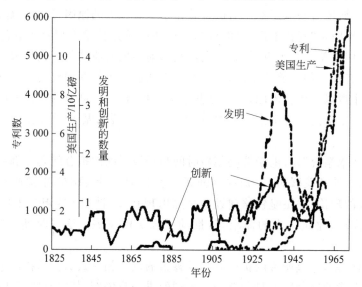

图6-7　1825—1975年的塑料工业(10年滑动平均)

资料来源:Freeman et al.,1982:84.

(3) 这种创新扩散引起的群集,使欧洲、美国、日本的新工厂如雨后春笋般地建立起来,且规模不断增大。原料从煤向油的转变又刺激了厂商的规模,引致更进一步的基本创新。

(4) 随着群集过程,研究开发开始密集,专利活动和论文发表数量迅速增长,如图6-8所示。

(5) 市场的饱和要素投入价格的上升,如劳动价格在20世纪60年代上升得相当快,技术进步率的放慢,导致生产能力过剩,利润机会消失,增长率下降及劳动失业率上升,塑料产业走入萧条之中。

弗里曼等人的工作在很大程度上是对熊彼特创新理论体系的发展,这些工作得到人们较高的评价。但他们的工作也有许多薄弱点,有待于深化。如关于技术轨道与长波的关系,他们并没有回答这样一些问题:是否一条技术轨道对应于某一经济长波?是否一条轨道就足以影响整个经济?如果不是,是否多条轨道的平均寿命恰好为50年左右。

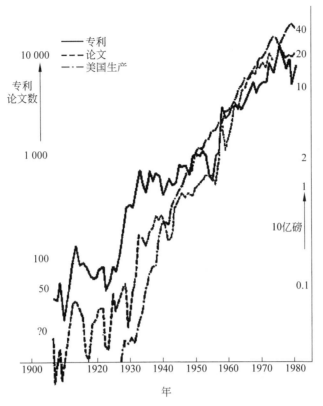

图 6-8　塑料专利、论文数和美国生产（1907—1980）

资料来源：Freeman et al.，1982：86.

20 世纪 80 年代初讨论得较多的另一问题是：第二次世界大战后的世界经济是否处在第四个康德拉季耶夫周期之中。关于这一点，持肯定态度的人认为，对欧洲而言，有三个明显的时期，与康德拉季耶夫周期阶段对应。

1950—1954 年间，工业产出以很快的速度增长（约每年 7%），对应的新技术产业有电子、半导体、石化产品、医药、航空等，这期间属于繁荣期。

1964—1970 年间，工业产出高速度增长（约每年 6%），就业停滞，这阶段属于衰退期。

1970—1980 年间，工业产出增长放慢（约每年 1%），失业率增加，这阶段属于萧条期（Rothwell and Zegveld，1985：30-31）。

20 世纪 80 年代中后期，弗里曼等人又发展了他们的"新技术系统"的概念，提出了"技术—经济范式"的新概念。这一概念最早由佩雷兹（C Perez）提出，其含义要比杜西的"技术范式"概念多（Perez，1983）。弗里曼后来和佩雷兹一道发展、丰富了这一概念，使之具有更大的解释力（Freeman，1988）。

按照弗里曼等人的定义，这种"技术—经济范式"的变更，影响着整个经济。伴随着许多根本性的创新集、新的技术系统，它不但导致出现一系列的新产品，且影响经济系统的各个部门。它超越了技术轨道的边界，比新技术系统、创新群集的概念更广泛。它要求产品、过程、管理和组织创新的协同进行和结合,所有部门的生产率为此都要产生"量子式的跃迁"。

根据这一思想,SPRU 群体对创新进行了新的分类,该内容我们在第 1 章曾讲到过。创新从小到大依次可分为以下几点:

(1) 渐进的创新;
(2) 根本性的创新;
(3) 新技术系统,其特点是伴有许多创新群;
(4) 技术—经济范式。它由许多新技术系统组成,影响整个经济。

由此,弗里曼等人把熊彼特的长波看作是一个"技术—经济范式"的演替。但这种演替要经过一个痛苦的结构调整方可能实现,经济也因此出现繁荣萧条的波动,详见表 6-7。

表 6-7 历次技术革命对应的不同技术—经济范式

(18 世纪 70 年代到 21 世纪最初的十年)

技术革命最初发展的国家	技术—经济范式"常识"创新原则
第一次 产业革命 英国	工业生产 机械化 生产率/守时和省时 流体运动(以水力驱动的机器和借助运河与水路的运输为理想例证)
第二次 蒸汽和铁路时代 英国,并扩散到欧洲大陆和美国	聚合的经济/工业城市/全国范围的市场 具有全国性网络的动力中心 规模意味着进步 标准零部件/以机器生产机器 随处可得的能源(蒸汽) (各种机器和运输工具的)相互依赖的运动
第三次 钢铁、电力、重工业时代 美国和德国赶超英国	巨型结构(钢制) 工厂的规模经济/垂直一体化 可分配的工业动力(电力) 科学成为一种生产力 世界范围的网络和帝国(包括卡特尔) 普遍的标准化 出于控制和效率的目的而建立的成本会计 巨大规模的世界市场/若在当地,"小"的就是成功的
第四次 石油、汽车和大规模生产时代 美国,后扩散到欧洲	大规模生产/大众市场 规模经济(产量和市场容量)/水平一体化 产品的标准化 (基于石油的)能源密集型 合成材料 职能专业化/等级制金字塔 集权化/大城市中心和郊区化 民族国家的力量,世界范围的协议和对抗

续表

技术革命最初发展的国家	技术—经济范式"常识"创新原则
第五次 信息和远程通信时代 美国，扩散到欧洲和亚洲	信息密集型（建立在微电子技术之上的信息和通信技术） 非集权的一体化/网络结构 知识成为资本/无形的价值附加值 异质性、多样性、适应性 市场细分/职务的倍增 与规模经济结合的范围经济和专业化 全球化/世界和局部的互动 内向性和外向型合作/聚合 即时联系与行动/即时全球通信

那么，这种范式又是如何从原有部门向其他部门扩散的呢？为此，弗里曼等人又提出了"关键要素"(key factor)的概念来解释新范式扩散的机制。弗里曼等人认为，对应于每一个范式都有一些"关键要素"，它们具有以下特征：

(1) 能大幅度地下降成本；
(2) 能长时间地大量供应；
(3) 具有广泛的用途。

对应于各个康德拉季耶夫周期，"关键要素"分别为：

第一次康德拉季耶夫周期：棉花、生铁；
第二次康德拉季耶夫周期：煤；
第三次康德拉季耶夫周期：钢铁；
第四次康德拉季耶夫周期：石油；
第五次康德拉季耶夫周期：集成电路。

这些"关键要素"原先出自于旧技术的瓶颈，但一旦产生，便具有自己发展的能动性。一般而言，在新技术—经济范式还没形成之前，关键要素已显示出它们的三个特征。新的技术—经济范式，只当新的"理想型"的生产组织，不断利用关键要素时，才逐渐建立起来。具体地说，一个新技术—经济范式的出现会伴随以下现象：

(1) 在企业、工厂里，出现一种新的最好行为方式；
(2) 要求新的劳动技术；
(3) 出现充分利用新要素的新产品；
(4) 出现充分利用新要素的根本性的、渐进的创新；
(5) 新的投资模式、投资市场；
(6) 形成基础设施建设的投资波；
(7) 一些新的小企业进入新的生产部门；
(8) 大企业集中于生产、使用关键要素密集的部门；
(9) 出现新的消费、服务模式。

因此，范式更替的阶段是一个经济结构深层次的调整阶段，并要求制度和社会框架作同等深刻的转变。萧条过长意味着这种更替的艰难。旧的技术—经济范式已走到了极限，新的范式又建立不起来。

对第四个长波而言，关键要素是石油，理想的生产组织是流水线作业，理想的公司是一个独立的、具有等级管理结构,且有 R&D 部门的公司,它们在市场上处于寡头垄断地位,对劳动技术的要求为中等。

当今,我们正处于一个向新的技术—经济范式—信息技术范式转换的时代,相对应的理想生产组织是设计、管理、生产和销售连结在一起的整合系统。关键的生产要素是芯片,领先的部门是电子和信息部门,对劳动力的技术要求高。新的公司能够生产柔性的、快速转换的产品和服务。

在这种向信息技术范式转换的过程中,结构危机主要是表现在以下几方面:
(1) 高技术工人的缺乏;
(2) 一些能量密集的产业,如钢铁、石化和合成纤维,正处于生产能力过剩的状态;
(3) 一些制造和服务部门,如印刷、机床、运输工具等,都面临着更新换代;
(4) 管理、组织等创新受传统观念的束缚,进展缓慢。

按照弗里曼等人的观点,技术—经济范式的发展基本上受技术本身发展而非经济因素的影响。若此,则我们能在多大程度上控制或避免经济波动是没有把握的。弗里曼等人因此认为,我们不能过于乐观地认为,我们现在能够避免 20 世纪 30 年代的大萧条。而信仰凯恩斯主义、认为投资波动是经济周期主要原因的经济学家,则相比之下要乐观得多。萨缪尔森这样说:"混合经济仍然会有偶然的衰退,因为,投资的波动还会出现,政府支出的变动可以在短时期内对一般经济活动具有不稳定的影响,控制通货膨胀的企图有时也会造成经济活动的下降和迟缓,国外的事件,如 OPEC(石油输出国组织)的抵制和抬高价格也可以对美国经济产生不利影响。"

"虽然如此,由于收入分析的工具现在已被了解,由于它在政治上的应用已经是势在必行,衰退在混合经济中发生的可能性,现在要比过去为小。"

"即使经济周期没有完全成为过时的事,它也受到了控制。"(萨缪尔森,1979)

6.7 结　　语

在本章中,我们分析了厄特巴克—艾伯纳西的创新动态模型、创新群、技术轨道理论、创新和长波的关系。所有这些概念、理论都力图从技术创新的宏观规律出发,寻找产业演化、经济长波发生的机制。这些概念和理论通过技术创新,有助于我们在宏观层次上理解经济体系的运作、演变、发展以及产业的发展规律。这是一个富有成果、意义的领域,需要做的工作还相当多。

参 考 文 献

[1] Abernathy W T, Utterback J. 1978. Patterns of Industrial Innovation. Technology Review,80 (7).
[2] Biondi L, Galli R. 1992. Technological Trajectories. Futures,24(6):580-592.
[3] DeBresson C. 1986. The Structure of Innovation and its Diffusion in Italy (1981—1985).
[4] DeBresson C. 1989. Breeding Innovation Clusters: A Sources of Dynamic Development. World Development,17:1-16.

[5] Dosi G. 1984. Technical Change and Industrial Transformation. London: The MacMillan Press.

[6] Freeman C, Clark J, Soete L. 1982. Unemployment and Technological Innovation. Westport: Greenwood Press.

[7] Freeman C. 1988. Structural Crises of Adjustment, Business Cycles and Investment Behavior. In: Dosi, G. et al. (Eds.), Technical Change and Economic Theory. London: Pinter Publishers.

[8] Freeman C, Soete L (Eds.). 1990. New Explorations in the Economics of Technical Change. London: Pinter Publishers.

[9] Jovanovic B, MacDonald G. 1994. The Life Cycle of a Competitive Industry. Journal of Political Economy, 102: 322-347.

[10] Kim L. 1997. Imitation to Innovation. Boston: Harvard Business School Press.

[11] Klepper S. 1996. Entry, Exit, Growth, and Innovator Over the Product Life Cycle. The American Economic Review, 86(3): 562-583.

[12] Klepper S, Kenneth L S. 1997. Technological Extinctions of Industrial Firms: An Inquiry into Their Nature and Causes. Industrial and Corporate Change, 6(2): 61-142.

[13] Klepper S. 1997. Industry Life Cycle. Industrial and Corporate Change, 6(1): 145-181.

[14] Mensch G. 1979. Stalemate in Technology. Cambridge: Ballinger.

[15] Mowery D, Nelson R. 1999. Sources of Industrial Leadership. Cambridge: Cambridge University Press.

[16] Nelson R, Winter S. 1982. An Evolutionary Theory of Economic Change. Cambridge: The Belknap Press of Harvard University Press.

[17] Pavitt K. 1984. Sectoral Patterns of Technical Change: Toward a Taxonomy and Theory. Research Policy, 13: 343-373.

[18] Perez C. 1983. Structural Change and the Assimilation of New Technologies in the Economic and Social System. Futures, 15(5): 357-375.

[19] Rosenberg N. 1976. Perspectives on Technology. London: Cambridge University Press.

[20] Rosenberg N, Frischtakf C R. 1984. Technological Innovation and Long Waves. Cambridge Journal of Economics, 8(1): 7-24.

[21] Rothwell R, Zegveld W. 1985. Reindustrialization and Technologies. London: Longman.

[22] Saviotti P. 1984. Indicators of Output of Technology. In: Gibbons, M. et al. (Eds.), Science and Technology Policy in the 1980s and Beyond. London: Longman.

[23] Schere F. 1984. Using Linked Patent and R&D Data to Measure Interindustry Technology Flows. In: Griliches, Z. (Ed.), R&D, Patents and Productivity. Chicago: The University of Chicago Press.

[24] Schumpeter J. 1939. Business Cycle. New York: McGraw-Hill.

[25] Utterback J. 1975. A Dynamical Model of Process and Product Innovation. Omega, 3(6): 639-656.

[26] Utterback J. 1987. Innovation and Industrial Evolution in Manufacturing Industries In: Guile, B R, Brook, H (Eds.), Technology and Global Industry: Companies and Nations in the World Economy. Washington, D C: National Academy Press.

[27] 杜因.1986.创新随时间的波动.现代国外经济学论文选(第十辑).北京:商务印书馆.

[28] 曼斯菲尔德.1986.长波与技术创新.现代国外经济学论文选(第十辑).北京:商务印书馆.

[29] 萨缪尔森.1979.经济学(第十版).北京:商务印书馆.

[30] 熊彼特.1990.经济发展理论.北京:商务印书馆.

第7章 技术创新和经济增长

经济增长是一个事实,虽然有些国家和地区快些,有些则慢些。关于这些增长的根源,经济学家们在很长的时间内都认为是劳动力和资本的增加。近半个世纪来,人们渐渐地认识到:技术创新是经济增长的主要根源。是技术创新,使人类享有各种各样新产品,使人类在近几个世纪里过上100年前帝王才有的日子。但从经济分析角度出发对这一点作出令人信服说明的,是美国经济学家索洛(R Solow)。他在1957年发表的一篇文献中成功地对经济增长中技术进步贡献的量作出了估计。从此以后,技术创新、技术进步在经济增长理论中有关重要的地位。

本章将考察以下问题:技术创新对经济增长的贡献、技术创新和经济增长的关系,其中以介绍一些以技术创新为内核的增长模型为主。

7.1 技术创新对经济增长的贡献

7.1.1 技术创新对经济增长贡献的测度

技术创新是经济增长的根源,但在宏观加总的意义上的增长因素分析,只能以技术进步,而不是技术创新为变量。这是因为,首先,这里所说的技术创新,是在总量意义的,而要计算某一项创新对国民经济的贡献是相当困难的。因此,这里的加总不可能是一个个的迭加。其次,技术创新对经济增长的影响,只有通过渐进的扩散过程才能充分发挥其潜在力量。最后,不同时期的创新,不同国家的创新(经由技术引进),会在同一时点对一国经济增长发生影响。

综合上述因素,我们实际能够测定的,只能是技术进步对经济增长的贡献,虽然追根溯源,这些技术进步乃是不同时点上创新的结果。

一般而言,创新对一个国家的经济有两种作用:一是通过新产品为消费者提供效用;二是通过提供新的设备为企业的生产增加经济效益。谢勒尔和罗斯(F M Scherer 和 D Ross)曾对创新之后的利用状况作过一个调查,他们发现了创新的大致分布状况,详见表7-1。

表7-1 创新利用的分布状况

公司自己用在了生产过程上	26.2%
其他产业作为资本品进行使用	44.8%
其他产业作为材料使用	21.6%
消费者使用	7.4%

资料来源:F M Scherer, D Ross. 1990. Industrial Market structure and Economic Performance. third edition, Boston, Houghton Mifflin.

在历史上,不乏有许多伟大的经济学家,如马克思、熊彼特,高度强调技术创新对经济增长的重要作用,但要给这一论点以量化的数据支持,并不容易。学者们对熊彼特在1911—1942年间的著作做了分析,发现他至少提出了以下3个方面的看法:

(1) 技术创新通过一系列的"创造性破坏"为资本主义的经济提供了独特的动力;

(2) 人均收入的增长,主要不是基于人口、货币供给量或土地资源,政府的行动,而是技术的进步;

(3) 过度的竞争不利于企业提高创新的能力,而是对垄断位置的期望最有利于创新。

1957年,在如何衡量创新对经济的贡献上出现了新突破,这就是索洛有名的《技术进步与总生产函数》(Solow,1957)一文。这篇文献在历史上首次给出了一个测度技术进步在经济增长中贡献的规范方法。下面我们对此法作一较详细的说明。

假设总量生产函数的一般形式为

$$Q = F(K, L, t) \tag{7-1}$$

式中,Q 是国民经济总产出,K 和 L 分别为资本总投入和劳动总投入,t 为时间。

假设技术进步是希克斯中性的,即源于既定的资本和劳动组合的技术进步可以提高总产出,但并不影响资本和劳动的相对边际产出。据此,我们有

$$Q_t = A_t \cdot F(K_t, L_t) \tag{7-2}$$

式中,A_t 为资本和劳动之外的因素对总产出的贡献,索洛当时把 A_t 看作是技术进步的长期累积效应。

对上式求关于时间的导数,然后以 Q 除等式两边,便得到

$$\frac{\dot{Q}}{Q} = \frac{\dot{A}}{A} + A\frac{\partial F}{\partial K} \cdot \frac{\dot{K}}{Q} + A\frac{\partial F}{\partial L} \cdot \frac{\dot{L}}{Q} \tag{7-3}$$

(7-3)式中的圆点表示对时间求导。现在,定义 $W_K = \left(\frac{\partial Q}{\partial K}\right)\frac{K}{Q}, W_L = \left(\frac{\partial Q}{\partial L}\right)\frac{L}{Q}$,便有

$$G_V = G_A + W_K G_K + W_L G_L \tag{7-4}$$

(7-4)式中,G_V、G_K 及 G_L 分别代表总产出、资本和劳动的增长率,W_K、W_L 分别为资本和劳动投入的产出弹性。

在实践中,我们很少能直接估计出产出弹性。假设市场处于竞争均衡的条件下,每个要素取得边际产出,也即均衡状态下的系数 $W_L = \frac{\partial Q}{\partial L} \cdot \frac{L}{Q}$,与此相似,$W_K = \frac{\partial Q}{\partial K} \cdot \frac{K}{Q}$。再假设规模报酬不变,则有 $W_K + W_L = 1$。运用上述假设,再利用国民统计的有关数据,便不难算出(7-4)式中的 G_A。索洛当时根据美国1909—1949年间的GNP、资本和劳力等的时间序列数据,用上法,测算出 G_A 为87.5%。索洛因此认为,技术进步对美国此段时间经济增长的贡献为87.5%。

索洛总生产函数中的 A,事实上是全要素生产率(total factor productivity,TFP),它是实际总产品与实际要素成本之比,反映了每单位产出中要素投入的净成本降低,因而是生产效率增加的度量,它包含了比降低成本的创新更多的内容。但在广义上,人们把全要素生产率看作是技术进步的反映(Kendrick,1991)。全要素生产率的增长 G_A 等于总产出增长率和要素投入增长加权总和的差额。

索洛的方法是通过经济计量和数学推导，通过总生产函数，间接地测定技术进步的贡献。那个被多马(Domar)称作"剩余"(residual)的 G_A，也就是全要素生产率增长率，显然不仅包含了技术进步，还包括了其他因素，如劳动质量的提高等影响。由于技术进步贡献是排除其他已知因素的剩余物，故随着能确知的东西越多，技术进步的贡献就越少。有人因此称"剩余"是我们"无知的度量"。这正是索洛方法的根本缺陷所在。这样，问题的实质转化为如何把"剩余"分解为各个组成部分，并测定这些部分的贡献，而不是像索洛所做的那样，把它简单地归之于技术进步。

索洛工作除上述不足外，还有以下缺陷：首先，他的规模报酬不变和完全竞争均衡假设过于脱离现实。他这样做，仅仅为了使他的方法与边际生产力要素价格理论一致起来。其次，索洛所测算的技术进步贡献，实际上是非体现的技术进步。它隐含着这样的假设：技术进步不体现在资本和劳动力上，只体现在组织和管理技术等方面的进步上。

继之而起的测算工作，以丹尼森(E Denison)为代表。丹尼森将他的方法称作是增长核算法(Growth Accounting)或经济增长来源分析。这一方法，不像索洛那样，从生产函数着手，它主要从国民收入构成出发，通过对各种统计资料的整理、计算和分析，将经济增长具体分配到各个增长因素上。丹尼森首创把劳动按不同情况加以分类的方法。在他后来一系列的工作中，劳动按不同情况分为五大类，资本也分为五大类，全要素生产率被分为资源配置的改善、规模经济和知识进展三大类，然后依次测定各种因素对经济增长贡献的情况。表 7-2 是丹尼森测算的不同国家、不同时期增长来源的情况。

表 7-2 国民收入增长的各种来源(7 个国家)1950—1971 年(百分点)

	美国 1950—1962	加拿大 1950—1967	法国 1950—1962	原联邦德国 1950—1962	意大利 1950—1962	英国 1950—1962	日本 1957—1971
标准增长率	3.68	4.95	4.7	6.27	5.6	2.38	8.81
总要素投入	2.09	3.02	1.24	2.78	1.66	1.11	3.59
劳动	**1.11**	**1.85**	**0.45**	**1.37**	**0.96**	**0.6**	**1.85**
就业	0.89	1.82	0.08	1.49	0.42	0.5	1.14
工时	−0.19	−0.2	−0.02	−0.27	−0.05	−0.15	−0.21
年龄—性别构成	−0.03	−0.13	0.1	0.04	0.09	−0.04	0.14
教育	0.42	0.36	0.29	0.11	0.4	0.29	0.34
未分配	0.02	0	0	0	0	0	0.02
资本	**0.72**	**1.14**	**0.79**	**1.41**	**0.7**	**0.51**	**2.1**
存货	0.1	0.1	0.19	0.33	0.12	0.09	0.73
非住宅建设和设备	0.31	0.87	0.56	1.02	0.54	0.43	1.07
住宅	0.26	0.3	0.02	0.14	0.07	0.04	0.3
国际资产	0.05	−0.12	0.02	−0.08	−0.03	−0.05	0
土地	0	0	0	0	0	0	0
全要素总生产率	**1.56**	**1.96**	**3.46**	**3.49**	**3.94**	**1.27**	**4.86**
知识进步及其他	1.15	0.66	1.51	0.87	1.3	0.79	1.97
改善资源配置	0.32	0.64	0.95	1.01	1.42	0.12	0.95
规模经济	0.38	0.66	1	1.61	1.22	0.36	1.94

资料来源：E Denison. 1976. How Japan's Economy Grew so Fast. Brookings Institute, 5：42-43. Accounting for United States Economic Growth, 1929—1969, Brooking, 1974：345.

按照表7-2(Denison & Chung,1976),以下国家的知识进展(狭义的技术进步)对经济增长的贡献值依次为:美国,1950—1962年,31.2%;法国,1950—1962年,32.1%;英国,1950—1962年,33.2%;日本,1953—1971年,22.4%。也可以这样说,在20世纪50年代及60年代初,主要发达国家的技术进步对经济增长的贡献约为30%左右。

1988年,丹尼森在访问我国时所作的一项报告中这样说,包含在知识进展这一项里,还有些混杂因素,但他确信,"美国在1948—1973年间混杂因素对经济增长的影响很少并且相互抵消,这样,余项就为知识进步的贡献提供了尚可接受的估价,在1948—1973年间,它表现为增长率中的28%,是1.1个百分点的来源"(丹尼森,1991:256)。不过,丹尼森方法的缺陷是显见的,他与索洛一样,并没有找到直接评价技术进步贡献的方法。

乔根森是当今分析经济增长来源的权威之一。他早期的贡献是改进了资本贡献的度量。后来,他又结合丹尼森等人的方法,使增长来源分析向部门水平发展。在出版于1989年的《生产率与美国经济增长》一书中,乔根森等人将部门水平的中间产品、资本和劳动投入与整个美国经济增长的分析结合起来。这一结合使他们有可能将美国经济的增长归结到各个产业水平上的增长变化。他们把部门生产函数设定为超越对数的形式,这一函数被用来构造一个经济计量模型,以确定生产率增长率和增加值的初级生产要素投入之间的分布。他们最后将部门的和总量的生产模型结合起来,以分析经济增长。他们不仅将投入作了相当细的划分,如把劳动力分为2种性别、8个年组、5个教育群、2种就业类别、10种职业、51个行业;对资本也划分得很细;而且将每种投入的贡献一分为二,一种来自这种投入的各组成部分不加权的总和增长;另一种是这种投入的质量增长。因此,乔根森的测度方法是一个相当系统、精细的方法。

在20世纪60年代,乔根森认为,技术进步对经济增长的贡献是相当少的(罗伯特M索洛等,1999)。后来,他的这一立场虽稍有退缩,但基本没变。在《生产率和美国经济增长》一书中,乔根森认为,"1948—1979年间美国巨大的经济扩张后面的推动力,乃是资本和劳动力资源的广泛流动。对美国这一阶段经济增长作出最为重要贡献的因素就是资本投入……1948—1979年间美国民间经济平均每年增长3.4%,其中资本和劳动投入增加作出的贡献合计为2.6%,占了3/4以上。相比之下,生产率进步对生产增长的贡献只是0.8%,还不及资本和劳动两者投入的1/4"(乔根森,1989)。

应当指出,无论是何种测度方法,都不可能完全把握技术创新对经济增长的贡献。像乔根森的测度方法,只能低估技术进步的贡献,比如说,在他的投入因素质量(如劳动力、资本的质量提高)对增长的贡献中,自然包含着技术进步的影响;此外,许多表现为产品创新的贡献,如一种新药的发明,它对人类影响甚多,在乔根森等人的增长因素分析中,都被排除在外。

我国学者在最近几年,也对技术进步对经济增长的贡献作了大量的统计分析,但结论并不一致。一项最近的研究表明,改革开放前的26年间,生产率(即广义的技术进步)对经济增长的贡献是负的。改革开放后的12年间,经济平均增长率是8.35%,其中资本对经济增长的贡献是50.9%,劳动对经济增长的贡献是18.8%,生产率增长的贡献是30.3%。在"六·五"期间,经济平均增长率为9.6%,资本对经济增长的贡献为41.35%,超过了资本的贡献。作者认为,这是改革开放后,通过技术引进、技术贸易及国内的技术开发与创新等技术进步手段而取得的良好结果。"七·五"期间,资本和劳动投入对经济增长的贡献依次为 58.78% 和 20.68%,生产率对经济增长的贡献为 20.54%(李京文等,1992)。

"同期模型"(Vintage Model)既是处理技术进步的一种经济增长理论,又被人用作测度技术进步对经济增长的贡献。所谓同期模型,是假设技术进步体现在新机器之中,不同时期制造的机器,体现了不同的技术水平。范宗(A Van Zon)力图用这一方法对技术进步的贡献进行测度(Zon,1991)。这一方法的优点在于既能测度体现型的也能测度非体现型的技术进步。但这一方法还停留在理论摸索上,离应用还有一定距离。

7.1.2 技术创新与产业的生产率增长

以上我们讨论创新对经济增长的贡献,主要是从宏观测度的角度出发的。这些测度结果令人信服地表明,技术创新已成为经济增长的重要来源。但就中、微观而言,创新的贡献主要体现在创新本身及其扩散对企业、产业的生产率增长上。这里,我们试以钢铁产业为例。

从 1900 年到 1950 年,世界铁产量从 4 000 万吨增加到 2 亿吨,增长了 5 倍。钢产量则从 2 800 万吨,增加到 2.08 亿吨,增加了 7 倍多(Williams,1978)。这种钢铁产量在 20 世纪上半叶的大幅度增加,主要归功于 19 世纪最后 40 年出现的两项重大创新:贝塞麦转炉(1856,发明于 1855 年)和西门子——马丁的平炉炼钢法(1964,发明于 1857 年)。这两项技术成为 20 世纪上半叶的主要炼钢技术。到该期末,平炉炼钢法已成为流行的炼钢法,被世界各地广为采用。如在美国,在 1930 年,仍有 1/8 采用贝塞麦转炉,到 20 世纪 60 年代末,该比例已可忽略不计。表 7-3 是法国 1905—1935 年间钢铁产业生产率和能源利用效率的情况,它充分反映了上两项技术在法国扩散时对钢铁产业生产率增长的影响。

表 7-3 法国钢铁产业 1905—1935 年生产率和能源利用效率

年份	每工人年产量/吨	每吨煤产量/吨
1905	35.1	345
1906	36.4	356
1907	34.3	331
1908	34.8	359
1909	36	377
1910	36.2	377
1911	39.8	393
1912	41.6	414
1913	38.5	383
1920	27.3	323
1921	30.2	378
1922	43.2	436
1923	44.5	443
1924	53.1	423
1925	58.5	446

续表

年份	每工人年产量/吨	每吨煤产量/吨
1926	66.4	450
1927	64.6	439
1928	64.5	474
1929	64.6	438
1930	74.1	490
1931	79.4	493
1932	64.4	533
1933	68.8	536
1934	66.4	517
1935	64.8	530

资料来源：D Landes. 1969. The Unbound Prometheus, Cambridge. Cambridge University Press, 479.

20世纪下半叶钢铁产量的增长，主要得益于以下几项重大创新：1923年连续热轧，1952年的连续浇铸，1950年的氧气炼钢。但在采用这些技术的速度上，各国因体制不同而不同。试以氧气顶吹转炉法为例，它最早于1950年被一家奥地利小厂投入商业使用，美国最早采用该项技术的也是一家小公司——麦克罗斯(Mc-Louth)，时间是1954年，但美国几家钢铁巨头，却整整过了10年以后才陆续采用此项技术。美国钢铁公司是1963年、贝思莱姆(Bethlehem)是1964年，共和(Republic)是1965年，这大大落后于日本的钢铁大公司。这一情况，在引进连续浇铸时，又重演了一次。图7-1是美国、欧洲共同体、日本、巴西氧气顶吹转炉法和连续浇铸采用率的比较。

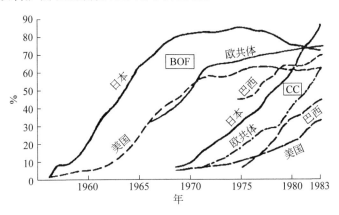

图7-1 各国氧气顶吹转炉法和连续浇铸法采用率比较(Adams 1986)

资料来源：W Adams(ed.). 1986. The Structure of American Industry. New York: MacMillan, 101.

注：BOF指氧气顶吹转炉法；CC指连续浇铸。

表7-4 各国采用连续浇铸率，1969—1984年(占钢产量的比例)　　　　　%

年份	美国	欧洲共同体	日本	巴西	韩国
1969	2.9	3.8	4	0.1	n/a
1971	4.8	4.8	11.2	0.8	n/a
1973	6.8	9.4	20.7	3.2	n/a

续表

年份	美国	欧洲共同体	日本	巴西	韩国
1975	9.1	16.5	31.1	5.7	19.7
1977	11.8	25.4	40.8	17.4	32
1979	16.9	30.9	52	27.6	30.4
1981	20.3	45.1	70.7	36.6	44.3
1983	31.2	60.4	86.3	44.4	56.6
1984	39.6	65.4	89.1	41.3	60.6

资料来源：W Adams(ed.).1986. The Structure of American Industry. New York：MacMillan,101.

注：BOF 指氧气顶吹转炉法；CC 指连续浇铸；n/a 指资源原缺。

从上述图 7-1、表 7-4 不难看出，日本钢铁产业采用这两项技术的速度要大大快于其他国家，相比较而言，美国则是最慢的。这一不同，可以解释美国钢铁产业在 20 世纪由盛而衰的局面。试看表 7-5，美国在 20 世纪 50 年代，钢铁产量占世界近 50%。但由于在采用新技术上慢于日本等国家，美国的钢铁产量在世界产量的份额越来越少。美国现已成为一个从国外进口钢材的国家。

表 7-5 美国钢产业在国际上地位的变化　　　　　　百万吨

年份	美国			欧盟			日本			世界
	产出	占世界产量的百分比/%	净出	产出	占世界产量的百分比/%	净出	产出	占世界产量的百分比/%	净产出	产出
1870	1.8	16.2	−0.7	7.5	69.2	1.2	—	—	—	10.8
1900	14.6	34.2	0.9	20.3	49.4	5.0	—	—	—	41.1
1920	49.2	59.8	2.2	27.8	33.7	8.0	0.9	1.1	—	82.3
1950	96.8	48.64	1.6	53.2	25.6	9.0	5.3	2.6	0.4	200.0
1960	99.3	27.6	−0.2	107.8	29.6	9.7	24.4	6.7	2.5	360.3
1970	131.5	21.6	−6.3	151.6	23.8	7.4	102.9	16.1	22.3	637.8
1980	111.8	14.1	−12.4	140.1	17.8	15.0	122.8	15.5	34.7	792.2
1984	91.5	11.7	−22.9	132.5	16.9	11.3	116.4	14.9	31.8	782.0

资料来源：W Adams. 1986. The Structure of American Industry. New York：McMillan,75.

在以上的讨论中，我们力图说明这样一点：技术创新是通过产业的生产率变化而推动经济增长的。下面，我们简短地讨论一下这种推动的机制。我们认为，创新一般先推动领先产业，经由创新技术在产业间的扩散、流动，对整个国民经济产生影响。这些领先产业的本质是把主要的新技术联系起来。一国的长期宏观经济发展，是不同领先产业连续演替的结果。经济学家罗斯托(Rostow)就非常重视领先产业对整个国民经济的作用。他认为，从历史上说，领先产业的顺序是棉纺、铁路和铁、钢、化学、电和汽车工业(《现代国外经济学论文选》,1986：316)。显然，要进一步深刻理解技术创新对经济增长的作用，必须把握技术创新与领先产业的关系、技术在产业间流动的规律。对后者，已有人用列昂惕夫的投入—产出法做过探讨(Scherer,1984)。

7.2 新古典经济增长理论和技术进步

7.2.1 哈罗德-多马模型

经济增长这一学科的现代奠基人是哈罗德(Roy Harrod)和多马(E Domar)。1948 年出版的《动态经济学导论》一书,是哈罗德对他的经济增长理论和模型所做的较系统的阐述。1973 年出版的《动态经济学》,是他对 20 多年前阐述的基本理论所做的进一步发挥和补充(罗伊·哈罗德,1981)。哈罗德从凯恩斯的有效需求理论出发,构造了一个简单的经济增长模型。其基本议程式如下:

$$G = \frac{S}{C} \tag{7-5}$$

其中,G 是单位时间的增长率,S 是收入中储蓄的比例,C 是单位时间内资本增量除以同一单位时间内的货物增量,也称资本产出比。这一公式是凯恩斯的投资必然等于储蓄的动态议程。哈罗德据此定义以下 3 种增长率:

实际增长率 $G = \frac{S}{C}$,实际发生的 S、C 决定 G。

有保证的增长率 $G_w = \frac{S_d}{C_r}$,它是人们合意的储蓄率刚好等于实际发生的 S,实际发生的 C 刚好是人们满意的 C 所出现的情况。

自然增长 $G_n = \frac{S_o}{C_r}$,S_o 是社会最佳的储蓄率。G_n 是最适宜的增长率,它由技术进步和劳动力增长率决定。

哈罗德认为,经济稳定增长的条件是 3 种增长率正好相等。由于多马 1946 年发表的一篇文献,表述了同样的思想,故后人都称此种理论为哈罗德—多马理论。

索洛在 20 世纪 50 年代研究增长理论时,对哈罗德—多马理论很不满意,认为这一理论有很大缺陷。

首先,要使稳定增长实现,经济增长率 G 必须等于有效劳动力增长率。根据哈罗德理论,$S = GC$,而这 3 个要素 S、G、C 都是独立的变量,其中 S 取决于社会的偏好,G 取决于劳动力增长率,而劳动力取决于地理—社会学因素,资本—产出比则决定于技术事实。要使 3 个取决不同因素且随时改变的变量满足于 $S = GC$ 这样一个等式,只能是令人惊奇的巧合。若此,则现实生活将不存在稳定增长;不是劳动力短缺,便是大量失业。即使有稳定均衡,也是"刀锋式"的稳定,稍有干扰,便会处于动荡之中。

其次,哈罗德—多马理论有一个很不现实的假设,即资本和劳动不能替代。

当然,哈罗德、多马的开增长理论先河的功绩是不可抹杀的。

7.2.2 索洛模型

考虑这样一个经济,只有资本和劳动两种投入要素,生产一单一产品 Z。这一产品既可用于消费,也可用作资本品。这一生产的规模报酬不变。技术进步采取劳动增加型的形式：若采用一"效率单位"而非自然单位测定劳动，则在这种技术进步下，对于给定的资本存量而言，产出和就业之间的基本技术关系能够年复一年地不变（罗伯特 M 索洛，1989），相当于说，只改变劳动生产率、不改变生产率。

按照效率单位的这种定义，设这一有效单位是 $A(t)$，则在 t 时，$\dfrac{1}{A(t)}$ 单位的劳动能够完成 $t=0$ 时 1 个单位劳动的工作量。

在以上假定下，产出和投入之间的关系可写作

$$Z(t) = F[K(t), A(t)L] \tag{7-6}$$

其中，$K(t)$ 是该经济的资本存量，L 是固定的劳动力，$F[\cdot]$ 是一个凹性、线性齐次函数，$A(t)$ 随时间单调增长。

令 $Z = \dfrac{Z}{AL}$ 为一个有效单位劳动的产出，k 为一个有效单位工人所有的资本，则(7-6)式便转化为

$$z = f(k) = F(K, 1), \quad f'(k) > 0, \quad f'(k) < 0 \tag{7-7}$$

假设劳动生产率以 g_A 的速度增加，则

$$A(t) = e^{g_A t} \tag{7-8}$$

设储蓄率为 s，则在某一时点，总储蓄为 sZ，这些储蓄将转化为投资；若没有折旧，则资本形成与总储蓄相等，从而有

$$\dot{K} = sZ = sALf(k) \tag{7-9}$$

再结合式(7-8)，有

$$\dot{k} = sf(k) - g_A k \tag{7-10}$$

这一方程，决定了每有效单位工人资本的演化。

在一定的限制内，k 的变化可用图 7-2 表示。

从图 7-2 中不难看出，在 $\dot{k}=0$，也即 $k=\widetilde{k}$ 时，经济增长处于稳定状态。当然，我们关心的是，在 $k>\widetilde{k}$ 或 $k<\widetilde{k}$ 时增长是否趋于稳定。

从图 7-2 及(7-10)式不难看出，当 $k>\widetilde{k}$ 时，$\dot{k}<0$，也即随着时间的增加，k 值将减小，从右边向 $k=\widetilde{k}$ 值逼近；当 $k<\widetilde{k}$ 时，则有 $\dot{k}>0$，k 值随时间增加而增加，从左边向 $\widetilde{k}$ 值逼近。显见，$k=\widetilde{k}$ 时是均衡点。

现在，我们求在稳定状态时会有的增长速度。在稳定状态，我们知道 $\widetilde{k}$ 不变，即每有效单位工人的资本不变。这意味着，资本存量必然以与劳动生产率同样的速度增长，从 Z 的规模报酬不变、齐次性质可知，产出也必然以同样的速度增长。也即

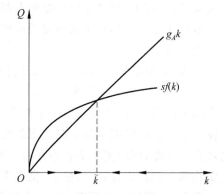

图 7-2　在一定的限制内 k 的变化情况图

$$\frac{\dot{Z}}{Z} = \frac{\dot{K}}{K} \tag{7-11}$$

根据在稳定状态 $\dot{k}=0$,有

$$\frac{sf(k)}{k} = g_A \tag{7-12}$$

也即

$$\frac{sf(k)}{\frac{K}{AL}} = g_A \Rightarrow \frac{sALf(k)}{K} = g_A \Rightarrow \frac{\dot{K}}{L} = g_A = \frac{\dot{Z}}{Z} \tag{7-13}$$

所以,在稳定状态下,增长率为 g_A,一个由外生技术进步决定的量。在这里,是技术进步,而不是储蓄行为、政府政策最终影响长期增长率。若没有技术进步,增长将停止。

索洛这一分析的基本结论是:"当生产满足比例可变、规模报酬不变的新古典条件时,不再存在自然和有保证的增长率之间的简单对抗。也许不再存在,而事实上,在柯布—道格拉斯函数情形时永远不存在任何刀锋。这一系统可调节到任何给定的劳动力增长率,最终趋向一个稳定的、有比例的扩展的状态"(Solow,1956)。

虽然索洛模型有以上所说的优点,但仍然存在许多不足。索洛一方面承认技术进步对经济增长的决定作用,但与此同时,在其理论模型中,技术进步是一个外生的变量,这就大大影响了其理论的合理性。另外,索洛的理论以规模报酬不变为前提,许多经济学家认为,这是不符合现实的。他们认为,现代经济发展的现实,需要人们重新评估。斯密(Smith)、扬格(Young)等人强调因专业化而有的递增报酬对经济增长的作用。有兴趣的读者可参考文献:Young 1928,Romer 1986。

然而,索洛没有考虑投入要素质量的改进,因此,其结果需要进一步的改进。后来,其他研究者考虑到了此类改进,其中以乔根森(Jorgenson)和格里利谢斯(Griliches)所做研究比较突出。戴尔·乔根森在改进经质量调整的投入变量的构造方面做了大量工作。这些改进大大减少了全要素生产率对产出增长的贡献(Jorgenson D 和 Griliches Z,1967)。但是,全要素生产率仍然是增长的主要源泉。对全要素生产率和产出增长的估计来源于乔根森和伊普(E Yip),他们使用经过质量调整的资本存量和劳动投入,得到的结论是:接近50%的日本产出增长以及超出40%的德国和意大利的产出增长可归因于全要素生产率增长,从中可以看出,对于这些国家的产出增长来说,全要素生产率增长是重要的(Jorgenson 和 Yip,2001)。

杨(Young)对4个东亚新兴工业化国家及地区——中国香港、中国台湾、韩国和新加坡在1966—1990年间全要素生产率增长对产出增长的比率做了仔细地计算(Young,1995)。在一些国家或地区,高储蓄率导致资本这种投入要素的快速积累。考虑到这些趋势并对投入要素的质量改进进行调整后,杨发现,仅在新加坡,全要素生产率的增长对产出增长的比率特别小;在韩国,全要素生产率增长占产出增长的比例为16%;在中国台湾,全要素生产率增长占产出增长的比率为27%;在中国香港,全要素生产率增长占产出增长的比率为31%。剩余的产出增长可归因于积累。这些发现导致克鲁格曼(Krugman)认为,这些国家或地区发生的严出增长率的奇迹不可持续,因为根据资本的边

际生产率递减规律,积累推动的增长必然下降(Krugman,1994)。

自从1997年亚洲发生经济危机以后,人们普遍关注中国经济增长的可持续性,理由是中国的全要素生产率太低,不足以支持可持续的增长。其中最有代表性的是美国经济学家保罗·克鲁格曼(2008年获得诺贝尔经济学奖)。克鲁格曼在他的著作《萧条经济学的回归》中提出,亚洲取得了卓越的经济增长率,却没有与之相当的卓越的生产率增长;它的增长是资源投入的结果,而不是效率的提升。

7.2.3 罗默技术进步的内生增长模型

在新古典增长理论的传统中,保罗·罗默(Paul Romer)的工作令人刮目相看。他的理论模型创新之处在于一反新古典原有传统,把增长建立在内生技术进步上,在理论上第一次给出了技术进步内生的增长模型。此外,他把知识增长看作是经济长期增长的关键,并把理论建立在对创新性质深刻的理解上。

模型前提是罗默的增长理论,有3个基本前提(Romer,1990)。第一,技术进步是经济增长的核心;第二,大部分技术进步乃出于市场激励而致的有意识行为的结果,也即技术进步是内生的;第三,知识商品与其他商品不同,它可一用再用,无需追加成本,成本只是生产开发本身的成本。因此,创新如同开发一再生产时成本不变的产品。

创新是使知识成为商品。一般商品是竞争性的、排他性的,而公共商品则是非竞争性的、非排他性的。由于知识商品具有公共商品的性质,因此,前述的第三个前提意味着,技术是一种非竞争性的投入。第二个前提意味着,技术是意识的、自利行为的结果,因而,技术必然是部分地排他性的。第一个前提的意思是,经济增长从根本上是一部分排他性的、非竞争性的投入要素的结果。

非竞争性对增长理论有两个很重要的性质。首先,非竞争性商品可无界地累积增长;其次,把知识视作非竞争商品,有助于探讨知识的溢出效应,也即不完全的排他性、不完全的独占性。有非竞争性要素投入,产出不可能规模报酬不变。

模型的描述在罗默模型中,有四种投入,资本、劳动、人力资本、技术水平指数。资本以消费品单位计量,劳动力 L 以就业人数计量,人力资本 H 用正式教育和在职培训活动的累积效应计量。

罗默认为,知识由两部分组成:一部分是人力资本 H,它是竞争性的;另一部分是实物性的 A,它是非竞争、技术性质的,隐含于先前的创新产品之中。A 可无界地增长。在这一模型中,罗默用一个新商品的设计表示一个单位新知识 A,如此,A 便可以用设计数来计量。

罗默经济共有以下3个部门:

(1) 研究部门。投入:人力资本、现有的知识存量;产出:新设计。

(2) 中间部门。投入:新设计,已有的产出;产出:耐用资本设备。

(3) 最终产品部门。投入:劳动力、人力资本、耐用资本设备;产出:消费品(其中一部分用于生产新资本品)。

假设:(1) 人口、劳动力供给不变;

(2) 人力资本总存量不变,其用于市场的份额不变;

(3) 放弃的消费等于资源从消费部门转入资本品部门。

假设生产技术体现于不同时期的资本设备上。若这些耐用资本设备以 i 为序,则总的设备数 $x=\{x_i\}\infty_i=1$,但事实上,只有已发明,设计出来的设备投入使用,也就是说,存在一个 A,使得 $i \geqslant A$ 时,$x_i=0$,其中 A 值随新耐用资本设备的投入而改变。则产出可写成扩展的柯布—道格拉斯生产函数的形式:

$$Y(H_Y、L、x) = H_Y^\alpha L^\beta \sum_{i=1}^{\infty} x_i^{1-\alpha-\beta} \tag{7-14}$$

式中,H_Y 是致力于最终产品的人力资本。这一函数有以下两个特点:

(1) 它与传统生产函数不同,此外不允许传统的生产要素的替代。在卡车上增加一美元对计算机的边际生产率毫无影响。

(2) 所有耐用资本设备都对产出有可加性的、分离的效果。

现在看中间部门。它买进设计且假设它消耗掉 η 单位已有的产出(即未消费的产品)生产一个单位的耐用资本设备。再假设对应一件资本设备,只有一家企业。该企业因处于垄断地位而有负斜率的需求曲线。这些设备假定为不贬值。中间部门将产出——耐用资本设备 $x(i)$——租给最终产品部门,收取租金 $P(i)x(i)$,每一单位设备 i 的价值等于其租金收入的净现值,其中 $P(i)$ 为租金率。

我们现在看研究部门的情况。假设对第 i 设备的设计,仅对应一家研究单位,且该单位有对设备的专利权。还有无论是自制还是转让其专利,该研究单位都有一定数额的垄断利润。与一部门模型相同,设 K 代表总资本(是累积的并已经实现的产出),则 $K(t)$ 的变动应遵从以下这一规则:

$$\dot{K}(t) = Y(t) - C(t) \tag{7-15}$$

其中,$C(t)$ 表示总消费。按前假设,η 单位未消费的产品生产一单位耐用设备,故有

$$\frac{K}{\eta} = \sum_{i=1}^{\infty} x_i \quad K = \eta \sum_{i=1}^{\infty} x_i = \eta \sum_{i=1}^{A} x_i$$

再看 A 的计算。我们知道,A 是新设计的累积率,且研究的产出——新设计依赖于投入研究的人力资本、可得的知识存量。

不考虑不确定等因素,在总体水平上可近似地把产品的品种变量看作是连续的,则(7-14)式的和可用积分替代

$$Y(H_Y、L、x) = H_Y^\alpha L^\beta \int_0^\infty x_i^{1-\alpha-\beta} d_i \tag{7-16}$$

在这样的形式结构下,第 j 个研究者的新设计产出可视作投入的连续函数。

对第 j 个研究者,他有 H^j 单位的人力资本,占有隐含于先前设计中的知识存量 A^j,其新设计(创新率)为 $\delta H^j A^j$,其中 δ 是设计的生产率参数。

假设已有的隐含于先前设备中的知识库对谁都开放(因为知识是非竞争商品,从而是现实的)则 j 的产出为 $\delta H^j A$。对所有的研究者而言,则有

$$\dot{A} = \delta H_A A \tag{7-17}$$

其中,H_A 是投入于研究的人力资本量。

等式(7-17)隐含以下几个假设:

(1) H_A 越大，则 A 越大。即投入人力资本越多，设计产出率越高。

(2) A 越大，则 $\dot{A}$ 越大。即设计的知识的存量越大，研究部门的产出率越高。

(3) $\dot{A}$ 与 H_A、A 呈线性关系。

若此，则无界增长与其说是一个结果，倒不如说是一个假设。考虑到有史以来，创新的机会并没有消失的势头，因此，无界增长有一定的合理性。现在，知识以两种不同的方式进入生产，一是通过新设计生产新产品，二是增加知识库，最终增加研究部门的人力资本的生产率。

可以想象，在最终产品部门的人力资本 H_Y 的边际产品将与 A 成比例地增加。而 H_Y 与 H_A 遵从这一限定：$H_Y+H_A=H_O$，任何一个研究者，既可在最终产品部门，也可在研究部门工作。这里，忽视了劳动力 L 与人力资本一同供给的局面，情况被假设成这样：有人专门提供人力资本但不提供劳力；有人专门提供劳动力而不提供人力资本。

设在任何时点的现货价格以现期产出的单位衡量，r 是用货物表示的贷款的利息率，P_A 为新设计的价格，W_H 为每单位人力资本的租金率。由于货物可一对一地折合为资本，资本的现货价格可定为1，其收益率为 r。根据上述假设及等式(7-17)可得

$$W_H = P_A \delta A$$

对最终产品部门而言，他对耐用设备的需求量是在收益最大化约束下的结果，

$$\max_x \int_0^\infty [H_Y^\alpha L^\beta x(i)^{1-\alpha-\beta} - P(i)x(i)]di$$

由此得到耐用资本设备的反需求函数为

$$P(i) = (1-\alpha-\beta)H_Y^\alpha L^\beta x(i)^{-\alpha-\beta} \tag{7-18}$$

对中间部门而言，需求函数是上式给定的，在 H_Y、L 及 r 给定，且都因开发而有一笔固定成本，要使收益最大化的条件是收入减去可变成本值的最大化：

$$\pi = \max P(x)x - r\eta x = \max(1-\alpha-\beta)H_Y^\alpha L^\beta x^{1-\alpha-\beta} - r\eta x \tag{7-19}$$

对上式求解，不难得到收益最大化时的 $\overline{P}$ 为

$$\overline{P} = r\eta/(1-\alpha-\beta)$$

垄断利润 π 为：$\pi=(\alpha+\beta)\overline{P}x$

其中 $\bar{x}$ 是(7-18)式在 $P(i)=\overline{P}$ 时的值。

对研究部门而言，市场是竞争性的，设计的价格因此将竞争到等于一个垄断者净收益的折现值为止，即

$$\int_i^\infty e^{-\int_i^\tau r(s)ds}\pi(\tau)d\tau = P_A(t) \tag{7-20}$$

若 P_A 固定不变（均衡时便如此），则由(7-20)式可得

$$\pi(t) = r(t)P_A$$

这一方程的含义是，在每一时点，收益超过边际成本的即时值，必恰好能支付对设计最初投资的利息成本。

均衡增长：所谓均衡是指 A、K 和 Y 必须以一个不变的指数率增长。这种均衡增长，

$$\pi = (\alpha+\beta)\overline{PX} = r(t)P_A$$

显然也满足上面讨论过的各种均衡条件，即

$$P_A = \frac{1}{r}\pi = \frac{\alpha+\beta}{r}\overline{P}\overline{x} = \frac{\alpha+\beta}{r}(1-\alpha-\beta)H_Y^\alpha L^\beta \overline{x}^{1-\alpha-\beta} \tag{7-21}$$

此外,在研究部门和最终产品部门的人力资本必须得到相同的工资。在研究部门,工资是 $P_A\delta A$;在最终产品部门,人力资本的工次是边际产品 $\partial Y/\partial H_Y / x = \overline{x}$,它等于 $\alpha H_Y^{\alpha-1}L^\beta \int_0^\infty \overline{x}^{1-\alpha-\beta}di$。即 $H_Y = H - H_A$ 必须满足下列条件:

$$w_H = P_A\delta A = aH_Y^{\alpha-1}L^\beta \int_l^\infty \overline{X}^{1-\alpha-\beta}di = \alpha H_Y^{\alpha-1}L^\beta A \overline{x}^{1-\alpha-\beta} \tag{7-22}$$

将(7-21)式代入上式,得

$$H_Y = \frac{1}{\delta}\frac{\alpha}{(1-\alpha-\beta)(\alpha+\beta)}r \tag{7-23}$$

若 H_A 值固定不变,根据前面的人力资本总存量不变的假设,H_Y 也随之不变。由此,根据(7-17)式,A 的指数增长率为 δH_A。

因为 $\overline{P} = r\eta/(1-\alpha-\beta)$,所以,若 r 不变,则 $\overline{P}$ 不变。

又因在均衡时 $\overline{P}_A$ 不变,所以,π 不变,根据(7-21)式,我们马上便得到 $\overline{x}$ 不变的结论。

再看 Y 的表达式:

$$Y = H_Y^\alpha L^\beta \int_0^\infty \overline{X}^{1-\alpha-\beta}di = H_Y^\alpha L^\beta A \overline{x}^{1-\alpha-\beta}$$

若 H_Y、$\overline{x}$、L 不变,则 Y 显然将与 A 的同样的速率增长。由于总资本使用是 $Ax\eta$,则若 $\overline{x}$ 不变,K 将以与 A 的一样的速率增长。

假设对所有变量而言的共同增长率为 g,则有

$$g = \frac{\dot{C}}{C} = \frac{\dot{Y}}{Y} = \frac{\dot{K}}{K} = \frac{\dot{A}}{A} = \delta H_A$$

再利用 $H_Y = H - H_A$ 及(7-23)式,上式便可化为

$$g = \delta H_A = \delta H - \frac{\alpha}{(1-\alpha-\beta)(\alpha+\beta)}r = \delta H - Ar \tag{7-24}$$

其中 A 是一依赖于技术参数 α、β 的常数,$A = \frac{\alpha}{(1-\alpha-\beta)(\alpha+\beta)}$

结论:模型实质上是一个伴有技术进步的、单一部门的新古典增长模型。它包含以下有意义的结论:

(1) 在长期经济增长中,是人力资本决定经济增长。人力资本存量越大,人力资本的生产率越高,一个经济就会增长得越快。也就是说,人口本身并不决定增长快慢。这一结论可以说明为什么人口众多的国家不一定有高的增长速度。这也有助于我们理解,为什么发达国家在20世纪有很高的增长速度。

(2) 技术进步速度对利息率 r 很敏感。

(3) 对研究工作的直接激励要优于对资本设备积累的激励。

罗默工作的一个重要贡献是解决了创新产生的外部性所导致的递增的规模经济效应。在存在外部性的情况下,递增的规模收益便可以得到理解。每个企业仍为价格接受

者,因为每个企业认识到在其直接控制下投入要素的边际生产率递减。但外部性的设定提供了一条捷径,来处理规模经济而不需引入一个非竞争的市场结构。后面提到的阿罗从干中学模型中使用了一个相似的扩展。区别在于,在罗默的框架中,外部性存在于知识中;而在阿罗的框架中,外部性存在于资本中。

企业为了竞争会对研究开发进行投资,因此会积累私有知识,这会导致对总的公共知识存量做出了贡献,而公共知识存量则提高了每个企业的生产率。在此情形下,私有知识边际生产率递减使得所有企业的表现如同在完全竞争市场中一样,即都是作为价格接受者,然而整体经济随着知识边际生产率上升呈现出规模经济。由于对总体知识的回报不存在递减效应,因此,增长率不是必然下降的,增长率能随着时间推移而上升,直到其最终收敛于一个稳定的增长率。

卢卡斯(Lucas)也诉诸于外部性。然而,与罗默不同,他所引入的外部性存在于人力资本中。在一项他所进行的研究中,总产出被假定为依赖于物质资本(即机器、设备和建筑),总的人力资本(对技能总和的度量)以及劳动力人力资本的平均水平(Lucas,1988)。物质资本和总的人力资本服从报酬递减规律,但是,整体经济中人力资本的平均水平越高,物质资本和总的人力资本混合对产出的影响被假定为越大。因此,外部性存在于平均人力资本对产出的影响中。

7.3 从干中学的阿罗模型

我们在"技术创新过程"一章中,已经介绍过阿罗(K Arrow)的从干中学(learning by doing)的思想。但我们知道,1962年阿罗写作那篇有名文献的本意,是要建立一个技术进步内生的经济增长理论;因为在他看来,索洛工作,一方面承认技术进步对经济增长的重要作用;另一方面又在增长模型中把技术进步看作是外生的,这很不协调(Arrow,1962)。在阿罗之后,他的学习增长模型被许多人补充、完善过,因而,下面叙述的模型,是多人工作的结晶(Hacche,1979)。

人类通过学习而获得知识。阿罗认为,技术进步也如此,也就是说,技术进步,可看作是人们不断从其环境学习的结果。阿罗同时借用心理学理论,把学习看作是一个经验的产物,且这种经验主要来自"干"。从此出发,一个经济系统的知识量,取决于过去的经验,而生产技术的提高,则主要是因生产而积累经验的结果。

我们假设技术进步全部体现在新资本设备上;这等于说,技术进步只发生于制造创新资本设备的部门。又假设设计的改善是纯粹劳动增进型的(Labor-Augmenting),则技术进步只能是资本品部门的经济积累和在新设备上工作效率提高的产物。再假设作为经验的指标是资本品部门过去累积的总产出,它等于整个经济过去的总投资。

根据以上假设,可将生产函数写成如下形式:

$$Y = AK^a[b(t)L]^{1-a} \tag{7-25}$$

它是柯布-道格拉斯生产函数,式中的 $b(t)$ 是劳动力效率,它由阿罗学习函数 B 决定。

$$b(t) = B\left[\int_{-\infty}^{t} I(\tau)d\tau\right], \quad B' > 0 \tag{7-26}$$

(7-26)式中 I 是投资。上式的含意是劳动效率指标 b 是累积性总投资的增函数。假设没有折旧,则上式变为

$$b(t) = B[K(t)], \quad B' > 0 \tag{7-27}$$

假设劳动力增长速度不变,则有

$$L(t) = L(o)e^{\lambda t}, \quad \lambda > 0 \tag{7-28}$$

现在,我们来寻找使稳定增长成为可能的学习函数 B。从(7-25)、(7-27)和(7-28),我们有

$$\frac{\dot{Y}}{Y} = \alpha\frac{\dot{K}}{K} + (1-\alpha)\lambda + (1-\alpha)\frac{\dot{b}}{b} = \alpha\frac{\dot{K}}{K} + (1-\alpha)\lambda + (1-\alpha)\frac{KB'(K)}{B(K)}\frac{\dot{K}}{K}$$

在稳定增长时,必有 $\frac{\dot{Y}}{Y} = \frac{\dot{K}}{K} = G$(常数),从而有

$$\frac{KB'(K)}{B(K)} = \frac{(1-\alpha)G - (1-\alpha)\lambda}{(1-\alpha)G} = \frac{G-\lambda}{G} = m \tag{7-29}$$

这也就意味着,$B(K)$ 的弹性 m 必定是一个常数,而我们知道,m 只能是正的;通常的情况是 λ 也为正,故 m 一般少于 1。

这一结果的意义是,在稳定增长状态,Y 和 K 以同样的不变的速度增长,这也要求 bL 以同样的速度增长。若 L 以一个正的不变速度增加,则 b 必须以一个正的但少于 Y 和 K 的速度增加,而这只有在 $B(K)$ 的弹性为正且少于 1 的常数时才可能。

对(7-29)式积分,得到

$$b(t) = CK^m \tag{7-30}$$

C 是一常数,$0 < m < 1$。

这就是稳定增长所要求的学习函数形式。

Y、K 稳定增长的速度 G 值是

$$G = \frac{\lambda}{1-m} \tag{7-31}$$

人均国民总产值增长的速度 g 是

$$g = \frac{\dot{y}}{y} = \frac{\dot{Y}}{Y} - \lambda = G - \lambda = \left(\frac{m}{1-m}\right)\lambda \tag{7-32}$$

这一 G 或 g 值的含意是:稳定增长速度与劳动力增加成正比,与学习能力相关的学习函数的弹性 m 值成正比。尤其我们更需要注意,因为 $0 < m < 1$,当 $m > 0.5$ 时,$\frac{m}{1-m} > 1$,此时,产出对劳动是递增报酬的。可见,阿罗学习理论与当今增长理论热点之一的经由专业化报酬递增的增长理论有着相容性。而且,学习理论已经提出了把收益递增和技术进步之间的关系公式化的途径。

当然,阿罗的学习理论也存在着许多缺陷。首先,阿罗假设只有机器制造者的学习,而没有考虑从用中学;其次,阿罗把技术进步等同于一个累积性的学习过程,也是一个过于简单的假设。因为如今的创新工作早已制度化,创新不只发生在新资本设备制造部门,而且现实中常有革命性的创新,不只是可用连续函数表示的渐进创新。

7.4 技术差距理论

技术差距理论是近几年发展起来的一门较新的经济增长理论。它是熊彼特资本主义发展动态理论的一个应用。这一理论把经济过程看作是两种冲突力量相互作用的非均衡过程，这两种力量是：创新——它致力于增加国与国之间的技术和经济差距；模仿或扩散——它力图减少这种差距。

技术差距的理论先驱者有波西纳(Posner)、格默尔卡(Gomulka)、康活尔(Cornwall)等人。这一派的当今代表人物是挪威的费格伯格(Jan Fagerberg)。

技术差距与其他经济增长理论的一个明显的区别在于它在增长模型中考虑了"国家创新业绩的影响"(Fagerberg,1988)，也即在模型中直接以创新为增长变量。

技术差距理论有如下 4 个假设(Fagerberg,1987)：

(1) 在一国的技术和经济发展水平之间存在着密切的关系；
(2) 一国的经济增长率受到一国技术水平增长率的正影响；
(3) 一个处于低水平的国家,可以通过模仿,提高其经济增长率；
(4) 一国利用"技术差距"的能力,取决于动员资源进行社会、制度和经济结构变革的能力。

假设一个国家的产出水平 Y 是（经扩散）来自国外的知识水平(Q)、本国创新的知识水平(T)、一国利用知识能力(C)的函数,且这一函数的形式为

$$Y = ZQ^a T^b C^e \tag{7-33}$$

其中,Z 是常数。

对 Y 微分,我们有

$$\frac{dY}{Y} = d\frac{dQ}{Q} + b\frac{dT}{T} + e\frac{dC}{C} \tag{7-34}$$

再假设国际知识扩散呈对数曲线的形式,也即国际知识的扩散速度是知识接收国与知识前沿国前沿国差距的增函数。若此,设前沿国家和所考虑国家的知识存量分别为 Q_f, Q^*,则有

$$\frac{dQ}{Q} = h - \frac{hQ^*}{Q_f} \tag{7-35}$$

其中,h 是一常数。

把(7-35)式代入(7-34)式,可得

$$\frac{dY}{Y} = ah - ah\frac{Q^*}{Q_f} + b\frac{dT}{T} + e\frac{dC}{C} \tag{7-36}$$

根据上式,经济增长取决于以下 3 个因素：

(1) 来自国外的技术扩散；
(2) 本国技术知识的增长；
(3) 本国利用知识能力的增长。

(7-36)式中的 Q^*,代表一国技术的全集,它既包括本国的发明,也包括来自国外的扩散。Q^* 并不能直接测量,可以测量的只有技术投入的资源,如 R&D 投入,或技术的产出,如专利。鉴于上述指标都不能较好地代表 Q^*,费格伯格在 1991 年的一项研究中利用了一个以生产率为基础的测度:用人均 GDP 作为 Q^* 的代表(Fagerberg,1991)。费格伯格考虑到各国价格水平、汇率水平的不同,对各国人均 GDP 数据根据"联合国国际比较项目"进行了校正。

第 2 个概念 T 是本国创新的知识量,是本国技术活动的测度。此量也不能直接测定,费格伯格以专利数据作为 T 的代表。为了消除各国专利制度不同所带来的误差,费格伯格采用向世界产权组织(WIPO)申报的、在所有国家的非本国居民的专利申请作为 T 的代表。

最后,费格伯格采用了投资额(INV)作为本国利用知识能力水平的量度。作者用 25 个半工业化、工业化国家和地区 1961—1985 年间的上述数据,对上述模型进行了检验。作者一共检验了三种不同的模型,模型 I 是上面所说的基础模型,模型 II 加进了工业化国家的贸易项,模型 III 加进了世界需求项。

表 7-6 回 归 结 果

模型 I	GDP=1.97−5.08TG+0.13 PAT+0.19 INV (1.26)　　(0.83)　　(0.03)　　(0.05) ***　　　*　　　　*　　　　*	$R^2=0.58(0.56)$ SER=1.62 DW(73)=1.33 $N=98$
模型 II	GDP=2.01−4.75TG+0.09PAT+0.231TNV+0.62TR (1.11)　(0.76)　(0.03)　(0.04)　(0.16) ***　　*　　　*　　　*　　　*	$R^2=0.62(0.62)$ SER=1.51 DW(73)=1.33 $N=98$
模型 III	GDP=0.35−4.39TG+0.11PAT+0.18TNV+0.37W (0.95)　(0.63)　(0.02)　(0.04)　(0.05) 　　　　*　　　*　　　*　　　*	$R^2=0.75(0.74)$ SER=1.26 DW(73)=1.35 $N=98$

注:在上式中,TG 表示人均 GDP,PAT 为专利,INV 为投资额。TR 为工业化市场经济国家贸易增长,W 为世界贸易增长。

* 代表 1% 的显著水平;

** 代表 5% 的显著水平;

*** 代表 10% 的显著水平;

括号中的数为标准估计误差。R^2 括号中的数为经自由度调整后的 R^2。SER 为标准回归差。DW 为德宾—华生指数。N 为观测数。

资料来源:Paris.1991.OECD:Technology and Productivity.41.

从表 7-6 的检验结果看,相关度还是较高的。它证实了前面提出的假设:技术扩散、技术创新和本国利用知识能力是经济增长的主要因素。结果还告诉我们:加进世界需求项,会使相关度增加。

表 7-7 分解的增长（OECD，1991）

	1960—1968	1968—1973	1973—1979	1979—1985	改变量
	Ⅰ	Ⅱ	Ⅲ	Ⅳ	Ⅴ-Ⅰ
贡献来自	模型Ⅰ				
扩散	1.9	2.0	1.8	1.7	−0.2
创新	0.8	0.4	0.1	0.3	−0.5
投资	2.0	2.2	2.3	1.8	−0.2
增长（估计的）	4.7	4.6	4.1	3.8	−0.9
增长（实际的）	5.2	5.8	3.5	2.4	−2.8
差额	0.5	1.2	−0.6	−1.4	
贡献来自	模型Ⅱ				
扩散	2	2.1	1.9	1.8	−0.2
创新	0.4	0.2	0.0	0.2	−0.2
投资	2.3	2.6	2.7	2.1	−0.2
贸易	0.4	0.0	−1.5	−0.5	−0.9
增长（估计的）	5.1	4.9	3.1	3.6	−1.5
增长（实际的）	5.2	5.8	3.5	2.4	−2.8
差额	0.1	0.9	0.4	−1.2	
贡献来自	模型Ⅲ				
扩散	1.8	1.9	1.7	1.7	−0.1
创新	0.5	0.3	0.0	0.2	−0.3
投资	2.2	2.3	2.4	1.9	−0.3
贸易	0.6	1.3	−0.9	−1.2	−1.8
增长（估计的）	5.1	5.9	3.3	2.6	−2.5
增长（实际的）	5.2	5.8	3.5	2.4	−2.8
差额	0.1	−0.1	0.2	−0.2	

注：差额指实际增长与估计的增长之差。
资料来源：Paris．1991．OECD：Technology and Productivity．41．

表 7-7 是分解的增长。该表显示，扩散对经济增长的贡献比创新大；这正说明这样一个现象，半工业化国家的增长速度在 1960—1985 年这段时间内比工业化国家快，因为他们利用了模仿、扩散，而工业化国家主要从创新中受益。

若将国家按发展程度分类，上述现象就更为明显。

设 A 组代表下列国家：瑞士、美国、德国、瑞典，它们有高生产率、高技术活动水平。

B 组代表中等生产率、技术活动水平国家，它们是法国、英国、荷兰、奥地利、芬兰、新西兰、意大利。

C 组代表高生产率、低技术活动水平的国家，它们是挪威、比利时、加拿大、澳大利亚、丹麦。

D 组代表半工业化国家和地区，它们包括西班牙、爱尔兰、希腊、中国香港、阿根廷、巴西、墨西哥、韩国和中国台湾。它们的专利、生产率水平都较低。

上述 25 个国家和地区，正是前面进行模型检验所取样本的国家和地区。表 7-8 显示

B、C、D 三组国家与前沿国家 1973—1983 年年增长率的差异。

表 7-8 与前沿国家相比实际与估计的增长率不同(1973—1983)

	实际增长差异	估计的增长差异	解释因素			
			扩散	创新	投资	出口取向
A 组	—	—	—	—	—	—
B 组	0.5	1.0	0.4	0.4	0.3	−0.2
C 组	1.0	1.0	0.2	0.2	0.5	0.1
D 组	3.0	3.1	1.4	0.9	1.0	−0.2
日本	2.4	3.5	0.5	1.0	2.1	−0.2
拉丁美洲 NICs	1.9	2.3	1.5	−0.1	0.8	0.1
亚洲 NICs	6.0	5.7	1.6	2.9	1.7	−0.4
欧洲 NICs	1.3	1.2	1.0	−0.0	0.5	−0.3
所有国家	1.5	1.7	0.7	0.5	0.6	−0.1

注：NICs 指新兴工业化国家和地区。

资料来源：Jan Fagerberg. 1988. why growth rates differ, in G Dosi et al.（eds.）：Technical Change and Economic Theory. London：Pinter Publishers，450.

表 7-8 再次肯定了表 7-7 的结论：对新兴工业化国家、半工业化国家，扩散对经济增长的贡献要比创新大，但随着与工业化国家差距的减小，创新就变得越来越重要。而这正是技术差距理论所要达到的结论。对我们有启发的是，中国作为一个发展中国家，在注重创新的同时，在目前这一阶段还应注重创新的扩散、模仿，提高经济增长速度，缩小与发达国家之间的差距。

与许多经济增长理论一样，技术差距理论也有着明显的缺陷。由于它只是对创新、扩散和投资与经济增长之间的关系作了一个统计分析，缺乏理论说明，这使它对一国何以才能获得较高的创新能力、改善知识利用水平等根本提不出什么建议。它也不能给出创新、扩散与制度变革关系的说明。此外，有些现象与技术差距理论相悖，如日本并不因与发达国家的技术差距缩小而放慢其增长速度。

7.5 我国的全要素生产率的测算

估算全要素生产率是制定和评价长期可持续增长政策的基础。通过全要素生产率增长对经济增长贡献与要素投入贡献的比较，就可以确定经济政策是应以增加总需求为主还是应以调整经济结构、促进技术进步为主。

7.5.1 克鲁格曼引发的争论

自从 1997 年亚洲发生经济危机以后，人们普遍关注中国经济增长的可持续性，理由是中国的全要素生产率太低，不足以支持可持续的增长。其中最有代表性的是美国经济学家保罗·克鲁格曼。克鲁格曼在他的著作《萧条经济学的回归》中提出，亚洲取得了卓越的经济增长率，却没有与之相当的卓越的生产率增长；它的增长是资源投入的结果，而不是效率的提升。克鲁格曼所引用的关于亚洲的文献一致对亚洲包括中国的全要素生产率持消极的态度。他引用了刘遵义(Lawrence Lau)的结果,用他的方法测算,亚洲的经济体几乎没有任何生产率的增长。同时该书援引了1993年世界银行出版的研究报告《东亚奇迹》,其中的数据显示,亚洲发展中国家(地区)的全要素生产率在零附近,甚至为负值。而索洛的一项早期成果指出,美国长期人均收入增长中,技术进步起到了超过80%的作用,投资增加只解释了余下的不到20%。克鲁格曼的书中还提到,爱德华·丹尼森发现各个工业化国家间的增长率差异,如英国的缓慢增长和日本的高速增长,也主要是由全要素生产率的差异来解释的。

易纲等学者对此提出不同意见。他们认为,克鲁格曼所说的靠投入驱动的增长类似于前苏联教科书中的"粗放型"增长,即强调增加投入,主要通过增加生产要素的数量来实现经济增长。他认为能够持续的增长方式类似于前苏联教科书中的"集约型"增长,即强调改善投入产出关系,主要通过提高效率和效益来实现经济增长。这种增长方式与"粗放型"增长方式比较,应当伴随着比较高的全要素生产率。如果中国的经济增长只是数量的扩张却没有技术和管理的创新,那么中国与发达国家在全要素生产率上的巨大差别并不难理解(易纲等人,2003)。但我们认为中国的经济增长不是单纯数量上的扩张,改革开放以来的中国社会在4个方面的表现说明了这一点。这4个方面包括改革带来的制度变迁、技术进步、人力资本的变化,以及人民币汇率的走势和中国官方外汇储备的增长。所以中国和发达国家相比在全要素生产率上的巨大差别,在相当程度上应当来源于测算方法的不足。

1. 改革带来的制度变迁

改革开放以前的中国经济是以国有经济为主体的一元公有制经济,非公经济的比例几乎为零。在这种所有制结构下,微观经济效率极为低下,严重束缚了中国经济的活力。

改革开放后我国的非公经济迅猛发展,成为推动中国经济增长乃至推动改革深入的重要力量。截至2001年末,国有和集体以外的经济成分的固定资产投资份额占到了全年的38.50%,对工业增加值的贡献达到56.96%,吸纳了62.69%的城镇就业(郑京平,2002)。尽管国有企业特别是国有大中型企业的改革依然步履艰难,但由于非公经济的发展,中国经济仍持续高速度增长。与公有经济相比,非公经济的产权更加明晰,激励机制也有着根本的区别。当产权明晰的时候,产权的变化会带来激励机制的变化。因为人天生会为两件事负责:一是自己的资产;二是自己的子女。这两点无需监督,非常可靠,从这两点出发基本可以预测人的行为。一方面,如果企业的经营者就是企业的所有者,个人效用最大化的目标和企业利润最大化的目标很自然地得到了统一,企业的所有者有充分的动力改善经营管理;另一方面,如果创新者拥有创新成果的产权从而享有其成果的收益,创新就获得了足够的激励,因此产权决定创新能力。所以当非公经济成为推动中国经济增长的重要力量的时候,管理和技术的创新已经被内生地决定了。

2. 技术进步

技术进步有两种实现方式,自己投资进行研究和开发,或者向其他国家学习模仿。开发尖端新技术的投入很大而失败的概率很高;相对而言,模仿和购买技术所需的成本就要低得多。中国由于同发达国家在技术上存在着很大的差距,因此在选择技术进步的实现方式上具有后发优势,可以采用模仿、购买等方式来实现技术进步。

在引进技术方面,中国充分地发挥了后发优势,而继续发挥后发优势是保持中国经济持续增长的重要一环。但同时应当看到,如果采用引进技术的方法来实现技术进步,这种进步通常是与引进机器设备或者购买专利技术同时进行的,从而内嵌在资本投入的增长中。所以用全要素生产率作为指标难以说明中国存在明显的技术进步应该是不奇怪的。

应该看到,改革开放之初,我们出于对资源、财富的饥渴,在学习外来技术的时候往往忽视了知识产权的存在。这固然降低了中国引进技术的成本,但同时也伤害了中国的相关产业。保护知识产权尽管会降低技术进步的速度,但只要中国与发达国家的技术差别存在,超常的增长空间就存在。首先,适合中国现阶段发展的技术很可能在国外已经超过了专利保护期限;其次,即使我们通过规范的手段引进国外在专利保护期内的技术,与我们自己研发相比,也可以大大降低技术进步的成本;再次,在给定技术的前提下,中国的制造业几乎可以提供无穷大的供给,中国生产的手机、电视、DVD 等各种制造品的价格一路下滑很好地说明了这一点。

随着财富的增长,中国应该越来越清醒地认识到保护知识产权的重要性。这既是对知识创造者的尊重,也是 WTO 制定的规则。通过保护知识产权,给管理、技术等各方面的创新以充分的激励,将极大地释放出中华民族的创造力,使中国逐渐完成从世界的制造中心向 R&D 中心的转变。

3. 人力资本

自改革开放以来,中国的人力资本素质不断提高。1979 年全国普通高校在校生 102 万人,2001 年全国普通高校在校生已达 719 万人,提高了 6.0 倍。1982 年第三次人口普查时,我国接受大学教育的人口为 602 万人,占当时人口总数的 0.58%;2000 年第五次人口普查时,我国接受大学教育的人口已达 4 571 万人,占人口总数的 3.53%,绝对数提高了 6.6 倍,相对数提高了 5.0 倍(中华人民共和国国家统计局官方网站,2003)。

2003 年全国普通高校毕业生有 212.2 万人,其中研究生 12.1 万人,本科生 91.9 万人,专科生 108.2 万人,毕业生总数将比 2002 年增加 67 万人,增幅达 46.2%。毕业生中约有 50%是理工科的学生(中华人民共和国国家统计局官方网站,2003)。

随着中国人力资本结构的不断提升,本科或本科学历以下的大学毕业生将很难找到研发性质的工作。当高学历者找不到工作时,这部分人必定会下到生产第一线,由此产生的影响将是深远的。

此外,中国人相对而言是同质的,没有等级制度也没有等级观念,这也是促使技术扩散的因素。印度、南美、东南亚等国家和地区由于制度或文化传统的原因,人与人之间等级鲜明;美国则非常尊重人与人之间的差别,一个人的成功会被认为是有特别的运气或者有与众不同的能力或禀赋。但在中国人头脑中根深蒂固的想法是"王侯将相宁有种乎"。在一个村子或者城镇里,一家富了,其他人会认为没有什么了不起,自己也能用同样的方法富裕起来,从而相互模仿。这种人与人之间的攀比有时会变为嫉妒,进一步发展可能成为社会不稳定的诱因,但从另一个角度看也确实能够加快技术的扩散。

7.5.2 我国全要素生产率的测算

郭庆旺、贾俊雪在分析比较了全要素生产率各种估算方法的基础上,估算出我国1979—2004年间的全要素生产率增长率,并对我国全要素生产率增长和经济增长源泉做了分析,如图7-3所示。

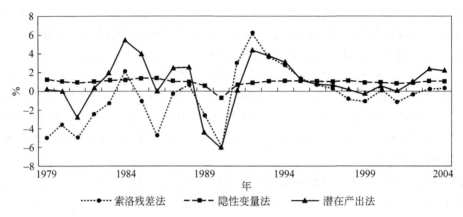

图 7-3 全要素生产率增长率变化状态

资料来源:郭庆旺,贾俊雪.2005.中国全要素生产率的估算:1979—2004.经济研究,(6):51-60.

郭庆旺、贾俊雪认为,我国全要素生产率增长对经济增长的贡献率较低,经济增长主要依赖于要素投入增长,是一种典型的投入型增长方式。我国经济增长的这一特点对于我国制定长期可持续增长政策具有重要意义。

(1) 1979—1993年间,我国全要素生产率增长率总体呈现出涨跌互现的波动情形,且波动较剧;1993年以后,全要素生产率增长率则呈现出逐年下降趋势,直到2000年,这种下降趋势才得以缓解,全要素生产率增长率总体上呈现出逐年攀升的势头。

(2) 1979—2004年间我国全要素生产率平均增长率为0.891%,对经济增长平均贡献率为9.46%。全要素生产率增长对经济增长贡献较低的原因在于,技术进步率偏低(对经济增长贡献率为10.13%),以及经济生产能力利用水平与技术效率低下,资源配置不尽合理(能力实现改善对经济增长贡献率为-0.67%)。与此对照的是,我国要素投入对经济增长贡献率高达90.54%,表明我国经济增长主要依赖于要素投入增长,是一种较典型的投入型增长方式。

(3) 我国经济增长的这些特点与当前经济发展阶段较为适应,比较符合经济增长方式转变的阶段性规律。在我国经济发展的初级阶段,乃至今后相当长的一段时期内,我国经济增长仍将主要依赖于要素投入增长,意味着政府不能忽视要素投入的重要性。但另一方面,也应认识到提高全要素生产率增长对我国经济长期持续增长的重要性,毕竟很高的要素投入增长不可能长期维持下去。所以,政府一方面应继续加大公共教育和科技等投入,提升技术进步率;另一方面还应通过各种政策大力促进能力实现改善,优化资源配置,提升技术效率,从而促进经济增长方式转变,提高效率型经济增长。

一个最新的研究表明,从各分项来源的变化趋势来看,TFP贡献份额在1978—

1991年间波动幅度较大,但大体处于上升趋势,在20世纪90年代初一度接近甚至超过50%,之后稳定下降,在2005年之后,TFP贡献份额降低到10%之下,国际金融危机后甚至降为负值。劳动贡献份额在改革开放初期与1990年前后曾达到10%左右,但在多数年份位于8%以下,并且在2000年之前大体处于下滑趋势,仅是在2000年之后才有所反弹,目前大致保持在4%～5%左右。资本贡献份额在绝大多数年份都是经济增长的主要来源,1978—1991年间,资本贡献份额波动幅度较大且大体呈下降趋势,在1992年之后则基本呈上升趋势,在2005年之后接近90%,在国际金融危机后甚至超过100%。由此可以看出,我国的经济基础增长主要是资本驱动的增长,科技驱动的比例还比较低(董敏杰,梁泳梅,2013),详见表7-9。

表7-9 中国经济增长的来源

指标 年份	经济增长速度及其来源/%			
	GDP增长	全要素生产率	劳动投入	资本投入
1978—1979	8.4	−0.3	1.0	7.8
1985—1986	7.4	−0.5	0.5	7.5
1990—1991	9.4	4.1	0.7	4.7
1995—1996	11.7	3.5	0.2	8.1
2000—2001	9.7	2.1	0.1	7.5
2005—2006	13.7	1.0	0.6	12.2
2009—2010	13.1	−0.9	0.5	13.5

资料来源:董敏杰,梁泳梅,2013.

7.6 结 语

在本章中,我们讨论了技术创新对经济增长的贡献,分析了新古典经济增长理论对技术进步的处理,罗默的技术进步内生的增长理论,阿罗的学习理论,技术差距理论。所有这些理论,都表明了这样一点:技术创新是长期经济增长的主要源泉。但在不同的国家及在不同的发展阶段,创新所起的作用并不相同。从索罗开始,新经济学已经取得了较大的进步,从经济系统内找到了可以使创新内生的方式,并通过学习,研究开发活动的经济学描述,更科学地测定创新对经济增长的贡献。这为一个国家把对研究开发的投入,把学习作为重要的政策工具找到了理论的根据。

技术创新不是从天上掉下来的,正如库兹涅茨在诺贝尔经济学奖获奖演说中所说的那样,"先进技术是经济增长的一个允许的来源,但是它只是一个潜在的、必要的条件,本身不是充分条件。如果技术要得到高效和广泛的利用,也就是说,如果它自己的进步要受这种利用的刺激,必须做出制度和意识形态的调整,以实现正确利用人类知识中先进部分产生的创新"(库兹涅茨,1988:97)。比如说,现代技术与农村生活方式、大家庭模型以及自然界不得干扰的信念并不相容。所以,为了使一国走上以技术创新为发动机的经济增长道路,必须进行社会的、经济的和制度的变更,以造成一个有利于技术创新的制度环境。这一点对转变中的、发展中的中国经济,尤其显得重要。

许多经济学家的研究表明,中国的增长基本上属于投资驱动的增长,或者说是GDP驱动的增长。

经济的增长主要是依靠消耗大量的不可再生的资源实现。王保安认为,我国经济的发展存在着深层的挑战,即"经济运行效率较低"。

首先是资源利用效率较低。我国单位国内生产总值(GDP)能耗是世界平均水平的2.6倍。我国每个就业者创造的GDP仅为美国的21%、日本的32%。我国投资效率低下,据测算,我国GDP每增长1美元,大约需要5美元的投资,资金投入成本比日本和韩国经济起飞时期要高40%之多。我国的投资率已接近50%,有的省份甚至达到80%。这种靠投资支撑的增长已难以为继(王保安,2014)。

再次,我国的经济开放度在提高,中国已经成为"世界工厂",但我国在产业链上一直处在低端地位,出品结构不尽合理。在出口产品中,中低科技含量产品比重较大。以2011年为例,61%的出口是中低附加值产品。这些产品比重过大,国家不仅要承担出口退税,还隐性承担了社保、资源、环境等巨额成本。把"开放型经济"等同于"外向型经济"也是一个误区,是导致我国外贸质量较低的重要原因(王保安,2014)。

因此,创新并没有发挥发展的重要推动力作用。在2013年的中国共产党第十八次全国代表大会(以下简称中共十八大)会议上,中央政府提出了创新驱动的发展战略,这一战略是我国经济发展模式的新动员,充分说明了新一届政府高度重视创新对发展的推动作用。

一是要理顺政府市场的关系。政府这只强大力的手,一旦介入,一般会重视引入已有的生产线,发挥强大的生产规模扩大的作用,以实现GDP的上升。中国实行多年的地方分权的政策,这又导致地方政府进入一个某一时点被认为是有利可图的产业,如我国的光伏产业,从2006—2009几年的黄金时期,导致大量的企业进入这一行业,且基本上得到了地方政府的扶植支持。

二是企业需要一个更加公平竞争的环境,这些环境的内容包括知识产权的保护、竞争市场的形成等。

参 考 文 献

[1] Adams W (ed.),1986. The Structure of American Industry. MacMillan, New York. 75-102.

[2] Arrow K. 1962. The Economic Implications of Learning by Doing. Review of Economic Studies, vol. XXIX. 155-173.

[3] Cornwall J. 1976. Diffusion, Convergence and Kaldor's Law, Economic Journal, vol. 85. 307-314.

[4] Denison E, Chung W. 1976. How Japan's Economy Grew So Fast: The Sources of Postwar Expansion. Brookings Institute, Washington D C,42-43.

[5] Fagerberg J. 1987. A Technology Gap Approach to Why Growth Rates Differ. Research Policy, 16: 87-99.

[6] Fagerberg J. 1988. Why Growth Rates Differ, in Dosi et al. (eds.), Technical Change and Economic Theory, Pinter Publishers, London. 400.

[7] Fagerberg J. 1991. Innovation, Catching-up and Growth, In OECD, Technology and Productivity,

Paris. 37-46.

[8] Hacche G. 1979. The Theory of Economic Growth, The MacMillan Press, London.

[9] Jorgenson D, Griliches Z. 1967. The Explanation of Productivity Change, Review of Economics and Statistics, vol. (34): 249-284.

[10] Jorgenson D, Yip E. 2001. Whatever Happened to Productivity Growth. New Developments in Productivity Analysis. National Bureau of Economic Research. 509-540.

[11] Kendrick J W. 1991. Total Factor Productivity, In OECD, Technology and Productivity, Paris. 149

[12] Productirity, Paris. 149.

[13] Krugman P R. 1994. The Myth of Asia's Miracle, Foreign Affairs, (73): 62-78.

[14] Landes D. 1969. The Unbound Prometheus, Cambridge University Press, Cambridge. 479.

[15] Lucas R E Jr. 1988. On the Mechanics of Economics Development. Journal of Monetary Economics, (22): 3-42.

[16] Posner M. 1961. International Trade and Technical Change. Oxford Economic Paper, vol. (13): 323-341.

[17] Romer P. 1986. Increasing Returns and Long-Run Growth. Journal of Political Economy, vol. (94): 5.

[18] Romer P. 1990. Endogenous Technological Change. Journal of Political Economy, vol(98): 5.

[19] Scherer F M. 1984. Using Linked Patent and R&D Data to Measure Interindustry Technology Flows, in Z Griliches (ed.), R&D, Patents and Productivity, The University of Chicago Press, Chicago. 417-461.

[20] Scherer F M, Ross D. 1990. Industrial Market Structure and Economic Performance. 3rd edn, Houghton Mifflin, Boston.

[21] Solow R. 1956. A Contribution to the Theory of Economic Growth. The Quarterly Journal of Economics, vol. LXX, 73.

[22] Solow R. 1957. Technical Change and the Aggregate Production Function, Review of Economics and Statistics, vol, 39: 321-320.

[23] Williams T (ed.). 1978. A History of Technology, Clarendon Press, Oxford, vol. VI, Part I, 462.

[24] Young A. 1928. Increasing Returns and Economic Progress, Economic Journal, vol. 38.

[25] Young, Alwyn. 1985. The Tyranny of Numbers: Confronting the Statistical Realities of the East Asian Growth Experience. The Quarterly Journal of Economics, Vol. 110, No. 3 (Aug): 641-680.

[26] Zon A V. 1991. Vintage Capital and the Measurement of Technological Progress. in OECD, Technology and Productivity, Paris: 171-185.

[27] 库兹涅茨.1988.诺贝尔经济学奖获得者讲演集.北京：中国社会科学出版社.

[28] 1986.现代国外经济学论文选(第十辑).北京：商务印书馆.

[29] D W 乔根森,F M 戈洛,等.1989.生产率与美国经济增长.北京：经济科学出版社.

[30] 罗伯特 M 索洛,等.1991.经济增长因素分析.北京：商务印书馆.

[31] 董敏杰,梁泳梅.2013.1978—2010 年的中国经济增长来源：一个非参数分解框架.北京：经济研究,(5).

[32] 郭庆旺,贾俊雪.2005.中国全要素生产率的估算：1979—2004.北京：经济研究,(6):51-60.

[33] 李京文,等.1992.中国经济增长分析.北京：中国社会科学,(1).

[34] 罗伯特 M 索洛.1989.经济增长理论：一种解说.上海：上海三联书店.36-42.
[35] 罗伯特 M 索洛,等.1999.经济增长因素分析.北京：商务印书馆.58.
[36] 罗伊·哈罗德.1981.动态经济学.北京：商务印书馆.
[37] 王保安.2014.中国经济升级版应如何打造.求是.
[38] 易刚,等.2003.关于中国经济增长于全要素生产率的理论思考.北京：经济研究,(8).
[39] 郑京平.2002.中国统计年鉴.北京：中国统计局出版社.

第 8 章 技术创新的激励

技术创新的激励是创新研究的核心问题。各国在宏观创新行为上表现出来的种种差异,可以说是创新激励机制的不同引起的。我们认为,各个不同层次的激励构成了一个创新的激励系统,它既是我们分析创新激励的合理框架,又能用来解释不同国家的创新差异。

8.1 创新激励系统——一个分析框架

在这里,所谓激励,我们用的是英文"incentive"一词的含意,它是指运用产权、市场、宏观政策等手段以影响、推动创新活动。

在宏观层次上,创新活动水平的高低,取决于以下几组关系:

第一,人们愿不愿意创新与创新收益的多少相关,而创新的收益在很大程度上又取决于创新者与创新成果的产权关系。所以,创新的主体——个人、企业或科研机构——愿不愿意创新,取决于他们与创新成果的产权关系。

第二,企业、个人愿不愿意创新,还与存在着什么样的交换关系、制度相关。在这里,市场化程度、市场结构是一个重要的因素。

第三,创新水平的高低还取决于政府通过什么手段使创新的私人收益率和社会收益率趋于一致。

第四,在创新越来越企业内部化的今天,创新水平的高低还取决于企业激励员工创新的机制是否有效。

从上一框架出发,创新激励的方式可分为四种:产权激励、市场激励、政府激励和企业激励。产权激励通过确立创新者与创新成果的所有权关系来推动创新活动。市场激励通过市场机制来推动创新。企业激励是一种内部激励。政府激励应视作前几种激励机制不能有效发挥作用时而实施的辅助措施。以上四种激励机制互相作用,构成了一个创新的激励系统。

8.2 创新的产权激励

8.2.1 历史上的有形资产产权与创新

所谓产权,是指一个社会所强制实施的选择一种经济品的使用的权利(阿尔钦,1994)。由于产权规定了人们与创新成果的所有关系,这自然使产权成为激励创新的一个重要制度,可以这样说,人类因不断技术创新导致的技术进步,在很大程度上归之于产权激励机制的不断完善。

产权可分为有形资产产权与无形资产产权两种。在这里,有形资产产权是指人们对实物形态的物品的使用权;无形资产产权是指人们对非实物形态的信息、知识等的处置权、拥有权。虽然无形资产产权是一个相当现代的概念,但其存在和有形资产产权一样古老。有形资产产权之所以对创新很重要,是因为创新乃是创新新的物品,如果连拥有物品的权利都没有,谁去创新呢?

在人类历史的不同阶段、在今日的世界的不同国家,采用过不同的有形产权制度,产生了不同的创新激励效应。

产权的早期雏形是原始公有产权。在这种产权制度下,任何财产、资源都是公共性质的,谁都可以占有、使用它们。人们毫无创新动力可言。

原始公有产权存在前提是人类赖以生存的动植物供应似乎是无限的。当某个地区人口的扩张威胁到食物的供应时,群落就会分化并迁移到新的地区,于是逐渐分离出一些新的群落。

然而,一旦人口被扩大到资源被充分利用,则人口的进一步增加便会使狩猎采集劳动的边际产品下降。但由于财产的公有性、部落之间的竞争性、人口的继续增长等因素,导致食物来源越来越少。

摆脱这种原始公有产权困境的办法是建立排他性的公有产权。这种产权是以部落的名义占领一片资源,不准外部落享用此片资源,并制订规则,限制内部人员开发资源的强度。一旦排他性的产权建立起来,定居下来的部落就会逐渐向农业型生活方式转变,这极大地激励了人们的创新行为。用诺思的话说便是:"当某些资源的公有产权存在时,对获取较多的技术和知识很少有刺激。相反,对所有者有利的排他性产权能够提供对提高效率和生产率的直接刺激,或者用一更基本的术语来说,能够直接刺激获取更多的知识和新技术。可以用这种激励机制的变迁来解释过去10 000年人类所取得的迅速进步和漫长的原始狩猎采集时代发展缓慢的原因"(诺思,1991:98)。

正因为如此,诺思把从原始公有产权向排他性的公有产权的转变,看作是一次经济革命。在这一伟大经济革命之后,我们知道的新技术有:驯养家畜、纺织、陶瓷生产、金属的利用。此外,在农业型社会,人们有为了提高农业生产率,去掌握栽培植物、除草、灌溉和选种等知识和技术的动力。

但这种排他性的公有产权有着严重缺陷。假设一个部落共占有一片牧场,则每一个牧羊者为了自身的利益会不断地增加其羊数,也就是只关心放羊的技术,不关心牧草如何生长;这自然是一个理性行动,但这种行动会带来悲剧:逐渐增加的羊群数目会毁坏一个牧场。

解决这一问题的唯一方法是建立私有产权。私有产权使人们在生产活动中不再与他人发生直接关系,每个人都对自己的行为负责。在这样的制度安排下,一个理性的人自然会力图通过创新来增进自己的福利。就上一个例子而言,由于每个人都得到一片属于自己的牧场,此时,每个人不仅关心其羊群的增长,也关心其所属牧场的保护。金斯顿(W. Kingston)认为,私有产权的建立应看作是人类"第一次在个人创造性活动与信息生产的投资上建立起联系"(Kingston,1990:81)。

在希腊、罗马文明时期,私有产权的确立和保护在法律上已较完善,这主要体现于《罗马法》之中，它规定了私有产权必须给以政治保护。但因于多种原因，私有产权在当时是很不完善的，它在推动创新上的巨大潜力并没能释放出来。首先，在罗马帝国后期，经济生活的政治化，不仅破坏了私有产权，也扼杀了罗马文明。其次，在整个中世纪，经济活动不仅受教会的控制，还受到皇权的控制。如在当时，皇室常用没收臣民财产的做法作为政治报复和社会控制的政治手段，并以此限制商人财富的增加，使商人不敢在经济领域中积累和创造财富。最后，中世纪的社会虽已摆脱野蛮状态，社会制度稳定，但这种社会制度却建立在原始的经济基础上，因而根本不需要先进的科学、技术。在这一阶段虽有许多发明，但这些发明根本不能发展起来。

在英国，使私有产权摆脱皇权的控制，是贵族们斗争的结果。1215 年，英国出现了贵族用武力与约翰国王的抗争。这场冲突的果实是 1215 年 6 月 15 日《自由大宪章》的颁布。该《宪章》规定，民众保有自己财产不被君主剥夺的权利。虽然说这一宪章的颁布是贵族的一个胜利，但商人们也从中获益匪浅(小伯泽尔，1989)。

14 世纪至 16 世纪的文艺复兴运动、16 世纪与 17 世纪的宗教改革运动，打破了教会对产权的控制，使产权第一次完全彻底地私有化了，这是新兴资产阶段的一个胜利。到了 18 世纪，出现了这样一种可喜的局面："西方各国政府尊重人的在经济领域中的自主权，这实际上已成为当时的一种意识形态"(小伯泽尔，1989：166)。

如果说私有产权在激励创新上是最经济、有效的制度。若按此推理，西方世界从中世纪到 18 世纪一直流行的生产单位——家庭企业、合伙企业(可以说属纯私有产权的企业——将仍然是今日流行的基本生产单位，且是技术创新的重要部门)。

但事实并非如此。进入 20 世纪以来，虽说纯私有产权的私人企业在数量上仍占很大优势，但以西方资本主义国家的美国为例，私人企业的数量约占全部企业的 85%，但在产值上却正好相反。以股份公司为主体的大企业在产值上约占全部企业的 85%。此外，现实还告诉我们：迄今为止，大多数重大的技术创新乃出自于大企业(傅家骥，1998)。

源于海外贸易、殖民地政策的需要，17 世纪英国等地发展起来的股份责任有限公司，是企业产权社会化的表现。这种公司成立的前提是私有产权的可分割性、可分离性和可让渡性。对这种公司，我们再也不能说是属于某人所有的纯私有公司，它是属于众多的股东持有者的。从激励角度而言，这种公司在创新的动力上要弱于纯私有产权企业。但为什么这种公司能如此发展壮大，在技术创新中扮演如此大的作用呢？答案是，虽然私有产权企业具有强大的创新动力，但因规模小、责任无限、资金少和企业寿命受所有者年龄的限制，企业的技术创新能力是有限的，这如同说心有余而力不足。如在蒸汽机的发明改进过程中，赞助瓦特对蒸汽机进行改进的第一个商人约翰·罗巴克因破产而停止了对瓦特的资助，这迫使瓦特停止了工作。后来，博尔顿等人再次对瓦特提供资助，才使他完成了对蒸汽机的重大改进(傅家骥，1998)。股份有限公司虽在产权激励上有弱化现象，但其创新能力却大大提高了，这表现在以下几方面：

(1) 有限责任避免了因创新风险而出现的创新投资不足；
(2) 股份制能大规模地聚集创新所需的资本；
(3) 股份制企业的规模提高了企业的创新风险承担能力。

由于股份企业的产权社会化、经营权与所有权的分离，产权激励已大大弱化了。尤其是经理,赢在经营上有一般产权所有者不具备的专业化才能,但其可能追求自我而非资产所有者股东的利益,因此,从其他种途径强化激励是十分必要的。为此,西方企业在长期实践中建立起3条针对经理阶层管理者的约束措施:首先,由股东选出的董事会和股东大会对经理进行内部监督;其次,通过股票买卖对企业经营形成外部约束;最后,给经理们一定股份,以增加经理们的资产关切度,也就是说,从产权出发给予激励(傅家骥,1998)。

通过上述讨论,我们认为,股份制企业较之非法人地位的纯私有企业,与其说是产权激励的弱化,不如说是产权激励的间接化,股东大会、董事会、股票转让给经理阶层管理者以一定股份,这些针对经理阶层的约束措施,都源于产权所具有的力量。鉴于这一套产权间接激励措施在西方股份制企业所起的有效作用,我们得出这样的结论:源于产权关系而产生的激励力量使产权成为创新最基本的激励手段。但从产权出发对人们的创新激励,既可以是直接也可以是间接的。一种有效的、有利于创新的企业制度,乃在于既能发挥产权关系所产生的巨大激励力量,又能使企业具有强大的创新能力。

8.2.2 委托代理制度与企业创新

创新是一种经济活动,但创新的活动需要企业承担创新的风险,需要投资过去而牺牲现在。创新的产出是一种信息,难以在研究开发过程中得到评价与认可,加上知识产权保护的局限性。因此,在阿罗(K Arrow)看来,企业会不愿意投资(Arrow,1962)。

产权是激励企业家创新的重要形式,因为如果企业家拥有企业的产权,他便敢于承担创新的风险,牺牲当前的利益,从而获得更大的回报。但在当今的制度中,出现了产权与经营的分离。企业的资产可能由少数人或许多分散的股民拥有产权,但经营者可能是职业的阶层,他们并不拥有企业的产权,而是受聘即受委托来管理公司。这样,企业所有者与管理者也就形成了一个委托-代理(principal-agent)关系。什么样的委托-代理关系(principal-agent problem)是否会有利于企业的持续创新?关于这个问题已有大量的研究。

首先,委托和代理者会有信息的不对称。这种信息的不完全包括两方面的内涵:一是所有参与者都不具备一些信息,也即"信息不完备"(incomplete information);二是只有部分参与者具备一些信息,也即"信息不对称"(information asymmetry)。

作为研究信息不对称问题的一个工具,委托代理问题的研究在20世纪70年代盛极一时,出现了一大批经典文献。比如,Francis和Smith的研究结果表明,股权分散的公司相对于管理层高持股或者有重要外部大股东的公司,其创新较少。为什么呢?因为股权分散的公司更加倾向于购买技术而不是企业内部的自主研发,内部研究开发需要花钱和时间,因此,受短期利润的冲动,当经理的报酬用会计短期业绩衡量时,经理人更倾向于向外部引进技术而不是进行自主创新,他们会进行一些渐进的创新。或者说是一种利用式(exploitation)创新模式的典型体现(Francis & Smith,1995)。从行为上看,有研究发现,拥有市场和销售背景的经理人比拥有技术背景的经理人更倾向于探索式(exploration)的创新(Hambrick & Mason,1984)。这支持了这样一个结论:CEO的报酬机制、个人行为动机会影响企业创新模式的决策方向。

在中国,国有企业一直是最重要的组织形式。但在漫长的计划经济时期,人们对这一产权形式提出了许多批评,在与创新有关的问题上,最有代表性的观点是:第一,国有企业员工缺乏从事利润与效率的动力,因为从老总到普通员工,都不是产权所有者,国家是企业产权的所有者。但国家作为产权所有者是一个虚化的问题。因此,国有企业存在着创新动力不足的问题。第二,国有企业的官僚科层结构产生的复杂的决策结构,导致低效的管理。第三,科尔奈(J Kornai)指出,国有企业具有预算的软约束现象,一旦这些企业面临财政困难,政府便会随时出手救助(Kornai,1992)。第四,国有企业往往具有政府机构的特点,因为企业家享受着公务员一样的待遇,不能从国有企业中享受产权的权益,因此,这会抑制企业领导的创新冲动。

国有企业的创新动力问题也就是一个委托代理关系与创新的动力设计问题。学者们认为,私营企业具有更强的创新动力。原因是在私营企业中,所有者与企业内部的董事和高级管理人员是一种直接、单向的委托代理关系,甚至是亲力亲为,而在国有企业下是一种非常复杂的、多层次的委托代理模式,结果初始委托人的最优监督积极性与最终代理人的最优工作努力程度都随着代理链条的拉长而递减(张维迎,1999)。如,在国有控股的情况下,实际控制人常常为企业高级管理人员,他们一般是通过政治过程决定,由政府任命,任期较短,有的甚至只有3～5年,这导致变数很大,而且领取的是固定薪酬,剩余索取权却归国家所有。由于决定他们命运的是有任命权的上级,因此,他们的目标是职务待遇和提升机会,需要的是短期业绩稳定,而不是历经数载的探索式创新,而创新需要数个任期才会有回报,或者说"前任栽树,后任纳凉"。且面向创新的巨额现金流支出会影响企业的短期业绩,自然会选择理性的风险厌恶策略,导致企业缺乏探索式创新。"明哲保身"、"不求有功,但求无过"是许多国有企业家的中庸策略,没有动机去选择高风险的探索式创新模式。

一些定量的研究也支付了这一说法。从现有的研究看,夏冬认为,政府所有权份额对企业创新效率有消极的影响(夏冬,2003);李丹蒙、夏立军以制造业和信息技术业上市公司为样本,结果发现非国有控股的上市公司创新强度显著高于国有控股的上市公司(李丹蒙,夏立军,2008)。

尽管有许多批评声,但大企业的垄断地位并没有因此动摇,相反,通过一系列的重组,中国出现了一大批国有企业。在中国,国有企业具有突出的地位。一是国有企业具有历史的优势。尽管从20世纪80年代开始,我国进行了一系列的市场化改革,包括"抓大放小",即保留大企业,让小的国有企业或购并,或被其他类型企业收购,这一政策使国有企业的数量迅速减少。但重组后的国有企业较重组前相比,规模更大,垄断能力更强。如中国石油化工集团、中国石油天然所集团,都是合并后产生的巨无霸。中国石油化工集团是1998年7月在原中国石油天然气总公司的基础上组建的特大型石油石化企业集团。二是国有企业拥有许多政治上的倾斜,包括银行信贷的支持。三是许多国有企业都在一些基础设施领域拥有规模的效益,如在能源、通信、银行、交通等领域控制着国家的经济命脉。现在,我国的国有企业已经在世界财富500强中占有席位。以2013年的《财富500强》中国企业为例,排在前面的中国石油化工集团(4位),中国石油天然所集团(5位),国家电网公司(7位),中国工商银行(29位),中国建设银行(50位),中国农业银行(64位),中国银行(70位)。四是国有企业也在学习并在政府的要求下,不断完善创新的机制。如国资委不断调整对企业的监管机制,把创新能力列入对企业一把手的考核之中。而且,许多国有企业实现了很高的岗位年薪制,目的也是激励高管的创新动力。五是许多学者认为,国有企业会承担更多的国家使命,从而会有更强的创新动力,尤其是关系国家安全的产业领域。

目前,中国企业的组织形式大概有如下:国有企业、集体所有制企业、上市企业、民营企业、港澳台企业、外资企业。A Zhang 等人用 8 341 个企业的数据研究了产权与研究开发活动、生产效率的关系,得到结论是:国有企业的研究开发投入和效率低于非国有企业(Zhang et al.,2003)。

通过对 2001 年的 548 个企业的数据分析,用专利代表的创新能力,S B Choi 等人发现,国有产权与机构持股对企业创新的贡献是正向的但比较滞后。外资企业股权与创新的关系正向,但家庭持股或管理层持股的影响是负向的(Choi et al.,2011)。但这一研究所用的数据太老了,难以反映今日中国的真实现象。

公司通过上市成为公众的公司,被认为是企业制度的一个伟大创新。这一形式可以使企业很快获得巨额的用于未来发展的资金,包括对创新的投资。但上市公司的出现也形成了一种委托代理关系。企业的实际拥有者是众多的股民,他们不可能真正管理公司。因此,董事会委托一个管理层来进行企业的日常管理。但这里又会有信息不对称等问题。

最近,全球越来越多的企业成为了公共的公司,即上市公司。而越来越多的机构成为公司的股东。在美国上市公司中,机构持股的比重在上升。但一个重要的问题是:这种机构持股是增加企业发展中的短期化,还是会提高企业经营者的风险水平,增强企业的创新能力?这是一个需要研究的问题。

在中国,混合所有制公司在 18 届三中全会后才被认为是一种较好的产权形式。在 2013 年的一篇论文中,P Aghion,J V Reenen 和 L Zingales 分析了美国上市公司中机构所有权(institutional ownership)对企业创新能力的影响。他们发现,专利可以作为衡量创新的一个指标。通过对 20 世纪 90 年代以来成立的 800 个企业的关于专利引用、所有权、研究开发和治理的数据进行分析,发现在机构所有权与创新之间存在着显著的相关关系。他们在懒惰经理的假设下分析,通过减少经理人承担风险项目而产生的职业风险,机构拥有者会增加经理人的创新动力。当机构拥有者的比例较高时,即使企业利润下降,CEO 被解雇的比例也会降低(Aghion et al.,2013)。

8.2.3 企业内的创新激励

企业是技术创新实现的基本单位、主战场。政府行为、市场和企业产权关系的明确化,是从外部激励企业创新的重要手段。但与此同时,企业内部对创新的激励也十分重要。

当然,上述讨论并不通向这一结论,股份有限责任公司在技术创新上是与小公司截然对立的。一般而言,大公司(以股份制为主)是小公司壮大的自然结果。当今,一个较合理的企业演变模式是:一个默默无闻的小人物在某大公司中任职,他有许多创新的思想和将创新付诸实现的能力,但他的那些新思想并不为大公司的老板所接受。于是,他断然离开这家公司,与他人合作(这合作者中有出资的资本家,这是熊彼特意义上的"资本家")办起了自己的公司。随着公司业务的扩大,公司逐渐变成股份制公司。此类例子相当多,美国飞机制造业中的道格拉斯公司的创立者唐纳德·道格拉斯,原先在赖特·马丁公司工作,因与老板马丁意见不一,自己一开始与戴维·戴维斯合作,建立起戴维斯·道格拉斯公司,合作失败后,又得到了其他人的贷款。最后,道格拉斯建立了自己的公司,逐渐壮大。当今美国的大公司往往都是这种情况,公司老板或者是两者兼而有之。不管如何,每一个大公司的背后,都有许多振奋人心的创新故事和一流的发明创新家。不仅如此,这些人一般都在公司中占有很大比例的股份(傅家骥,1998)。可见,一般而言,在西方股份公司内的企业家、发明家都占有很大的股份而保持了对技术创新活动的产权激励,同时,这种公司又兼有股权化所带来的种种优点。正是这种产权激励、发明创新能力和股份制所具有优势的统一,使西方股份制企业在创新上保持着旺盛的活力。这是一种对创新激励而言较理想的企业形式。这一点还可以解释西方国有企业在创新上的疲软现象,因为这些企业推动了从产权出发对企业创新进行激励这一基本手段。随着我国国营大中型企业经营自主权的落实,它们的创新能力也会有所提高,但它们仍将在创新上落后于合资及民营企业,因为它们在创新激励上面临着与西方国有企业同样的境地。

一般而言,所有的大公司都有几位一流的发明家,创新体制正渐渐从独立的发明制度走向R&D的企业内部化,引发出一些新的激励问题。这源于以下几个原因:第一,独立的发明者不一定具备将发明产业化的才能,大发明家爱迪生就是一位失败的企业家;第二,独立的发明家很难筹措到发明所需的资金;第三,他们缺乏应有的开发实验室、应有的技术信息交流;第四,从发明到市场化,要经过许多阶段,时间也很长,一个人很难具备如此大的力量。可见,R&D的企业内部化是有一定必然性的。如此,在大公司内,创新的激励将是关系公司兴亡的关键。因为我们看到,在大企业的R&D部门,创新发明者按照决策者的计划部署,利用企业的开发、实验和中试设备,拿着企业支付的薪金为企业进行发明创新活动。发明者成为一种被雇佣者、出卖劳动者,他们不再对创新成果享有所有权。此外,当今的创新活动常常是集体智慧的结果。如杜邦公司发明的尼龙,是成千上万的人在系统管理下的劳动成果。因此,如何用产权或非产权的手段激励人们创新的积极性,确实关系企业的兴衰。这里,奖励、荣誉、提升、给予股份都是被采用过的手段。一项发明在商业上的利益可能没为发明者得到。有些企业老板把发明权居为己有。有些人愤然离开公司,因为发明权被剥夺。当然,不同的国家不同的企业,在处理这一问题的方法上是不相同的。在日本,员工以企业为家,终身雇佣制便是一个十分重要的激励手段。对此,我们不在此一一细述。

8.3 知识产权与创新

随着私有产权在政治上、法律上和宗教上的完全确立,通过技术创新获得利润的经济活动得到了强有力的激励。但仍有一个关键的问题没有得到解决,那就是有关发明创新的无形资产的权利,在当时,主要是专利权的确立问题。

为了更深刻地理解专利权对创新激励的重要性,让我们先从生产过程的角度去分析。我们知道,任何一个生产活动都有三种投入:人力、原材料和技术,它们构成了生产的成本。产出是一种产品,其价格和销售量决定了生产者的所得。从原材料到加工成人们需要的产品进而消费,是一个生产—消费的循环。在这一循环中,厂家得到了利润,消费者获得了效用。

如果这一过程是一个创新的生产过程,则问题就要复杂些。从创新的产出——新产品看,它包含两种东西:一是可消费、有效用的人工事实,如一支牙膏、一件衣服;二是体现在新产品上的新生产技术,它是一种无形的知识、信息,如图 8-1 所示。对消费者而言,人们只关注这种新商品的效用。但对其他的生产厂家而言,情况就会大不相同。他们会被新产品所有的高额利润所吸引,对产品进行逆向工程(reverse engineering)和物理化学分析等,以掌握产品的生产技术,然后自己制造它,进入市场,从而夺走创新者的一部分市场。这种行为就是人们常说的模仿行为。

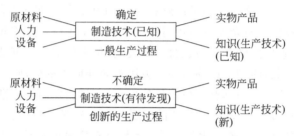

图 8-1 创新与一般生产过程的比较

对创新者而言,在多数情况下,一旦推出新产品,则其生产技术就将暴露在他人面前,只有一小部分技术,像可口可乐饮料的配方、中国传统的许多手工艺,可通过保密的方法保护自己。在很长的时间内,由于没有找到保护这种技术信息的方法,人们只好借助师徒相承、代代相传等方法来保护自己的创新权益。人类为此失传了许多极有价值的技术,中国尤甚。

为了提高人们的创新发明的积极性,唯一的方法是在当选上确定人们对新技术这种知识的拥有权,这就是专利制度。专利制度明文规定,发明者对其发明产品有一定年限垄断权。这就排除了模仿者对创新者权益的侵犯。由此可见,专利制度的实质是一种对发明创新从产权角度出发进行激励的制度。

专利制度在推动技术创新方面,起过重大的作用。对此,我们不妨简单回顾一下。

值得强调的是,与人们想象的不同,专利在起初是作为技术转移和建立新工工厂的工具而建立起来的。从中古盛世到 15 世纪,英国王室一直享有建立市场的特权。若有人根据引进技术建立新工业,英王就授予特权保护他们。其做法是授予新技术的引进者在英国使用该技术的专有权,期限是足以使他建立起该技术并培训其他人使用该项技术。这种专利权的合理性在于,那些对国家而言的新技术,会因市场不确定、技术不确定性而成长受阻,专利权给它以市场保护,使它在最初的困难期内没有竞争者。1337 年,佛兰芒织布工约翰·肯普是英国最早被授予从事纺织专利权的人。

但王室的这种专利特权转让被滥用了。在伊莎白转让的 55 项专利权中,包括针对制造肥皂、排干土地的机器、炉灶、油脂、皮革、食盐、玻璃等的专利权。各王朝都通过转让专利特权和关税以应付财政开支。这种做法遏制了商业贸易中的盈利机会、限制了发明创新活动。渐渐地,一些自愿组织的经济团体,如股份公司,要求打破这种王朝公开垄断专利的做法。17世纪著名的"达尔西诉讼阿伦图案"便是资产阶段经济团体努力的反映。这些努力导致1623年《独占法》的颁布。该法宣告所有垄断、特准和授予一律无效,它还包含了一个鼓励任何真正创新的专利制度。此后,发明创新的报酬不再受王室偏爱左右,而是受法律上所有权的保障。《独占法》使发明创新的产权保护法律化了。

诺思从制度学派的角度出发,对专利权的确立给予了高度的肯定。他认为,"直到现代,不能在创新方面建立一个系统的产权仍是技术变化迟缓的主要根源"。"一套鼓励技术变化、提高创新的私人收益率使之接近社会收益率的激励机制,仅仅随着专利制度的建立才被确立起来"(诺思,1991:185)。

专利权的确立极大地推动了技术创新活动。可以这样说,18世纪60年代从英国开始的产业革命,没有专利制度是难以发生的。在当时的领先产业——棉纺织业,许多发明,如水力纺纱机等,都是在专利权的保护下诞生的。有人甚至这样说,没有专利,瓦特就不可能对蒸汽机做出重大改进。法国在产业革命时期的1851年,一年内就颁发了大约2 000件发明和专利特许证。诺思这样说道:这种包括鼓励创新和随后工业化所需的种种诱因的产权结构,使"产业革命不是现代经济增长的原因,它是提高发展新技术和将它应用于生产过程的私人收益率的结果"(诺思,1991:185)。

专利制度的作用在19世纪变得更为明显了。德国、美国利用专利保护,有力地推动本国科学和工业的发展。金西顿认为,德国从1850年的穷国,跃升为1900年的富国,1877年的《专利法》起着重要的作用(Kingston,1990:89)。

但专利制度在后来也出现了一些问题,有些大企业利用专利权保守技术秘密、控制科研成果和新技术的推广、应用。

总的来说,产权的确定是最经济有效、最持久的创新激励手段,因为确立产权关系的费用并不高,它使资产所有者与资产发生最直接的经济关系,资产所有者因此成为资产能否增值的最直接的当事人。产权的法律性、持久性又使人们具有一种安全感。技术创新活动在这样一种制度氛围中会获得强大的激励。资本主义的发展历史证明了这一点。

如果说有形资产产权的确定是间接的创新激励手段,是创新行为赖以发生的前提的话,则知识产权的确立是一种直接的创新激励手段。但由于无形资产的产权界定有许多意想不到的困难,他种形式的激励也因此成为必要。

在给定成本下,创新或者是创造给人以更高效用的产品,或者是创造满足人们需要的产品。所以,从长远看,创新的社会收益要远远大于给创新者本人所带来的私人收益。现代生活水平的提高、人类迄今所取得的成就,从根源上讲都归根于许多伟大的科学家、发明家的发明和创新。由于给予发明者、创新者劳动成果的产权方式决定了发明创新的私人收益与社会收益的比例,从而,一个有效的产权安排方式便在于合理地决定发明创新的私人收益在社会收益中的比例,使它能最大限度地增进社会福利。在专利这一例子中,上述比例便取决于专利的权利年限。如果没有专利权,则一旦有新的发明创新,大量的模仿行业便会接踵而至,使新发明在短时间内扩散到任何人们需要的地方。这是一种社会收益最大化的情况。但在这种情况下,由于创新者不能得到应有的收益补偿,这将抑制人们的创新行为。中国在没有专利制度时,明文规定产权归国家所有,本国企业都可无偿使用任何发明,这可以说是一个上一情况的典型案例。其结果只说明了这样一点:没有专利权的社会,创新水平是相当低的。

另一个极端的例子是创新者对发明创新拥有永久性的所有权。假设青霉素在当时是申请专利且获准了的,且专利权期限是无限的,如果有人现在要生产青霉素,则必须获得青霉素专利拥有者的专利许可且支出一笔不低的费用。若如此,青霉素的价格要比现在价格昂贵得多,许多人会因此买不起青霉素,人们也很难在青霉素的基础上开发药效更好、更安全的其他药品。

正是由于上述考虑,专利制度规定了专利权的期限,一般是20年,并规定申请专利时要附上专利说明书,以便人们在了解这一新产品的基础上开发新的、更好的产品,使全社会尽快地从新发明中获益。可见,专利权的年限是最能权衡发明的私人收益率与社会收益利率的。值得商榷的是,是否所有的发明都应给予不长不短的20年权限?有些学者认为,期限过长的专利权限是对社会有害的制度。有些则持相反的意见。这就提出了一个专利最优保护期限还与专利的实际寿命相关的论断。所谓专利的实际寿命是它应有的经济寿命。这种经济寿命取决于以下诸因素:产品生命周期、发明的开发成本、从发明中获取收益的速度、对该产品的需求价格性、资金折现率。因此,要对专利的最优保护期限给出一个数理的定量结论不是不可能,但却是相当复杂的。如图8.2所示是一个专利最优保护期限的示意图。

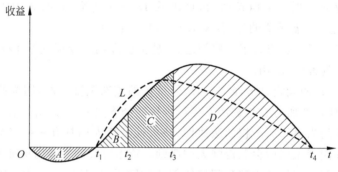

图 8-2 专利最优保护期限示意图

图中,t_1是产品进入市场的时刻;t_2是收益正好等于成本的时刻;t_3是专利最优有效保护期限期满的时刻;t_4是产品寿命终结的时刻。t_1、t_3的长度是专利最优保护期限的长度;$t_1 t_4$是产品生命长度。A是产品开发成本,$A=B$。$B+C$是专利垄断时垄断者所获收益,其中C是垄断后的净收益,它必须足够大。D是社会其他人从新产品中所获的收益。当$t_1 t_3 > t_1 t_4$时,是专利保护期限大于专利实际寿命时的状况,社会收益仅为C,$D=0$,虚线L表示另一种专利保护期限时的社会收益状况,不同的保护期限导致社会收益增大或减少。$t_1 t_3$是在有效激励创新的前提下社会收益最大化时的专利保护期限。

从上述分析,我们得出这样的结论:专利最优保护期限因不同的产业、不同的具体情况而不同。当然,不同专利保护期限的做法在实践上会有很大困难。

知识产权制度在我国所起的创新保护作用在增强。中国经济的开放性,企业创新能力的提高,大学研究所科技能力的加强,包括国家对知识产权申请和维护的支持,这些因素都使我国已经成为一个知识产权的大国。2010年,国内的发明专利授权量达到79 767个,成为世界上专利授权量第三大的国家(《专利统计简报》,2011)。但中国的知识产权还没有成为保护创新的重要利器,这与我国相关制度不完善,企业知识产权意识仍较薄弱有关。

从经济学的角度来看,与知识产权有关的学术问题有:专利制度能否校正市场上对研究开发的投资不足?另一个相关问题是:专利制度是否阻碍了技术进步?因为有些公司会借用这一制度来垄断技术,限制新技术的广泛使用。还有一个问题是:发展中国家是否要强化这一制度的作用,因为发展中国家在知识产权方面是权益不对称的。过强的保护是保护跨国公司的权益。

但一个明显的事实是:不同产业知识产权的作用会有不同。如在医药产业,专利制度很强,但在技术变化快的产业,如行业IT,专利的保护作用要差一些,且专利的有效寿命也短。但强的保护,促进了化学和制药产业的创新,而在信息产业,则是宽松的制度促进了这一新产业的快速发展(Granstrand,2004)。

8.4 创新的市场激励和创新的自组织过程

就西方的股份制企业仍属私有产权的企业而言,西方工业国家主要以私有产权和市场机制为激励创新的手段。在考察了产权与创新的关系之后,我们在此考察市场和创新的关系。我们的主要观点是:市场形成了对创新进行自组织的机制,这解释了为什么市场经济国家在技术创新能力上要强于其他国家。从而,市场与产权一样,是一个实施费用低、效率高的激励制度。

市场是商品和劳务买卖关系发生交换的场所、媒介。它起源很早,但只是到了近代才发育完全。摆脱了王权和宗教的控制的市场是比较完全的市场,它包含以下要素:交换规则(如买卖自由、公平)、价格机制、市场机制通过价格体系发挥提供信息、经济激励和决定收入分配三大功能。但在我们看来,市场的最大功能,在于能自发地培育创新,也即,市场过程是一个对技术创新进行自组织的过程。

把市场作为一个自组织过程的思想,可追溯到亚当·斯密。斯密认识到,市场机制,犹如一只看不见的手,发挥着如下的功能:生产有市场价值的物品,从而满足他人需要这一活动本身,间接地使生产者自己获得价值。瓦尔拉也有着同样的认识,他在《纯粹经济学要义》一书中这样写道:"自由竞争结构不但对服务的转变为产品来说,而且对储蓄的转变为狭义资本品说来,是一个自发的和自动调节的结构"(瓦尔拉,1989:320)。

我们说,市场过程是一个对技术创新进行自组织的过程,根源于以下几点认识:

第一,针对市场而言的生产,本身便是一个创新过程。这样说的根据在于:可把市场看作是一种制度,它由交换规则及对违反规则的惩罚构成。市场参与者,在受他人偏好限定的范围内,在市场交换规则的约束内,可自由寻找生产方式、行为方式,但这种自由是有限度的。若想进入市场,或者模仿他人创新但市场仍短缺的产品,或者更重要的是自己开发具有很大潜在交换价值的物品,这两者都离不开了解消费者需求、学习和创新。正是在这个意义上,我们说,市场本身是一个创新过程,而也正是在这一意义上,布坎南(J Buchanan)把市场看作是一个"创造性过程"(Buchanan & Vanberg,1991)。

第二,市场可以减少技术创新的不确定性。不确定性是创新的内在属性,也是制约创新的一大因素。在计划经济国家中,比如说,我国长时期来就是这样做的,常常选择一个企业或科研单位进行专项开发研究。这种做法的优点似乎在于减少重复性的创新。但这种做法造成创新单位无竞争压力,而且,若此家单位创新不成功,便会使创新时间大大推迟。市场经济则这样做:允许多个企业为某一新产品进行竞争性的研究开发,这与不要把十个鸡蛋放在一个篮子里的道理是一样的。从表面上看,这种做法会造成一定的资源浪费,因为几家企业同时进行创新,既有资本品的浪费,又有不能互相从对方的经验中学习的知识浪费。但实际上看,这种做法的效率更高。原因如下:一是因为我们在事前不知道哪条途径能通向成功,几家企业同时进行,有助于尽快找到创新的捷径;二是数家企业同时进行同一项创新,会形成一个竞争性的环境。其目的在于争夺创新优先权的竞争将大大提高创新的效率。

第三,市场能自动地使企业、个人甘冒创新风险,为创新提供动力。创新风险是明显存在的,因为创新的投资不可逆,创新不一定成功,一旦失败,便会带来巨大的损失。许多企业常常因创新风险而因循守旧、不敢创新。但创新也有巨大的吸引力,若创新成功,会因此获得巨大收益。正是对这种收益的期望,诱使许多人进行创新,这如同"重赏之下,必有勇夫"。

在中国现有的体制中,企业创新、个人创新,都与创新成败无关。一些作出重大科技发现的专家、工程师和企业,根本得不到应有的报酬。科研人员、企业从事创新,只是按照上级的部署,而不是根据市场需求。如一项对1991年全国大中型企业技术开发状况的分析显示,到1991年,万元以上技术开发项目中,根据市场需要自选的仅占52.2%,其余是由上级主管部门计划指定。而且,在专利法未公布之前的几十年内,国家明文规定,发明者除得少量奖金外(实际上20世纪80年代前从未兑现过),没有发明拥有权,发明归全社会所有,任何国营企业都可无偿使用此项发明。在这样的条件下,发明、创新变成了一种任务、义务,变成了德国社会学家韦伯(M Weber)所说的惯例性活动。而熊彼特指出,一旦创新变成为一种惯例活动,创新使失去了作为经济增长发动机的意义(Schumpeter, 1975)。

第四,市场把创新成功与否的裁决权交与消费者,这既达到使创新服务于消费者的目的,又达到引导创新的目的。

消费者需求的变化,常常通过市场价格反映出来,而创新常常在这样的方向上进行:节省那些价格变得相对昂贵的生产要素,这就是希克斯(J R Hicks)的"诱导创新论"(Hicks,1963)。用我们的话说就是:市场通过价格信号引导创新。

而我国传统的情况是,计划常使商品价格长期处于僵化状态,不能因市场上的供求状况升降造成信号失灵、创新迷失方向。这里我们举一个例子。我国煤炭长期短缺,但因价格不合理,造成煤炭业长期亏损,无资金进行技术创新,提高生产率。与此同时,许多以煤炭为能源的行业却因煤炭价格低廉,根本不进行节约用煤的创新。这使煤炭的短缺情况陷入一个恶性循环之中。

另外,我国传统的做法是:企业该不该创新、进行什么样的创新一律由上级主管部门计划确定。而这些主管部门的行政人员,一般并不了解企业的具体状况、市场和技术状况,这就造成创新从一开始便迷失方向。我国长期存在科技成果多、有市场价值少的现象,与这种创新迷失方向有关。由此造成了很大的资源浪费,包括创新机会的丧失。

第五,市场通过竞争会给企业很大压力,迫使企业不断创新。这种竞争犹如一根鞭策企业创新的大棒,创新能力低者会被市场淘汰。这种优胜劣汰的机制可归结为这样一句话,不创新无疑等于慢性自杀。美国著名的王安电脑公司的破产就是一个著名的例子。相比之下,传统的中国企业就舒服多了。它们没有生气,但也不会破产。企业被国家保护得毫无创新压力。

第六,市场制度有助于培育创新的主体——企业家。熊彼特意义上的企业家,是创新的组织者。在市场机制下,经过优胜劣汰的选择,一些有才能的企业家会脱颖而出。而在中国传统体制下,只能产生德国社会学家韦伯所说的行政官僚,而不是企业家。

说到此,我们不得不重新考察熊彼特的垄断有助于创新的含义。因为前面我们把竞争看作是市场进行创新自组织行为的前提,并认为熊彼特的断言有两层含义:一层是已经获得垄断地位的企业不仅更愿意创新,而且也有创新的优势;另一层是指竞争性的企业都试图通过创新而获得超额利润的垄断。但这一垄断地位会随着其他企业的模仿、进入市场而逐渐消失,形成新一轮为争得垄断的竞争。从几十年的创新研究结果看,后一层含义,也即动态竞争——从竞争走向垄断,又从垄断走向竞争更贴近现实。撇开第一层含义正确与否不论,第二层含义乃是真知灼见。我们可以肯定这样两点:第一,如果企业不能从创新中获得垄断性的超额利润,对一个理性的企业而言,创新会变得毫无意义;第二,任何垄断都是相对的,都面临着竞争的威胁,因为所有被垄断的产品都有被替代的可能性,从这个意义上,竞争是绝对的,垄断是相对的。

上述分析告诉我们这样一点:市场结构会因创新而变更,但市场在对创新的自组织功能不会因此而减弱。

还有一个不可忽视的因素是创新成果的非独占性对市场自组织行为的影响。所谓非独占性,是指创新者不能全部占有其创新的收益。这使创新者在推出新产品、通过市场交换以获取利润时总是若有所失、心有余悸。因为对这种非独占性的专利制度虽能给创新发明者以一定补偿,但终究是不充分的。这种创新成果的非独占性会大大挫伤创新者的积极性。若此,则市场对创新的自组织效应会受阻。

专利制度虽在20世纪仍起着重要的作用,但情况也有了许多新变化。今天,人们除了借助专利制度外,在利用市场自身保护创新方面也有很多突破,采取的措施有缩短研制时间、加强售后服务等。

美国经济学家纳尔逊(R Nelson)等人在前几年的一项问卷调查中发现了这样一个事实:在问卷中对许多公司提出了何种措施对保护创新最有效,这些措施包括防止他人模仿的专利、保证有提成收入的专利、保密、研制时间、迅速在学习曲线上下降、一流的销售或服务。问卷的统计结果显示,被公司视为最有效的保护措施依次为:研制时间、一流的销售和服务、迅速在学习曲线上下降、防止他人模仿的专利、保证有提成收入的专利、保密(Nelson,1987)。这一结果表明,在商品信息传播非常快的今天,创新中的领先地位、一流的销售和服务,如同先发制人,在抵制他人模仿对创新者的侵扰上比专利更有效。这说明,市场自身确定能给创新者提供某种自然保护,为创新提供持续的动力。

有如下 6 个因素造成市场对创新的自组织行为：(1)进入市场本身便是创新；(2)市场可部分消除创新的不确定性；(3)市场使创新者最冒创新风险；(4)市场能正确引导创新；(5)市场通过竞争给企业以创新压力；(6)市场能自发地培育企业家。我们还指出，创新引致的市场结构的改变并不减弱市场的自组织功能。市场本身有一定的保护创新、排除模仿的作用。西方市场经济国家技术进步快的秘诀就在于此。

但是，必须指出的是，说市场在培育创新上有自组织行为，并不等于说由市场自然引致的创新，是社会最优水平的创新。由于创新成果的公共商品特性，阿罗在 1970 年就指出过，无论是完全竞争还是垄断市场结构下的创新，其创新水平都将低于社会最优水平（Arrow，1970）。这就提出了一个创新的非市场激励、以减少市场自然引致的创新水平与社会最优创新水平之间差距的问题。

8.5 创新的政府激励

一个企业要进行一项经济活动，必须有所得大于成本的净收益，只有这样，企业才能生存、壮大。

关于技术创新我们已讨论了很多。可以这样说，技术创新的产出，是一个介于公共产品和完全排他性产品之间的产品。这是因为，创新这一活动，在研究开发方面是一项涉及纯私人财富的活动，因为研究开发需要投资、智力和体力。但创新的成果，一部分归自己，它是产品的实物部分，而产品的信息部分则具有公共产品的性质（图 8-3）。他人再生产同类或下一代的产品，不需要重复已进行的研究开发。且这种技术信息可一用再用，具有规模报酬效应。创新活动的这种性质，自然会伤害人们创新的积极性，但却有益于全社会。

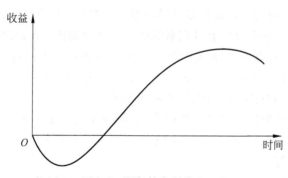

图 8-3　创新的资金收益

从法律上确立创新者的有形资产和无形资产的产权，可以看作是政府对创新行为的保护。这一制度从法律上确定了发明创新的产权归属，其他人想使用此项发明，必须得到发明者的同意且要支付一定的费用。但专利制度是不完善的。因为人们很容易采取其他手段，使自己既免受法律的制裁又能进行模仿，从中受益。人们还可以在他人创造发明的基础上再进行改进，二次创新。这种情况即为创新成果的非独占性（Unappropriability）。这种非独占性同样影响创新者的积极性，因此，政府必须做出努力。

在创新的市场激励一节,我们指出:市场在激励技术创新方面具有自组织、自我加强的作用。但市场在激励创新方面,却有如下的缺陷:

(1)市场如同一根大棒,用强硬手段胁迫人们创新。市场又如同一根胡萝卜,用高收益引诱人们去冒风险创新。但市场并不能从根本上解决创新的风险、创新的动力。

(2)市场本身并不能造就一个最有利于创新的市场结构。

(3)市场本身不能创造有利于创新的外部环境,如一些与创新有关的法律、关税、政策等问题。

因此,我们认为,市场在激励创新上的有限性要求政府在创新中发挥积极的作用。

更为重要的是,创新是一项具有很高外部经济的活动。任何一个产业的创新,不但推动着本产业,也给其他产业的发展以强烈的推动,对一些有重大经济意义的创新尤其如此。如电子产业革命几乎对所有产业产生了巨大的影响。所以,从长远看,任何创新的社会收益都大于创新的私人收益。从此立场出发,政府要努力创造一个鼓励技术创新的环境。

其实,政府对创新的激励已有很长的历史。英国建立专利制度的本意是用以建立和保护新技术、鼓励技术转移。为了适应对外贸易的需要,英国和法国曾分别在1714年、1716年两年中用重金悬赏征求精密的经度测量法。1761年,英国技术和工业奖励委员会曾设奖鼓励纺纱机的改革,如此等等。

今天,几乎各国都采用了激励创新的政策及其他手段,这些手段主要有:

(1)教育。教育的目的是为了提高和普及人们的知识水平,而知识是技术创新的前提。没有知识,就不可能掌握现代科学技术,从而也就没有创新能力。所以,教育是提高一国技术创新水平的重要手段。

(2)科技发展战略。当今世界各国无不注重自己的技术实力,政府组织人力、物力对某些领域进行强化性的技术创新活动,可起到以点带面、提高本国技术水平的作用。

(3)科技政策。可以这样说,教育决定了一国的科学技术水平,而科学技术水平则直接决定了一国的技术创新能力,故各国无不通过科技政策以推动技术创新。

(4)资金。资金是企业创新的一大障碍,尤其是在创新的前期。图8-3是创新的收益流,它表明,前几年是创新资金的投入期,毫无收益。这种情况会使资金周转困难的企业无力创新。为此,各国政府都有各种研究开发活动的税惠和针对新产品的税惠措施,鼓励开设各种风险投资银行。

诸如此类的措施还很多,如针对发明创新的各种奖励制度。

总之,政府在创新中,进而在经济增长中的作用,是当今经济学界的热门话题。我们将在"创新政策"一章中,详细地讨论这一点。

至此,我们已经讨论了激励系统的四大要素——产权、政府、市场和企业的激励行为。这四个要素是相互作用的,由它们组成的系统从根本上决定了一国宏观层次的技术创新水平。因此有了中国的创新激励系统、美国创新激励系统、日本创新激励系统等。分析这些系统并在此基础上建立适合中国国情,能有效地推动创新的中国创新激励系统,是我们下一步的研究目标。

8.6 中国技术创新的激励

总的来说，在传统体制下，中国城市、农村的创新水平相当低，产品几十年不变是常见的现象，这造成中国的技术水平与发达国家之间的差距越来越大。我们认为，造成这种状况的原因主要有以下几点：

（1）产权不明确。我国主要的产权形式是国有产权，变化的只是经营权。国有产权是一个抽象形式，从隶属关系而论，下一级机关总是上一级机关的代理人，上一级机关总是下一级机关的委托人，代表国家行使产权的是各级行政部门，包括企业领导者，但权限不一。作为行政官员，由于他们只是代理人，加之所管理部门的资产损益与他们的利益无关或关系很少，这使他们对所管部门的绩效、对其成员的监督并不关心。而国家选拔代理人，主要是以政治条件衡量，这就使这些代理人的行为偏离经济最大化的目标。一般而言，作为委托人的上一级机关，很难对作为代理人的下一级机关实行有效的监督，这使下属部门在经济业绩上普遍存在欺上瞒下的行为。

企业的职工，名义上为企业主人，实际上是"人人都是主人，人人又都不是主人"，职工无权参与企业的管理，这使职工也不关心企业的资产增值。代理人和企业职工的这种心态，使企业公有财产成为无人关心的财产。既然企业产权与任何人都没有明确的关系，谁会去关心企业的增值，以及能使产值增加的技术创新呢？

（2）激励机制失效。我们在前面说过，产权只是一种经济激励机制，当然是最易实施且有效的激励手段，但它并非是唯一的激励手段。我国传统体制不但不强调产权激励、经济激励，反而批判这种物质刺激，当然就得强调他种激励，而这主要是政治激励。如强调国家、集体和个人利益三者的一致性、用政治荣誉代替经济利益。由于这种激励有悖于人的经济理性，这种激励除对少数人有作用外，对大多数人几乎不起作用。

试以农村为例。传统的我国农村生产是在公有制名义下的队生产。土地经营权归生产队所有，但在种体积作物上常受国家计划控制。在这种产权体系下，我们认为，按业绩取酬是提高生产效率最有效的激励手段。但当时的生产队并没有这样做。队中普遍采用分年龄段固定日薪的报酬制度，如年满18周岁以上的男劳力，日工分一律为10分，其他按性别、年龄递酬。队长也没有获得超过一定数额的任何残余品的权利，只是一年多算几个工作日而已。这种计酬方式极大地挫伤了农民的积极性，队中大量出现的偷懒行为、损公肥私行为降低了生产效率。农民们也根本没有学习科学种田的积极性。该用什么种子、农药，全靠国家的农技站、推广站决定。

农村实行联产承包后，激励体系有了很大的转变。此时，土地经营权的基本单位是家庭，国家也没有什么强制性的计划，与报酬相关的是自己工作的效率，这使农民的积极性大大提高，科学种田的、科技致富蔚然成风。

（3）以计划、行政命令方式管理经济的政府，并非不关心创新。政府也鼓励工人、科研人员搞发明创造，如1963年国务院颁布了《发明奖励条例》，条例规定一等奖奖金为5万元，但这些奖实际上并没有兑现过。条例又规定，发明产权归国家，任何国家单位都可以无偿使用。这样的奖励条例，表面上虽对社会有益，但却从根本上打击了创新者本人的积极性。只有少数人,出于发明偏好和事业心,才搞发明创新。

（4）传统的创新体制是大创新由科研部门负责,企业管小革新。这种做法使创新者游离于生产部门之外,创新成为外生的东西。一方面,科研单位不了解企业和市场的需求,只根据自身的兴趣、上级的计划去完成科研任务。这种科研成果往往因脱离市场或不能大规模生产而束之高阁。另一方面,企业的技术需求必须反映给上级单位,再由上级单位反馈给科研部门,这种信息传递必然造成信息失真,效率不高。这种状况,几十年来没有多少改变。我国已经是国际上的农业大国,但对科技对产业的影响有限。这一方面是创新部门与生产部门相脱节造成的;另一方面说明我国大多数企业没有走上以技术创新求发展的良性循环道路。

（5）我国长期以来实行的计划经济模式使企业缺乏市场压力,市场没有起到激励创新的作用。关于这一点,我们已在前面作过阐述。

股份制企业在我国不断涌现。就目前来看,我国的股份制还很不规范。尤为关键的是,虽然股份制企业已扎根于市场土壤之中,但股东还不能真正表达他们对企业资产增值的关注,还不能对经理阶层进行监督。有些企业以职工入股的形式,变相地化公有财产为私有财产。以上问题不解决,这种股份制也未必能推动企业技术创新。

按照我们在本章的分析,我国当下向社会主义市场经济的过渡是完善创新激励机制的一个伟大壮举。这必然会加快我国技术进步的步伐。因为我们在上面指出过,市场具有对创新进行自组织的作用。但在我国,还有几大问题没有解决:如何设计企业的产权结构以找到一种有效激励创新的产权形式?在企业面向市场后,政府应采取哪些创新激励措施?如何设计激励体系、产权形式,以使二者密切地配合,激励企业进行创新?

从20世纪90年代的企业产权改革后,出现过国退民进的现象。进入21世纪后,出现了全球的金融危机中,政府实施了凯恩斯主义政策,加大刺激经济的力度,结果是国有企业从中获利更多,又出现了国进民退的现象。国有企业在经济命脉中的地位在增强,垄断地位也在增强。为此,学术界围绕着如何深化改革有着不同的声音。有些经济学家认为,为了更好地发挥市场竞争的作用,应该取消国有企业的垄断地位。

2013年的十八届三中全会强调了"使市场在资源配置中起决定性作用和更好发挥政府作用。市场决定资源配置是市场经济的一般规律,健全社会主义市场经济体制必须遵循这条规律,着力解决市场体系不完善、政府干预过多和监管不到位问题"。也就是说,强调了市场在经济发展中的决定性作用和公有制为主体、多种所有制经济共同发展的基本经济制度。这一新的制度设计又为产权与创新,市场经济制度与创新的关系增加了新的研究课题。我们相信,以市场经济作为资源配置的决定性作用,会更好地理顺政府企业关系,为市场作为自组织的创新激励制度打下更好的制度基础。

8.7 结　　语

创新的激励,本质上也是一个创新的动力机制问题。涉及国家的创新体系及治理方式,对大学及科研院所的激励方式及企业的激励,不同国家有自己历史及制度制约的创新激励体系,形成各有特色的创新形态。但每个国家都在不断调整自己的创新体系和制度,以适应全球竞争的需要。如知识产权制度，企业的制度形式，是家族企业还是上市公司，还是混合所有制更有效，都是一个不断探讨和进化的问题。

参 考 文 献

[1] Aghion P, Reenen J V, Zingales L. 2013. Innovation and Institutional Ownership. American Economic Review, vol. 103(1): 277-304.

[2] Arrow K. 1962. Economic Welfare and the Allocation of Resources for Innovation. In Richard Nelson. ed. The Rate and Direction of Inventive Activity. Princeton: Princeton University Press.

[3] Buchanan J M, Vanberg V J. 1991. 'The Market as a Creative Process', Economy and Philosophy, vol. 7: 167-186.

[4] Choi S B, Lee S H & Williams C. 2011. Ownership and Firm Innovation in a Transition Economy: Evidence from China, Research Policy. vol. 40(3): 441-452.

[5] Francis J, Smith A. 1995. Agency Costs and Innovation, Some Empirical Evidence, Journal of Accounting and Economics, vol. 9: 383-409.

[6] Granstrand O. 2004. Innovation and Intellectual Property Rights, In Fagerberg et al. (eds.), Understanding Innovation, Oxford University Press.

[7] Hambrick D C, Mason P A. 1984, Upper Echelons: The Organization As a Reflection of Its Top Managers, Academy of Management Review. vol. 9(2): 193-206.

[8] Hicks J R. 1963. The Theory of Wages, MacMillan, London.

[9] Kingston W. 1990. Innovation, Creativity and Law, Kluwer Academic Publishers, Dordrecht.

[10] Kornai J. 1992. The Postsocialist Transition and the State: Reflections in the Light of Hungarian Fiscal Problems, American Economic Review. vol. 82(2): 1-21.

[11] Nelson R. 1987. Understanding Technical Change as an Evolutionary Process, North-Holland, Amsterdam. 52-59.

[12] Schumpeter J A. 1975. Capitalism, Socialism and Democracy, Harper & Row, New York. 131-142.

[13] Zhang A, Zhang Y, Zhao R. 2003. A study on the R&D efficiency and productivity of Chinese firms, Journal of Comparative Economics. vol. 31: 444-464.

[14] 专利统计简报. 2011. 国家知识产权局规划发展司, (8).

[15] 阿尔钦. 1994. 产权：一个经典注释, 上海：上海三联书店, 166.

[16] 道格拉斯·诺思. 1991. 经济史中的结构与变迁. 上海：上海三联书店.

[17] 法格博格, 等编. 柳卸林, 等译. 2009. 牛津创新手册. 北京：知识产权出版社.

[18] 傅家骥, 等. 1998. 技术创新学. 北京：清华大学出版社.

[19] 莱昂·瓦尔拉. 1989. 纯粹经济学要义. 北京：商务印书馆.

[20] 李丹蒙, 夏立军. 2008. 股权性质、制度环境与上市公司R&D强度. 上海：财经研究, (4)：93-104.

[21] 罗森堡·小伯泽尔. 1989. 西方致富之路. 北京：三联书店, 134-135.

[22] 夏冬. 2003. 所有权结构与企业创新效率. 天津：南开管理评论, (3).

[23] 张维迎. 1999. 企业理论与中国企业改革. 北京：北京大学出版社.

第 9 章 技术创新的测度和指标

近年来,随着技术创新研究的深入,人们对创新水平的测试的兴趣也越来越浓,因而导致了一系列的创新调查。之所以如此,主要是出于创新研究量化的需要,这正如自然科学离不开许多量化的指标一样。具体而言,技术创新水平的测试,一是我们从整体上把握一个国家、地区或产业的创新活动状况、科学制订创新的政策的前提;二有助于我们把握企业创新活动的规律;三有助于我们进行不同国家创新活动的比较。一句话,创新的实践和研究,离不开创新水平的测度。

9.1 技术创新测度的发展与现状

技术创新水平的测度,主要由两部分组成:一是建立创新指标体系;二是收集指标所指的数据。所谓技术创新指标,是指技术创新活动水平的指标。它的构成要素,通常包括3个方面:(1)指标名称;(2)计量单位;(3)指标数值及其计算方法。

创新的测度或指标的建立,与人们对创新过程的认识相关。在 20 世纪六七十年代,许多研究者都把创新看作是一个线性的过程,如图 9-1 所示。

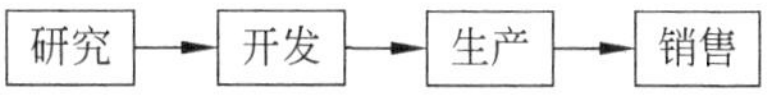

研究 → 开发 → 生产 → 销售

图 9-1 创新(过程)线型模型

按照这一模式,创新活动水平的高低,取决于创新的投入水平,即 R&D 水平和科研人员的数量。出于这样的认识,许多人就自然而然地把 R&D 投入水平及科研人员数量当作创新活动水平的指标,西方各国因此都注重 R&D 支出和经费资料的收集、调查。

随着研究的深入,人们渐渐扬弃了创新过程的线性模型。这是因为人们发现,R&D 并非是创新的必要条件;有些企业虽没有 R&D 活动,但仍有创新行为,有些企业虽有很多 R&D 活动,但创新活动水平很低。可见,那种把研究开发等同于创新活动的做法是错误的。随后,学者提出了创新过程链环模型及其他各种复杂的模型。在这些模型中,创新不再是一个简单的线性过程,而是一个复杂的、有反馈的、多部门的模型。创新观念的变更导致了对创新测度的再认识。

首先,人们认识到,现有的科学技术指导已不再适合作为创新指标;

其次,相比较 R&D 指标而言,创新的产出指标——新产品、新工艺数、科技论文数等更能反映技术创新活动水平;

最后,存在着多种不同的创新指标,这些指标反映了技术创新活动的不同侧面。常用的指标有 R&D 经费和人员数、专利、高技术产品贸易额、新产品和新工艺数、科学指标(科技论文数)和经济指标(如生产率、投资等指标)。这些指标的相互关系,如图 9-2 所示。

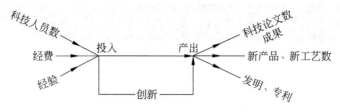

图 9-2 各种指标的关系

既然创新活动是涉及多个环节、多种因素的复杂活动,则不同的研究群体,出于不同的测度目的,可建立不同的指标。如经济学家们常用 R&D 经费、专利作为创新的指标;行为科学家、社会学家则喜欢用科技论文数表征创新活动水平。如果目的在于各国创新活动水平的比较,则学者们一般用专利数据作为创新指标。创新研究者则喜欢用新产品、新工艺数作为创新活动水平的指标。人们还可以建立非投入、非产出的创新指标。

当今流行较广的创新测度指标如下三种:一是创新投入的测量,即研究开发指标;二是从创新产出看,两种指标分别为新产品、新工艺数和专利;三是许多国家针对创新进行的创新调查。

9.2 作为创新投入的研究开发

关于如何定义和测量研究开发 R&D(Research and Development),OECD 有一本专门的《弗拉斯卡蒂手册》(Frascati Manual),现在已经是第七版。手册对 R&D 的定义是:为了增加知识存量所进行的系统性的创造性工作(OECD,2010:16)。它包括两个主要内容:研究,是为了寻找新的科学知识的活动;开发,是为了将知识应用到实际效果环节,包括新产品开发的活动。

研究开发活动包括三类活动:基础研究,应用研究和试验发展。在《弗拉斯卡蒂手册》中,把基础研究定义为"获得新科学知识……而不主要直接指向任何特定的实际目标的研究";把应用研究定义为"获得新科学或技术知识……而不主要直接指向一个特定的实践目标的研究"(OECD,2010:16)。而试验发展是利用科学技术发现的知识进行的新产品新工艺新服务的活动。因此,研究开发包括了基础研究、应用研究和实验发展三大类活动(表 9-1)。

表 9-1 研究开发的三大类活动

基础研究(Basic Research)	应用研究(Applied Research)	实验发展 (Experimental Development)
研究气流中的压力条件与固体浮力	为获得飞机所需的空气动力学数据,进行气流中压力条件和固体浮力研究	飞机样机机身的开发工作
研究微生物耐辐射的生物化学和生物物理研究	为获得保存果汁方法所需的知识,就加热和辐射对酵母生存的影响而进行微生物学的研究目的	发展一种用于 γ 射线保存果汁的方法

续表

基础研究(Basic Research)	应用研究(Applied Research)	实验发展(Experimental Development)
寻求真理	以工程为目标,探讨知识应用的可能性内容	把研究成果应用于生产上
发现新现象,新的联系	新工艺,新发明成果	新产品,工艺改进
论文	专利	专利,图纸,样品

但在现实中,要区分什么应当属于研究开发,什么不是,并非是一件易事。按照手册的看法,R&D一般不包括教育、培训、市场研究。有些活动与创新有关,如技术许可、产品设计和试生产,但除非这些活动是研究开发的组成部分,否则不列为研究开发(OECD,2010)。

从创新的角度看,研究开发只是创新的投入部分,并不是创新本身。但在政策界和社会媒体中,研究开发常常看作是创新的代名词。这也引起一个政策陷阱:用R&D强度代表国家重视创新的程度。所谓强度是指,研究开发指出占某种产出指标的比重。例如,对企业而言,研究开发占销售收入的比重;对一个行业或国家而言,研究开发占生产总值(GDP)的比重。

一般而言,R&D/GDP的比重被用来衡量一个国家对科技或创新的重视程度。我们国家在2006年确定到2020年建成创新型国家时,提出要把R&D/GDP提高到2.5%。欧盟国家作为一个整体,其目标是GERD/GDP达到3%。但一个国家的研究开发占GDP的比重越高,是否就意味着创新程度越高?这就涉及一个从研究开发投入到创新产出的效率问题。从企业方面来讲,一些企业这一比重很高,但一些企业比重不高却也表现出了强劲的创新能力,如苹果公司的研究开发投入比在2010前后不如微软公司,但其表现出的创新能力却高于微软。

研究开发强度的另一个用途是确定产业的高中低。OECD国家采用了这样一个标准(表9-2)。

表9-2 OECD国家采用的产业分类标准

BERD/GDP	产业	BERD/GDP	产业
>5%	高技术行业	>1%且<3%	中低技术行业
>3%且<5%	中高技术行业	<1%	低技术行业

资料来源:OECD,2010.

我国后来也采用了OECD的这一标准来分类我国的产业。由于这一产业标准有着重要的政策意义,因此,它已经成为国家的重要政策工具。

一般而言,越是高的产业,投入研究开发的费用就越高。反之,则要低得多。

我国也用这一指标内涵来衡量一个企业是否是高技术企业和创新型企业,包括研究开发投入强度、专利数量、研究开发人员的数量。尽管研究开发的投入并一定等于企业的创新性,所以这种方法会排斥掉一些很好的高技术行业,但它的优点是可以简单地进行考核。

9.3 创新调查

指标的建立,只是测度的第一步。但由于创新涉及的内涵远多于研究开发,因此,现有的统计体系难以完成对企业和产业的创新评价工作。

为此,一些国家主要是通过国家的创新调查,以达到对不同范围、不同层次创新活动水平进行测度的目的。正因为如此,创新调查已成为创新测度的一个重要组成部分。按照不同的测度目的,人们一般在以下几个层次上开展创新调查和研究:

(1) 国家层次的调查。其目的在于对一国技术创新活动水平进行测度,许多政府机构,如统计局、科技管理部门对此类调查较感兴趣。

(2) 产业层次的调查。这是为了测度某一产业的技术创新状况。

(3) 国际比较。许多国际组织,如 OECD,对此类研究很感兴趣。

(4) 技术层次的调查。这是为了把握一个特定领域的技术创新状况。

(5) 企业层次的调查。这是为了测度企业的技术创新水平。

表 9-3 列举了一些国家在过去几年所开展的一些创新调查。

表 9-3 创新指标研究

国　家	调　查　者	内　容
美国	格尔曼研究组	1953—1972年间,工业化国家的科学指标
美国	查卡拉帕蒂(Chakrabarti,1988)	1967—1984年间,化学、纺织、机床产业创新指标
	爱德沃德、戈登未来研究组(Edwards 和 Gordon,1984)	1982年的创新和小企业的作用
英国	罗布森、汤森,苏塞克斯大学 SPRU(Robson 和 Townsend,1984)	1945—1984年间,英国的创新
加拿大	德布瑞森 科学委员会(DeBresson 和 Murray,1984)	1945—1978年间,加拿大所有产业的创新

欧盟的创新调查(CIS)是欧盟科学技术调查的一个重要组成部分,每两年在欧盟国家举行一次。因为秉持参与国家是自愿的原则,所以在每次调查中会有不同的国家参与。所用的问卷是基于《奥斯陆手册》的原则展开,基本单位是企业,调查涉及企业创新的类型,例如,近几年,欧盟倾向把创新扩大到服务创新、组织创新和营销创新。调查还包括创新的源泉、目标、公共的资助、创新的支出等。这一调查的重大优势在于可以客观地估计欧盟国家企业的创新活动和能力。在 2000—2001 年间的第 3 次创新调查中,有 23 个国家参与,在 2010 年的创新调查中,有 22 个国家参与。

我国也在几年间进行了数次全国性创新调查。2007 年,科技部和国家统计局决定联合开展企业技术创新调查数据分析工作。主要涉及 6 个方面:一是企业技术创新基本情况分析;二是创新对企业绩效的影响分析;三是政府在创新中的作用分析;四是影响企业创新的因素分析;五是产学研合作在企业创新中的作用分析;六是企业自主创新能力综合分析与政策建议。但因为这种创新调查成本高,我国还没有进行常规性的创新调查。

在创新管理的研究中,不同类型的创新问卷调查,已经是进行创新研究的重要手段。但不同的调查目标不一,难以进行比较。

9.4 新产品、新工艺数作为创新指标

以新产品、新工艺数作为创新指标,因其数据取自于实际的创新数据,故它直接地反映了创新活动水平。这一指标的最大困难在于很难定义新产品、新工艺,因为新产品、新工艺之间的差异相当大。有些学者把创新分为四等:根本性的创新、重大技术变迁、现有技术的改善、现有技术的模仿。有些学者把"新"分为三个层次:对本企业而言的新、对国家而言的新以及对世界而言的新。目前学术界有两种不同的解决上述困难的方法,用新产品、新工艺数作为创新指标也因此分为两个不同阵营。

第一阵营是专家法。英国苏塞克斯大学的科学政策研究所(SPRU)最早采用此法,加拿大的德布瑞森等人后来步其后尘。其法是,先确定不同领域的专家。SPRU 为此请教了 400 位来自不同领域的专家,让他们确定 1945—1984 年间英国每一产业所有的重大的创新,这些专家一共确认了 4 000 多个创新。然后,再向那些创新的企业发出问卷,以获得更详细的资料(Pavitt et al.,1989)。在加拿大德布瑞森等人组织的调查中,他们请教了 270 位专家,这些专家确认 1945—1978 年间加拿大共有 1 994 项大创新(DeBresson 和 Murray,1984)。

这一方法可能有的缺点是:(1)专家不一定愿意协助;(2)专家的知识是有限的;(3)专家更愿意确认最近几年的创新;(4)只有一小部分创新才能被专家回忆起。查卡拉帕蒂(Chakrabarti)在 1988 年对专家鉴定创新的能力进行了检验,结果发现,专家们的结论基本上是可靠的。他让两位专家对 1623 个纺织的染料的创新进行鉴定,有 1 306 个创新被两位专家看中,在这些创新中,两位专家同时看中的有 1 043 个,比例为 79.9%(Chakrabarti,1988)。

第二阵营是创新调查法。法国、德国、意大利和荷兰等国进行的创新调查,都采取用此法(表 9-3)。这一方法让企业自己确定创新。不管企业采用什么标准,只要企业自己判断某项活动是创新,这一方法都一概加以承认,缺点是问卷回收率低。

用新产品、新工艺数作为创新的指标,虽有直接反映企业创新活动状况的优点,但作为指标,在宏观意义上却存在着许多不足。其一,由于新产品、新工艺对不同产业意义不同,因此,这种指标很少具有产业间的可比性及国际间的可比性;其二,创新调查具有偶发性、不系统性,这种指标因而不具备指标所必需的稳定性;其三,这种指标的数据历史较短,各国建立的状况又不大一样,如有些国家有全国范围的调查,而有些国家则根本没有此类调查,因而这种指标具有不完全的缺点。而在某种意义上,专利数据恰恰具有客观性、可比性、实用性、可行性及稳定性强等指标所必备的优点,故在近几年,许多学者都偏好用专利数作为技术创新活动水平的测度指标。下节我们将对专利数据作为技术创新活动水平的指标的可行性及利弊进行分析。

9.5 专利数作为创新水平的指标

近几年来,西方学者越来越偏好用专利数作为创新的宏观指标,这主要是因为专利数据具有时间序列长、数据易得、客观性、可比性、实用性强等特点。下面,我们将着重讨论以下三个问题:(1)国外用专利数作为技术创新指标的历史和现状;(2)从技术创新过程、专利活动过程出发,考察专利数作为技术创新指标的缺陷和合理性;(3)总结与展望。

9.5.1 国外用专利数作为创新指标的历史和现状

西方学者中较早将专利数作为创新指标的是施莫克乐(J Schmookler)。他在1966年出版的《发明与经济增长》一书中,用专利数代表发明水平,探讨了技术变迁与经济发展的关系。正是在这一著作中,施莫克乐得出了发明活动是由经济变量内生决定的结论,引发了技术创新、技术发明是源于"技术推动"还是"需求拉动"的争论(Schmookler,1966)。

自施莫克乐之后,创新与经济增长的关系一直是一个重要课题,而专利数常在这一课题中起着代表技术创新指标的作用。挪威学者费格伯格(J Fagerberg)写了一系列文章,发展了最早由格英卡(Gomulka)等人于20世纪70年代初提出的技术差距(technology gap)理论,并沿着熊彼特(Schumpeter)的传统,把经济增长看成是一个非平衡过程,该过程是这两种力量合力的产物:创新——一种力图加大与他国技术差距的力量;模仿或扩散——一种力图缩小这种差距的力量。在这一理论中,增长因素有以下几点:国民技术活动的增长;来自外国的技术扩散和经济上利用这些因素的能力的增长(Fagerberg,1988)。法格伯格用一国在国外的专利数(PAT)代表该国国民技术活动的增长,用投资数(INV)表示经济上利用创新、扩散的能力,用人均GDP代表一国总体技术水平(T),这一指标与技术扩散有密切的关系:设 d 为来自扩散的知识,则 $d = u - \dfrac{T}{T_f}$,(T 与 T_f 分别为所在国家与发达国家的总体技术水平)。费格伯格根据他的经济增长理论模型,利用了27个国家1973—1983年间的数据,得出如下经验模型:

$$GDP = 0.38 - 0.24T + 0.12PAT + 0.20INV$$
$$(0.25) \quad (-3.74) \quad (4.02) \quad (3.47)\cdots$$
$$R^2 = 0.83$$
$$SER = 0.85$$
$$DW = 2.12$$

费格伯格的研究表明:专利数确定能代表(在一定程度上)一国的技术活动水平。

美国学者费雷姆(Frame)的工作再次证明:用专利数代表一国技术创新水平是合理的。弗雷姆的出发总是想建立一个衡量一国技术能力的指标。他利用1984年128个国家的数据,对GNP、人口数、人均GNP、出口额、进口额、发电数、人均用电数、平均寿命、科技论文数、国内专利申请数、在美专利获准数等因素进行了考察,结果发现:只有GNP、科技论文数(S)、在美所获专利数(P)三者具有较密切的关系(Frame,1991)。

弗雷姆把技术看成是外生变量的假设不同,他假定技术能力(用 T 表示)与经济能力

（以 GNP 为代表）、科技能力（用科技论文数 S 表示）、专利数（用 P 表示）具有共变的关系，且进一步假定技术能力 T 与 GNP、S、P 具有柯布-道格拉斯形式的关系：

$$T = F(\text{GNP}, S, P) = a\text{GNP}^{b_1}S^{b_2}P^{b_3}$$

其中，a、b_1、b_2、b_3 均为参数。

利用逐步回归技术，他得出各参数值，从而，上一关系的最终形式为：

$$T = (8.2346 \times 10^{-4})S^{0.216}\text{GNP}^{0.479}P^{0.250} \quad R^2 = 0.926$$

具体地说，科技论文数对技术能力的贡献为 21.6%，GNP 最高，为 47.9%，专利次之，为 25%。

弗雷姆（1991）的工作虽然是初步的，但他得出了一些有新意的结果。他否定了一般学者所持人均 GNP 对技术能力贡献大的观点，给出了一个测定一国技术能力水平的定量方法。他肯定了专利多少确实在某种程度上代表了一国的技术能力。

以上两个工作都是在国家级层次上进行的。这些研究为的是把握一国的技术能力。许多国家组织，如美国的科学基金会、意大利的国家研究委员会、德国的研究基金会、英国的社会科学研究委员会都对此问题感兴趣。

在国际技术创新水平的比较研究中，也常用到专利统计数。一些国际组织，如 OECD、世界银行都对此项研究感兴趣。英国学者索埃特（L Soete）在这方面的工作值得一提。为了避免因各国专利制度的不同而可能有的系统误差，他采用一国在他国注册的专利数来比较（Soete & Wyatt，1983）。他发现如下事实：一国的 R&D 投入与在他国（主要发达国家）注册的专利数有较强的对数线性关系，兹给出各国在美国和日本的专利数与各国 R&D 投入的关系，如图 9-3，图 9-4 所示。

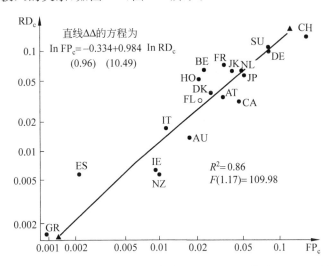

图 9-3 在美国的外国专利强度（FP_c）与各国 R&D 强度的关系图（以对数形式）

资料来源：Soete & Wyatt，1983：37。

其中，CA 表示加拿大、US 表示美国、JP 表示日本、AU 表示澳大利亚、AT 表示奥地利、NZ 表示新西兰、BE 表示比利时、DK 表示丹麦、FL 表示芬兰、FR 表示法国、DE 表示德国、GR 表示希腊、IE 表示爱尔兰、IT 表示意大利、NL 表示荷兰、NO 表示挪威、ES 表示西班牙、SU 表示瑞典、CH 表示瑞士、UK 表示英国。

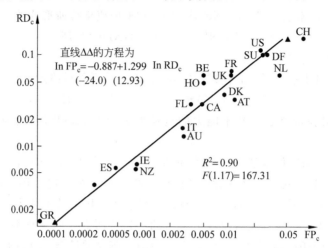

图 9-4　在日本的外国专利（FPc）与各国 R&D 强度的关系图（以对数形式）

资料来源：Soete & Wyatt，1983：37.

索埃特的工作支持了这样一个论断：专利与 R&D 有密切的关系。

索埃特还给出了一个"显性技术优势"(Revealed Technological Advantage)公式。这一公式以专利数为变量：

$$RTA = \frac{FP_{ij}/\sum_i FP_{ij}}{\sum_j FP_{ij}/\sum_{ij} FP_{ij}}$$

其中，FP_{ij} 代表美国给予第 i 个国家第 j 种产品的专利数。$\sum_j FP_{ij}$ 代表美国给予 i 国的专利总和。

用这个公式，索埃特考察了各国技术优势随时间变动的状况，他一共给出了 10 个国家的状况，这里仅以英国、日本为例（图 9-5、图 9-6）。

图 9-5 中的 1、2、3 等阿拉伯数字代表美国标准产业分类的某一产业。图中的第 I 区为产业优势消失区，第 II 区为产业优势增加区。由图可看出，在日本，产业优势减少的部门有"1.食品行业；6.化肥行业；14.初级钢铁产品；15.一类和二类有色金属"。产业优势增加的部门有"37.摩托车、自行车及零件；17.发动机；33.汽车"。

索埃特最后结论说："外国专利数是科技成果的一个相当有用的参数"。

专利数还可用于分析国家间技术扩散状况，其做法是测定国家间专利流动的状况。

应用专利数据进行研究的第三个层次是产业层次。这一层次研究的目的是理解和分析一个特定产业的技术创新活动的状况，并进行产业间的比较。

在索埃特所做的国际比较中，他所分析的技术优势变动状况，实际上是以产业为单位进行的。

谢勒尔（F M Scherer）试图用专利数据描绘出技术在不同产业间的流动状况，以验证施莫克乐的假设：不同部门间的创新活动反映了投资活动的多少。他沿着施莫克乐的思想，力图给出一个产业间技术流动的矩阵，此矩阵类似于投入产出矩阵，在构造矩阵时，专

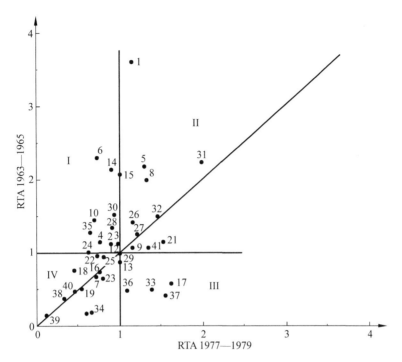

图 9-5　日本 41 个工业部门 1963—1965 年间和 1977—1979 年间的显性技术优指数

资料来源：Soete & Wyatt, 1983.

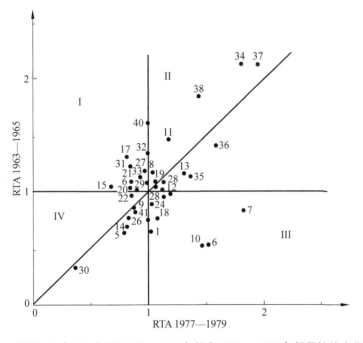

图 9-6　英国 41 个工业部门 1963—1945 年间和 1977—1979 年间显性技术优势图

资料来源：Soete & Wyatt, 1983.

第 9 章　技术创新的测度和指标

利数成了沟通技术产出与引用的中介(Scherer,1984)。谢勒尔的这一工作,原则上为研究科技成果转化为生产力的效果提供了一种工具。

学者们还发现,在不同产业,R&D与专利数的关系不同。如在汽车、飞机产业,专利偏好低,其原因,在帕维蒂(Pavitt)看来,是在这些产业中,创新的专利保护并不是一个好手段。因为要模仿这些产业的创新过程和产品,费用高,时间长(Pavitt,1985)。

在企业层次上,克伦茨(Kronz)和格里文克(Grevink)发现,在法国、德国和英国,相对企业而言的个人专利已从第一次世界大战前的70%~80%下降到1980年的20%(Pavitt,1985)。

9.5.2 专利数作为创新指标的合理性

以上的陈述给人以这样的印象:专利数可以在某种程度上作为技术创新水平的代表,但专利数作为技术创新水平的指标,客观上存在的问题相当多。这是因为专利与创新是两种有联系但又不同的活动。

专利产生的本意是尊重和保护技术或产品发明者的利益,使其免受他人竞争、模仿的伤害,以达到保护发明者使更多的人参与发明活动,最终使全社会受益的目的。但发明一旦专利化,便会被公开,除须缴纳专利费外,一般保护期限只有20年左右。

专利所衡量的到底是什么活动?依熊彼特体系,专利衡量的显然是发明活动,而不是创新。现在有些学者认为,专利衡量的是R&D的产出。关于专利与创新和发明的关系,我们可用图9-7表示。

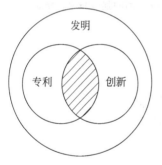

图9-7 发明、专利、创新关系图

从图9-7中可以看出,专利只衡量一部分发明或创新。在现实生活中,大量发明死在襁褓之中,并没有转化成创新,又有很多创新、发明没有申请专利。因此,专利只反映了创新和发明的一个部分。之所以如此,原因是多方面的。

人们进行科学技术活动和发明,大都希望能从发明活动或创新活动本身直接受益。对此,专利自然是一个很好的保护工具。但事实上,一种发明、创新能否被保护,是否需要保护,与知识、技术的性质密切相关,与专利制度密切相关。而且,保护又可以是多种形式的。

创新,实际上是一种知识的形成且被应用的过程,这种知识大致可分为四种:产品(product)、过程(process)、诀窍类的(tacit)、编码化的(codified)。谢勒尔估计,在产品、过程的创新中,产品创新占73.8%,过程创新占26.2%(Scherer,1984)。然而,一项在意大利的统计表明:产品创新占19.6%,过程创新占24.1%,两者兼是者占56.3%(Cesaratto,1991)。可见,究竟是产品创新占优势还是过程创新占优势,至今未有定论。对于产品创新,易于用专利保护,而过程创新则较难得到这种保护。但许多产品、过程,就是任人模仿,也需要很长一段时间,这叫作"自然的模仿滞差"。许多发明因有这种性质而未申请专利。技术或知识,若是诀窍类的,则根本无法专利化,获得这种技术的途径常常是技术转移。对编码化的知识,人们则常借助于版权保护。

美国学者蒂斯(Teece)用了另外三个范畴来刻画创新与保护的关系。他认为,创新者能否从创新中获得,与以下三个条件相关:独占性(appropriability)、范式(paradigm)、辅助资产(complementary asset)(Teece,1986)。技术的独占性可分为高度独占性与弱独占性。高独占性的知识产品是可以借助专利来保护的。弱独占性的知识、产品则几乎不能用专利来保护。范式是关于技术处在何种发展阶段的概念。所谓前范式阶段的知识,是指知识还未定型,如设计还没有标准化。在范式阶段,技术、设计等已经定型,形成规模经济。处在前范式阶段的技术,难以用专利来保护。第三个范畴是辅助性资产。创新只是解决了技术上的诀窍("know-how"),要从中获利,需要其他专业化的辅助性资产,像服务网点、知名度、配套性设备等。计算机硬件需要专业化软件便是一例。在有高度独占性但缺管辅助性设施的情况下,蒂斯认为,创新者常常通过与其他知名公司合作的形式进行工作。IBM公司通过合同将Microsoft公司的MS-DOS操作系统装在IBM的PC机上便是一例。

考虑到上述诸种情况,蒂斯认为,专利只是保护创新的一种形式。

从以上分析可以看出,一项创新是否需要申请专利,与技术、知识的性质相关,与知识、技术市场化的难易程度相关,与技术的外部环境相关,因此,专利很难完整地反映企业的创新活动。

下面我们谈谈专利活动的另一个侧面:专利制度和专利管理对专利的影响。

一般而言,一项发明走向专利,需要经过以下阶段:

发明→申请专利(费用)→专利局批准→专利(专利维持费)

第一,先看专利申请费和维持费。这项费用是不可忽视的,对许多小发明来说,如果发明者认为其价值不值得花去一笔额外的费用,就不会为此申请专利。日本的专利费用少,故日本人在本国申请专利的人数相对而言多于他国。

第二,专利制度也是专利活动的一个重要因素。不同国家有不同的专利制度。虽然批准一项发明专利的标准大都是该项发明的新颖性、创造性和实用性,但各国对这些标准掌握的尺度不一。如有些国家采用绝对世界新颖性,有些国家则采用相对新颖性的标准。不同的国家、不同的社会制度也会有不同的专利制度。

第三,专利局本身的状况对专利也很有影响。下面是美国经济学家洛瑞里切斯(Griliches)描绘的图(图9-8)。

从图9-8中不难看出,在美国,专利准许数与专利申请数并没有相应的波动性。格瑞里切斯认为,这种不一致是人为的现象。20世纪70年代美国专利数下降的原因是专利局预算紧缺。再看图9-9。

显然,审查员的数目与专利准许数有着一致的波动关系。格瑞里切斯因此结论说:"决定专利获准数的唯一因素是专利局雇用审查员数目的多少"(Griliches 1989:294)。

第四,政府对专利活动的补贴活动也会影响到专利数据的上升与下降。一是如果政府把专利作为一个创新的指标来衡量一个企业和一个地区的创新业绩,就会激励企业或政府去不断申请专利;二是假如政府对申请与维护专利的费用进行补贴,会降低专利申请的门槛,也会刺激专利申请的大量增长。我国自2006年后专利申请大量的增长,与政府的补贴肯定有一定的关联。

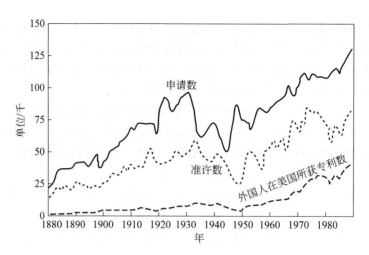

图 9-8 美国专利申请数与准许数（1880—1987）
资料来源：Griliches，1989：292.

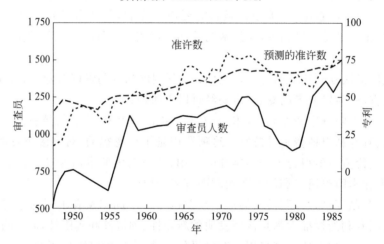

图 9-9 实际与预测的专利准许数和美国的专利审查员人数（1947—1987）
资料来源：Griliches，1989：294.

现在，我们可以将专利作为技术创新水平的优缺点总结如下：

（1）专利只是保护创新的一种形式。专利并不完整地反映技术创新活动。

（2）技术创新和发明是否成为专利，与技术性质、技术创新所处的阶段、技术市场化的易难程度相关。

（3）创新能否成为专利还与专利制度与专利的管理机构相关。

尽管将专利数作为技术创新指标有着上述种种缺陷，经济学家们却仍然愿意这样去做，这主要是出于以下两个理由：

（1）任何数据作为一种指标，必须具有数据的易得性、完整性、准确性，若序列长，则更好。专利具备这四方面的条件，是专利与其他技术创新指标相比具有独尊地位的主要原因之一。

（2）与R&D经费、科学家工程师人员比例，新产品开发比等同类指标相比，专利数较能反映技术创新的状况。如上列的前二个指标，都是从技术的投入角度出发的，忽视了创新(R&D)的效率。用专利数作指标,测度的是技术的产出,且专利化的技术已处在市场的边缘,具有潜在的市场价值,因此,它与创新较接近。这一点已经在弗雷姆、索埃特的工作中得到证实。

基于此,经济学家们力图矫正专利数据的缺陷,使之趋于完善。这种矫正按以下几种途径进行:

(1) 将专利按质分类。索埃特将创新与专利分为以下五大类:

① 根本性创新(radical innovation)——产生了一类新专利;

② 重大创新(major innovation)——一"族"专利;

③ 重要创新(important innovation)——许多关键性专利;

④ 小创新(minor innovation)——两个或更多的专利;

⑤ 渐进性创新(incremental innovation)——两个或更多的专利。

但这种分类法避免不了主观性。

另一种分类法是用专利的有效寿命作为质量的判断标准,寿命越长,质量越高。这些分类的目的在于消除专利制度、专利管理给专利带来的不良影响。

(2) 重视国外专利。一般而言,在国外申请的专利质量较高,故有些人将国外专利作为技术指数。一种方法是研究一国在他国(如美在日)的专利情况,这种研究可以测定一国(如美国)的技术水平。也可以研究各国在一国(如美国)的专利情况,这种情况反映了接收国技术能力的变化。

利用国外专利,还可以排除本国的系统误差,有利于国际比较。

(3) 研究外国在美国的专利。帕维蒂和索埃特认为,"每一个国家都有与本国创新活动相应的在美注册专利的偏好"(Pavitt,1980)。因此,在美的专利数据是一个较好的技术创新指标。我们在前面看到,索埃特已经给出了一国在美的专利数与该国 R&D 有着高度相关关系的证据(Soete & Wyatt,1983)。人们喜欢这样做的理由自然是因为美国是一个技术大国,是世界上最主要的、开放的技术市场。但有人指出,这种专利数据与对美贸易关系相关。如加拿大在美国的专利,相比较而言,多于其他国家。

(4) 既然专利审查制度对专利有影响,有人建议仅采用专利申请数作为技术指数。但这也有很大的弊病,因为这种数据质量不高。现在日本专利局研究出一种方法,并已被美国技术评估和预测局(OTAF)采用。其思路是:既然专利申请数的变化反映了技术活动的变化,而代理人的数目反映了人们对技术的兴趣,那么,两者结合,显然是技术成熟度的量度。在这种以两变量为向量的图表上,如果两种数据都在增加,则说明该项技术在发展。如果两种数据都在下降,就表明该项技术已经成熟,要走下坡路了(Basberg,1987)。

实质上,上述种种措施都有使专利数据更能反映创新的作用,但它们只能矫正因专利制度、专利局管理所带来的负影响,而由技术性质本身等因素所带来的影响,是无法因此矫正的。除非我们能证明,不考虑这些技术性质的影响,经过改正后的专利指标,便能总体地反映技术水平,也就是说,各国、各产业的专利化创新与非专利化创新的比例是一样的,但这恐非现实。我们认为,要在专利基础上构造出衡量技术创新水平的指标,必须将非专利化的创新考虑进去。

在我们力图尝试借用西方国家方法来研究中国问题的时候,我们意识到这样一点:

在中国,由于与经济相关的许多法的意识、法的体制还很缺乏,侵犯专利、商标、版权的事情时有发生,专利在中国还不是一个人人都期望借以保护发明产权的手段,加之我们历史上又缺乏专利制度,因此,中国的专利数据在质量上是无法与西方国家相比的。所以,要想在中国利用专利数据作为技术创新指标,困难是相当大的。但西方国家在这方面所做的工作,给我们提供了很好的借鉴,给了我们很好的启发。近20年来,我国的专利制度已经有了很大的改进,现在,它已经是国内外学者研究中国创新的重要数据来源。

9.5.3 专利分析方法

专利信息是世界上最大的公开技术信息源之一。因此,最大程度地开发和利用专利信息成为国家和企业取得竞争优势的重要保证,专利分析也成为国家和企业急需处理的主要事务之一。

首先是专利引用分析。专利引用分析是一种重要的专利管理方法,并已在许多领域得到广泛应用。通过专利引用分析,可以对企业决策和技术研发、运用提供一种客观的评价方法,并根据竞争者的专利情况,分析自身在市场中的地位。这样一来,不仅能找出自身的竞争优势,而且能避免潜在的专利地雷。如通过将每篇专利的引证情况作连线式的链接,可以得到专利引用图。通过图中专利引用的线索,我们可以找到最早被引证的专利文献。该文献很可能是一篇基础专利,包含重要的技术信息。此外,根据专利引用图的线索,我们还可以得到专利的承继性和发展历程,以帮助科研人员把握科技创新脉络,了解前沿技术,避免选题重复和人、财、物的浪费,推动科技进步。另一方面,分析引证率也可以为我们提供重要的信息。专利引用分析的一个基本点在于:如果一个在线专利多次被在后申请的专利大量引用,表明该项被引用的在先专利在该领域较为先进或较为基础,从而评估专利的技术影响力。因此,引证率较高的专利技术很可能涉及的是该领域内的核心技术。通常情况下,拥有高被引次数专利的机构也比其竞争者或同行在技术上更领先,处于产业的强势地位。

在学术界,专利引文分析已经成为一个研究科学技术之间联系的重要数据源,也是研究创新网络的重要数据源。如果能够在专利申请书列出相关的科学文献,则能证明这一专利技术的科学来源。如果后一个专利能够给出所参考的另一个发明,也为科学技术发现之间的联系建立起线索。因此,创新网络分析基本上都是论文和专利作为数据来源。

近年来,基于专利信息的分析研究,无论是理论研究还是其应用研究都在不断完善之中,文献产出的数量不断增加并呈上升趋势。世界知识产权组织和其他一些国际学术机构定期与不定期的经常召开国际学术会议来交流专利指标及相关研究的进展与成果。例如,2003年9月世界知识产权组织(WIPO)和欧洲经济合作与互助(OECD)组织在日内瓦专门召开专利指标国际研讨会,交流专利指标的研究进展与成果。美国科学基金会(NFS)每两年发布的科学与技术指标报告,也在不断改进专利指标的应用。一些学术团体与机构也在进一步深入探讨专利信息分析的各种应用。

在作为经济活动指标的方面,专利信息分析研究与应用的热点主要涉及知识转移模型的构建、经济增长的来源、国家与区域经济发展的比较、研究开发或者知识溢出、经济发展机制等。

在作为创新活动指标的方面,其热点则主要涉及国家与区域创新能力的研究、公司竞争优势的比较、投资方向与决策、机构技术能力的评估、研究开发效率、行业或公司技术创新的实证案例研究、专利产出的结构分布、大学、研究机构与企业之间的技术转移方式、企业的并购管理、技术发展趋势预测、技术研发方向与商业机会的探寻和专利战略研究等。

此外，随着信息技术的发展，专利信息分析的方法与手段也在不断发展，现有的方法与软件将得到进一步的改进与完善，分析功能将更加强大，结果将更加有效。

总之，专利信息分析的理论与应用正在不断取得新的进展。目前我国在这一领域的系统研究与应用还处于起步阶段，但不少学者已经将其作为关注的对象和重要的分析方法与手段。

9.6 创新能力的评价

近几年，对一个国家或一个地区及企业的创新能力评价，成为创新经济和政策分析的热点。在创新成为国力竞争，区域竞争的焦点之后，人们非常关心本区域的创新能力。

但创新能力的构成要素是一个系统的角度，而不是一个单一的因素。因此，大量的创新能力评价是基于系统性的考虑，有些包括了定量和定性的结合。在这些报告中，把一个国家的研究开发投入，包括经费和人员，以及衡量创新能力的专利，都作为重要的投入产出指标。但作为一个创新能力的报告，这些报告又涵盖了一些创新环境和基础设施的指标。大量的报告以定量为主，但也有一些报告用了定性的指标，例如，如何衡量一个国家的知识产权保护水平，这是一个非常有挑战性的工作。为此，一些报告采用了问卷调查的方法，以发现国家间的差异。

首先，一些综合性的报告将创新作为国家竞争力的重要构成部分。《世界竞争力年鉴》由瑞士洛桑国际管理学院发表，自1989年以来，该机构每年都对世界主要国家或地区的竞争力进行分析和排名，在国际上享有较高声誉。《世界竞争力年鉴》指标体系共分四级，其中包括经济绩效、政府效率、企业效率和基础建设共4个一级指标，涵盖20个二级指标，327个三级指标。原有单独的创新测度，后来去掉了，但仍然包括大量的科学技术与创新的指标。其中基础设施25个，技术设施22个，科学设施23个。

其次，一些专项性的创新能力报告不断出炉。其中著名的有2011年2月1日欧委会发布的欧盟第一个"创新型联盟记分牌"(innovation union scoreboard, IUS)。这是欧盟依照里斯本战略(Lisbon strategy)发展出来的综合性创新评价指标体系，用以衡量及比较欧洲各国的创新表现，自2011年开始发布。其前身是欧洲创新记分牌(European innovation scoreboard, EIS)，已持续发布10年。报告使用来自欧洲统计局、OECD、汤姆森·路透科技集团等2007年(4个指标)、2008年(10个指标)和2009年(10个指标)的数据，对欧盟27国及其与美国、日本和金砖四国(BRICs)的创新绩效进行了比较分析。

EIS是一个动态的、不断修正并趋于合理的综合性创新评价指标体系。自2001年欧盟发布首份正式EIS报告起，EIS经历了一系列的修订，相关领域的专家、政策制定者及成员国代表也会被邀请参与EIS指标体系及研究方法修订，2008—2010年间，EIS的指标体系从2007年的5大领域扩大到了7大领域，并被分成了创新驱动、企业行为、创新输出3大板块；指标数也由原来的25个增加到29个。这些指标涵盖了创新的各个方面，指标与指标之间具有内在的相互联系和相对独立性(表9-4)。

表 9-4 创新型联盟记分牌

一级指标	二级指标	三级指标	参考年份
创新驱动	人力资源	25～34 岁,每千人中应届博士毕业生数	2004—2008
		30～34 岁,完成高等教育的人口比例	2005—2009
		20～24 岁,完成高中及以上教育的比例	2005—2009
	开放的、卓越的、具有吸引力的研究系统	每百万人口中国际科学合作出版物	2004—2008
		引用率前 10% 的论文数占全球论文的比例	2003—2007
		非欧盟博士生数量占全部博士生的比例	2003—2007
	财务支持	政府研发支出占 GDP 的比例	2005—2009
		风险投资(早期、扩张期、替代期)占 GDP 的比例	2005—2009
企业活动	企业投资	企业研发支出占 GDP 的比例	2005—2009
		非研发创新支出占营业额的比例	2004,2006,2008
	创业与合作	中小企业中开展内部创新的企业比例	2004,2006,2008
		中小企业中开展合作创新的企业比例	2004,2006,2008
		每百万人拥有的公私合作科学出版物	2004—2008
	知识资产	每十亿 GDP 拥有的 PCT 专利申请数	2003—2007
		每十亿 GDP 拥有的在应对社会挑战(气候变迁、健康)方面的 PCT 专利申请数	2003—2007
		每十亿 GDP 拥有的欧盟商标数量	2005—2009
		每十亿 GDP 拥有的欧盟涉及数量	2005—2009
创新产出	创新企业	中小企业中开展产品或流程创新的企业比例	2004,2006,2008
		中小企业中开展营销或组织创新的企业比例	2004,2006,2008
		高速增长的创新型企业数量	N/A
	经济效益	制造业和服务业中从事知识密集型活动的人员占全部就业人员的比例	2008,2009
		产品出口中、中高技术产品的比例	2005—2009
		服务出口中、知识密集型服务的比例	2004—2008
		新市场销售额占营业额的比例	2004—2008
		海外技术许可与专利收入占 GDP 的比例	2005—2009

来源:EU. Innovation Union Scoreboard. 2012

全球创新指数(global innovation index,GII)是由欧洲工商管理学院(INSEAD)发布,通过对全球 132 个国家和地区的调查得出来的。它参考了世界经济论坛、世界银行及联合国等组织的数据,旨在评估各国和地区针对创新挑战做出的反应。

全球创新指数不同于传统的创新指标。它是通过评估制度、人力技能、公共建设、商业和市场的成熟度以及科学产出和创意产出来衡量一个经济体广泛的经济创新能力

(表 9-5)。

表 9-5 全球创新指数

一级指标	二级指标	三级指标数量
制度	政治环境	3
	制度环境	3
	商业环境	3
人力资本与研究	教育	5
	培训	6
	研发	3
基础设施	信息通信技术(ICT)	4
	能源	4
	一般基础设施	3

在全球创新指数中,瑞士、瑞典、新加坡、芬兰这些小国家往往是创新能力排在前列,其他的报告结果也基本类似。在2013年这一年的报告中,美国排在第10位,中国名列第34位(INSEAD,2013)。

中国区域创新能力报告是中国科技发展战略研究小组,以柳卸林为主编形成了一个品牌性报告。报告创立于1999年,评价了我国省、直辖市和自治区年度的创新能力。报告的指标体系以区域创新系统为框架,指标共分四级,包括5个一级指标、20个二级指标、40个三级指标和132个四级指标。其中一级指标包括:知识创造,是指不断地创造新知识的能力;知识获取,是指利用全球一切可用知识的能力;企业创新,是指企业应用新知识、推出新产品或新工艺的能力;创新环境,是指为知识的产生、流动和应用提供相应环境的能力;创新绩效,是指创新的产出能力(表9-6)。

表 9-6 中国区域创新能力指标体系(一级、二级指标)

一级指标	二级指标	一级指标	二级指标
知识创造	1.1 研究开发投入综合指标	创新环境	4.1 创新基础设施综合指标
	1.2 专利综合指标		4.2 市场环境综合指标
	1.3 科研论文综合指标		4.3 劳动者素质综合指标
知识获取	2.1 科技合作综合指标		4.4 金融环境综合指标
	2.2 技术转移综合指标		4.5 创业水平综合指标
	2.3 外资企业投资综合指标	创新绩效	5.1 宏观经济综合指标
企业创新	3.1 企业研究开发投入综合指标		5.2 产业结构综合指标
	3.2 设计能力综合指标		5.3 产业国际竞争力综合指标
	3.3 技术合作与改造投入综合指标		5.4 就业综合指标
	3.4 新产品销售收入综合指标		5.5 可持续发展与环保综合指标

在我们的报告中,过去,北京、上海往往是创新能力最强的地区。从2009年开始,江苏成为创新能力最强的地区(柳卸林等,2014)。

不同风格的创新能力报告,应该说还是为评价不同国家和区域的创新能力提供了一个很好的基础,其中的动态变化更是反映了不同国家和地区的创新能力变化。

9.7 创新测度的挑战:服务创新与商业模式创新

从创新的测度看,研究开发投入,包括人员投入作为创新的投入,发明专利、新产品,作为创新的产出,是当今主流创新经济与管理领域用得最多的数据工具。它们具有客观、公开、易得、连续、国际标准基本统一等的优点。但创新的测度工作一直面临着巨大的挑战。

近几年来,全球的产业结构出现了重要的变化,第三产业在国民经济结构中的比例随着人均GDP的提高而不断上升。如在北京,服务业所占GDP的比重已经超过70%。人们还发现,制造业已经出现服务化的趋势,而服务被认为创造高附加值的环节。因此,发达国家正在把制造业向发展中国家转移,中国已经成为世界的制造工厂。

但引致的一个问题是:如果服务业的比重越来越高,服务创新的重要性也必将不断提高。因此,20世纪80年代以来,服务创新的研究越来越多。有的认为,服务产业具有与制造业完全不同的特点,因此,衡量制造业的一些方法用于服务产业是不合适的。如F Gallouj就认为,并不是服务业不能进行研发和创新,而是传统的技术主义的研究开发指标未能准确地表述服务业所发生的创新(Gallouj,2002)。

一是服务业往往不进行正式的研究开发,也没有正规的研究开发机构。因此,用R&D来衡量服务企业的创新能力,会出现低估的情况。

二是在服务业,产品和过程创新是很难区分的,服务业的活动难以规则化、编码化,同时又具有无形和互动性的特点。因此,难以用新产品衡量其创新能力。如电信服务本身就是一个过程,其本质是为用户传递信息,直接生产效用但不生产任何有形产品。

三是服务活动的特有属性(无形性、生产和消费的同时性等),使得难以运用传统指标和方法(如生产率测度)对服务产出进行度量,这限制了创新活动的定量研究,例如,服务业的创新产出常常不能用专利来衡量。服务业创新的一个重要例子是集装箱运输是一场物流服务业的突破性创新。这创新虽然有重要意义,但从技术上说很简单,只是一个标准化的运输方式。

商业模式创新与服务创新有着类似的困难与挑战。如在计算机产业,DELL公司的直销模式被认为是一个重要的商业模式创新,可使消费者进行定制计算机,并大大减小了库存的成本。但这一创新模式也很难用专利或新产品衡量。苹果手机采用了通过手机下载音乐进行消费的模式,这是一种商业模式创新,但这也不能通过专利进行衡量。

因此,在创新的测度领域,是一个难以令人满意的领域,我们有太多的测度要求,但现实并不完美。我们需要不断发展测度的工具,才能有所进步。

参 考 文 献

[1] Basberg B L. 1987. Patents and the Measurement of Technological Change: A Survey of the Literature. Research Policy,(16):136.

[2] Cesaratto S, Mangano S, Sirilli G. 1991. The Innovative Behavior of Italian Firms: A Survey on Technological Innovation and R&D. Scientometrics,21(1):115-141.

[3] Chakrabarti A K. 1988. Trends in Innovation and Productivity, the Case of Chemical and Textile Industries in the U.S.. R&D Management,(18):131-140.

[4] DeBresson C, Murray B. 1984. Innovation in Canada: A Report to the Science Council of Canada. New Westminster: CRUST reprint.

[5] Edwards K, Gordon T. 1984. Characterization of Innovation Introduced on the U.S. Market in 1982. the U.S. Small Business Administration, Washington DC.

[6] EU. 2012. Innovation Union Scoreboard. http://innovation.itu.int/2012/02/22/the-eus-innovation-union-scoreboard/.

[7] Fagerberg J. 1988. Why Growth Rates Differ. In Dosi et al. (Eds.). Technical Change and Economic Theory. London: Pinter Publishers.

[8] Frame J. 1991. Modeling National Technological Capacity with Patent Indicators. Scientometrics, 22(3):327-339.

[9] Gallouj F. 2002. Innovation in Services and the Attendant Old and New Myths. The Journal of Socio-Economics,(31):137-154.

[10] Griliches Z. 1989. Patents: Recent Trends and Puzzles. NBER Working Papers 2922, National Bureau of Economic Research, Inc.

[11] INSEAD. 2012. Global Innovation Index. http://www.globalinnovationindex.org/content.aspx? page=GII-Home.

[12] OECD. 2010. 弗拉斯卡蒂手册. 北京:科学技术文献出版社.

[13] Pavitt. K (Ed.). 1980. Technical Innovation and British Economic Performance. London. 4.

[14] Pavitt K. 1985. Patent Statistics as Indicators of Innovation Activities: Possibility and Problems. Scientometrics 7(1-2).

[15] Pavitt K, Robson M, Townsend J. 1989. Technological Accumulation, Diversification and Organisation in UK Companies, 1945-1983. Management Science,35(1):81-99.

[16] Robson M, Townsend J. 1984. Users Manual for ESRC Archive File on Innovations in Britain Since 1945. Science Policy Research Unit. University of Sussex.

[17] Scherer F M. 1984. Using Linked Patent and R&D Data to Measure Interindustry Technology Flows. In Z Griliches (Ed.), R&D, Patents and Productivity. Chicago: The University of Chicago Press.

[18] Schmookler J. 1966. Invention and Economic Growth. Cambridge: Harvard University Press.

[19] Scholz L. 1986. Innovation Measurement in the Federal Republic of Germany: IFO Innovation Survey. In OECD, Paris.

[20] Soete L G, Wyatt S. 1983. The Use of Foreign Patenting as an Internationally Comparable Science and Technology Output Indicator. Scientometrics, 5(1): 31-54.

[21] Teece D J. 1986. Profiting from Technological Innovation: Implications for Integration, Collaboration, Licensing and Public Policy. Research Policy, (15): 285-305.

[22] 柳卸林,等.2014.2013中国区域创新能力报告.北京：科学出版社.

第 10 章 创新体系与创新园区

在创新经济学研究中,一个独特的现象是国家创新体系研究的兴起与扩散。它引发了一个长时间的研究主题,激发了许多讨论和国际会议,也对国家的创新政策制定产生了重要的影响。到今天,如全球创新学术网络(Globelics)等相关的国际会议基本上是一批创新体系研究者的年度盛会。创新网络的研究也在近几年成为创新研究中的一个主流的研究领域之一。因此,有必要对国家创新体系的内涵、发展及政策意义及创新网络的研究作一分析。

10.1 国家创新体系研究的兴起

第二次世界大战后,日本的崛起不能不说是一个奇迹。作为战败国的日本经历了全所未有的重创:一方面,长期的战争消耗了日本大量的人、财、物力;另一方面,盟军的原子弹轰炸,使日本一些工厂和生产设施遭受了破坏。据统计,1945 年 8 月"二战"结束时,日本国民财富的 45% 以上被耗费和破坏掉。1946 年,日本的主要生产指标均大大低于战前水平,工业技术水平比美国落后了 30 年,劳动生产率比英、法等国也低得多。就是在这种经济和技术全面落后的情况下,日本以技术创新为主导,辅以组织创新和制度创新,实行了一系列正确的经济政策和发展战略。同时,积极学习和引进外国先进技术及管理经验等。

在国家技术创新的推动下,1956—1973 年间,日本的国民生产总值占资本主义世界的比重更是从第 6 位跃升到第 2 位,成为仅次于美国的第二经济大国。因此,被西方学者认为创造了资本主义经济发展史上的"奇迹"。

日本"奇迹"般的崛起,引发了国外众多学者的兴趣和关注。英国著名学者费里曼(Freeman)就是其中一个。1987 年,费里曼在考察日本时发现,日本的技术创新主要不是来自于正式的研究开发,其创新以渐进的创新为主,创新者主要来自生产部门的工程师、车间里的技术工人。他们以技术创新为主导,辅以组织创新和制度创新。日本的通产省也在技术的追赶中起着重要的作用,他们从一个长远的、动态的视野出发,寻求资源的最优配置,推动产业和企业的技术创新。这向世界验证了国家在推动一国的技术创新中至关重要的作用,同时也使日本只用了几十年的时间,国家的经济便出现了强劲的发展势头,一跃成为工业化大国。

正是在对日本考察分析的基础上,费里曼首次提出了国家创新体系(National System of Innovation)的概念。即"是由公共部门和私营部门中各种机构组成的网络,这些机构的活动和相互影响促进了新技术的开发、引进、改进和扩散"(Freeman,1987)。

此后,人们关于创新问题的研究开始倾向于强调创新是一个系统,是各种要素相互关联、相互作用的整体。在这期间,伦德沃尔(Lundvall,1992)、纳尔逊(Nelson,1993)等众多国外学者相继发表了有关国家创新体系的重要研究成果。

什么是国家创新体系?学者们普遍认为,国家创新体系是1987年由Freeman在对日本与英国的比较研究中首次明确提出的。从一般意义上讲,国家创新体系指的是由公私机构构成的网络,其目标是促进知识的产生、扩散和使用(Freeman,1987)。

国家创新体系的概念强调了创新过程的系统特性,指出企业的创新并非孤立的,而是与其他组织合作并相互依赖。这些组织可能是其他企业(供应商、客户、竞争者等),也可能是非企业组织,例如,大学、科研院所和政府部门。企业的创新行为也受制度,例如,法律、法规、规范和惯例(Routine)等的影响,这些组织和制度是知识的创造和商业化系统的构成部分。创新就是从这种"创新系统"中涌现的。

国家创新体系学说的核心思想在于,一个国家内的各个社会子系统,包括科学、技术、文化、政治及工业等,只有在产生协调(congruence)的前提下才能更好地促进创新(Freeman,1995:2002)。但关于国家创新体系的萌芽,Freeman(1995,2002)本人多次强调,19世纪德国古典经济学家李斯特的经典著作《政治经济学的国民体系》(List,1841)中就已经涉及了当代国家创新体系讨论的大部分话题。

对于国家创新体系所包括的主体,具体有广义和狭义两种视角。广义的历史视角强调社会各子系统,包括社会文化、宗教、人口等对科学、技术和工业之间的融合互动起到的作用;而狭义的视角则更多的放在了科学、技术与工业之间的关系内部,强调的是参与研究和开发过程的机构,如R&D部门、研究机构和大学等,这其中包括企业研发活动的强度以及研发活动的组织方式,企业的组织方式、企业之间的关系、公共部门(包括大学、公立研究机构和行业研究机构等)的作用以及金融部门的制度化支持等。

学者们创造国家创新体系这一解释范式的初衷是:解释网络化的制度关系对于科技发明能够有效转化为创新这一过程,国家创新体系这一范式的核心在于制度关系。"生产的结构"与"制度的建设"是国家创新体系中最重要的两个维度。这个创新体系要促进我国社会的各子系统、各行为主体对于新知识新技术的产生、工业应用以及扩散能够起到网络化的协同效应。创新体系的建设要促进一系列与创新相关的社会行为主体的发展,包括大学、科研机构、企业、企业联盟和金融部门等,但其核心应当是要针对一国本土的创新瓶颈,构建出有效的制度关系来。

后来,一些学者提出了不同模式的国家创新体系的概念,如以日本、德国为代表的动态国家创新体系和以美国为代表的"短视型"国家创新体系。也有学者提出了当今西方世界的两种不同创新体系:以德国、日本为代表的协同市场经济和以美国为代表的自主市场经济的体系,前者注重于在已有技术之上的高质量渐进创新,后者注重于新技术上的突破性创新。也就是说,不同的国家,会在不同的产业,不同的创新类型是各有比较优势(Hall和Soskice,2001)(Nelson,1990)。

国家创新体系对一个国家已经开始具有至关重要的意义。它不仅在于为中国的经济和科技体制改革带来新的思路,同时也为解决中国科技与经济两张皮的现象提供方法,更是"为中国的技术创新能力提高提供基础,最终将有助于提高中国产业的国际竞争力"。

Edquist认为(2004),国家创新系统概念存在着明显的优点与缺点。

第一,创新系统方法把创新和学习过程放在核心位置。这是创新经济学与传统经济学一个重要的差别,把学习看成是经济行为的核心。这是对强调市场交换作为核心经济概念的一个重要补充。

第二,创新系统方法采用的是整体(Holistic)和跨学科的观点。它的"整体性"体现在其试图包含广泛的或所有的与创新有关的重要的决定因素,甚至包括组织、社会和政治因素,以及经济因素等。其"跨学科性"体现在它吸收了不同的(社会科学)学科的观点,包括经济史、经济学、社会学、区域研究和其他领域。

第三,创新系统方法采用了历史和演化的观点,这使得最优化的想法是没有意义的。创新过程的发展经历很长时间,其中涉及多种因素和反馈过程的影响,这可视为演进(evolutionary)过程。因此,根本无法找到一种最优化或者理想的创新系统。

第四,创新系统方法强调跨学科性和非线性,这是基于这样的理解:企业的创新通常不是孤立进行的,而是通过复杂的关系与其他组织互动,这些复杂的关系常被形容为双向反馈机制。创新过程不仅仅受系统要素(component)的影响,而且受要素间关系的影响。这反映了创新过程的非线性特征,这是创新系统方法的最重要特征之一。

第五,创新系统方法强调了制度(institutions)的作用。尤其是,创新系统概念的所有界定都强调了制度的重要性,而不是把它们排除在创新的决定因素之外。这一点很重要,因为制度对创新过程有重要的影响。

但创新系统方法也存在着缺陷。如创新体系并没有指出,(国家)创新系统中究竟应该包括哪些内容;他们并没有界定系统的边界。Nelson 和 Rosenberg 对"创新系统内究竟该包括哪些东西,哪些该被排除在外没有提供明确的指导"(Nelson 和 Rosenberg,1993:5-6)。Lundvall 坚持认为:"创新系统的定义必须是开放的、灵活的"(Lundvall,1992:13)。这样就难以形成一个有清晰的学术语言和研究框架的学科体系。其次,与演化经济学一样,它难以从定量的角度进行规范的学术研究。

针对此,本书作者和 Steven White(2001)在 2001 年发表的一篇文章中,强调了他们称之为国家创新系统研究的一个根本性弱点(fundamental weakness),即"缺少系统层面的解释性因素(explanatory factor)"(Liu 和 White,2001:1092)。为了解决这一问题,他们关注于系统中的"活动","活动"与"系统中技术创新的创造、扩散和开发"相联系(Liu 和 White,2001:1093)。在此基础上,我们总结了创新系统中的五种基本活动:教育、研究开发、实施、使用和联系。

后来,国家创新体系的研究又延伸出区域创新体系和行业创新体系的研究。根据 Breschi 和 Malerba 的观点,"行业创新系统(sectoral innovation system,SIS)可被定义为,系统内的一群企业积极开发、制造本行业的产品,并创造和利用本行业的技术"(Breschi 和 Malerba,1997)。当然,行业本身的界定也不是非常清楚的。一些新行业或正在经历突破性技术变革的行业,使行业边界的界定尤其困难。

国外对国家创新体系的广泛研究也引起了中国政府和学术界的关注。1992 年,经济科学出版社出版的由 G Dosi 等人主编的《技术进步与经济理论》一书,首次将"国家创新体系"概念带入到了中国(G Dosi,1992)。随后的 1995 年,加拿大国际发展研究中心在其受国家科委委托对中国科技体制改革问题进行评估后,所提交的评估报告中首次运用国家创新体系理论对中国的科技体制改革进行分析研究,并提出中国应该注意国家创新体系这种分析方式,以此作为辨认未来科技改革需要、确定科技系统与国家的整个经济和社会活动的关系的手段。

改革开放以来,中国科技一直保持较快的发展速度,经济持续高速增长,经济与发展均取得了巨大成就。但进入社会主义市场经济发展的新时期后,却也遇到一些新情况,如在企业改革中,效率与公平,扩大就业与消除企业人浮于事、冗员过多、结构调整与生存发展等方面的矛盾对企业技术创新也有重要影响。因此,国家创新体系的建设和完善,对于化解和克服这些矛盾可以作出积极贡献。

1996年,当时原国家科委在北京召开了一次国际研讨会,中外专家就中国如何建立一个有效的"国家科技创新体系"问题进行了讨论和交流。这次研讨会确立了继续研究"技术创新作为科技政策基础"的框架和内涵,推动中国国家技术创新体系的建设。作者于1996年离开清华大学经济管理学院加入国家科技部中国科技促进发展研究中心(现中国科学技术发展研究院)后,所做的第一个大课题是国家创新体系的研究,并出版了一系列的相关文章和书籍,代表作有石定寰、柳卸林主编的1999年出版的《国家创新系统:现状与未来》(经济管理出版社),柳卸林主编的2001年出版的《21世纪的国家技术创新系统》(北京大学出版社)。原国家科技部部长朱丽兰和科技部对国家创新体系给予了很高的关注。

而中国国家创新体系作为官方的政策工具的最终出台,则要归功于中国科学院的一份研究报告。1997年9月,中共十五大召开前夕,中国科学院政策研究人员提出了编写一份有关国家创新体系报告的想法,并从中找到中国科学院的定位。这个想法立即引起了中科院领导的高度重视,时任中科院院长的路甬祥亲自挂帅,与有关专家投入报告的酝酿和编写之中。

1998年春节前,报告成交江泽民总书记。中科院在这份题为《迎接知识经济时代,建设国家创新体系》的报告中提出,通过提高国家创新能力,使中国科技的国际竞争力进入世界前10名。随后,党中央、国务院做出建设国家创新体系的重大决策,决定由中国科学院率先开展知识创新工程试点,把中国科学院建设"成为瞄准国家战略目标和国际科技前沿、具有强大和持续创新能力的国家自然科学和高技术的知识创新中心;成为具有国际先进水平的科学研究基地、培养造就高级科技人才的基地和促进我国高技术产业发展的基地;成为具有国际影响的国际科技知识库、科学思想库和科技人才库"的总体目标。

在这一时期,中国政府和学者掀起了一股研究国家创新体系的热潮。中国早期关于国家创新体系的学术研究大多集中于对其概念、组织结构及其理论方法的探讨以及国家间的案例比较研究。

1999年8月,全国技术创新大会更是将完善和发展国家创新体系当作一项长期战略任务提了出来。党的"十六大"报告,把加强国家创新体系建设与经济发展并列起来,从而使其具有了更为明确的经济政策内涵。在接下来的10年里,中国的科技政策开始重点关注于谋划和实施工程技术从以公立研究机构为主体的研发体系向以企业为主体的创新体系转变。

而使国家创新体系的构建进入最新阶段的是2006年的全国科学技术大会和国家中

长期科技发展规划的制定。在这一阶段,国家明确提出:支持鼓励企业成为技术创新主体。《国家中长期科技发展规划(2006—2020年)》作为政府努力从中国目前增长模式向可持续发展模式转变的组成部分,探索使创新成为未来经济增长的驱动力,并且强调建设自主创新能力。

10.2 区域创新体系研究的由来与内涵

自国家创新体系这一概念产生以后(Feeman,1987;Nelson,1993),世界范围内掀起一个国家创新体系的研究热潮。区域创新体系作为国家创新体系的重要组成部分,也随后被提出来,并得到了学术界的重视和研究,且在全世界许多地区得到实施。甚至有学者认为,区域创新体系是一个更适合研究的范畴。英国的Metcalfe教授认为,国家作为一个单位来分析一个技术体系的动态图像可能太大了。因此"应该考虑一组特色的、以技术为基础的体系,其中的每一个以在一个国家地理和制度为边界,而它们之间又进行连接,支撑国家或国际创新体系的发展。"(Metcalfe,1995:41)。从这个定义上说,本报告以各区域为单位分析中国区域创新能力,是非常恰当的。

区域创新体系研究得到重视的一个重要原因是美国硅谷的崛起。硅谷的神奇使人们认识到,区域在创新体系中扮演重要角色。学者们对此进行了大量的讨论,其中的代表有美国的Saxenian教授。她分析了硅谷与麻省128号公路的发展经历的不同。她的问题是:为什么硅谷的发展好于麻省128号公路?她的结论是:硅谷是一个区域网络化的产业体系,这一体系促进了专业化厂商集体的学习和灵活的互相适应。区域内密集的社会网络以及开放的劳动力市场,促进了各种新探索和创业。公司间既互相竞争,又不断在新技术方面互相学习,企业内外水平式的沟通非常多,这有利于企业与供应商、客户、大学等的交流(Saxenian,1994:3)。

区域创新体系研究的先驱是产业集聚研究。最早注意到产业集聚效应的是英国的马歇尔。后来的学者注意到,产业在一个区域内的密集可形成集聚效应。原因在于:第一,生产商的集聚有利于产生当地的专业化供应商,进而产生外部规模经济效应;第二,厂商的地理集聚有利于专业技能的产生;第三,有利于信息的溢出;第四,有利于降低交易成本,促进创新(Krugaman,1997)。哈佛大学Porter教授在20世纪90年代提出的Cluster的概念,可以说是区域集聚效应的再发展(Porter,1998)。当前,产业集聚已经在我国浙江、广东的许多地区中得到了应用,并被学者们认为是形成为中国新型工业化的重要道路(刘世锦,2003)。其表现出来的特色是:一是产业集聚区生产和销售规模很大,在全国同类产品中占据很大的份额。如浙江温州的打火机,是世界的制造基地。诸暨大唐镇的袜业年交易量达到60亿双。在珠江三角洲,计算机配件的产量也在全国占据很大的份额。二是产业集聚使专业化分工达到了极致。这种分工集聚促进了竞争,不断推进质量的改进和成本的降低。三是分工降低了生产和交易的成本,在珠江三角洲地区,计算机、手机等零部件的采购可比外地成本降低30%。

新的研究还表明,区域化的发展可形成一种"集体学习的过程",它有助于促进创新和知识的扩散。如此,创新将成为一种合作的社会努力的结果,其中创新的成本是由网络成员联合分享的。网络成员包括：劳动者、供应商、客户、大学和研究机构、政府和竞争者。如此，Capello(1998)认为，共同知识的开发和分享将超越一个企业的边界，但在一个区域内，将形成一个累积性的当地诀窍类知识增长的机制。

国家创新体系研究的兴起使人们意识到，企业在创新中越来越依赖于当地的制度和机构。创新体系既可形成于一个产业部门，也可形成于一个地理边界内。在一个区域的创新体系内，互动的学习非常重要。不同的国家有不同形式的创新体系，这也使人们注意到，区域特色的创新体系是存在的。

英国的 Cooke 教授认为，区域创新体系这一概念来自于演化经济学，它强调了企业经理在面临经济问题的社会互动中不断学习和改革而进行的选择，从而形成了企业的发展轨道。这种互动超越了企业自身，它涉及大学、研究所、教育部门、金融部门等。当在一个区域内形成了这些机构部门的频繁互动时，就可以认为存在了一个区域创新体系(Cooke,2000:21)。

因此，区域创新体系的研究是国家创新体系研究的一个延伸和发展，同时，区域创新体系研究具有很高的实践价值。如欧盟非常重视区域创新体系研究的价值，在许多地方进行了区域创新体系的实施工作。

英国 Cardiff 大学的 Cooke 教授是一个较早进行区域创新体系的学者。他于20世纪90年代初就对区域创新体系进行了较深入的研究。1992年，他发表了一篇文章，名为《区域创新体系：新欧洲的竞争性规制》(Cooke,1992)。此后，他又开展了大量以欧盟为背景的区域创新体系研究(Cooke,2000)。

通过对国家和区域创新体系的研究，我们可以认为，二者之间存在着如下的关系：

(1) 国家创新体系是一个国家内不同区域创新体系的集成。由于国家在制定相关制度和政策中的重要作用，国家创新体系带有较强的政府色彩，因此，有可能带有自上而下的色彩。而区域创新体系则是在国家制度和政策的边界下活动。相当多的区域创新体系是自发形成的，如浙江的"块状经济"。类似地，国家创新体系有着明确的国家边界，而区域创新体系的边界是模糊的。

(2) 区域创新体系比国家创新体系更带有地理文化的色彩。当地的语言、文化、习俗，产业集聚的程度，都可以成为区域创新体系形成的重要因素。区域创新体系可以是产业集聚的延伸，或者说是建立于产业集聚的基础上，而国家创新体系不可能建立在少数几个产业的集聚上。

(3) 两者的共同点是：强调了制度、机构是决定企业创新能力的决定要素。互动的学习机制和网络是创新体系的生命力所在。

从学术角度看，英国的 Cooke 教授认为，区域创新体系这一概念来自于演化经济学，它强调了企业经理在面临经济问题的社会互动中通过不断学习和改革而进行的选择，从而形成了企业的发展轨道。这种互动超越了企业自身，它涉及大学、研究所、教育部门、金融部门等。当在一个区域内形成了这些机构部门的频繁互动时，就可以认为产生了一个区域创新体系(Cooke et al,2000:21)。

我们在费里曼国家创新体系定义的基础上，将区域创新体系定义为：一个区域内有特色的、与地区资源相关联的、推进创新的制度组织网络，其目的是推动区域内新技术或新知识的产生、流动、更新和转化。区域创新体系不是替代国家创新体系,而是一个更适合分析体系间要素互动的体系。区域创新体系将比国家创新呈现更多的特色制度安排,更强的产业、技术专业化,且企业的创新性也更明显。在区域创新体系中,企业间的互相学习、创新活动和知识的流动性更密集、更多。因此,区域创新体系绝不是国家创新体系的一个缩影,而是创新的区域化。不同地区有着不同的创新制约因素,如不同的价值观念、制度框架、消费习惯、产业专有因素,造成了区域创新体系的不同,这些因素是区域创新体系的内核,也是地区经济获得核心竞争力的关键。

对大国和有历史的国家来说,区域创新体系与国家创新体系是共存的。有时,区域创新体系先于国家创新体系存在。因为有时在国家存在之前,许多地区就已存在。这些地区往往会有自己丰富的历史、气候、地理,形成自己的教育体系、风俗体系、道德观念,形成了自己特色的工业体系和科技体系。如中国沿海地区的海洋文化,地域意义上的北京文化、上海文化和楚文化等。在我国,20世纪以来,北京积累了很强的科技实力,上海则积累了很强的金融和制造能力,深圳的移民文化产生了极强的创业精神。不同地区因资源的不同形成了自己专业化的工业体系。因此,在分析创新体系中,我们不能把区域创新体系看作是铁板一块,而不考虑区域的不同性。

因此,区域创新体系的研究是国家创新体系研究的一个延伸和发展,且区域创新体系的研究具有很高的实践价值。如欧盟非常重视区域创新体系研究的价值,他们在许多地方进行了区域创新体系的实施工作。

区域创新体系研究的基本单位是什么?在很长时间内,借助国家创新体系的分析工具,相当多的学者(Cooke et al,2000)强调了企业、研究机构、大学及中介机构的互动,因为这种互动决定了一个体系的效率。

大量的区域创新体系研究局限在产业集群领域。这是因为,产业集群具有很强的操作性,且在中国有很好的基础。当前,产业集聚已经在我国浙江、广东的许多地区得到了应用,并被学者们认为是形成中国新型工业化必须走的重要道路(刘世锦,2003)。其表现出来的特色:一是产业集聚区生产和销售规模很大,在全国同类产品中占据很大的份额。如珠江三角洲和江苏苏州的计算机配件的产量在全球占据很大的份额。二是产业集聚使专业化分工达到了极致。这种分工集聚促进了竞争,不断推进质量的改进和成本的降低。三是分工降低了生产和交易的成本,在珠江三角洲地区,计算机、手机等零部件的采购成本可比外地低30%。

从地理边界而言,以省为单位的区域创新体系研究仍然是主流。中国科技发展战略研究小组于2001年出版的《中国区域创新能力报告(2001)》是以省、直辖市为基本单位的。这样做,一是因为省、直辖市是一个较好的行政级别单位,相当多的资源是以省、直辖市为单位进行配置的;二是考虑到数据资源容易搜集。到今天,研究在深化,如向更小的城市延伸。有人认为,城市是最基本的单位,因为城市可以构成一个不同部门间互动最为频繁、最为密集的区域,它既提供了基础设施,也提供了文化氛围。知识的交流在这里最快,最有效率(Simmie,2001)。我国很多政府都在推进创新型城市的建设,这其中有的用一个市的某个区作为研究的基本单位。当然,基本单位也可以更大,如一个省,或跨省,如长江三角洲。当然,不是所有的区域都是创新的区域,都形成了有效的区域创新体系。我们以前也提出,应该重视跨行政区域的创新体系建设(中国科技发展战略研究小组,2007)。

大多数学者认为,在理解一个区域创新体系时,以下四个方面是最主要的:

第一,企业。企业是生产和创新的基本单元。在一个市场经济体系中,企业是细胞,也是创新的主体。但企业需要有学习的能力,要通过与其他组织进行有效的互动,企业才能实现创新。其中大企业具有创新的实力,能够不断推进产业技术的完善,实现持续的创新。而中小企业,尤其是科技型中小企业,可以在突破性创新中发挥重要作用。它们会本着创新的精神进入新产业,实现探索性的创新。

第二,制度。制度可以创造一个促进创新的环境。有"学者中提出了制度高于技术"(吴敬琏)的说法,指明了制度在创新体系中的重要作用。这包括市场体系、相关的交易机构、相关的法律如知识产权,以及政府部门等。他们存在的主要作用是为创新提供环境和激励体系,帮助解决知识交易成本高和市场失灵的问题。

第三,知识平台。其中大学、研究所可以为企业创新提供所需要的新知识。还有一些重要部门是科技园区、高新区、工业区等。它们起到促进知识转移的作用。

第四,地理维度。近几年,有关产业集群成为一个区域创新中的重要维度。产业的地理集聚可缩短较大的距离,增加接近性,从而使知识的扩散更加快速。通过地理集聚便可使知识向专业化发展(Asheim 和 Gertler,2004)。

历史证明,有些地区存在着无形的、适宜创新的专有因素。硅谷的成功便证明了这一点。这种无形因素的核心是:一个当地化的学习和隐喻诀窍的分享机制是产业集群形成竞争优势的重要来源。地理经济学家们对此非常重视,并进行了大量的研究。如在许多时装业的创新中,本地化知识以隐含类经验知识存在于日常生活之中,技术创新通过从干中学而继承。分工细化促进了知识的合作与交流,使创新和学习成为一种集体行为。

英国经济学家马歇尔早在 80 年前就指出了产业集聚后专有因素形成的意义。他指出:当一种工业已选择了自己的地方时,它是会长久设在那里的。因此,从事同样的需要技能的行业的人,互相从邻近的地方所得到的利益是很大的。行业的秘密不再成为秘密,似乎是公开的了。孩子们不知不觉地也学到许多秘密。优良的工作受到正确地赏识,机械上以及制造方法和企业等一般组织上的发明和改良成绩得到迅速的研究;如果一个人有了一种新思想,就为别人所采纳,并与别人的意见结合起来。因此,它就成为更新思想之源泉。不久,辅助的行业就在附近的地方产生了,供给上述工业以及工具和原料,为它组织运输,而在许多方面有助于它的原料的经济(马歇尔,1983:284)。

浙江是我国现在民营经济最具代表性的地区。在浙江,已经形成了许多"块状"的产业集群。这不是源于不是政府的计划,而是当地人民的创业积极性,出现了服装城、小家电城、小商品城、领带村等。硅谷、北京的电子一条街是高技术产业地理集聚的代表,而东莞的家电城则是中技术产业集群的典型代表。

这种无形的因素还引起了人们对区域创新体系能否被仿制的争论。如有些人认为,硅谷的成功是不能被复制的。但现今世界各地对硅谷的模仿中有许多成功的例子则推翻了这一观点。

哈佛大学波特尔教授在 20 世纪 90 年代提出的产业集群的概念,这是马歇尔思想的发展。波特尔认为,产业集群是形成区域创新体系的重要模式(Porter,1999)。所谓集群,是指地理上一些相互关联的公司、专业化的供应商、服务提供商、相关的机构,如学校、协会、研究所、贸易公司、标准机构等在某一地域、某一产业的集中,它们相互竞争又相互合作,整体作用大于单个作用之和。产业集群之所以推动创新,原因有以下两点:

(1) 集聚的企业可容易地、更快地获得新客户的知识。他们会比单个企业更快掌握消费最新趋势。硅谷企业便是如此。

(2) 集聚的企业可更快地学习新的知识、技术和技能,他们互相学习。泉州的陶瓷企业互相学习非常之快。

事实上,许多地方的创新集群也是区域创新体系发达的地区,创新密集的地区。如硅谷、北京的中关村等。

同时,库克(Cooke,2006)等人还提出了以下三种不同的区域创新的治理方式:

(1) 草根型创新体系:这一系统主要由本地制度提供,如资金由家庭、当地社区和信用机构提供。研究以应用领域为主,着重解决实际问题,且本地机构间的正式与非正式的联系也较多。意大利的一些产业集群便是此类型的代表。

(2) 网络型:这种体系中有更多的正式制度,且局域、区域和国家三个层次的制度在此得到集成。该体系的创新投入可以通过国家计划,也可以通过大企业自身来实现。一些工业区便是此类型代表。如德国的巴登-沃腾堡(Baden-Wurttemburg)。

(3) 统制型:这一体系来自中央政府的干预较多,有很多大企业的资金经常来自政府的科技计划,如法国图卢兹(Toulouse)的欧盟航空中心。在这里,基础研究与应用研究同样重要。许多高新区、科学园都是这种统制型区域的典型例证。

上述两个维度形成了一个对区域创新体系类型的划分,见表10-1。

表 10-1 创新体系的治理模式

	草 根 型	网 络 型	统 制 型
局域主义	意大利托斯卡纳(Tuscany)	丹麦	日本的东北(Tohoku)
互动型	西班牙加泰罗尼亚(Catalonia)	德国巴登-沃腾堡(Baden-Wurttemburg)	韩国京畿道(Gyeonggi)
全球型	加拿大安大略(Ontario)	北莱茵威斯特伐利亚(North Rhine-Westphalia)	英国威尔士(Wales)

资料来源:Cooke et al,2006.

按照三个不同类型的区域创新体系治理模式,库克提出了一个关键资源投入的特征,见表10-2。

表 10-2 区域创新体系的类型与特征

区域创新体系特征	草根型	网络型	统制型
动力	局域	多层次	中央
资助	分散的	指导的	确定的
研究类型	应用	混合	基础
协调	低	高	高
专业化	弱	柔性的	强

资料来源:Cooke,1992.

库克等人的研究为区域创新体系的分类和理解区域创新体系的动力类型提供了一个很好的基础。当然，上述类型都是理想的类型，任何一个现实的区域创新体系的类型都会与其有出入。另外，在一个城市的层次上对区域创新体系进行分类，要比在一个省的层次上进行分类容易得多。这是因为城市的区域较小，一致性更高，而省的地理面积大，省内的区域差异性大，因此，类型就更难确定。库克的分类基本上是以城市或特定的工业区为基准的。

库克的区域创新治理理论，考虑了政府与市场的关系，考虑了历史和地理对治理模式差异形成的影响，却忽视了如何利用本地的资源条件，通过战略来实现区域竞争力这样一些更为主动的变量因素。其他的模型对资源的分析重视不够，对获取资源在一个地区发展中的重要性重视不够。

10.3 创新网络化与产学研合作

在创新体系的发展中，一是强调了企业是创新的主体；二是认识到，在科技革命的时代，大学研究所的重要作用不可忽视。因此，创新体系的一个延伸是研究大学、研究所与产业的关系，两者之间的关系可以用创新网络来衡量，从中看出新知识是如何在部门间转移的。

创新体系的网络化可以通过以下三个方面加以描述：一是产学研合作；二是企业之间的合作；三是科研机构间的合作。

基于资源能力观的企业战略管理文献强调资源积累或者学习过程，即组织将组织间合作当作一个学习的机会而不仅是降低成本或者风险（Tidd 和 Izuminoto，2002）。

在创新体系中，产学研合作关系建立的一个重要前提是各方知识资源的异质性和互补性，通过建立产学研合作联盟，打破学习的组织边界，扩展组织学习的维度，为各方搭建了一个知识交流和共享的平台。企业可以有效地学习和利用大学、科研机构创造的知识和技能，加速技术创新速度。大学、科研机构则可以获得市场需求信息和成果商业化等相关知识，这些知识有利于缩短今后新的知识成果与市场的距离，加速知识成果的价值实现。

产学研合作有许多表述形式，如 OECD(2002)将产学研合作形式划分为涉及跨国企业和世界水平大学的产业与科学关系、大学与高技术小公司之间的联系、在区域性范畴内公司（经常是寻找短期问题解决能力的中小企业）与当地大学之间形成的关系。组织层次表述是企业和学研两类组织之间的关系，如 Vedovello 按合作关系的正式程度将其归纳为非正式的(informal links)、人力资源的联系(human resources links)和正式的联系(formal links)(Conceicao,1998)。非正式的联系是指与信息和知识集、专家技能以及在大学或企业能够获得的设备和他们的科技能力有关的接触。正式的联系与开发科技信息、知识、技能和设备有关，但正式的联系建立了正式的合同，并有酬金的承诺和支付（虽然前两者也可能有少量的费用支付但不是合同约定的，亦没有义务）。

产学研合作的内容也不仅仅是"技术"这一要素，还有其他非常重要的要素，如高级人才培养（不是科技人才，而是企业发展和核心竞争力形成所需的各种人才）、在职员工培训、售后技术服务网络建设、利用研究机构的信息渠道。通过长期稳定的产学研合作,可以将外部的信息知识内部化,活化企业的内部资源,提高企业的知识构建能力和组织竞争能力。而且,有效的产学研合作可以促使企业与高校或科研单位建立一种信任和互惠关系,这种信任和互惠关系会强化学习主体之间的相互作用,推动产学研合作向广度和深度扩展。

Cassiman 和 Veugelers(2002)采用调查数据对 1993 年比利时的制造业进行了实证回归分析。结果发现,较高的外部进入溢出(Incoming Spillovers)对企业与诸如大学、公立和私立研究实验室等研究机构合作的可能性具有正面影响,企业可得的公共知识池(knowledge pool)对于企业来说更为重要,原因是其创新过程更可能从企业与其他研究机构的合作协议中获得收益。

Schartinger,Schibany 和 Gassle(2001)采用 1990—1995 年的调查数据,对澳大利亚创新型企业与大学的互动关系进行了 Logistic 回归分析。结果证明,大学通过人力资本的流动实现对企业进行知识转移这种主要渠道仍然存在,文化差异和企业缺乏信息是互动的主要障碍。

大量文献还研究了大学和科研机构知识创造和创新扩散中所承担的角色,探讨了企业应具备什么样的能力来吸纳这种技术和知识,构建了知识经济环境下大学和科研机构与企业间的连接模式。Caloghirou,Tsakanikas 和 Vonortas(2001)分析了 1983—1996 年间欧洲 42 个国家大约有 6 000 家研究合作组织(research joint ventures,RJVs),发现 1996 年有 67% 的大学参与了这一组织。

当然,对产学研合作的研究也存在争议,Pavitt(2003)认为,限制产学研有机结合的问题之一就是组织文化的差异性。企业往往属于目标导向型,运作过程追求高效率、低成本,而企业界对大学、科研院所抱怨较多的就是延展运作时间,无视紧急商业的最后期限,且由于缺乏有效的调控手段和凝聚机制,大学、科研院所很难集中优势资源实现重大技术的创新突破,大学对科研人员的激励政策目前侧重于论文产出上,对技术扩散的实际效果关注较少,对如何将技术转化为实际生产力缺乏研究。Ditzel(1988)认为,作为研究机构的大学追求学术上的成就,大学教员有很强的激励去发表他们的最新研究成果;而企业却恰恰相反,他们希望尽可能长时间地维持对新技术的专有权,以此来攫取超额利润。

从地理空间限制知识的溢出的角度来看。Mansfield 和 Lee(1996)指出,尽管存在着基础研究和应用研究的差别,企业喜欢与距离企业 R&D 实验室 100 英里以内的当地大学研究人员工作。随着信息技术的发展,显性知识易于在更大的地理空间交流与扩散,对地缘限制不是很严格。然而,产学研相结合过程中,创新扩散的技术多属隐性知识,这种知识在集群地缘空间上具有黏滞性。

目前,较为流行的分析大学和科研院所在国家创新系统内作用变化的概念框架是由埃茨科维奇和雷特斯多夫(Etzkowitz 和 Leytesdorff,1997)提出的"三螺旋"(triple helix)。三螺旋理论强调工业化国家的创新系统内产学研各主体之间交互作用的增加。埃茨科维奇进一步指出:除了机构之间的联系,每个领域都为另外的领域承担任务。因此,大学承担企业家任务,比如营销知识和创建企业,正如企业开始承担学术功能,彼此间分享知识并在更高层次的技能水平上进行培训。

"三螺旋"强调的产学研相互作用,在某种程度上与"创新网络"的观点存在一致性。创新网络观点认为,组织间的网络成为各个组织共享和交换资源、共同开发新创意和新技能的一种方式。在技术发展迅速、知识来源分布广泛的领域,任何一家企业都不可能拥有能在所用领域内保持领先并给市场带来重大创新所必须的全部技能(Powell,2009:61)。在这样的背景下,企业、高校和研究机构之间的复杂网络是很多产业的重要特征,尤其是在哪些技术进步迅猛的领域,如计算机、半导体、药物和生物技术。大多数关于网络和创新之间的经验研究集中于组织之间建立起来的正式关联。这一研究潮流证明了联盟的设立于创新之间的强正相关关系,这种关系体现在多种产业中,如化工、生物技术、电信和半导体。各种不同的研究背景都表明,网络结构的影响可能是普遍的。

尽管如此,大部分研究还是集中于高技术产业,并将专利作为创新的替代品,我们需要更多对创新产出的直接测量。专利提供了对新颖性的测度方法,它通过外部的专利审查程序使之生效,因此它是测度知识创造的有效指标。但是专利有一些局限性,有些种类的创新并未申请专利,并且不同行业申请专利的范围存在差异。现有研究的重点,半导体、化学、生物技术都是那些申请专利很普遍的领域,并且这些领域的竞争者都是一些活跃的专利权许可者。

在我国,由于企业、高校与研究所三者之间长期处于分离的状态,因此,在强调创新的导向之后,对产学研的重视开展得较早。1992年4月,在朱镕基总理的倡议下,原国务院经贸办、原国家教育委员会、中国科学院开始组织实施产学研联合开发工程。如今,以国家科技部为主推进的技术创新联盟的专项工程,是推进产学研合作的一个重要延伸。在科技部等于2006年联合下发"技术创新引导工程"的实施方案中,也把引导和支持若干重点领域形成产学研战略联盟作为重要内容。具体内容是,引导若干重点领域,以共性技术和重要标准为纽带,以大中型骨干企业和行业龙头企业为核心,形成各种形式的产学研战略联盟,并给予优先支持。以国家高新区等产业集群中的技术联盟企业为主体,配合国家科技计划、重大专项和条件平台项目,采用竞争机制,组织产学研联合开展对引进先进技术的消化吸收和再创新。①

近年来,代表性的国内研究成果有:通过回顾彩电产业的产学研合作,指出在产业发展不同阶段产学研合作表现出不同的主导形式,用交易成本理论和战略管理理论解释了其原因,并得出产学研合作与产业发展相关的结论(溥琳,赵兰香,2004);对1 639家企业问卷调查的基础上,分析了产学研合作对企业竞争力的影响及其程度,提出企业要建立学习网络,推动产学研合作向广度和深度扩展(周国红,陆立军,2005);对产学研合作中黏滞知识的成因与转移机制的研究(王毅,吴贵生,2001);吴玉鸣认为,大学研究对企业创新产出具有明显而稳定的知识溢出效应,在政府引导下的产学R&D合作不论对企业还是大学均为一种良好的制度安排,是促进我国专利创新产出的一条有效途径。

在国家的重视和政策扶植下,我国的产学研合作有了一定发展,对社会经济的发展起到了一定的推动和促进作用。一系列产学研合作机构和合作项目应运而生。

我们首先以历年高校、研究机构同企业合作申请发明专利数量及其比重作为指标,考

---

① 科技部网站,www.most.gov.cn.

察中国校企产学研合作的发展状况。如图10-1所示,中国校企产学研合作申请专利数量呈现出显著的递增趋势。可见,我国校企产学研合作研发行为日益频繁,且在全部研发行为中的比重也日益增加,如图10-2所示。由此可见,中国的产学研自20世纪90年代以来的确有了长足的发展。

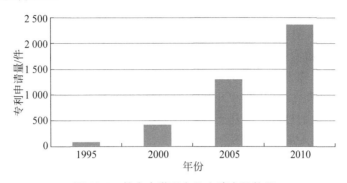

图 10-1 校企产学研合作申请专利数量

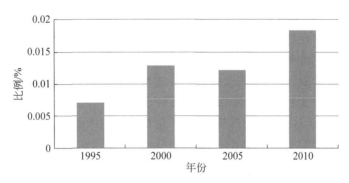

图 10-2 校企产学研合作申请专利占当年全部专利申请量的比例

尽管中国整体产学研情况有了一定的进步,但地区间产学研发展的现状差异仍比较大。

10.4 科技园区与技术商品化

近几年,高技术产业和区域创新体系的一个重要内容是依托大学和科技园发展高科技产业。而这些科技园又围绕大学为中心进行建设。从这个意义上说,大学研究所已经被认为是重要的创新源。

在许多OECD国家,从大学研究的公共投资中增加国家经济回报的努力试图刺激大学周围创新企业"区域集群"的产生。这些努力寻求通过促进商业化大学技术的"衍生"企业的产生以激励区域经济的发展和聚集(OECD,2002)。

当然,这些政策计划都是从美国加利福尼亚的硅谷和波士顿地区的128公路的发展得到启发的。其中大学的作用突出,这些高技术集群里拥有主要的研究型大学,而且已经产生了大量新企业(在加利福尼亚,加利福尼亚大学伯克利分校、斯坦福大学和在旧金山的加利福尼亚大学；在波士顿，有哈佛大学和麻省理工学院）。在这些区域中至少一些成功的新企业与区域大学中开发的技术的商业化有关。如惠普、英特尔、GOOGLE、苹果公司，都是硅谷创新的典范。

现在，许多国家在为复制"硅谷模式"而努力，许多 OECD 国家的中央和地方政府已经试图通过建立"科学园"（有时也称孵化器、技术中心或优秀人才中心）激励这些集群的形成。有趣的是，国际科学园协会将它们的特征描述如下：

"科学园是一个由专业人士管理的组织，它的主要目标就是通过倡导创新文化以及与其相关的企业和基于知识的机构的竞争力来增加社区的财富……为了能够实现这些目标，科学园激励并管理大学、研究和开发机构、企业和市场之间知识和技术的流动。它通过孵化器或衍生企业的过程促进基于创新的企业的产生和生长，同时提供高质量的场地和相关设施以及其他附加值的服务"①。

当然，这些努力的结果是喜忧参半的。有些国家或地区做得非常出色，如我国台湾的工业研究院，形成了硅谷与台湾高科技产业的互动，衍生了一批类似台积电这样重要的企业。但也有不成功的例子。

在我国，技术商业化的主要地理载体是高新区。我国高新区的成功归益于如下几点：一是入住的企业都是高新技术企业，企业因此可享受许多税收优惠。二是园区内企业一般都具有较高的技术水平，这使得他们可以获得较好的市场先机和垄断能力。当然，园区本身也是一个过滤机制，只有那些较好的企业才能够入住。三是园区拥有较好的工业基础设施。这降低了企业的经营成本，且提供了许多的正向外部性。

北京的中关村是国内第一个高新区，一开始是以试验区的形式出现，且得益于当时国家科委的火炬计划、863 计划。其中，863 计划是高技术计划，火炬则是致力于成果产业化的计划。

截至 2014 年，我国有 88 家国家高新技术园区，而后来又有许多园中园和专业中心，如孵化器、创业中心、留学创业园、大学科技园、软件基地、特色产业基地等。高新区的产值在 2010 年达到了近十万亿元人民币。

但也有学者认为，高新区并不具备特别的优势。胡光宙（Hu，2007）的研究认为，一是大城市对园区不存在外部性；二是不存在大学研究所对高新区的知识溢出；三是 FDI 对园区的生产率有积极影响；四是当地的研究开发对园区的劳动生产率影响不显著。他认为，园区的发展是寻租的结果或资本投资的结果。

校办产业的出现是技术商品化的一个重要形式。许多国家不允许大学办产业，因为大学往往是非营利机构。但在中国，由于 20 世纪八九十年代，大学获得的国家经费有限，因此，国家鼓励大学和院所通过创办自己的企业实现商业化。当然，还有一个重要的因素是：在中国，企业的商业化能力低下，导致大学研究所只好自己创办企业来商业化技术。

在中国特色社会主义体制下，校办产业在过去的几十年中发展迅速。诸如联想公司，创维以及同方等公司都是中国个人电脑的巨头，而诸如戴尔、惠普等跨国公司的出现给中国的公司带来了极大的挑战。一个有趣的现象是创维和同方两家企业都是由中国高校投

---

① http://www.iaspworld.org/information/definitions.php.

资兴办的企业,同样,联想是由中国科学院创建的。除了电脑巨头外,还有由东北大学在沈阳投资兴办的东软软件公司。实际上,校办产业在中国非常广泛,在中国每个省份都能找到校办企业。一些校办产业已经成长为中国的龙头企业。大约有40家校办企业在内地和中国香港上市(表10-3)。中国校办产业的重要性也可以从表10-4中看出来,其中前100家高科技公司当中有9家是校办企业。根据近期的统计,在中关村大约有10.04%的企业是由大学和公立研究机构所创建。

表10-3 上市的校办企业

股票代码[a]	公司简称	主要持股人
600076	青岛华光	北京大学
600091	铭泰科技	北京大学
600100	清华同方	清华大学
600181	云大科技	云南大学
600255	鑫科材料	合肥工业大学
600392	太工天成	太原理工大学
600530	交大昂立	上海交通大学
600601	方正科技	北京大学
600624	复旦复华	复旦大学
600657	青岛天桥	北京大学
600661	交大南洋	上海交通大学
600701	工大高新	哈尔滨工业大学
600718	东软股份	东北大学
600730	中国高科	36所大学[b]
600750	江中药业	江西中医药大学
600797	浙大网新	浙江大学
600806	交大科技	西安交通大学
600846	同济科技	同济大学
600857	工大首创	哈尔滨工业大学
600892	湖大科技	湖南大学
000004	北大高科	北京大学
000532	奥华电深圳	清华大学
000537	南开戈德	南开大学
000551	科大创新	中国科技大学
000590	紫光生物	清华大学
000790	华神集团	成都中医药大学
000836	山大华特	山东大学
000915	浙大海纳	浙江大学
000938	清华紫光	清华大学
000988	华工科技	华中科技大学
000990	诚志股份	清华大学
H-418	方正控股	北京大学
H-618	方正数码	北京大学
H-8045	南大软件	南京大学

续表

股票代码[a]	公司简称	主要持股人
H-8095	北大青鸟	北京大学
H-8102	F复旦微电子	复旦大学
H-8106	浙大兰德	浙江大学
H-8205	交大慧谷	上海交通大学
H-8231	复旦张江	复旦大学

a. 股票代码以"600"开头的表示公司是在深圳上市,以"H-"开头的表示公司是在中国香港上市,其余的是在上海上市。

b. 中国高科是由包括上海交通大学在内的中国36所大学联合创建的。

表 10-4　中国高科技企业 100 强中的校办企业(2010 年)

排名	公司简称	主要持股人
3	清华同方	清华大学
15	东软股份	东北大学
25	方正科技	北京大学
48	云南科技	云南大学
59	华工科技	华中科技大学
88	北大高科	北京大学
89	清华紫光	清华大学
95	交大昂立	上海交通大学
98	复旦复华	复旦大学

后来,各所大学考虑到这些校办产业隐藏的商业风险,于 20 世纪末起,许多学校便开始强调校办产业与学校的脱离。

10.5　结　语

国家创新体系、产业创新体系、区域创新体系的兴起,说明一个重要的问题:人们认识到,创新不可能通过一个部门完成,需要跨部门的合作,需要知识的流动,需要知识的转换,需要有合作的网络。因此,尽管"创新体系"这一个概念存在着难以界定清晰的问题,但仍然是一个重要的学术概念。许多发达国家和发展中国家都把创新体系建设作为一个重要的任务,目的是发现本国或地区创新体系中的薄弱环节,找到促进的因素。它提出了一些基本的思想和假设:不同国家会有共性的创新条件,又会有自己的特色因素。创新体系扎根于制度、文化和历史中,因此,创新体系强调了从制度角度出发研究创新的动力和发展,强调了市场是促进创新的重要制度,但市场的失灵需要政府发挥作用,强调了政府企业和大学之间的协作。因此,这一概念有着它的生命力,但其未来的发展需要借鉴更加定量的方法和框架体系,才会有更持久的生命力。

参 考 文 献

[1] Asheim B, Meric S, Gertler. 2004. The Geography of Innovation: Regional Innovation Systems, In J Fagerberg, D. Mowery and R. Nelson (eds): The Oxford Handbook of Innovation. Oxford:

Oxford University Press. 291-317.

[2] Bresch H, F Malerba. 1997. Secotral Innovation System, In C. Edquist (eds.) Systems of Innovation: Technologies, Institutions and Organizations. London: Pinter. 41-63.

[3] Caloghirou Y, Tsakanikas A, Vonortas N S. 2001. University-Industry Cooperation In the Context of the European Frame Work Programmers. Journal of Technology Transfer, (26): 153-161.

[4] Capello R. 1998. Collective Learning and The Spatial Transfer of Knowledge: Innovation Process In Italian High-Tech Milieux, In D. Keeble., C. Lawson (eds): Collective Learning Process and Knowledge Development in the Evolution of Regional Clusters of High-Tech SMEs in Europe, ESRC Center for Business Research, University of Cambridge.

[5] Cassiman B, Veugelers R. 2002. R&D Cooperation and Spillovers: Some Empirical Evidence From Belgium. American Economic Review, 92 (4): 1169-1184.

[6] Conceicao Vedovello. 1998. Firms' R&D Activity and Intensity and the University-Enterprise Partnerships Technological Forecasting and Social Change,(58): 226.

[7] Cooke P. 1992. Regional Innovation Systems: Competitive Regulation in the New Europe. Geoforum,(23): 365-82.

[8] Cooke P, P Boekholt F Todtling. 2000. The Governance of Innovation in Europe. London: Pinter.

[9] Cooke P, Memedovic O. 2006. Regional Innovation Systems as Public Goods. UNIDO, Vienna.

[10] Ditzel, Roger G. 1988. Patent Rights At the University/ Industry Interface. Journal of the Society of Research Administrators, 221-229.

[11] Dosi G, 等. 1992. 技术进步与经济理论. 北京: 经济科学社.

[12] Edquist C. 2004. Systems of Innovation: Perspectives and Challenges. In: J Fagerberg, D C Mowery and R R Nelson (eds.) The Oxford Handbook of Innovation. Oxford; New York, Oxford University Press. 181-208.

[13] Etzkowitz H, L Leytesdorff. 1997. University In the Global Economy, A Triple Holix of Academy-Industry-Government Relation. London: Croom Helm.

[14] Freeman C. 1987. Technology Policy and Economic Performance: Lessons From Japan. London: Pinter.

[15] Freeman C. 1995. The "National System of Innovation", In historical perspective. Cambridge Journal of Economics, 19(1): 5-24.

[16] Freeman C. 2002. Continental, National and Sub-National Innovation Systems-Complementarity and Economic Growth. Research Policy, 31(2): 191-211.

[17] Hall Peter, Soskice D. 2001. Varieties of Capitalism. Oxford: Oxford University Press.

[18] Hu Albert, Guangzhou. 2007. Technology Parks and Regional Economic Growth in China. Research Policy, 36(1): 76-87.

[19] Krugman P. 1997. Good News From Ireland: A Geographical Perspective, In A Gray (eds.): International Perspectives on the Irish Economy. Dublin: Indecon. 38-53.

[20] Liu X L, White S. 2001. Comparing Innovation Systems: A Framework and Application to China's Transitional context. Research Policy ,(30): 1091-1114.

[21] 弗里德里希·李斯特. 2009. 政治经济学的国民体系. 北京: 华夏出版社.

[22] Lundvall B.-Å. 1992. Introduction. In: B.-Å. Lundvall (eds.) National Systems of Innovation: Towards a Theory of Innovation and Interactive Learning. London, New York, Pinter

Publishers. 1-20.

[23] Mansfield E, Lee J Y. 1996. The Modern University: Contributor to Industrial Innovation and Recipient of Industrial Support. Research Policy,25(7):1047-1058.

[24] 马歇尔.1983.经济学原理.北京:商务印书馆.

[25] Metcalfe J S. 1995. Technological System and Technology Policy In an Evolutionary Framework. Cambridge Journal of Economics,(19):41.

[26] Nelson R R. 1990. Capitalism As an Engine of Progress. Research Policy,19(3):193-214.

[27] Nelson R. 1993. National Innovation Systems. Oxford:Oxford University Press.

[28] Nelson R, N Rosenberg. 1993. Technical Innovation and National Systems, In R Nelson (eds.) National Innovation Systems: A Comparative Analysis. New York, Oxford University Press,505-523.

[29] OECD. 2002. Benchmarking Industry-Science Relationships. OECD Publications Office. Paris. France.

[30] Pavitt K. 2003. The Process of Innovation. SPRU Electronic Working Paper Series,(89):145-189.

[31] Porter M. 1998. On Competition. Cambridge. MA:Harvard Business Press.

[32] Porter M, S Stern. 1999. The New Challenge to American's Prosperity. Finding From Innovation Index. The Council on Competitiveness.

[33] Powell W, Stine Grodal. 2009.牛津创新手册.北京:知识产权出版社.

[34] Saxenian. A. 1994. Regional advantage. Cambridge,MA:Harvard University Press.

[35] Schartinger D, Schibany A, Gassle H. 2001. Interactive Relations Between Universities and Firms:Empirical Evidence for Austria. The Journal of Technology Transfe,26(3):255-268.

[36] Simmie J. 2001. Innovative Cities. London:Spon Press.

[37] TiddJ, Izuminoto, Y. 2002. Knowledge Exchanges and Learning Through International Joint Venture. Technovation,22(2):137-145.

[38] 溥琳,赵兰香.2004.彩电产业的产学研合作研究.北京:科学学研究,5:498-502.

[39] 柳卸林.2001.21世纪的中国技术创新系统.北京:北京大学出版社.

[40] 刘世锦.2003.产业集聚及其对经济发展的意义.武汉:情报与决策,(4).

[41] 石定寰,柳卸林.1999.国家创新系统:现状与未来.北京:经济管理出版社.

[42] 王毅,吴贵生.2001.产学研合作中粘滞知识的成因与转移机制研究.北京:科研管理,(6):114-121.

[43] 中国科技发展战略研究小组.2001.中国区域创新能力报告(2001).北京:经济管理出版社.

[44] 中国科技发展战略研究小组.2007.中国区域创新能力报告(2007).北京:科学出版社.

[45] 周国红,陆立军.2005.产学研对企业竞争力的影响程度研究——基于1639家中小企业问卷调查与分析.北京:研究与发展管理,(5):64-68.

第 11 章
创新全球化与中国

Alain Minc 和 frz. Ökonom 认为,全球化对于经济的意义就如同万有引力对于物理学的意义。人们不可能对万有引力反对或赞同,而只能面对这一事实。

经济全球化作为当今世界的一个基本经济特征,已经成为不可阻挡的历史潮流。改革开放的历程就是中国不断融入世界的过程,30 多年的发展使中国成为经济全球化最大的受惠国之一。但是,与很多国家不同的是,从全球化获取经济利益并不是中国最大的期望,中国更希望借助全球化获取先进的技术和管理来提升本土企业创新能力。

然而,试图通过全球化的途径,采取"市场换技术"的政策,却屡屡受到人们的诟病。有些学者认为,如果不改变多年来实行的"以市场换技术"和通过引进外资来"引进技术"的政策,数十年间积累起来的中国工业基础就会变成跨国公司占据中国市场的进门砖和铺路石,而中国经济发展的脊梁就会坍塌(路风等人,2006)。但这一结论是非常有争议的。因为从总的发展状况来看,全球化是中国创新能力得以升高的重要支撑。据原商务部部长陈德铭介绍,2001—2011 这 10 年来,中国的平均关税从 15.3% 下降至 9.8%。同时,中国对世界开放了 100 多个服务贸易的部门,中国也经历了历史上规模最大的清理法律法规的工作,涉及 3 000 多个法律法规。同时数据显示,在中国入世 10 年来,出口增长了 4.9 倍,进口增长了 4.7 倍,国内生产总值增长两倍多,人均 GDP 由当初的 800 美元增长到 2010 年的 4 000 多美元。此前,10 年前中国对外投资不到 10 亿美元,而 2010 年中国的海外投资已将近 600 亿美元(陈德铭,2011)。

经济全球化必然导致创新活动的全球化,全球化也给中国企业带来巨大的挑战,其中一个最为关键的问题就是在全球化竞争中,中国企业核心竞争力普遍缺乏。因此,对中国这样一个发展中国家而言,如何面对全球竞争保持和提升自主创新能力,实现开放创新与自主创新两种力量的均衡发展是一个重要的命题。

创新全球化被认为对一个国家的创新体系产生了重要的影响。有些学者甚至认为,国家创新体系的重要性下降了。但也有学者认为,国家创新体系仍然重要(Edquist,2004)。我们认为,创新的全球化会从以下几个方面影响中国。一是跨国公司进入中国给中国创新系统产生的影响;二是中国企业走出去利用全球资源对创新的影响。产生的一系列重要问题是:中国应该如何看待开放对创新的影响,如何制定面对全球竞争的国家战略和中国企业的发展道路,如何突破全球价值链的锁定,如何参与国际规则的制定,以及如何面向全球获取创新资源成为中国创新必须面对的话题。

11.1 创新全球化及其实质

创新全球化是经济全球化的一个副产品。

什么是经济全球化？国际货币基金组织1997年5月的《世界经济展望》中这样定义经济全球化："全球化是指跨国公司商品与服务交易及国际资本流动规模和形式的增加，以及技术的广泛迅速传播使世界各地经济相互依赖性增强"。经济全球化使人类组织在规模上的变化或变革，这些组织把相距遥远的社会联结起来，并且有效实现商品、服务、资本、雇员、知识和创意等各种生产要素在全球范围内大规模流动和配置，从而使世界各国经济在各个层面上不断相互渗透、相互交织并相互依存和相互融合。

从本质上说，经济全球化是生产社会化跨越国界在全球范围内展开的一种趋势，是各种生产要素特别是资本为追求最大收益而在全球范围开拓市场和优化配置资源进行开发、生产和营销的必然结果，并最终表现为市场、生产、投资、金融和科技活动的跨国界联系，任何一个国家的经济都不能不受到经济全球化的影响。经济全球化的本质从客观上要求分工的深化与市场规模的扩张，这一要求推动着生产从国内间分工向国际分工发展，销售从国内市场向国际市场扩张。

经济全球化不仅影响着全球经济的整体发展，而且也深刻影响着每一个国家经济的发展，经济全球化带来的一个结果就是创新的全球化。

自中国加入WTO以来，中国企业的全球化进程日益加快，经济全球化拓展了中国经济发展的市场空间和资源供给来源，扩大了经济发展所需资金、技术、人才和管理经验的来源渠道，为加快技术进步和促进产业结构升级带来了机遇。衡量经济全球化程度的一个重要指标是FDI的扩张，从表11-1可见，1982—2009年，世界FDI流入增长了20倍多，外资企业的出口增长了7倍多。

据国家统计局公布的数据，2011年，中国利用外资规模已跃居全球第二位。文章指出，2003—2011年，我国非金融领域实际使用外商直接投资累计达到7 164亿美元，年均增长9.2%。2011年，我国外商直接投资达1 160亿美元，全球排名上升至第二位，并连续19年位居发展中国家首位。2007年外商直接投资突破700亿美元，2008年直接跨上900亿美元台阶。即使是在国际金融危机冲击较为严重的2009年，外商直接投资仍然超过900亿美元，降幅远低于全球平均水平。2010年，外商直接投资突破1 000亿美元，达到1 057亿美元（国家统计局，2012）。

表11-1 FDI的部分指标　　　　　　　　　　单位：10亿美元

指标	1982年	1990年	2003年	2007年	2008年	2009年
FDI流入	59	208	633	1 979	1 771	1 114
FDI流出	27	239	617	2 147	1 929	1 101
FDI流入总量	628	1 769	7 987	15 210	14 909	17 743
FDI流出总量	601	1 785	8 731	15 602	16 205	18 982
外资企业的出口	730	1 498	3 073	5 775	6 663	5 186

资料来源：UNCTAD，2006—2010年《世界投资报告》。

经济全球化程度必然带动创新的全球化布局。20世纪90年代以前,研发资源主要集中在为数不多的发达国家。由于跨国公司的作用,研发全球化趋势越来越明显。根据联合国贸易发展组织(UNCTAD,2005)《2005年世界投资报告》,2003年主要国家外资研发的平均比重为15.9%。其中,爱尔兰(72.1%)、匈牙利(62.5%)、新加坡(59.8%)的比重超过50%;在30%~50%之间的国家有巴西(47.9%)、捷克(46.6%)、瑞典(45.2%)、英国(45%)、澳大利亚(41.1%)、加拿大(34.8%)、意大利(33%)、墨西哥(32.5%)和葡萄牙(30.9%);在10%~30%之间的国家有西班牙(27.3%)、荷兰(24.7%)、中国(23.7%)、阿根廷(23.2%)、德国(22.1%)、以色列(20.7%)、法国(19.4%)、波兰(19.1%)、斯洛伐克(19%)、芬兰(15%)、美国(14.1%)和土耳其(10.6%)。日本和韩国都在10%以下,分别为3.4%和1.6%。

同时,发展中国家的企业也开始利用全球的创新资源,在全球范围内扩展其研发行为以获取全球知识。正是认识到研发全球化给企业带来的资源优势,有些中国企业也开始在国外设立研发中心(表11-2),还有一些中国企业通过兼并国外企业来弥补自己的技术短板。例如,2009年吉利汽车对澳大利亚自动变速箱企业DSI(drivetrain systems international)的并购,以及2010年对VOLVO汽车公司的并购。

表11-2 一些中国企业的海外研发中心

公司	在海外研发中心的位置	产业
华为	瑞典(斯德哥尔摩)、美国(达拉斯、硅谷)、印度(班加罗尔)、俄罗斯(莫斯科)	电信
中兴通讯	瑞典(斯德哥尔摩)、美国(圣地亚哥)、印度(班加罗尔)	电信
格兰仕	美国(硅谷)	电子
康佳	美国(硅谷)	电子
海尔	在德国、美国和印度有研发中心、在美国波士顿有设计中心	电子
福田汽车	在日本、德国和中国台湾有研发中心	汽车

资料来源:柳卸林.2008.全球化、追赶与创新.北京:科学出版社.

虽然全球化已经成为世界的趋势,在相当多的层面上给参与的国家带来了利益,否定全球化或不参与全球化将使一个国家处于更加落后的局面。但是,也不应该把全球化视为预示着一个全球和谐社会的到来,更不应该把全球化看成是一个普遍的全球一体化进程。

某种程度上,全球化给跨国公司带来了巨大的好处,它使跨国公司可以通过利用全球资源进行经营活动,以获得最大的经济利益。但是发展中国家没有技术,只有资源和劳动力,因此在全球化这一开放背景下进行竞争,发展中国家的企业只能用土地、市场和人力资源来与跨国公司的技术进行交换。开放的过程似乎演变成一个市场换技术的过程,这也是发展中国家企业难以逾越的一个阶段。所以,对于发展中国家来说,全球化是一把双刃剑,在推动发展中国家经济增长的同时,提高了其对发达国家的依附性,加大了本土企业的生存压力。

从理论上讲,FDI流入对东道国创新的影响表现在三个方面:(1)来自发达经济体物化在最终产品和中间产品中的技术可以帮助国内企业获得在国内市场无法获得的国外先进产品和技术;(2)跨国公司在国内市场进行的研发活动,有望产生有助于国内产业发展的培训、学习和正外部效应;(3)跨国公司在技术和知识密集型部门的投资被认为是工业化国家向发展中国家转移先进技术的重要途径,因为它将国外技术获得、吸收与技术追赶同经济发展联系起来。

从实际上看,全球化给中国的创新带来了以下一些挑战:

(1) 在中国经济高速增长的同时,相当多的产业依然缺乏核心竞争力,竞争力仍然在成本优势上。过去的十年间,中国也一直鼓励跨国公司在华设立研发机构。但是跨国公司及其研发部门在中国经营的本地化,并不意味着本土企业自主创新能力的自然上升。相反外资企业技术上的封锁、市场上的挤压等方式排挤本土企业生存空间,结果是中国国民经济对外依赖程度越来越高,中国经济进一步发展面临的瓶颈越大。

(2) 政府如何更有效的促进企业的自主创新能力?以前的经验表明,政府的强力干预模式有助于 GDP 增长,但是不利于创新。所以,如何通过间接手段促进企业创新能力的提升将是中国自主创新政策的重要挑战。私营企业如何从政府自主创新政策中得到更多的支持?OECD 对中国创新政策的建议就是中国更需要自下而上的创新决策,而非自上而下的创新决策,私营企业在自主创新方面应该发挥更重要的作用。

(3) 本土企业如何从外资企业获取更多的技术外溢?虽然大中型外资企业增加值已经达到 40%,但是外资企业似乎并没有给中国带来期望的技术转移和溢出效应。由于自主创新能力具有较强的内生性,虽然技术能力可以引进,但是创新能力不可引进。特别是随着产品复杂性的提升以及外资企业专利战略的实施,所谓外资企业新产品示范效应其实也在逐渐衰减。

11.2 全球化条件下的新型生产模式

11.2.1 新型生产模式的特征

20 世纪 90 年代以来,全球化迅速发展扩大了国际生产在世界经济中的作用,改变了国家之间的经济联系方式,使传统的国际贸易形式和性质发生了根本的变化。最重要的变化之一就是生产过程中国家间的内在联系日益紧密,中间产品贸易不断增加,形成了跨越许多国家的垂直性贸易链,一种商品的生产过程延伸为多个连续的生产阶段,每一个国家只在某个连续的特殊阶段进行专业化生产。很多学者对现实中所发生的、由越来越多的国家参与的特定产品生产过程不同环节或区段的生产或供应活动,并且对这种通过空间分散化的形式展开成跨区域、跨国界的新型生产方式冠以各种称呼。例如,Krugman(1996)称之为价值链切片,Hummels(2001)把它称为垂直专业化,Feentra(1998)采用了全球化经济中的生产非一体化的说法,而 Ernst 和 Kim(2002)则使用了全球生产网络这一概念。本章采用全球生产网络这一说法。全球生产网络的一个特点是:跨越国界的价值链分布形成了分层的参与者网络。具体表现在一些跨国的公司为使每一个经营环节都合理化,会在全球布置他们的生产体系。另一个特点是:它促进了知识扩散,使一些发展中国家的企业通过参与这种全球生产分工而获得新的知识(Ernst et al,2002),因而,也对创新产生了重要的影响。

与全球生产网络相关的一个重要概念是模块化(Modularization)。这种模块化是基于大规模条件下的产业零部件的标准化,功能部件的模块化。模块化使一个企业没有必要完成一个产业的所有模块,一些企业专职于产品的设计,一些企业专职于组装。如此,最终产业的生产已经变得越来越简单化了。计算机、家电、手机等产品的生产正呈现这样的趋势。模块化使生产原本需要在一个地点实现的过程变成了可以在全球实现的过程。例如,跨国公司从日本或者欧洲购买电子元器件,把它们运到苏州工业园生产加工成电子设备或电子消费品,然后再出口销售到欧美或其他国家。在这个例子中,跨国公司把苏州工业园作为其生产加工制造中心来看待。

模块化所带来的益处主要包括:第一,它降低了产品的开发成本,可将复杂的技术分解为若干模块实现,降低复杂性,并实现多个企业协作生产和开发;第二,模块化将产品分成几个子系统或模块,有利于发挥各制造商的专业化优势;第三,模块化的产品结构,提高了设计者、制造商和用户的灵活性,促进了全球化生产网络的实现;第四,模块化提高了产品的创新率,由于模块化将整个产品分解为几个子系统,一个子系统的升级不影响它与其他子系统的联结,这为各个子系统制造商专业化其产品生产和升级,打开了方便之门;第五,模块化使企业利用商业模式创新等形式提高竞争力。

11.2.2 新型生产模式与价值链锁定

发展中国家廉价的劳动力资源,必然驱使跨国公司将一些对成本敏感的低附加值生产环节扩散到以中国和印度为代表的低成本国家,结果东道国企业被锁定在价值链的低端。广东经济近些年出现的发展疲态,说明发展轨道的长期锁定必将导致经济增长的不可持续。

由于紧邻中国香港和澳门,广东借助早期港澳资金,利用本省及邻近省份的人口红利发展劳动密集型产业。在发展初期的确收到了很好的效果,也使广东经济从改革开放前的全国中游水平快速提升到发达省份行列,20世纪80年代末人均GDP超过江苏,并一直持续到21世纪初(表11-3)。可以说,这段时期是广东经济的黄金十年。广东的成功实践符合比较优势理论的基本逻辑:广东内资企业在外资企业示范效应带动下,起始阶段选择的大多是技术含量不高、资金需求不多、滚动发展能力较强的产业,而这些恰恰是广东经济最初的比较优势所在。

表11-3 广东、江苏和全国人均GDP数据

年份	1978	1980	1985	1987	1990	1995	2000	2005	2007	2008
全国	381	463	858	1 112	1 644	5 046	7 858	14 053	19 524	23 708
江苏	430	541	1 053	1 462	2 109	7 319	12 736	24 560	33 689	39 112
广东	369	480	1 025	1 443	2 484	8 129	11 765	24 435	32 713	37 588

数据来源:根据中国、广东和江苏相关年份统计年鉴计算而成.

然而依靠"三来一补"为主导的生产方式,使广东经济嵌入由跨国公司主导的全球代工生产网络。这种企业生存方式,以富士康为代表,主要进行为跨国公司代工的制造。他们不掌握设计,不掌握整个产品的核心技术,不掌握市场,利润微薄,处于微笑曲线最底下

的一个环节。由于中国劳动力市场的充分弹性，使得广东地区得以维持长期的低成本劳动力优势，奠定了广东发展外向型经济的特色。外向型的经济发展模式，由于过于强调比较优势战略，当劳动力和资本转向出口部门时，使可贸易的制造业部门不得不花费更大的代价来吸引劳动力，陷入或者陶醉于自己自然资源、成本或既有能力的比较优势而不能自拔，忽视创新在培育区域综合竞争能力方面的作用，容易引发所谓的"荷兰病"（the Dutch disease）[①]，甚至有可能落入比较优势陷阱。

一个非均衡的思维是依靠外资实现经济的快速发展，但本土创新能力得不到足够的重视。虽然出口导向的经济政策和模式有助于解决一个地区的劳动力就业和经济增长的问题，但是却造成相当多的广东企业依附于跨国公司，只需要专业于生产环节，无须积累其他的能力。当"只要外需能够有保障，企业就没有后顾之忧"成为企业经营的理念的时候，虽然暂时获得了静态的贸易利益，但是"由于发展中国家出口的多为劳动和资源密集产品，其贸易条件日益恶化，贸易的社会福利存在下降趋势，在特别情况下发展中国家的经济增长甚至是不幸的增长"（张为付，2006）。因此，广东的经济模式对国家的贸易政策非常敏感，对国外市场非常敏感，仍然沉溺于从广交会换取订单的企业发展模式。2009年金融危机爆发，广东面临的困难最重，因为企业要实现从劳动密集型、"三来一补"的发展模式，演进到创新的发展模式并非易事，这是一种发展轨道的锁定。发展轨道的锁定使一个区域传统生产要素还具有比较优势的时候，无法意识到比较优势陷阱的存在，很难优化和改变经济增长的模式。

因此，究竟应该怎样认识中国本土企业在全球生产网络分工中的价值，本土企业如何突破价值链的低端锁定，是本章讨论的一个重要话题。

11.2.3　只有加强创新，才能占据全球价值链的高端

企业的生产经营活动其实是一个价值创造过程，而每个环节的价值创造联结在一起，就形成了价值链。自20世纪80年代以来，全球竞争环境发生了重大变化，产业全球化趋势日益明显。信息技术、装备制造、汽车、医药、钢铁等技术推动明显的产业，也恰恰是全球化程度高的产业。在经济全球化条件下，企业价值链已经超越了国家的边界，形成了全球价值链。跨国公司是全球价值链的主导者，跨国公司的产业转移构成了全球价值链演变的主流。

目前，在购买者驱动型产业价值链中，中国等发展中国家已经成为跨国渠道商、采购商和品牌制造商的生产基地。生产者驱动型产业的全球价值链则比较复杂。这主要表现在两个方面：第一个方面是制造链复杂，涉及的相关产业多；第二个方面是企业的服务供

---

① 荷兰病是指一国特别是指中小国家经济的某一初级产品部门异常繁荣而导致其他部门的衰落的现象。20世纪60年代，已是制成品出口主要国家的荷兰发现大量天然气，荷兰政府大力发展天然气业，出口剧增，国际收支出现顺差，经济显现繁荣景象。可是，蓬勃发展的天然气业却严重打击了荷兰的农业和其他工业部门，削弱了出口行业的国际竞争力，到20世纪70年代，荷兰遭受到通货膨胀上升、制成品出口下降、收入增长率降低、失业率增加的困扰，这种资源产业在"繁荣"时期价格膨胀是以牺牲其他行业为代价的现象，国际上称之为"荷兰病"。荷兰病可能是一种普遍的现象，适用于所有"享受"初级产品出口急剧增加的国家。

应链体系在产品的设计、销售和维修等方面起到了核心作用,越来越多的跨国制造商向服务供应链一体化方向发展,服务成为利润的主要来源。包括信息产业、装备制造、汽车、医药等在内的生产驱动型产业是全球化程度较高的产业,也是创新程度较高的产业,是全球化条件下中国企业自主创新的重点领域。

创新的核心是根据国内企业参与国际竞争的需要,掌握技术发展方向和研究开发主导权,最终目的是提高国内企业的国际竞争力。在全球价值链中,企业创新的总体目标是要从价值链的低端向高端移动。企业要提高其在全球价值链中的地位,必须要通过创新来实现。

然而中国企业在向全球价值链高端前进的过程,主要遇到三个方面的问题:首先,国内企业普遍缺乏自身的核心技术、创新能力较低。虽然中国企业的生产能力较强、产业规模较大,但是技术和经济能力却远远落后于国家的发展水平,技术和技术能力薄弱已经成为中国经济的一个软肋。绝大多数中国企业的核心技术没有在引进中培养起来。在全球化竞争中,中国企业的弱势不仅在资本实力和产业规模,更重要的是缺乏核心竞争力,多年来中国企业就有重硬件、轻软件,重生产能力扩张、轻技术创新投入的弊病,到现在中国企业技术对外依存度仍高达 60%～70%。企业要想更多分享全球化利益,就必须以自己的战略为目标走出去,整合全球的资源,使自己站到各个产业的龙头地位,成为全球产业链、价值链的组织者,或者是关键技术、关键零部件的提供者,核心技术是核心竞争力的核心。

其次,国内企业对全球价值链的控制能力还很薄弱。到目前为止,"引进来"还是中国企业参与全球化的主要形式,这种形式从微观层面来看,是跨国公司以它的全球战略为目标,以资本、技术、品牌、市场以及关键零部件等实力,来整合中国的产业、企业和资源。在这种模式下,跨国公司处于主导地位,也分享了更多的经济利益。目前,由于国内企业产品的销售额有限,没有核心技术,同时国内企业还没有形成技术、服务等战略联盟,在各个环节都存在着风险,国内企业对价值链的控制能力以及企业战略联盟的形成能力相当弱。

最后,自主创新需要经济驱动力,政府如何推动创新的市场化环境建设,并做好宏观引导,是新时期中国自主创新战略面临的一项挑战。要促使更多企业选择创新驱动型的发展模式,必须依靠市场的力量。资源依赖型的发展环境导致企业自主创新的激励不足,需要政府完善创新的市场化环境建设。技术创新是一个高风险的活动。因此,政府和企业的技术创新风险分担机制直接影响企业技术创新的动力。

11.3 跨国公司在中国及对中国创新的影响

自改革开放以来,中国引进了大量的外资,外资通过竞争效应、示范效应、关联效应、知识转移等途径对中国的国家创新系统产生了积极的影响。但是总体看来,外资在促进了中国企业的制造、管理、规模生产能力提高的同时,中国企业的技术创新能力却并未得到有效的提升,中国的技术发展水平远远落后于经济发展,并且这个问题越来越受到中国各层面的关注。2006 年,中国政府提出了"自主创新"的科技发展规划,但是如何从追赶型的国家转变为创新导向的国家,特别是在全球化的机遇和挑战中,跨国公司到底在中国经济发展过程起到何种积极的作用？如何处理好技术引进与自主创新的关系仍然是中国当前思考全球化背景下国家战略的重要议题。

11.3.1 跨国公司在中国经济发展中的作用

在宏观层面,跨国公司在中国经济发展中的作用反映在各项经济指标(GDP、出口、投资、就业、研发)的快速增长上(表11-4)。可以这样说,外资企业已经在中国经济各个方面占有1/3的比重。在产业和区域层面,跨国公司的进入提高了中国相关产业的集中度,加速了市场竞争和进入壁垒的提高,同时在区域产业集群中发挥着重要的示范、竞争、联系效应。在微观层面,跨国公司通过与本土企业的合作、竞争,对本土企业的技术创新、运营管理、企业文化等方面也产生了深远的影响。同时,跨国公司对中国部分产业的垄断,例如,在中国的软件市场高度开放,几乎每个细分领域(政府采购、电信、金融)中的领先厂商都是跨国公司以及对本土企业的挤出效应,也引起了国内许多学者的忧虑。

表 11-4　1998—2004 年外资企业在中国经济中的作用

年份	外资企业数量/家	在大中型企业中的比重/%	在增加值中的比重/%	研发支出比重/%	技术进口比重/%	出口比重/%	就业比重/%
1998	3 489	22	26	21	20	58	14
1999	3 764	23	28	23	16	61	16
2000	4 221	25	30	20	19	63	18
2001	4 585	27	31	23	28	66	20
2002	5 327	29	33	23	24	68	23
2003	6 512	31	36	25	27	71	27
2004	8 745	36	40	29	48	76	34

资料来源：Lundin et al.，2007.

目前,中国不仅是研发的重要来源,而且是对国际公司的研发活动具有很强吸引力的地方。跨国公司对中国的 R&D 资源转移始于 1994 年加拿大北方电讯在北京设立第一家研究机构,此后,微软、英特尔、朗讯、诺基亚、通用电气、西门子、飞利浦、本田、索尼等世界 500 强企业陆续在中国设立了研发机构。据中国商务部统计,跨国公司在中国设立的研发机构已由 2001 年不足 200 家增加到 2006 年的 1 160 家。最近几年,大型跨国企业已经开始将创新研发放在中国。由 Serger(2007)进行的研究发现,大约 40 家大型的跨国公司当前拥有 70 家机构在中国进行创新性研发活动。跨国公司的研发投入主要集中于高技术行业,如通信设备、计算机及其他电子设备制造业,交通运输设备制造业,电气机械及器材制造业,通用设备制造业。2006 年这四个行业的科技经费投入占整个制造业的 69%。

从外资企业集中的制造业来看,与国内企业相比,外资企业的科技经费投入更多地来自企业自身,用于新产品开发的科技经费所占比重,新产品销售收入所占比重曾经普遍高于国内企业,但近几年差距越来越小(表11-5)。

表 11-5　制造业中国内企业与外资企业在创新方面的差异比较

年份	新产品销售收入/%		来自企业科技经费/%		新产品开发科技经费/%	
	国内企业	外资企业	国内企业	外资企业	国内企业	外资企业
2000	15.8	27.8	80.0	83.3	41.0	66.3
2001	16.1	23.8	82.5	89.0	42.5	45.2
2002	19.7	24.4	82.5	88.9	44.3	46.6
2003	20.1	19.5	87.1	90.5	41.7	45.2
2004	12.3	14.8	83.2	92.3	48.0	22.4
2005	17.0	17.3	86.9	92.2	56.7	59.0

资料来源：各年《中国科技统计年鉴》。

由于加剧的竞争带来的短期调整的代价，以及明显缺乏从跨国公司到国内企业的技术外溢，中国新的外商直接投资发展仍然是存在争论的问题。从生产率提升的角度来研究 FDI 与中国生产率增长之间的关系，会无一例外地发现外资对中国生产率增长的贡献为正。但是从企业层面的实证研究得出的结论却不乐观。王春法（2004）对北京、上海、东莞、苏州四个城市的跨国公司和本土企业的调查显示，大部分跨国公司的技术活动依附于母公司，是技术的接受者和应用者，而不是技术的创造者。跨国公司子公司与本土企业、研究机构的技术联系较弱，技术溢出效应不显著。许多学者认为，跨国公司技术外溢的微观效率不高，受到中国本土企业吸收能力、产业结构特点、跨国公司战略的多种因素影响。

另外，据调查，跨国公司的研发人员主要来源于中国，而且是中国最优秀的技术人才（柳卸林，2003）。这些人力资本通过"干中学"效应也得到更大程度的增值。人力资本的流动促进了缄默知识（tacit knowledge）在国家创新系统中的流动。我们对摩托罗拉中国研究院的调研也证实了这一点，摩托罗拉认为对中国企业最主要的知识流动来自于技术人员、高级管理人员在跨国公司与本国企业间的流动。不过许多学者认为，由于跨国公司待遇优厚、管理规范、学习新技术的机会较多，很多优秀的本土人才和海归人员被吸引到跨国公司，使本土企业在人才竞争方面处于劣势。

11.3.2　跨国公司与其他部门的联系及知识流动

当观察中国创新体系中的外资企业及对其影响评价时，现有的文献至今主要是集中在投入方面，而对外资企业与当地联系及其研发产出进行研究很少。此外，当外资企业加强其在中国的研发活动时，在实物与隐性的方面产出结果对中国创新体系创新能力的发展都具有很重要的影响（Lundin et al.，2007）。

1. 跨国公司与中国企业的联系

虽然跨国公司进入中国已经有 20 多年的时间，但是与本国企业的技术联系还很弱（王春法，2004）。由于产业特征、跨国公司特征、本土企业学习能力的不同，跨国公司与本国企业的联系也有很大差异。

跨国公司进入中国主要是为了接近中国庞大的市场以及低廉的劳动力成本，主要投资于劳动力密集的制造产业，许多外资集聚的地区都表现出了为跨国公司"代理加工"的特点。这些独资或合资的工厂，主要从国外采购先进技术设备和主要的零部件，中国的供应商大都处于供应链的下游,与跨国公司之间主要表现为单纯的买卖关系,大都被排除在跨国公司供应商发展计划之外。例如,位于中国无锡的希捷(无锡)公司(独资公司),其只能定位于美国技术的本土转化,大部分零部件直接从美国进口(2004年达到64%),本土供应商供应大都供应小规模、标准化的零部件,被排除在希捷公司的供应商评价系统之外。

跨国公司对中国境内不同企业的联系也表现出了极大的差异性。张海洋(2004)运用面板数据,以广东为例分析了外资溢出效应与竞争效应对中国工业部门的影响。研究表明,外资企业对国有和集体企业有正向的溢出效应和负向的竞争效应,但对私营企业、外资企业的溢出效应及竞争效应都为正。梁正等人(2008)对北京的38家跨国公司独资研发机构进行了问卷调查,结果显示这些研发机构与其在中国的关联企业的联系较多,而与国内其他企业的联系较少,并且联系频率一般,如图11-1所示。

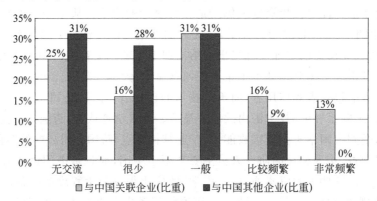

图11-1　北京38家跨国公司独资研发机构与中国企业的知识交流情况

资料来源:梁正,等,2008.

近几年,本国一部分实力较强的企业加强了与跨国公司的合作与联盟。许多本土企业展开了与跨国公司的合作研发活动(华为、海尔、长安、小天鹅等),与合作企业形成了积极的互动的技术联系。另外,中国企业还通过与跨国公司建立产业联盟实现了中外企业的优势互补。例如,中国移动与VADAVON,DOCOMO等建立了在第四代移动通信的联盟;华为与摩托罗拉、BIM、英特尔、ALTERA、SUN等世界一流企业成立联合实验室,广泛开展技术与市场方面的合作。

2. 跨国公司与中国大学、研究机构的联系

相对于国内其他创新主体而言,中国高校和科研机构在很多学科领域的研究接近或达到了国际领先水平,而高校所具有的优质人才资源和社会影响力对于跨国公司具有相当的吸引力。跨国公司在华研发机构与中国高校、科研机构以及企业之间的知识互动,是它们与中国创新主体交流最重要的方面(薛澜,2002;柳卸林,2003)。据薛澜(2005)的调查,截至2005年年底,来自14个国家的97家跨国公司与中国36所重点高校成立了202家联合研发机构,合作领域主要集中在IT产业,合作的规模一般在100万~500万元人民币之间,经费来源上一半是外方出资,还有一部分是双方出资或第三方委托。

跨国公司与中国高校、科研院所的联系也表现出了较大的差异性。在梁正等人

(2008)对北京的38个跨国公司研发机构的问卷调查中,反映与中国的高校和科研院所知识联系频繁的占总样本的53%,没有交流的占34%,这与跨国公司在华的研发战略有很大关系。实证研究表明"新产品开发战略"的跨国公司较"技术支持与工艺改造战略"的跨国公司更愿意与本国高校、研究机构产生知识流动。Lundin等人(2007)对中国境内的本土企业和外资企业的技术外包进行了研究,发现企业外包中面向大学和科研院所的部分增长不显著,但面向企业的外包增长非常显著。这其中,本土企业比外资企业更愿意将研发外包给高校和科研机构,如图11-2所示。

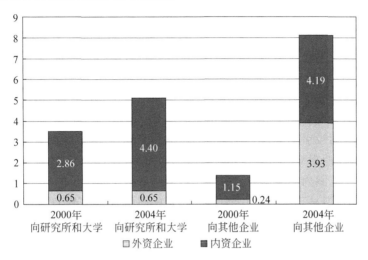

图11-2　2000年和2004年根据所有权划分的外包活动(单位:10亿元)

数据来源:Lundin et al.,2007.

跨国公司与中国高校、科研机构之间知识的流动主要体现在人才培养、流动以及合作开发中的技术溢出方面。跨国公司与中国大学和科研机构的合作包括设备和资金捐赠、合作研究项目、建立联合研发机构等多种形式在内的技术合作活动。国际著名跨国公司更愿意与中国实力雄厚的大学合作。IBM公司从1995年起已向中国高校无偿提供了价值人民币15亿元的计算机设备、软件、人员支持、科研经费、奖学奖及奖教金协助发展高校的教育,与50多所中国知名高校建立了合作关系,成立了多家技术合作机构。并通过"共享大学研究资助项目"(Shared University Research Program)与全国22所高校开展了50个联合研究项目。微软公司在华主要研发机构——亚洲研究院与中国5所高校建立的5所"联合研究实验室"自成立以来先后共开展了40多个科研合作项目,在国际、国内学术会议及刊物共同发表了240多篇高水平的学术论文。

经过30多年的改革开放,不可否认跨国公司在中国国家创新系统中的作用在不断增长。跨国公司在华机构具有跨国公司母国与东道国国家创新系统的双重性质,是连通跨国公司母国与中国国家创新系统的桥梁和纽带,对中国国家创新系统在补充系统组成、优化系统结构和功能等方面有着重要的促进作用,其知识外溢效应有助于中国技术水平的提高和管理、制度知识的积累。但是,由于历史原因、跨国公司自身原因、本土企业原因,跨国公司在中国国家创新系统中也存在负面影响。

首先是知识溢出效应。跨国公司在华设立的研究与开发机构在具体的研发活动中与国内的大学、科研机构和相关企业保持协作关系，通过研发过程中的关联提高那些与之协作的大学、研究机构和企业的技术水平，使得我国国家创新系统的基础知识源得到提高。跨国公司在华机构拥有先进的创新体系以及先进的管理体系和方法，不仅带来了先进的技术，还带来了先进的科技管理方法和思想，使得管理知识也外溢到我国国家创新系统中来。

其次是竞争效应。跨国公司的进入对本土企业产生了竞争效应，间接促进了中国本土企业的技术效率。

最后，跨国公司的投资为中国的国家创新系统提供了大量的资金支持。

当然，就像硬币的正反面，跨国公司的进入对国家创新系统也产生了一定的负面影响。这主要表现为对本土企业的挤出效应。首先，跨国公司在一些行业的垄断挤出了部分本土企业，同时一些跨国公司在技术上对中国企业实行封锁，或严格控制核心技术的扩散，使得许多中国企业在技术吸收和市场竞争中处于不利地位；

其次，跨国公司吸引了中国非常优秀的研发和管理人才，也间接造成了对中国本土企业在人才引进方面的阻碍。跨国公司研发机构吸引了国内研发人才向这些机构的单向流动，一些属于保密范围内的技术和研究项目也可能随着主要人员的流动而流失。

世界各国的发展早已深深嵌入全球化之中，中国作为加入WTO的发展中国家，跨国公司在中国国家创新系统中的作用一定还会发生深远的影响。但是，深入研究跨国公司的作用机理、创造良好的创新平台、促进本土企业的创新能力，这些问题还有待进一步的研究。

11.4　中国企业的全球化与创新

随着中国企业能力的不断提高，中国企业开始在国际舞台上扮演角色。越来越多的企业走出国门，在国外设立自己的企业，如华为，中兴等公司，或在国际上进行大规模的兼并，从国有大型企业走出去获得资源，到后来的中国企业在国际上掀起的购并潮，如联想购并IBM的计算机事业部，吉利兼并沃尔沃，越来越多的应用国际合作与战略联盟充分说明，中国企业已经懂得如何利用全球的资源进行发展和创新了。在这一过程中，中国企业作为一个新手，不具备那些国际大公司的国际经验，但中国走出去的速度非常快，这对相关的理论，如邓宁(Dunning,1998)的国际化理论，都构成了一定的挑战。

在中国企业的国际化过程中，一种新型的战略创新与组织创新正在涌现。中国企业不具有传统国际化理论中的资源优势、产权优势(Dunning,1998)，规模优势，但仍然在不断拓展国际化的水平，并取得了很好的成绩。正如 Mathews(2006)所说，后发国家的企业国际化正用联系(linkage)、学习(learning)和杠杆(leverage)的三大战略来弥补自身的不足。在一个全球生产网络、生产、物流、产品开发和服务可以在知识和成本的索引下进行全球配置的前提下，中国企业很好地发挥了这种能力，远比日本的跨国公司做得更好。

在本土企业走向全球市场的过程中，并非都是产品先行，部分企业以产业链下游服务环节作为切入点，逐步走向国际市场。以宝钢为例，通过先构建营销和服务网络，熟悉市场以后，再进行投资建厂等更进一步国际化的举措。宝钢在新兴市场国家投资建设钢材加工中心，扩大汽车板等高附加值钢材的深加工能力。2012年，宝钢与韩国GM的合作商GNS合作，在韩国建立汽车用冷轧销售服务中心(SSC)，同时与日本三井合资，整合全球钢材配送服务体系。

中国企业还特别重视跨国并购，以获得自己缺乏的技术能力。跨国并购可分为横向并购、纵向并购和联合并购三种类型。横向并购可获取主营业务技术，为后续的技术创新打下基础的同时，避免受制于主营业务技术的市场垄断力；纵向并购可获取与主营业务相关的上下游技术，有利于节省企业的交易成本、开发新产品、新技术，利于企业进行国际一体化经营；联合并购可获取非相关技术，主要用于协助企业进行战略转型。以工程机械行业为例，据不完全统计，2012年中国装备制造业公司已经成功并购了四家德国企业，三一重工股份全资收购德国普茨迈斯特股份有限公司100%股权，徐州工程机械集团有限公司收购了德国施维英公司52%的股权，山东重工收购林德液压公司70%的股权，苏州信能精密机械有限公司成功收购德国Degen机械设备制造有限公司51%的股权。跨国并购获取的技术要素和渠道资源可以快速被企业生产经营系统吸收利用，促进企业技术水平和竞争力的迅速提高。同时，为企业节省相应的研发成本，促进企业进行技术的再创新，产生技术的持续创新能力。

从对外依赖程度角度分析，目前可以将中国企业经常采用的海外研发投资模式分为三种：独立研发（即在海外设立独立的研发中心）、跨国技术联盟和跨国技术并购。

1. 独立的海外研发中心

通过采购当地先进的设备，雇用当地技术人员，越来越多的中国企业选择在海外设立独立的研发中心来解决企业在技术上的难题，弥补本企业技术与当地技术之间的差距。应该说，设立独立的研发中心是一条获得当地先进技术的捷径，但东道国昂贵的成本制约了它的发展。例如，2007年，我国的海信集团在欧洲设立了首个独立研发中心，使其企业的技术水平得到近一步的提升。但是，欧洲高昂的人力成本，也使海信付出了相当大的代价，能否取得预期的成果，还是一个未知数。因此，中国企业在决定设立海外研发中心时，应充分权衡利弊，综合企业的市场和资本运作能力，考虑企业预期取得的利润能否支付海外研发中心运行的必要开支，切忌盲目跟风，否则会使企业陷入两难的境地。

2. 跨国技术联盟

跨国技术联盟是指我国企业与国外企业在优势互补、利益共享的前提下共同投入资金对技术进行合作开发。例如，我国的海尔集团，与世界知名大公司和科研机构合作，先后成立了48个联合研究中心，使其技术得以在国际上保持领先。由于中国企业大部分不具备自主创新能力，独立研发又需要投入相当大的资本和很长的时间。另外，很多国家和地区出于政治上的因素或为保持本国企业在技术上的比较优势，往往出台政策鼓励跨国技术联盟的发展。通过建立跨国技术联盟，使双方的资源合理配置、充分利用。借助与联盟企业的合作，获取我国企业需要的技术，通过信息的传递，缩小了我国企业与国际大企业之间的技术差距。同时，由于技术联盟优势互补的原则，双方企业都可以节约一部分研发成本。因此，与国外企业共同开发、合作创新成为我国企业低成本进行海外研发投资的新选择。但是，因为中国的高新技术企业无论从规模还是技术水平上，都无法与发达国家的跨国企业相提并论,很难与它们形成平等的合作关系。在结成技术联盟后,由于国外企业在技术上的优势,很容易使我国企业过分依赖国外技术而丧失自己的优势。我国企业必须在已有的优势技术上,加大研发投入,保持技术领先,才能避免在技术联盟中对国外技术的过度依赖。

3. 跨国技术并购

这里的跨国技术并购指我国企业为获得国外先进技术,通过资金的投入购买他国企业的整个资产或足以得到对方企业控制权的股份,以达到获取目标企业核心技术的目的。跨国技术并购可以使我国企业有效地避开国外知识产权保护的壁垒,迅速取得国外企业保护严格的核心技术。跨国技术并购是最为迅速的一种取得国外核心技术的方式,但并非一买永逸。例如,2001年,我国的华立集团重金购买了飞利浦在美国的CDMA项目,据称就此进入了CDMA芯片的核心领域,但过后的几年间,华立CDMA并没有进入市场主流,究其原因,飞利浦与CDMA行业巨头——高通之间有一些承诺不向第三方公开的秘密交叉协议和授权协议,华立并没有因为收购了飞利浦在美国的CDMA项目而获得相关核心技术,蒙受了巨大损失。2004年,TCL集团收购了汤姆逊彩电业务,获取了其数字电视的核心技术,但由于难以转化为实际产品,TCL在收购后很长一段时间内都处于亏损的境地。因此,我们必须在并购前做好对对方企业核心技术深入细致的调查工作,考查本企业对对方技术的消化和吸收能力,避免类似情况的发生。

总的而言,全球化已经不再是发达国家的跨国公司成为主角,发展中国家的企业已经开始扮演重要角色,且采用的模式也与发达国家的企业有所不同,这呼唤新的国际化理论的出现,以解释发生的新现象。

我国企业在海外研发投资上采用何种模式,取决于企业自身资金、技术状况和企业的自身目标定位。以获取国外先进技术为手段,立足于企业自主创新能力的提升才是企业海外研发投资的根本目的。

11.5 全球竞争的新规则与创新

在全球化过程中,有关贸易的规则对全球化进程中企业的行为和国家的行为起着重要的调节作用。中国政府和企业需要学习和运用这种规则,为企业的国际化保驾护航。

1994年世贸组织通过的《与贸易有关的知识产权协议》(以下简称TRIPS)中明确提出了对知识产权的保护与权利行使,目的是促进技术的革新、技术的转让与技术的传播,以有利于社会及经济福利的方式去促进技术知识的生产者与使用者互利,并促进权利与义务的平衡。TRIPS协议实际上制定了在全球化过程中技术转让和传播的新规则。然而,在知识产权领域,发展中国家与发达国家的水平存在巨大的差异,发达国家在世界范围内占有绝大多数专利(大约95%)。作为所有WTO成员都必须加入的国际知识产权条约,中国是否从TRIPS协议这样的国际新规则中获益,非常值得我们关注。

随着知识产权保护最低标准的广泛引入,TRIPS要求发展中国家在知识产权保护方面做出重大改革。对发展中国家而言,当前最大的任务是改善知识产权保护制度,使得知识产权成为促进技术创新的有力工具。同时,专利制度给予企业在国外申请他们的重要发明的激励从而使得该发明能成为国际贸易的客体,也使其在转移时没有太大的风险,所以发达国家认为专利是激励技术转移的前提条件。同时,为了使公众了解专利的情况,并在专利届满后,使公众可以自由使用该发明,TRIPS协议要求专利申请方必须清楚与完成的披露其发明,以使同一技术领域的人员能实施该发明,同时可以要求申请人披露实施该发明的最佳方案。

从全球范围来看,绝大部分技术创新成果来自发达国家,发展中国家的创新活动只是处于次要和从属的地位。理论上认为,一个有效的技术转移机制通常会产生两个效应:一个是由于跨国公司的进入在东道国市场引进竞争,迫使国内同类企业采用更有效率的生产和管理手段,内外资企业之间的技术差距逐渐缩小而产生的趋同效应;一个是由于跨国公司通过示范效应加快国内企业采用新技术的速度,外资作为一个新的优势群体进入后所起的触媒效应(杨先明,2000)。

其中,一个有效的技术转移机制的实现路径就是通过复制和效仿等手段,直接将外国的产品设计等技术知识运用于本国的产品设计、生产过程中。那么,在TRIPS协议下,跨国公司在华专利行为是否有助于这个路径的实施呢?为此,我们分析了2007年江苏和上海申请专利最多的前10强企业的特征(数据结果见表11-6),目的是分析跨国公司是否利用TRIPS协议,而违背发展中国家对技术提供知识产权保护的初衷。

表11-6　2007年江苏和上海发明专利申请量的前10强企业

江苏		上海	
公司名称	发明专利申请量/项	公司名称	发明专利申请量/项
富士康(昆山)电脑接插件有限公司	700	上海乐金广电电子有限公司	1 478
泰州乐金电子冷机有限公司	269	宝山钢铁股份有限公司	1 030
南京LG新港显示有限公司	116	上海华虹NEC电子有限公司	682
扬子石油化工股份有限公司	101	英华达(上海)电子有限公司	383
中国石化仪征化纤股份有限公司	74	上海贝尔阿尔卡特股份有限公司	366
苏州三星电子电脑有限公司	73	中国石化上海石油化工股份有限公司	322
扬子江药业集团有限公司	68	沪东中华造船(集团)有限公司	88
苏州三星电子有限公司	67	上海三菱电梯有限公司	83
苏州佳世达电通有限公司	44	上海迪比特实业有限公司	81
江苏沙钢集团有限公司	36	上海华谊丙烯酸有限公司	75

数据来源:据2008年江苏省和上海市统计年鉴,以及国家知识产权局专利数据库整理而成。

江苏和上海两地的外资企业发明专利申请量都存在一个有意思的现象,就是外资企业要么发明专利申请量极高,要么没有任何或者只有极少的发明专利申请量。例如,富士康(昆山)电脑接插件有限公司和上海乐金广电电子有限公司发明专利申请量非常多,分别占到2007年江苏和上海申请专利前10名企业从1985年到2008年全部发明专利申请量的27.3%和45.2%,与此形成对照的是,巴斯夫、日立、克房伯、3M、强生、京瓷、英特尔、东芝、夏普、大金、柯达、飞利浦等这些跨国公司在江苏和上海企业没有提出任何发明专利申请。这种很大数量的专利申请来自小部分的跨国公司引起了巨大的关注,这种关注是关于它们在中国创新能力构建中的战略问题。

虽然跨国公司在华申请大量的专利,而且根据 TRIPS 协议,公众在专利届满后自由使用该发明。然而,专利申请中的一般技术人员实际上很少能够让发明直接可以运用到工业实际中。Kim(2002)也认为强有力的知识产权保护并不一定会引起发展中国家从事研发的积极性,因而也不一定带来发展中国家科学技术的进步。跨国公司往往借助对可能或潜在的技术进行全面的专利保护,以达到其抑制对手、全面垄断的目的;同样出于垄断的目的,甚至不惜采用将公共技术稍加改动即申请专利的手段达到抑制中国本土企业发展的目的。

显然,随着 TRIPS 的实施,通过直接的复制和效仿实现科技创新和经济增长的路径,对中国来说已不可行。TRIPS 对知识产权的保护规定了各成员的最低保护标准,对中国而言,TRIPS 使知识产权保护力度大大加强。TRIPS 所确定的知识产权保护的国际框架影响到技术的获得和使用条件以及中国产业和技术发展的模式,反向设计和其他模仿创新的方法因而受到限制。

因而,从总体上来看,TRIPS 协议既没有使得发展中国家获得有效的技术转移(UNCTAD,2005),也没有实现有效的技术披露,相反却设置了全球竞争的新规则,这似乎违背发展中国家对技术提供知识产权保护的初衷。

一般情况下,发展中国家的技术创新很大程度上是从发达国家引进先进的技术,本国的产业对外国的先进技术进行吸收,扩大本国的技术知识存量,加强本国的自主创新能力,进而以本国技术水平的提高实现国内产业的发展升级。整个过程需要发展中国家具备一定的技术知识储备和研发能力,以及能够将隐含知识转化为本国技术知识存量的能力。此外,治理结构的完善也是 TRIPS 的实施对国家产生积极影响的前提,私营部门潜在的革新能力一经知识产权制度提供专利保护就会得到释放。

现在,各类多边贸易协定正成为全球化的新规则。2014 年,中国计划参加 TPP 谈判。跨太平洋伙伴关系协定(Trans-Pacific Partnership Agreement,TPP),被称为小型 WTO,已有 11 个成员,还有参加谈判的;特点:范围宽,涵盖货物与服务;谈判共涉及以下议题:农业、劳工、环境、政府采购、投资、知识产权保护、服务贸易、原产地标准、保障措施、技术性贸易壁垒(TBT)、卫生和植物卫生措施(SPS)、透明度、文本整合等。中国参加了 TISA 谈判,新的服务贸易协定(Trade-In-Services Agreement,TISA);目标是超越 GATS,高标准的开放与保护,服务出口的 4 种方式都涉及,原因是对"多哈回合"失望;WTO 可能被边缘化,但估计不会被废弃。

WTO 五大基本原则如下:最惠国待遇、国民待遇、透明度、自由贸易、公平竞争。前两个合称非歧视原则。近几年,国际贸易争端开始增多,我国与其他国家争端主要涉及的 6 个问题:(1)财政补贴。相当多的西方国家认为我国对出口的产品给予了太多的补贴,造成不公平竞争。(2)政府采购。对一个国家的政府采购应该采用什么标准,也是争议的问题。如我国的政府采购是否可以按照我国标准认定的自主创新标准的产品,就出现了与西方国家的争议。(3)科技企业认定。我国用自主知识产权标准认定一些企业为科技型企业,并享受税惠待遇。但西方国家企业对此不认同。(4)知识产权。知识产权一直是一个非常有争议的问题,西方国家认为我们的知识产权制度保护不力,损害了他们的利益。(5)市场准入。如服务贸易是否应该开放,也是一直争论的问题。(6)金融税收。

我国要学习、运用这些规则,同时还需要参与新规则的制订,才能在全球化过程中形成双赢或多赢的局面。

在国际竞争格局中,中国需要参与全球贸易规则的制订体系。否则,我们将失去话语权,被一些标准锁定。

在 TD-SCDMA 成为国际通信标准的过程中,我们都看到政府在其中发挥的作用,也说明了参与国际规则制订的重要性。

中国政府在 TD-SCDMA 标准产业化进程中发挥了不可替代的关键作用,在发展的 6 个阶段进行了不同的支持,而且动态调整支持、资源供给的类型和方式。

第一阶段,政府在协调 TD-SCDMA 标准研究资源、能力方面处于核心位置,为了争取中国提交的标准能够被国际标准组织认可,政府积极整合资源、沟通标准研发主体和运营商,并且协调不同标准主体间的矛盾,避免两败俱伤。

第二阶段,在 TD-SCDMA 标准得到国际组织认可后,政府也将目标设定到发展基于中国自主标准的 3G 产业方面,积极促进标准技术的研发,并且为 TD-SCDMA 标准划分了总计 155MHz 的非对称频段这一不可再生的资源,强力支持 TD-SCDMA 标准。给予 TD-SCDMA 标准产业资源的同时,也给了相关主体来自政府方面的坚定支持 TD-SCDMA 标准的信号和信心。

第三阶段,政府及主管部门,积极关注产业化进程,组织外场测试,跟踪、掌握产业化状况,并且在不同场合给予各种形式的声援、支持和肯定。

第四阶段,在设备厂商研发进入攻坚阶段,研发资金链面临困难时,及时给予专项资金的支持,同时,TD-SCDMA 标准产业化、商用化也从主管部门的关注上升到国家领导人的关注,TD-SCDMA 产业发展体现了国家利益。

第五阶段,TD-SCDMA 标准及其产业化成为国家"科技创新重大成就展"重要成果,并且基于"TD-SCDMA 具备大规模独立组网能力"的测试结论,信息产业部正式将 TD-SCDMA 标准颁布为中国通信行业国家标准,政府在权衡各种因素的情况下,给予了 TD-SCDMA 商用的现实机会,政府代表运营商进行了第一轮次的市场选择。同时政府也积极协调为 TD-SCDMA 商用机会寻找海外市场。

第六阶段,信息产业部将 TD-SCDMA 牌照正式发放给中国实力最强的移动运营商——中国移动。中国政府在 TD-SCDMA 标准产业化中的作用见表 11-7。

表 11-7　中国政府在 TD-SCDMA 标准产业化中的作用

阶段	政府作用	投入资源类型	支持方式
阶段 1	标准研发资源的整合、标准的提交,以及国内不同标准的协调	政策	组织、协调、沟通
阶段 2	信息产业部为 TD-SCDMA 标准划分了踪迹 155MHz 的非对称频段,强力支持 TD-SCDMA 技术标准	政策、频率资源	政策供给、频率分配
阶段 3	信息产业部宣布 MTNet 外场测试技术	政策、时间	政策供给、把握牌照发放
阶段 4	2004 年 2 月,国家发改委批复 TD-SCDMA 的研究开发和产业化专项	政策、时间、资金	政策供给、资金注入、把握牌照发放

续表

阶段	政府作用	投入资源类型	支持方式
阶段 5	2006年1月25日,信息产业部正式将TD-SCDMA标准颁布为中国通信行业国家标准	政策、市场、时间	颁布标准、把握牌照发放
阶段 6	2006年4月1日,信息产业部开始将TD-SCDMA牌照正式发放给中国实力最强的移动运营商——中国移动	政策、资金	政策供给

资料来源:谭劲松,林润. 2006. TD-SCDMA与电信行业标准竞争的战略选择. 管理世界.

在我们看到政府政策资源支持、有形资源投入的同时,鉴于TD-SCDMA与其他两个标准在初期产业链成熟度上的差距,政府给予了TD-SCDMA标准产业主体最宝贵的时间资源,通过把握牌照发放时机,使得后起的TD-SCDMA标准有了研发技术、完善产业链、缩短与其他标准的差距并且提高商用能力时间。所以政府对于3G产业标准制式的选择,牌照发放时间的掌握,给予TD-SCDMA标准的发展时间是最宝贵的资源。而且发改委、科技部、工信部等官员,在不同场合都明确表达了支持TD-SCDMA发展,支持中国民族产业发展的观点。同时也促使国外的运营商和设备商都明白了一个道理,TD-SCDMA一天不能商用化,中国政府就会推迟一天发放3G牌照。也就是说,想要中国政府加快3G进程,首先应当帮助TD-SCDMA尽快成熟起来。

TD-SCDMA技术是在质疑声中发展的。在发展萌芽阶段,TD-SCDMA技术的市场不确定性、互补创新不确定性、系统整合不确定性、问题解决短视导致的不确定性以及通过需求测试的不确定性与已有技术竞争而产生的不确定性等因素,导致合作研究机构成员的合作动机呈现明显起伏状态,原来的合作成员中间退出,新的合作研发机构进入。但是中国政府应用联盟策略,使基于TD-SCDMA标准的产业主体实力一步步提升,上游产业链日益完善,实现了对于下游客户的吸引和锁定,该联盟在TD-SCDMA发展相对滞后的基础上,在成立之后仅仅2~3年的时间内,就基本上实现了对整个产业的覆盖。特别是把TD-SCDMA的牌照发放给中国实力最强的通信运营商——中国移动,这些措施的确是比较成功的。

尽管我国的TD-SCDMA标准在产业上还谈不上很成功,但中国在TD-LTE基础上形成了TD-LTE-Advanced技术方案,并已经成为4G标准。在TD-SCDMA发展过程中,出现一个值得关注的现象,就是中国移动一方面要把TD-SCDMA网络建设成全球最大的3G网络。而另一方面也开始介入甚至主导TD-LTE技术研发工作,并且从TD公司挖来不少相关的工程师。

11.6 结　　语

科技与创新的全球化对发达国家和发展中国家都产生了多重影响。第一,发达国家原本是创新全球化的推动者,但他们发现,存在着一个强大的技术溢出的飞镖效应。发达国家经济中不断出现产业空心化与结构性失业,如美国软件业向印度等国家的外包。包括发达国家不断在海外设立研究开发机构,他们担心这将导致"国家知识基地贫困化"的担心(Narula 和 Zanfei,2004)。为此,美国的奥巴马上台之后,提出了制造业回归的口号。第二,从低工资国家的进口引起了高工资国家的高失业率,并拉低了非熟练(low-skilled)工人的工资。这种观点的倡导者认为来自低工资国家和地区的进口竞争是不公正的,并且支持采取保护主义措施以遏制它们所认为的那种社会倾销。这一观点的一个后果是,发达国家越来越采取保护主义的策略。第三,企业的跨国经营导致政府税收来源流失以及政府对于企业的经营和技术转移活动失去控制,这个问题在欧美国家相当严重。第四,由于发展中国家的崛起,需要更多的能源和资源,导致全球资源的竞争加剧。

经济全球化意味着国家和地区之间在经济上的相互依赖性会越来越加强,在这一大的背景下,世界范围内的开放创新是主流趋势。目前,中国大力提倡自主创新,开放创新和自主创新并不是矛盾的,而是互为条件、相互促进的。开放条件下的自主创新将是中国企业在全球化条件参与国际竞争的必然选择。因此,不能将开放创新和自主创新对立起来,不能将自主创新等同于封闭环境下的创新。开放式国策,需要长期坚持,不能因为中国企业创新能力不强而有所改变。

创新需要的资源包括内部资源和外部资源要取得最大成效,必须充分利用好内部和外部两种资源。目前,国家以及国内企业内部的创新资源尚未得到充分的挖掘,创新主体的创造性尚未充分调动起来,因而充分利用全球资源提高自主创新能力成为当前亟待解决的问题。

市场的开放会促进中外企业的知识交流与融合,促进后发地区企业的创新。越是在新兴的产业越开放,中国企业加入全球的生产网络就可以更快地学习先进的知识,越是保护,反而会阻碍中国企业的技术进步。

开放已经是一条中国发展的必由之路。改革开放以后,中国经济发展继续保持着强劲的发展势头,相当多的产业创新在不断提高。因此,中国必须学会在开放条件下进行创新,不能重新回到封闭的环境下创新。但是中国的各项政策需要重新思考,新的政策工具要做到既能保持开放又能促进自主创新。

中国企业发展中的一个陷阱是依赖于本土的市场优势,依赖于引进的技术,而不愿意进行有风险、投资周期长的自主开发。企业的自主开发战略也是企业创新的内因。中国企业大多依靠成本优势和市场领先的战略进行经营,相当多的企业沉醉于合资后短期的市场利润,政府保护后的超额利润,丧失了应有的创新进取心。只有企业敢于自主开发,才能实现由市场优势型企业向创新型企业的转变。

在全球化条件下,通过搜索全球的技术,包括兼并国外有技术的企业,是中国提高企业创新能力的重要方式。同时,兼并要注意技术变化的动态性,技术与自己企业核心能力的有机联系,注意兼并后各种风险。同时,技术的消化吸收能力是决定兼并能否成功的关键,不要期望在短时间内实现兼并后的技术消化吸收。

参 考 文 献

[1] Dunning J. 1998. Location and Multinational Enterprise: a Neglected Factor. Journal of International Business Studies,29.

[2] Edquist C. 2004. Innovation System, In Fagerberg, Jan, et al edits, The Oxford Handbook of Innovation. Oxford: Oxford University Press.

[3] Ernst D, Kim L. 2002. Global Production Networks, Knowledge Diffusion and Local Capability Formation. Research Policy,31.

[4] Feentra R C. 1998. Integration of Trade and Disintegration of Production in the Global Economy. Journal of Economic Perspective,4.

[5] Hummels D, Jun Ishii, Kei-Mu Yi. 2001. The Nature and Growth of Vertical Specialization in World Trade. Journal of International Economics,54.

[6] Kim L. 2002. Technology Transfer and IP Rights: Lessons from Korea's Experience. UNCTAD.

[7] Krugman P. 1996. Does Third World Growth Hurt First World Prosperity. Harvard Business Review,72.

[8] Lundin N, Schwaag Serger S. 2007. Globalization of R&D and China-Empirical Observations and Policy Implications. IFN Working Paper,No.710.

[9] Mathews John. 2006. Dragon Multinationals: New Players in 21st Century Globalization. Asia Pacific Jounal of Management,(23): 5-27.

[10] Narula R, A Zanfei. 2004. Globalization of Innovation, in Fagerberg, Jan, et al(edits), The Oxford Handbook of Innovation. Oxford: Oxford University Press.

[11] Serger S Schwaag. 2007. Foreign corporate R&D in China: Trends and Policy Issues. In G. Parayil and A. D'Costa (eds.), The New Asia Innovation Dynamics: China and India in Perspective, Basingstoke: Palgrave Macmillan.

[12] UNCTAD. World Investment Report 2005-Transnational Corporations and the Internationalization of R&D. United Nations Conference on Trade and Development.

[13] 陈德铭.2011.继往开来,扩大开放——写在入世十周年之际.北京:求是,(23).

[14] 国家统计局.2012.中国利用外资规模已跃居全球第二位.http://finance.china.com.cn/news/gnjj/20120821/964165.shtml.

[15] 梁正,薛澜,朱琴,朱雪祎.2008.研发全球化与本土知识交流:对北京跨国公司研发机构的经验分析.北京:世界经济,(2).

[16] 柳卸林,赵捷.2003.19家跨国公司在京研发机构的研发活动分析.北京:中国科技论坛,(4).

[17] 柳卸林.2008.全球化、追赶与创新.北京:科学出版社.

[18] 路风,封凯栋,曹崴.2006.中国油泵油嘴工业独立生存面临危机.北京:工人日报.

[19] 王春法.2004.FDI与内生技术能力培育.北京:国际经济评论,(2).

[20] 薛澜,沈群红,王书贵.2002.全球化战略下跨国公司在华研发投资布局.北京:管理世界,(3).

[21] 杨先明.2000.发展阶段与国际直接投资.北京:商务印书馆.

[22] 张海洋,刘海云.2004.外资溢出效应与竞争效应对中国工业部门的影响.北京:国际贸易问题.

[23] 张为付.2006.比较优势、竞争优势与中国贸易结构的战略性调整.南京:南京社会科学,(3).

第 12 章 科学技术与创新政策

技术创新是一个在制度、组织和文化背景下进行的活动。市场又很难使创新活动处于社会需求的最优水平。所以,当今各工业国莫不采取各种政策以推动本国的工业创新。大量科学技术活动的目标是为了实现创新,因此,科学技术政策与创新政策是有所区别但又紧密相连的。虽然西方许多国家都是市场经济国家,但市场在各国的作用并不相同,创新政策也很不相同,这造成了各国创新速率的不同。发展中国家同样需要通过科技和创新实现追赶与跨越。因此,国家在推动创新上是大有作为的。科学技术和创新政策的意义正在于此。

12.1 科学与技术政策

科学政策的主要问题在于配置资源,即对不同的科学活动合理地分配资源,并保证资源的有效利用,使科学造福人类。政府的科学政策不仅追求社会、安全、经济等目标,还包括国家威信和文化价值等方面的因素。

在 19 世纪和 20 世纪初,对科学的支持不是国家的任务,科学家会出于个人的兴趣用个人的财富进行科学活动。当然,他们也可以获得一些富人包括国王的支持。但是,过去大量的科学活动不是国家支持的结果。

英国科学家贝尔纳(Bernal)(贝尔纳,1939)在 1939 年首先将科学政策视为一个独立的政策领域。贝尔纳是衡量英国研究与开发投入的先行者。他确信研究与开发投入可以刺激经济增长和增加福利,因此强烈主张在这方面加大力度(贝尔纳,1982:217)。

在美国,万尼瓦尔·布什(Vannevar Bush)在 1945 年的报告《科学:无尽的前沿》(*Science, the Endless Frontier*)中对美国"二战"后科学(以及技术)政策提出了明确的定义。这份报告将科学政策的任务定义为:政策是要促使科学对国家安全、卫生和经济增长作出贡献。V 布什着重强调了对科学的投资可能对经济产生的影响。他提出了一个被后人称为创新的线性模式:即基础研究(科学)—应用研究(技术)—产品开发—创新的三阶段论,这是一种先有科学后有创新的科学与经济发展关系的线性观。他得出结论,支持基础研究就可以让企业获得无穷的创新,国家就可以有不竭的经济增长。

在这种创新线性论中,假定了科技成果可以无障碍地被企业所利用。为此,V 布什提出,政府应该大力支持大学和研究机构,让他们从事基础研究,而让企业利用不断涌现的科技成果。这一线性观的优点是:它简单化了政府的财政支持和科学及创新的关系。每当一个国家强调创新时,就会认为应该投入更多的资源用于科学和技术,提高一个国家的研究开发强度。但事实上,从科学到创新是一个很长的、曲折的过程,还有许多重要的因素在起作用。

V 布什的报告提出了很重要的几个命题且对后世有着重要的影响：

(1) 科学应该拥有自主性，让科学家决策，是好奇心在驱动他们研究（curiosity driven research）。

(2) 关于在那些科学领域得到支持的决策应该让科学家们自主决定。由此，同行评议得到了制度化。

(3) 基础研究应该由大学完成。

V 布什的思想对美国科学政策的制订的影响持续了 50 年，它促进了美国乃至世界对科学的支持。在这一时期，科学在国防和经济发展中的突出作用强化了 V 布什的科学政策观。在"二战"结束后冷战开始时，美国洛斯阿拉莫斯成功研制出原子弹，显现科学和技术对国家安全的重要性。这深刻地意味着，对科学（特别是物理、化学和生物）进行大量投资的想法是可行的，应用科学和技术的发展似乎能够解决所有的问题。这种增加对科学投资的压力在美国和苏联之间的军备、航天竞争中又被大大放大了。1957 年，苏联发射了人造地球卫星，这给西方，特别是美国带来了格外巨大的压力，导致其对防御和空间研究进行大量投资。

但 V 布什的思想在 20 世纪 80 年代后受到了挑战。首先，是日本的崛起，这个科学不强但经济很强的国家使美国感觉到威胁，同时也发现，大量的科学发现难以转化为创新，科学强不一定国家有竞争力，进而提出了"死亡之谷"的概念，如图 12-1 所示。

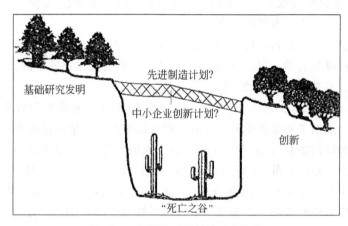

图 12-1　从发明到创新的死亡之谷

其次，经济竞争的激烈要求科学更快地为经济服务，这导致国家对技术的支持也在增加。冷战时代，一切为了国防安全。现在，医疗、教育、社会福利也同样重要。因此，美国开始推出更多的技术政策和创新政策。

在 V 布什之后，关于科学技术在经济发展中的作用直到 1957 年才被经济学家阐述清楚。过去，人们认为经济的增长是由资本的投入和劳动力投入增长带来的。但后来却发现，相当多的增长是不明的因素的贡献，这种因素到底是什么，经济学们也说不清楚，成为"天上掉下来"的因素或是"无知的度量"。

这一伟大的工作是 1957 年由美国经济学家罗伯特·索洛（R Solow）完成的，他用总量生产函数法第一次研究美国经济增长中的技术进步作用后，才真正明确科学技术对经济的贡献。此后,测算技术进步贡献率便开始成为研究经济增长问题的一个热门课题。

对科学技术与创新政策做出重要贡献的还有一位重要的经济学家——阿罗(K. Arrow),他提出了著名的科学技术的市场失灵论(Arrow,1962)。在这篇论文中,他提出,科学的产出具有很大的不确定性。在一般物品的市场经济中,交易双方对交易对象的价格和价值都可以进行确定,双方对交易产生的利润和效用也很明确。但科技产品的价值不确定:很难事先判断一个科技成果的价值如何。且阿罗证明:无论哪种合同安排都难以解决不确定性,包括期权的安排虽然能降低不确定性,但不确定性仍然存在。

为什么会如此呢?阿罗认为,科技的产出本质是一种有价值的信息。但作为一种有价值的商品具有这样的特点:科技信息需要在不确定性的情形下产出,但一旦产生则可以几乎无成本地进行复制和传播。如果没有法律保障,谁都难以获得收益的权利。因为后面的拥有者都可以再销售这一信息。除非发明拥有者都不想销售。

在一个市场经济体系中,企业是创新的主体。但阿罗的分析认为,信息发明的不确定性和价值的不确定性会导致小企业不敢做,大企业敢在众多的小项目进行投资以分散风险,但这对社会来说,不是最优的结果。因此,阿罗的结论是:很难找到一个信息产品的市场。拥有者不想出售,想要者都难以判断其价值,因此,产生了一个不是社会最优的结果:发明活动处于投资不足的状态。对科技的投资会存在一个市场失灵的现象。

一个理想的方式是:科学发现可以免费获取,这是社会最优的。如果这样,会压制发明本身,因为发明者得不到奖励,基础研究的贡献得不到承认。如果给予知识产权保护,又会形成一个社会知识利用的次优结果。但阿罗对政府干预科学技术也没有信心,他提出两大问题:政府应该投入多少钱用于发明(科技)是合理的?如何保障这种政府投资的效率?

时至今日,学者们对科学与创新的关系有如下认识:一是认为科学具有公共产品性。即科学可以跨国界的传播,为全人类服务。但按照这一推论,一些发展中国家就不愿进行对科学的投资。如日本很长时间就被认为是科学的搭便车者,因为他们在很长时间内都对科学投入不足。当然,由于近30年来对科学的不断投入,日本最近几年在科学领域的突破越来越多,获得诺贝尔奖的科学家也越来越多。二是认为对科学的经济利用需要很强的消化吸收能力,因此,科学不完全是公共品。许多科学成果是产业竞争力的源泉,因此,科学与产业竞争力会有密切的关系。

美国学者Stokes(1997)有关科学的巴斯德象限(Pasteur's quadrant)(Stokes,1997)大大丰富人们对这一个问题的认识。他将科学技术从追求知识和应用两个维度进行分析,如图12-2所示。

		是否考虑应用	
		否	是
是否追求基本认识	是	纯基础研究 (波尔)	应用引起的基础研究 (巴斯德)
	否	技能训练与经验整理	纯应用研究 (爱迪生)

图12-2 巴斯德象限

第Ⅰ象限代表单纯由求知欲引导而不考虑应用目标的基础研究,他称之为玻尔(Bohr)象限。以玻尔为代表的原子物理学家对原子结构的探索,典型地代表了求知的研究类型。玻尔发现了原子结构,但他不关心这一研究的经济意义。因此,这类研究叫玻尔象限的科学。这一类科学没有考虑用途,但是奠定了科学技术的基础,如没有当年的量子力学突破,就没有今天的信息技术,包括手机、互联网。

第Ⅱ象限代表既寻求拓展知识又考虑应用目标的基础研究,称为巴斯德象限。主要特点是将纯基础研究与纯应用研究有机地结合起来,从而为"战争研究"的出现奠定了基础,例如,曼哈顿计划。之所以称为巴斯德象限,是因为既重视发现又重视应用。巴斯德从发现伤口的感染、葡萄酒的变质的原因出发而发现了细菌,同时他是要减轻细菌对人类产生的危害。

第Ⅲ象限代表只由实用目标引导而不追求科学解释的研究,他称之为爱迪生(Edison)象限。爱迪生领导的研究组织重视具有商业利益的各种发明,很少有兴趣追问发明项目背后所隐含的科学内涵,更不注重用物理学的基本原理对新技术做出解释。爱迪生这位技术天才一生做出了无数的重大发明,但他只有小学文化程度,并不是一个科学家。但是,他的发明贡献极大地造福了人类。

现在,许多政府部门和学术界都认为,一个国家重视科学,应重视巴斯德象限的科学。这一象限内的科学经常是突破性创新的重要来源。虽然从基础研究出发的创新风险大,难度大,但效果强,经常是突破性的创新,是科学技术推动的创新。如液晶显示技术来自科学家的论文,诺贝尔物理学奖获得者高锟提出的光纤传输的原理,为新的通信方式铺平了道路。

在科学政策领域,人们面临着几个担忧,一是科学的发现越来越被知识产权化,引发这是否有利于科学进步的担忧(Nelson,2006);二是科学引发的环境、伦理问题越来越多,人们开始担心:如何能够有效地治理全球的科学活动。

美国联邦政府一直是基础性科学研究的重要支持者,20世纪90年代以来更为突出。整个90年代,美国政府的科研经费下降了9%,但基础性科学研究的投入反而增加了42%。每年在全世界重要期刊发表的论文中,美国科学家发表的论文占了1/3,美国科学家在诺贝尔奖获奖者人数上也占据着绝对优势。

对中国而言,由于我们所处的发展阶段,政府不愿意过于强调基础研究。我国的基础研究经费所占研究开发比例长期处于5%左右的水平,与发达国家的20%相差甚远。柳卸林和何郁冰认为,在中国,有三类不同的基础研究:一类是玻尔象限的科学研究;一类是国家目标驱动的基础研究;第三类是产业驱动的基础研究。在中国,国家和企业对产业基础研究投入相当不足,导致产业创新能力不足。因此,中国需要加强对基础研究的支持,尤其是产业基础的支持(柳卸林,何郁冰,2011)。

12.2 技术政策与创新

技术政策是指以提高国家竞争力为目标的促进技术发展的政策。技术政策产生于诸如核能、空间技术、计算机、药物以及基因工程等以科学为基础的、技术被视为经济增长核心的时期。起源于美国20世纪50年代。这些技术成为关注焦点的原因很多：一方面，这些技术使一些不可思议的事情成为了可能，为国家竞争力提高了强有力的支撑，如绕月旅行、航天飞机；另一方面它们创造了新的商机。这些技术有着较高的创新率并且引起了市场的快速发展，促进了经济的增长(Rothwell，1985)。

熊彼特的追随者们也提出，国家需要一定的技术政策。战略性技术和产业是技术政策的合理性所在。战略性产业的概念大概与佩罗克斯(Perroux)和赫尔斯曼(Hirschman)有关。两人都是熊彼特的学生。佩罗克斯在1969年使用诸如"工业化产业"和增长极之类的概念。他们认为，通过战略性技术和产业的支持，可以更快地提高一个国家的产业竞争力，加强国家安全。

按照新古典经济学的观点，如果有一个自由的市场和开放的竞争，就会促使好的技术不断涌现。这并不需要政府事先确定什么技术需要开发，而科技政策的介入区是市场失灵的区域。因此，主流的西方经济学家认为，由于技术具有竞争的特点，科学是需要国家干预的，而技术和创新的政策是可有可无的。

但为什么各国包括发达国家仍然重视技术政策？许多学者的研究发现，事实上，OECD(经济合作组织)国家的大量研究开发预算是完成政府的使命(Mission)。Mowery(2009)认为，在OECD国家，真正用于市场失灵范畴的研究开发不到总经费的50%，大量的政府行为是使命取向的研究开发计划(Mission-oriented R&D)。

从美国NSF公布的数据看，在2003—2004年度，政府花在非使命取向的经费比例在发达国家中，美国的比例较低，只有6%左右，而德国、法国的比例达到了28%。而在使命取向的研究开发经费中，比例最高的是美国，达到近90%，德国较低，也达到了50%以上。美国支出的使命取向的费用主要花在了国防、能源、空间探测等领域。德国、韩国则主要体现在工业技术。如图12-3所示，其中，纵轴表示占政府全部研发经费的份额。

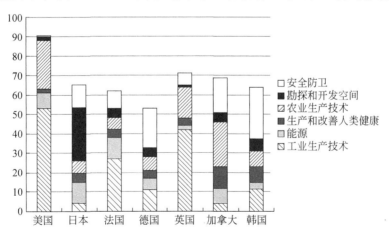

图12-3 按社会经济目标分类的政府研发支出

数据来源：根据国家科学委员会(2006)绘制而成，转引自Mowery，2009：133.

按照Mowery的分析，使命取向的技术政策有着三大重要的创新促进功能。

第一，使命取向的研究开发项目可以促进科学知识向工业技术和创新转变，促进大学与产业之间的联系。

第二,促进衍生(spin-off)企业的出现。在美国,这一点对国防相关的使命取向研究的非常明显。

第三,通过政府采购促进创新。在领先世界的国家里,使命导向的技术政策是普遍存在的。当国家的政治或经济利益受到威胁时,这种威胁可能与对特定技术的掌握有关,政府就会寻求特定的技术政策并采取相关行动。苏联的人造地球卫星引起了美国对空间技术的关注。冷战激发了美国对技术政策空前的需求。

1967年,沙尔文·施莱伯(Servan Schreiber)在他的著作《美国人的挑战》(Le Défi Américain)中描绘了美国的跨国公司在高技术产业中逐渐上升的统治地位。这激励了法国、英国和德国等欧洲大国为国内特定产业取得领先地位而制定相关政策。

计算机技术的禁运首先阻碍了法国发展其核技术,促使法国开始制定有关的领先技术政策,此后其他欧洲国家也纷纷实行了相应政策。

日本以及后来如韩国、中国台湾之类地区技术政策背后的动力是不同的。它是由追赶强国的国家战略驱使的。日本的根源要追溯到明治维新时期,当时的现代化始于对西方先进技术的模仿。

对发展中国家和发达国家而言,对大国和小国而言,技术政策的意义是不同的。在发达的大国家,重点在于建立能够产生最新科学技术的能力,并且将它们应用于实践。较小国家面临的主要问题是如何能够在市场上出现新技术时吸收和使用它们。发展中国家在追赶发达国家时需要努力利用新技术进入前景广阔的产业领域。

在我国,技术政策的出现也是从战略技术的角度出发的。中国高技术领域的863计划是因为美国发动了星球大战,推出许多新型的高技术,这使中国的科学家与政治家感到忧虑。1986年3月,邓小平批示了四个科学家的提议,出台国家的高技术863计划。

由于技术政策不是从公共产品的出发进行制订,因此,技术政策都需要明确的目标。总结起来,这些目标可列为如下:

(1)解决从科学到产业的障碍,如美国的ATP计划,中国的高技术产业计划、高技术产业政策。包括著名的美国Bayh-Dole法,目标是促进大学向产业的技术转移。

(2)解决战略产业中的共性技术问题,如中国的攻关计划,致力核心技术和产业标准,如在通信领域中,3G技术TD-SCDMA的研究开发与产业化是我国技术政策的重要体现。

(3)解决科技中小企业的发展问题。

(4)解决新产业的发展,尤其是战略性的新兴产业。

(5)解决国家安全问题,如我国实施的导航系统,北斗的研究开发与产业化,国产大飞机。

(6)解决贫穷问题。包括了国家推出的星火计划、科技惠民计划等。

(7)解决可持续发展问题。重大专项中水处理专项。

但技术政策的一个核心点是:如果说技术代表了国家利益,需要政府干预,那政府的关注是公共目标到产业的商业目标应该如何平衡?因为大量的技术是商业化取向的。要对一个技术进行国家利益和商业利益进行明确的区别是非常困难的。如手机芯片是商业技术还是国家利益的技术?手机芯片的主要供应者是美国的高通公司。但在中国,人们会认为手机的通信事关国家安全。有时,政府想发展支持某一技术,最后演变为支持了某一个公司,造成竞争的不公平。

技术政策的制定和实施还有一个世界贸易组织(WTO)的环境。WTO 是一个全球自由经济贸易的框架,它反对政府对企业的直接支持。包括直接补贴等,反对明确的产业扶持政策。在 20 世纪 90 年代,中国加入 WTO 之前,相当多的学者对中国许多产业在加入 WTO 之后的未来表示悲观,如农业、金融业、服务业,认为这些产业会加入 WTO 之后崩溃,因为这些产业的企业会面临直接的与技术领先的跨国公司竞争。但总的说来,中国加入 WTO 之后,经济和技术实力都在快速上升。

WTO 把技术的研究开发过程分为两个阶段:竞争前和竞争后(图 12-4)。所谓竞争前是指在没有商业化利益之前,政府可以支持这一技术的开发。即竞争前阶段的支持是可以的。但对有商业化价值的技术开发,则是需要限制和禁止的。如今,不同国家经常为一些产业的贸易问题进行争论,其中大量的反补贴的贸易争端便属于这一范畴。

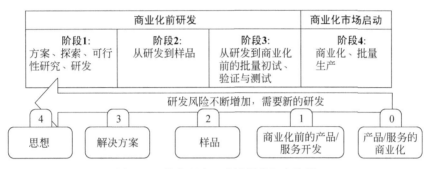

图 12-4 技术研究开发过程的两个阶段

当然,中国有些学者认为,对发展中国家而言,不能用与发达国家一样的标准考虑政策作用。政府还是需要一定的空间保护本国企业创新,因为开放后,跨国公司技术能力很强,发展中国家的企业很难与他们竞争。因此,不能太强调 WTO,应该保护本国企业。

在 WTO 背景下,发达国家作为 WTO 的缔约国,真的没有产业政策吗?美国号称没有产业政策,但有学者认为,美国政府确实在支持企业创新。美国的学者 Block 和 Keller (2011)提出,美国有一个隐藏的努力来促进企业创新。即通过政府部门的非中心化的网络来促进创新。政府部门做了很多促进企业创新的事,却故意向公众掩盖了。政府支持的项目常常是突破性创新的重要模式,如美国的国防部门 DARPA 支持了互联网的创新。NIH 促进了生物产业的发展,先进制造计划(ATP)就是这样的一例(Block and Keller, 2011)。

Block 和 Keller(2011)所说的 ATP 计划是 1988 推出的,它代表了美国一个新的政策范式,是针对早期技术开发的政府计划,支持介于基础研究与商业用技术开发之间的一个阶段的项目,这也是政府与市场之间接力交接的阶段,是最风险的阶段,风险投资和种子基金都不愿意投资这一阶段,是"死亡之海"。ATP 的目标正是在"死亡之海"上架起一座桥梁(图 12-1),它是研究机构、大学与企业之间的桥梁。它被放在商务部国家标准技术研究院（National Institute of Standards and Technology，NIST）负责管理。1990 年的项目经费是 1 000 万美元，为了与产业政策回避，不指定产业领域，目标是投资于通用技术或共性技术（generic technology），这是许多产业都用的技术，不是特定产业的技术。政府不是择赢家（pick winners）的评估方法是借鉴 NSF 的同行评估法，不鼓励大企业参与（Negoita，2011）。

使命导向的技术政策的重要案例在美国是互联网的发明和创新（Mowery，2009）。从这一技术的发明创新史上可看出政府的作用。

1960—1985 年间，早期计算机网络项目的目的是将当时稀有的计算机资源通过网络化进行资源共享。资助方是美国国防部，它认为这是一个可以军民两用的技术。

第一个创新来自 MIT 的 L Kleinrock 和来自 RAND 的 P Baran，他们同时发明了信息包开关（packet switching）。这种开关非常适合数据的传输，且可在 BELL 的电路开关之外进行新的网络协议。

20 世纪 60 年代开始了网络样品的建造工作。1968 年，国防部高级项目研究局（DARPA）支持了一个合同，建立第一个信息包开关，称为界面信息处理器（interface message processor，IMP），设立一个主机，建立了一个网，整个项目叫 ARPANET。1972 年，第一个致命应用产生了，是电子邮件。1973 年，电子邮件是整个网络内容中的 73%。

第二个重要创新是 TCP/IP 的提出。1973 年，两个国防部项目支持的工程师开发了一个改进的通信协议：TCP。它可以使人们识别对方进行网络联系。这一项目的协调机构美国国家航空航天局（NASA ARPANET）、能源部（CSNET）和国家自然科学基金会（NSFNET）后来都建立了自己的网络。

1979 年，建立了 Internet Configuration Control Board，对基础设施和网络的可拉入性进行了长期的协调。

1992 年，由于管理的成本越来越高，政府的资金已经难以维系，建立了由公共和私有部门共同支持的 Internet Society（互联网社会），这一协会对标准等问题做出了重大的贡献。

在互联网的发展中，美国国家科学基金会（NSF）在基础设施的建设中具有重要作用。NSFNET 骨干网的速度不断上升。同时，1984 年，一个重要的创新引入：Domain Name Server。这是一个含有域名的地图文件。DNS 可提供实时的机读和人读的一致性。当时最有名的在这一领域经营的公司不是 IBM、DEC 和 SUN，而是 CISCO、Bay-network 和 3COM 公司。这是美国国家创新体系的特点：即不断涌现的小企业挑战大企业。

1991 年以前，NSF 不容许对 INTERNET 进行商业化运用。1991 年，Commercial Internet Exchange 联盟成立了，它从大的通信企业中租线路进行数据服务工作。商业化运作开始。

1991 年，在瑞士的 CERN 实验室工作的两个物理学家开发了一个新的文件格式，即超文本文件 Hyper-text markup language（HTML）。HTML 的创新之处有两点：一是具有传送多媒体文件的功能；二是作者可以通过确定词接入另一个超文本文件中。一个非美国的发明，两者合一形成了 WWW。1996 年，".com"".net"开始了。

从互联网的科学技术到创新，我们可以发现，这一突破性创新有以下重要因素：一是国防部的支持;二是科学家的重要作用;三是小企业挑战大企业的创业精神;四是政府研究部门的重要性,在这里是美国国家科学基金会(NSF);五是非政府组织的重要性,不同时期民间的协会起着不同的重要作用,它不完全是政府的作为,如标准的制订起着重要作用,但标准不是政府确定的;六是商业介入的重要性：大规模作用必须是商业目的的结果。

12.3 创新政策的内涵与合理性

在西方,创新政策的概念也是一个相当新的概念。英国学者罗斯韦尔(Roy Rothwell)将其定义为：创新政策是指科技政策和产业政策协调的结合。它是一个整合的概念(Rothwell,1986)。由于技术创新涉及从发明到商业化的技术、金融、设计、生产、管理和销售多个环节,故政府能够影响技术创新的手段是相当多的。不仅如此,技术创新在很大程度上是一个内生的经济概念,政府的许多行为都会对创新行为施加影响。从上述考虑出发,我们认为,罗斯韦尔把创新政策看作是科技政策和产业政策的结合过于偏窄了,我们在更宽泛的意义上应用这一概念,把创新政策看作是政府为推动技术创新活动的各种政策的综合,其中技术政策和产业政策中有关推动创新的部分是创新政策的核心。

创新政策包括了创新的整个过程,因此,创新政策的内涵也要比科学技术政策丰富得多,因为从科技到创新仍然需要许多重要的过程。创新政策与科学技术政策的差异在于：

第一,科技政策的对象往往是大学、研究所,包括了企业。但创新政策中,企业的角色更为重要。

第二,科技政策比较重视研究开发政策,但创新政策更重视需求的政策,如政府采购政策。

第三,创新政策包括了技术商业化过程的金融问题,如风险投资、天使投资,还有人力资源政策、教育政策等。

第四,创新政策更重视技术的转移与应用,这包括对产学研合作的促进、高新技术园区的政策以及高技术产业的政策。

另外,各国政府运用较多且较早的创新政策手段是税收。美国政府早在1954年就在"内部收益法典"中增加了174款,给从事研究和开发工作的企业以税惠。加拿大、瑞典等政府也在20世纪60年代开始运用税收手段来激励创新。

创新政策诞生的真正年代应是20世纪60年代。

20世纪50年代和60年代中期以前,欧美各国都处在一个相信技术创新是科技推动的阶段。政府一般强调科学普及、大学研究、基础研究,相信这些研究会自动地推动创新、走向创新。政策手段主要是给R&D以资助、配备实验设备等,使工业结构顺利重组,关注的重点是大企业。

但在20世纪60年代末期,上述观念被动摇了。许多人开始认为,科学进步既不是未来创新的必然保证,也不是政治上、社会上人们总是需要的。在美国,1967年R&D经费占GDP的比例为3%,而到了1972年,这一比例反而降为少于2.6%;卫生、环境、城市规划问题取代了人们对国防、空间科学的兴趣。正是在这一时期,科技政策和我们所讲的创新政策开始为人们所真正强调。一些政府、大学、国际组织相继在这段时间创建了不少科技和创新的政策研究机构。

欧洲存在着与美国类似的倾向。政府官员和学者们自20世纪60年代中期开始关注工业创新过程和R&D项目的评估。创新政策的手段是资金资助，促进合作研究，促进大学和企业的联合，扶持小企业。

20世纪80年代初，以信息技术、材料技术和生物技术为代表的新技术革命向人们展示了技术所具有的巨大潜力，这一革命导致了创新政策在欧美的拓展。从那时起，创新政策提到了各国政府的议事日程上。1980年经济合作与发展组织部长级会议的如下声明，既表现了西方工业国家对创新政策的热望，也揭示了他们制订创新政策的立脚点：

"我们声明：对技术创新，将采取如下步骤：

Ⅰ：在经济、社会和调控性政策的框架内，将把推动创新作为一个目标；

Ⅱ：给予研究、开发和创新的投资以优先考虑，以保证短期的压力不至于威胁未来经济发展的源泉，确保高就业、结构调整；

Ⅲ：为创新创造一个良好的环境，包括开放市场，鼓励在公共和私有部门进行有风险的创新；

Ⅳ：给予中小企业的创新潜力以特别的关注；

Ⅴ：推动研究、发展和创新，以增加公共和社会服务部门的效率和质量；

Ⅵ：推动与世界性问题相关的研究、开发和创新，这些问题包括能源、原材料、环境、食品、城市条件、卫生和工作环境；

Ⅶ：推动技术信息的扩散。"

在美国，创新政策的出现有着一定的现实背景。长时期以来，美国政府信奉自由主义，很少制订正式的创新政策，只让市场决定企业应该从事何种创新活动，应该投入多少资本、人力于创新。日本则与此相反。日本一些政府部门高度介入创新活动，其创新政策对日本经济的腾飞起了巨大的作用，如今日本在许多技术领域超过美国，居世界领先地位，这显然与其创新政策的作用相关。

正因为如此，应不应该有创新政策？应该有什么样的创新政策？成为西方政府官员、学术界和企业界关注讨论的热点。创新政策虽在日本早已成为现实，但在自由主义盛行的美国至今仍存争论：美国是否应该有正式的创新政策。

在此次由美国次贷危机引发的全球经济危机中，美国经历了一场经济危机，至今还未完全复苏。一些学者借此机会要求美国制订产业政策，以促进美国经济的复苏。一位学者这样写道："在知识经济中，政府是关键的演员"。诺贝尔经济学获得者Stiglitz（Stiglitz和Lin，2013）认为，市场自身已经不能让美国走出危机困境，需要政府的支持和帮助。因此，在他新近的一些论文中，强调了美国需要采取一些产业政策来发展自己，这在过去是非常少见的。因为反对产业和创新政策一直是美国的传统。如美国荣获诺贝尔经济学奖的新自由主义经济学家贝克尔竭力反对官方的产业政策、创新政策。贝克尔认为，应该让企业家、投资者去冒创新风险，而不应将这种风险转嫁于纳税人。他怀疑政府在指导有商业价值的应用研究上能做什么好事。在他看来，让政府官员负责某些技术创新研究，等于鼓励公司、产业在政治领域为获得纳税人的资助而竞争。政府会拥护小项目

(pet projects),官僚们则害怕有风险的投资。贝克尔的观点在美国有很大的代表性。

无论如何,学者们可以肯定的一点是,不管一国政府是否有正式的或官方的、法定的创新政策,但在实践上总存在各种各样意在推动创新的措施、政策。美国也不例外。

最近十多年来,世界各国根据其特有的情况采用过许多创新政策。一般而言,这些政策可分为以下几大类:

1. 对供给端的支持政策

主要是提供研究开发的资助,金融、人力和技术的帮助,包括建立科学技术的基础设施。

20世纪80年代以来,从西方各工业国的情况看,对创新给予直接的资助是各国政府普遍采取的手段,只不过侧重点不同而已,主要是通过对研究开发的直接支持。重视创新的竞争几乎成了研究开发投入的竞赛(表12-1)。

表12-1 若干国家研究开发占GDP比重

国家	年份	R&D经费/亿美元	占GDP比重/%
美国	2009	4 016	2.90
日本	2010	1 788	3.26
中国	2011	1 345	1.84
德国	2010	926	2.82
法国	2010	578	2.25
英国	2010	399	1.76
韩国	2010	379	3.74

数据来源:科技部,2012《中国科技统计数据》。

科技计划是一个重要的科技创新投入政策工具。如在欧盟,科技框架计划作为欧盟与美国和日本抗衡的大型跨国综合性研究和技术开发计划,是当今世界上最大的官方科技计划之一,也是欧盟投资最多、领域最广、内容最丰富的全欧性研发计划,见表12-2。框架计划自1984年推出后,以4或5年为一个周期,至今已实施到第七框架。特别是第五个框架计划中创新概念的引入,更凸显了框架计划作为欧洲层面创新政策的核心地位。作为欧盟最主要的创新政策工具,框架计划的参与者包括了来自欧洲各国的大型企业、中小型企业、大学和研究中心等各类机构和单位。在这样一个多国、多领域、多层次的体系中,框架计划不仅为各单位的互动交流创造了一个良好的平台,促进了欧洲内部新合作关系中协作网络的建立,为分担技术开发中的风险和不确定成本提供了选择,另一方面也为跨国和跨产业的合作协议提供了法律框架,为有关标准的谈判创造了良好的平台。随着项目和参加者数量的持续增加,欧盟各成员国对框架计划的总体认可在不断提高。作为一种先导性研究,科技框架计划不仅强调资助项目构成要素之间的互动,对欧洲范围内的技术力量进行了有效的整合,而且作为欧洲层面政策的载体,在欧洲科技政策以及创新政策和战略的形成和发展过程中发挥了重要作用。

表 12-2 框架计划时期和预算表

计　　划	时期(年)	预算/百万欧洲货币单位
第一个框架计划(FP1)	1984—1987	3 750
第二个框架计划(FP2)	1987—1990	5 396
第三个框架计划(FP3)	1990—1994	6 600
第四个框架计划(FP4)	1994—1998	12 300
第五个框架计划(FP5)	1998—2002	14 960
第六个框架计划(FP6)	2002—2006	17 500
第七个框架计划(FP7)	2007—2013	72 700

数据来源：http://cordis.europa.eu/en/home.html.

第二个投入表现为对科技基础设施的投入，包括政府拨款给公共研究开发部门。它通过建立政府研究所、实验室、资助大学研究等，使创新活动公共化。美国、日本和欧洲各国都采取此类措施。经过几年的摸索，各国流行的做法是组织实施竞争前的创新活动，然后让企业去开发这些成果的商业价值。这种做法的好处是能克服搭便车的现象、防止重复研究，存在的问题是创新效率不高。故一般公共研究部门的主要研究领域为基础科学、社会收益大的技术科学。

国家研究开发机构对国家实验室的支持，在美国有联邦实验室、著名的美国国家航天局(NASA)、美国国家卫生研究院(NIH)；法国有国家科学院；德国有马普研究会、弗郎霍夫研究会；我国有中国科学院。这些国立机构一般承担了使命性的研究开发任务。

第三个是对企业研究开发投入的减免税措施。由于研究开发投入大、风险高，因此，针对这类活动的税收也是各国普遍采用的推动创新的手段，其做法是给新产品和 R&D 活动以优惠，包括调整税率、免税等。如加拿大税法规定，自 1961 年起，企业科研费用可 100% 地从应交税款中扣除。1962 年 11 月 5 日，英国政府做出规定，所有与贸易相关的研究费用可以从应交税款中全部扣除。随着技术革命时代的来临，各国有关 R&D 的税惠政策更是五花八门。

用税收政策激励企业创新在美国运用得相当早。1954 年，美国政府在《内部收益法典》中增加了 174 款。该款明确规定：

所有企业均可将研究开发与贸易、经营相关的费用作为日常费用(current expense)，或者在 5 年内将此费用进行再投资，此后不再用作纳税单位。据美国公司法规定：公司毛所得减去正规的和必要的费用是应税所得。这些费用包括日常费用、营业损失、折旧、工资等，但像购买设备等不能算作此类费用。显然，《内部收益法典》174 款有助于减轻从事研究开发部门的税务负担。当然，能享受这一税惠的企业须有足够的税收收入，此款对于小企业、状况不佳的大企业影响不大。

我国在 2006 年后推出的自主创新政策中一个重要的政策是研究开发费用的 150% 加计扣除，这一政策被企业界认为是重要的创新政策。

2. 对需求端的支持政策

这主要包括政府购买和合同，这种需求是对创新产品、过程和服务的需求。

Rothwell(1981)比较分析了 R&D 补贴与政府采购对技术创新的刺激效果，认为长期来看政府采购能够在更多领域发挥作用。Geroski(1990)通过对国家创新需求的定量和定性分析指出,与惯用的R&D补贴相比,政府采购的创新激励更为有效。

这一支持的依据是:一方面,新产品的市场信号不充分:公共和私有的参与者经常意识不到或未完全意识到市场上提供的产品和服务的创新。即使进行了市场研究,潜在的新产品和服务的供给商通常并不知道顾客未来可能的需求。用户和生产者的互动或最低程度的交流都是很少的,需求是分散的并且不能被充分表达。因此,供应者不能解读市场信号并将其转化成创新。

另一方面,引入新产品和服务需要高成本。一种新产品、新技术在刚刚推向市场时,常会面临着需求不足的困难。因此,在产品发展的初期阶段,政府采购是一种很重要的激励手段。供给者能够在需求曲线上取得进步且实现规模经济之前,复杂产品的进入价格是昂贵的。政府能够加速需求过程并通过捆绑需求来提供关键规模以实现所需规模。此外,公共采用一个创新向私有市场发送了信号,演示了功能性并唤起了早期的察觉(Rothwell,1985;Porter,1990)。

政府采购作为一种强有力的手段,可有效引导技术创新沿着政府所鼓励的方向,从而使产业政策得以贯彻,政府意愿和国家利益得到充分体现。特别是对某些特殊领域,政府采购起着决定性的作用,如军工科技创新、环保技术创新等。作为导向手段,政府采购可激励和引导企业增加技术创新资金投入,且投向政府所倡导的技术创新项目。政府的着眼点更多地是考虑社会效益和国家长远利益,这也是易出现市场失灵之领域,政府采购政策的实施可有效弥补市场机制的不足。

在美国,政府研发合同对提升企业技术实力的作用往往远远大于一个合同金额的本身,这就是所谓的"倍增"效应。商业合同往往会创新出一个大产业,例如,互联网就是美国国防部为解决战争期间的有效通信问题而提出的一个军事合同,这一军事合同后来竟然发展成了现在的互联网。再如GPS全球定位系统和CDMA手机系统也是起源于一项或几项军事合同。

3. 风险投资与中小企业政策

金融的政策工具在支持创新中越来越重要,值得作一分析。由于创新的风险高的特点,一般商业银行不会愿意资助企业的创新活动,尤其是一些中小企业的创新活动。因为他们没有偿还债务的能力,没有很多可以抵押的财产,这使得他们难以获得银行贷款。但这些企业具有高成长性。因此,需要一种新的融资手段支持中小企业的创新。风险投资就是在这样的环境下产生的。

风险资本在美国很发达。值得注意的是,风险资本与高技术企业息息相关。自20世纪60年代以来,美国借助风险投资促进了一大批高技术小企业的兴起。但风险投资的兴衰与美国的长期投资最高税相关。1969年,美国国会将长期投资最高所得税率从28%提高到49%,这一立法把长期投资最高所得税率恢复到原来的28%,风险资本投资因此又开始回升。20世纪70年代中期(不是美国风险资本投资的最佳期),美国仍有几千家高技术小企业,员工超过200万人。但在同期的英国,此类企业只有200家。

1982年,美国国会又把长期投资最高所得税率降为20%,再加上同年的"小企业创新研究规划",这些措施使美国新技术小企业如雨后春笋般地发展起来。美国的一些著名微电子产业的公司,如苹果、英特尔、罗尔姆等,都是借助风险资本发展起来的。风险资本的作用由此可见一斑。

虽然,欧洲各国后来都仿效英国,采取各种措施,为风险资本投资提供方便。但与美国相比,差距仍然很大,见下表12-3。

表12-3 各国风险资本量估计(1985—1986)

国别	风险资本企业数/家	总风险资本量/百万美元
美国	550	20 000
英国	110	4 500
法国	45	750
西德	25	500
荷兰	40	650
丹麦	14	120
瑞典	31	325

数据来源:John de la Mothe et al (eds.). 1990. Science, Technology and Free Trade. London: Pinter Publishers. 106.

4. 支持合作创新

由于许多创新的风险高、资金需求多、涉及技术领域多,合作性创新现在欧洲已成为一个新趋势。这种合作既能够减少风险、减轻资金压力,又能在技术上进行互补。美国和日本现有大量的政府和企业的合作创新项目。政府同时鼓励企业间的合作,美国曾为此修改了反垄断法。

5. 技术转移政策

技术转移是指科学技术从个人或组织向另一个个人或组织转移,实现技术应用的过程(Jain,2005)。由于大学研究所在创新中的地位越来越高,因此,如何将大学研究所的研究成果有效地进行转移是创新政策的重要内涵。

在美国,Bayh-Dole被认为是革命性的,因为它使美国的大学、研究所和科学家将自己的发明专利商业化提供了可能。

1980年12月12日,美国国会通过了由参议员Birch Bayh和Robert Dole提出的《专利和商标法修正案》,即著名的《拜杜法案》,也称《大学、小企业专利程序法案》,正式名称为Patent and Trademark Amendments of 1980。《拜杜法案》是美国研究型大学技术转移政策发展中具有划时代意义的公共政策,为美国研究型大学技术转移提供了新的平台。

在这一法案之前,联邦政府支持的科研成果产生的知识产权归属联邦政府所有,企业可以免费获取科研成果进行转化。这一规定的本意是促进成果的转化。但美国政府发现,科研成果的公共产权属性阻碍了成果的转化。一是因为相关的科研院所和大学由于不能从成果转化中获益,缺乏进行成果转化的动力;二是相关的企业由于在进行成果转化时,不能保障享有成果的独占权,而进行第二次许可的企业可以获得同样的权利。因此,许可来的技术存在被大学院所多次转让的可能性,使企业对技术的再投资产生不了垄断的权力。因此,《拜杜法案》的初衷是,通过科研成果的产权归属变化,提高联邦政府实验室和大学以及相关企业进行成果转化的积极性。

《拜杜法案》明确提出美国国会关于专利制度应用的原则和目的：促进由联邦政府资助下的研究取得以及有进展的发明的应用；鼓励小型企业尽可能多地参与联邦政府支持的研究和开发；促进企业与包括大学在内的非营利组织的合作；保证非营利组织和小企业合作发明的应用可以促进自由竞争以及发明的积极性；促进在美国境内的美国工业及企业进行发明的商业化以及公共的可用性；确保政府在支持发明人以满足政府需要和防止公众滥用及不合理使用发明方面获得充分的权利；并且减少这一领域管理政策的成本。

《拜杜法案》主要是以大学、中小企业和非营利研究机构为规范客体，允许上述类型机构对政府资助所得的研发成果拥有知识产权，并可以专有或者非专有方式授权给企业进行技术转移，研发成果的运用须符合美国企业优先原则。

《拜杜法案》的主要内容如下：(1)大学有权选择是否持有由联邦政府资助的科研项目成果的所有权(事先约定除外)。(2)大学必须在接到科研人员成果报告书的两个月内，将这一事实上报提供资金的联邦政府机构；大学在接到科研人员成果报告书的两年以内可以选择是否持有科研成果的所有权。(3)如果大学选择持有科研成果的所有权，则必须在规定的时间内提出专利申请；有关发明的描述受到法律的保护不向公众扩散，《信息自由法》要求为专利的申请提供合理的期限。(4)在大学选择放弃所有权的前提下，在协商的基础上，科研人员可以持有所有权。(5)大学可以向第三者转让上述科研成果，取得技术转移收入。(6)大学必须与科研人员分享技术转移收入，并在扣除必要的费用外，将余额用于科学研究和教育。(7)政府介入权(March-in Rights)。在一定条件下，联邦政府可使用介入权，将发明专利所有权转让给合适的申请人，但是联邦政府的干预权限仅此而已。小型企业或非营利组织已获得所有权的任一发明，审批发明的联邦代理机构有权根据下面所规定的程序，要求协议让与方、受让方或专属受许可方，在合理期限内将某一领域里使用、非排他、部分排他或排他的发明许可证转让给合适的申请人。如果让与方、受让方或专属受许可方拒绝此要求，经联邦代理机构认定，将有权自行颁发此类证书。由于在让与方、受让方或专属受许可方，在没有提出或不会在合理时间里采取有效措施使得发明在应用领域里实际应用，则有采取强制措施的必要；如果让与方、受让方或专属受许可方，没有满足健康、国家安全需要的情况下，则有采取强制措施的必要；联邦法令所规定的公共使用的要求，让与方、受让方或专属受许可方没有适当满足这一要求的情况下，则可采取强制措施以满足这一要求。(8)美国企业的优先权(preference for united states industry)。大学要优先选择美国国内制造业和中小企业作为技术转移对象，即该研发成果的商品必须在美国境内生产、制造。除非各方同意体现待审批所有权的发明专利的产品，或者通过对它的使用进行的生产将完全在美国境内生产的情况下，否则任何对任一待审批发明享有所有权的小型企业或非营利组织，以及任何小型企业或非营利组织的受让人不得转让给自然人排他使用权。然而，在个别情况中，在由小型企业、非营利组织或受让人可以证明已经合理但并不成功地将所有权转给很可能完全在美国生产的潜在受让人时，或在国内生产不可能商业化的情况下，联邦代理机构可以放弃对这项承诺的请求权。(9)提供资金的联邦政府机构，对于所有的科研成果持有非独占的无偿使用权，并且在一定条件下可以强制所有权的国有化(比如在认定大学没有采取适当措施转化成果或为了公众利益时)。(10)有关发明的描述受到法律的保护不向公众扩散，《信息自由法》要求为专利的申请提供合理的期限。

最初的《拜杜法案》只适用于大学等非营利组织和小企业,后来经过一系列内容变更、追加和改善,适用对象得到了扩大,实际操作性变得更强。《拜杜法案》适用于美国所有的政府机构,包括国防领域的政府机构以及军队,规定除了这些机构需要保密和技术由保密法管辖的以外,对于军转民技术、军民通用技术等无需保密的技术都应和民用部门一样,积极申请专利并实施许可。最后,《拜杜法案》的实施监督机构——美国商务部(DOC)于1987年3月18日公布了具体的实施规则。

在《拜杜法案》及其相关修订政策的激励下,美国的大学与产业界的合作情况大为改观,大学开始在科技和经济的互动发展中扮演重要的角色。《拜杜法案》通过后,美国政府开始通过巩固和加强知识产权优势,促使其长期积累的科技成果不断转化,从而对保持美国在全球经济、科技中的领先地位发挥了较大作用。

这一法案也在世界产生了广泛的影响。欧洲,日本和我国先后采纳了这一法案的核心思想。2003年,我国科技部发布的一项文件中,规定了国家科技计划产生的科研成果产权归研究单位,研究单位可以自行进行转让。

在我国,也有相应的《科技成果转化法》以及其他的相关法律。但在当前,科研机构、高等学校考核评价体系不利于科技人员开展科技成果转化,尚未形成符合科技成果转化特点的科研事业单位资产管理和收益分配制度;对科技人员的激励政策落实不到位;产学研合作利益分配机制不健全;知识产权维权难、维权成本高;科技成果转化投融资机制不健全。因此,解决好我国技术转移与创新的关系仍然有相当长的路要走。但总的来说,中国科学家具有创业和技术转移的动力,关键是相应的法律环境的建立。

6. 知识产权政策

严格意义上讲,历史上最早的创新政策手段是专利制度。专利制度已经有400年历史。最早把发明专利作为一种正式法律制度的是威尼斯共和国,时间是1474年。英国引入专利制度的时间是1624年。但大多数国家只在19世纪后期才建立起专利制度。据统计,在1900年,只有45个国家制定了专利法,但到1980年,已有近150个国家和地区制定了专利法。现在,知识产权制度已经被认为最重要的促进创新的法律制度。但不同国家法律制度的差异使人们对产权认识的程度不一,这一制度在不同国家的实施的效果也相差很多。我国现在非常重视对知识产权的保护。但是,现实的情况是,许多企业仍然以模仿来求生存。假冒伪劣现象时有发生,严重影响了创新者的积极性。

7. 存在问题

政府曾提倡通过国有企业和研究开发机构来直接进行技术创新的投资活动,但现发现问题不少。

首先,如果由政府主持创新,便有一个在哪个技术方向上进行、以什么方式、投入多少的问题。在这里,政治考虑、院外集团便会介入纯技术的创新决策中。

其次,由于政府不了解市场,许多创新常常没有市场价值。

最后,政府组织资助的许多项目常因缺乏竞争而效率低下。

12.4 中国的科技创新政策

我国的科技创新政策可以分为四个阶段。

第一阶段,20世纪50~80年代。在这一阶段,技术引进在中国经济发展中扮演着极其重要的作用。没有这些大规模的技术引进,就没有中国经济发展的今天。

改革开放前的几十年里,我们缺乏应有的产业技术,因此,技术的引进是提高产业技术进步的主要方式,并同时关注了对技术的消化吸收,以提高引进技术的使用效率,减少对引进技术的依赖,在钢铁、化工、汽车等产业取得了成功,且在一些领域,实现了突破性的创新。

但与技术引进的增长相比,中国对引进技术的消化吸收相对不足(表12-4)。与日本、韩国相比,我们花在消化吸收中的经费严重不足。一些产业多年大量引进国外技术,至今仍未形成自主开发能力。OECD《2002年科学技术与工业概览》在分析中国的技术引进时指出,引进技术一直是主要用于替代国内技术,而不是作为增强国内创新能力的一种手段。相比较日本和韩国而言,我们从引进到创新的速度并不快,效率也不高。在相当长的时间内中国之所以没能引进消化吸收再创新的机制,是因为:

(1) 中国曾经采取了较封闭的发展道路,重视大规模的技术引进,但在战略上并不十分重视消化吸收。每一次技术引进基本上都是满足国家经济发展的需要,由政府部门进行协调,由企业进行实施。这些引进是国家需求带动,实施企业作为一方是为了达到满足国家提出的需求。因此,重视的基本都是技术的可行性和成本,而不是中国的企业能否有效地进行技术转移和学习。如此,每次引进重视的是规模、产量、设备的先进程度,而不是技术的学习。加之,实施的企业基本上都是国有企业,这些企业缺乏长期的技术学习的眼光。在引进中,我们强调的是生产线的引进,交钥匙工程,而不是渐进的技术引进和学习。

表12-4 我国历年技术引进与消化吸收经费的比例

年份	研发经费/亿元	技术引进经费/亿元	消化吸收经费/亿元	三者比例
1991	58.6	90.2	4.1	1:1.54:0.06
1993	95.2	159.2	6.2	1:1.67:0.06
1995	141.7	360.9	13.1	1:2.55:0.09
1998	197.1	214.8	14.6	1:1.09:0.07
1999	249.9	207.5	18.1	
2000	353.6	245.4	18.2	1:0.69:0.05
2001	442.3	285.9	19.6	
2002	560.2	372.5	25.7	1:0.66:0.44

数据来源:根据历年《中国科技统计年鉴》绘制而成。

(2) 中国在长时间内处在一个技术短缺的时代。我们长时间地认为,只要国外的政府和企业愿意向中国转移技术就是好的,并没有通盘考虑技术引进与本国企业技术创新的关系。如在经济不断市场化之后,我们并没有对产业技术的开发与引进进行一个通盘的考虑,而是各事其主,缺乏一个很清晰的保护本国企业和技术的措施。如我们长时间并没有一个明晰的政府采购政策,导致大量国内开发的技术没有得到有效的利用,且受到了引进技术的挤压。

(3) 在改革开放后,技术的引进越来越成为企业的事,而企业往往考虑的是经济效益。因此,出现了一个有市场需求的技术不断再引进,重复引进的局面,加上市场竞争的激烈,企业难以关注引进后技术的消化吸收问题,从某种意义上说,改革开放后的消化吸收再创新并不比过去做得好。

(4) 长期的技术引进造成了"引进依赖"的心态,对中国的自主创新产生了一定的负面心理影响。从引进苏联的各项技术开始,中国的产业界就逐渐形成了一种观念:引进的技术总是好于自主的技术。直至今天,许多政府部门和企业还是不愿意相信本国的技术,愿意引进国外的技术。因此,从引进走向自主创新,观念的转变也非常重要。

但不可否认,随着中国技术创新战略的加强以及技术引进政策的完善,更主要的是企业学习能力的提升,技术引进中的消化吸收能力正在加强,如在燃气轮机、高速列车、重型汽车发动机、钢铁冶炼等许多领域,中国企业实现了技术引进—消化吸收—自主创新的飞跃。技术引进与自主创新并不是对立的,它们之间是互补的。2006年提出的国家中长期科学与技术发展规划中,对技术引进政策提出了新的要求和方向,指出了要通过调整政府投资结构和重点,设立专项资金,用于支持引进技术的消化、吸收和再创新,支持重大技术装备研制和重大产业关键共性技术的研究开发。随着技术引进的战略调整和国内企业吸收能力与学习意识的增强,技术引进将发生新的转变并在中国的自主创新中发挥不可或缺的作用。

第二阶段,1980—2005年,科技计划为主的政策阶段。

一是重视国家的科技计划来发展科技能力,见表12-5。

表 12-5　国家科学技术计划项目　　　　　　　百万美元

年份 项目	2001	2002	2003	2004	2005	2006	2007	2008
国家重点基础研究发展技术(973计划)	71.2	82.8	96.6	108.3	121.8	173.6	225.5	275.4
科技支撑计划/科技攻关计划	127.2	161.6	162.5	195.0	201.3	384.6	745.4	734.8
863计划	301.9	305.9	1 147.8	1 122.3	1 409.6			
国家重点实验室建设项目计划	15.7	15.7	15.7	15.7	16.6	27.7	21.9	23.3
科技型中小企业技术创新基金	94.6	65.2	65.2	99.9	122.5	108.1	172.1	211.6

数据来源:科技部.2006.中国科技发展报告.北京:中国科学技术出版社.

最先启动的计划是1982年国家攻关计划,现为科技支撑计划,该计划由国家科技部组织实施。立项原则:国家发展战略和产业发展方向,对产业技术升级和新兴产业形成和社会可持续发展带动性大,或与国家重大工程建设相配套。具有技术先进、应用前景好的特点。重大项目是要支持产业技术升级和社会可持续发展有重大促进的共性技术的研究开发和示范。重点项目是支持一些关键技术和区域经济社会有重大促进作用的共性技术和示范。

1986年启动的863计划是国家的高技术计划,它由4位院士联名写信给邓小平,得到了小平同志的批示设立的。其最初的背景是为了缩小与美国的国防技术差距,打破国外技术垄断。但后来小平同志提出了发展高技术,实现产业化的新目标。它首次在国内采用了专家负责制,确立了支持的领域,包括信息、生物、新材料、能源、资源环境、航天航空等。科技部、总装备部和国防科工委是组织实施部门。设立的863计划联合办公室是组织协调部门。各领域设立领域办公室,作为实施领域管理的组织机构,负责本领域各主题的管理,并代表组织实施部门与课题责任人签订课题任务合同书。领域设专家委员会,负责咨询、监督和评价。

二是强调了产业政策的作用,并提出了市场换技术的政策思路。

1994年,国务院公布《90年代国家产业政策纲要》,指出"按照国际惯例和有关协定条款,将支柱产业的部分产品作为幼稚工业品,采取适当的、有时限的保护;同时,为了换取关键技术和设备,允许有条件地开放部分国内市场",这是第一次在政府文件中提出"市场换技术"的政策思想。该文件提出"努力加快机械电子、石油化工、汽车制造和建筑业的发展,使它们成为国民经济的支柱产业"。但几乎就在同时,国务院"重大办"撤销,各工业部也相继转为工业局并入经贸委(2001年撤销)。国家贯彻产业政策的机构削弱,以"让市场换技术"为政策依据的引进合资冲动,就失去了制约的力量[①]。

因此,这一阶段也被人们称为市场换技术的阶段。这一阶段是一个对外开放的时期,导致我国的经济领域中,跨国公司对我国产业的影响不断显著。

(1) 合资成为我国企业制度中的一个重要形式,也是跨国公司进入中国在当时的唯一选择。也是当时中央和许多地方政府焕发国有企业青春、改变国有企业经营机制、提高技术能力的重要手段。

(2) FDI是补充国内投资不足的有效手段。1990—2002年期间,中国政府和企业对电子信息产业的总投入约1 800亿元,外商对中国电子信息产业的有效投资总额约700亿美元,实际利用外资是同期国内投资的2倍。在集成电路、移动通信、计算机及外部设备领域,外商投资占主导地位(苟仲文,2006)。目前,我国已经成为仅次于美国的全球第二大利用外资国家,FDI占中国GDP的比重比日本整整多出18倍。但有些学者认为,大量的宏观数据的研究表明:FDI对中国产业技术进步的贡献是积极的,学到了大量的先进的管理、经营和技术的知识(江小涓,2002)。

(3) 强调了高技术的产业政策。在这一阶段,大量的政策聚集于高技术产业、高新区、相关的风险投资等,这与全球的趋势是一致的。在这一阶段,我国强调高技术的发展,出台了863计划,强调对高新区的发展,这是从中关村开始,强调了高技术企业的认定和优惠政策。应该说,这一系列政策极大地推动了我国高新技术企业和产业的发展。

第三阶段,自主创新阶段。20世纪90年代是一个开放的时代。尤其是加入WTO

---

① http://newsxinhuanet.com/ziliao/2005-03/17/content_2708873htm.

之后,大量的外国直接投资(FDI)进入中国,给中国带来经济发展的同时,也带来许多思考。一是大量的本土品牌消失;二是一些产业被跨国公司垄断,如在汽车产业;三是本土企业创新能力受到压制。因此,学术界和媒体都认为,市场换技术的政策非常失败。

(1) 由于我国缺乏资金和技术,在引进外资过程中提供了许多超国民待遇,使外资轻易获得一定程度的资源控制权,对内资形成了更强大的竞争优势;

(2) 外资企业在产品质量、服务和技术等方面处于优势,使本国企业的技术开发存在着巨大的风险,许多企业为此放弃了技术努力;

(3) 外资通过本土化战略从中国企业或科研机构、大学吸引优秀的技术人才,导致对中国企业的技术"挤出",而非逻辑中的技术"溢出"。

在这一背景下,我国政府开始起草制订关于实施《国家中长期科学和技术发展规划纲要(2006—2020年)》(以下简称《规划》),提出了:到2020年,我国要建成创新型国家,指导思想是:自主创新,重点跨越,支撑发展,引领未来。而作为创新型国家,应具备以下4个特征:一是到2020年,全社会研究开发投入占国内生产总值的比重提高到2.5%以上;二是力争科技进步贡献率达到60%以上;三是对外技术依存度降低到30%以下;四是本国人发明专利年度授权量和国际科学论文被引用数均进入世界前5位。

基本的手段是,一是加大政府的科技投入;二是以企业为创新的主体;三是发挥创新政策的作用,尤其是政府采购的重要作用,推动企业自主创新。

在科技投入方面,1995年中共中央、国务院发布的《关于加速科学技术进步的决定》中明确指出"到2000年全社会研究开发经费占国内生产总值的比例达到1.5%"。而《规划》则确立:"到2020年,全社会研究开发投入占国内生产总值的比重提高到2.5%以上,力争科技进步贡献率达到60%以上,对外技术依存度降低到30%以下,本国人发明专利年度授权量和国际科学论文被引用数均进入世界前5位"。

结果是,从2006年开始到2012年,我国的研究开发投入占GDP比重年均增长20%,从2006年的1.39%上升到2011年的1.84(表12-6)。2012年已经达到了。

表12-6 全国R&D经费支出(2006—2011年)

经费支出\年份	2006	2007	2008	2009	2010	2011
R&D经费支出/亿元	3 003.1	3 710.2	4 616.0	5 802.1	7 062.6	8 687.0
R&D经费支出/国内生产总值/%	1.39	1.40	1.47	1.70	1.76	1.84

在税收政策方面,加计扣除政策:允许企业按当年实际发生的技术开发费用的150%抵扣当年应纳税所得额。实际发生的技术开发费用当年抵扣不足部分,可按税法规定在5年内结转抵扣。没有再规定要盈利企业,条件放宽了。后来,中国政府把这一政策作为推进企业创新的重中之重的政策,各地落入的强调在提高,成为促进企业创新的重要政策。

企业提取的职工教育经费在计税工资总额2.5%以内的(以前1.5%),可在企业所得税前扣除。此外,研究制定促进产学研结合的税收政策。

允许企业加速研究开发仪器设备折旧。企业用于研究开发的仪器和设备,单位价值在30万元以下的,可一次或分次摊入管理费,其中达到固定资产标准的应单独管理,但不提取折旧;单位价值在30万元以上的,可采取适当缩短固定资产折旧年限或加速折旧的政策。

完善促进高新技术企业发展的税收政策。推进对高新技术企业实行增值税转型改革。国家高新技术产业开发区内新创办的高新技术企业经严格认定后,自获利年度起两年内免征所得税,两年后减按15%的税率征收企业所得税。继续完善鼓励高新技术产品出口的税收政策。完善高新技术企业计税工资所得税前扣除政策。这一条使高新技术企业享受了与外资一样的税负优惠。以前是自开业算起。

政府采购中优先采购自主创新产品。建立财政性资金采购自主创新产品制度。建立自主创新产品认证制度,建立认定标准和评价体系。由科技部门会同综合经济部门按照公开、公正的程序对自主创新产品进行认定,并向全社会公告。财政部会同有关部门在获得认定的自主创新产品范围内,确定政府采购自主创新产品目录(以下简称目录),实行动态管理。

加强预算控制,优先安排自主创新项目。各级政府机关、事业单位和团体组织(以下统称采购人)用财政性资金进行采购的,必须优先购买列入目录的产品。

国家重大建设项目以及其他使用财政性资金采购重大装备和产品的项目,有关部门应将承诺采购自主创新产品作为申报立项的条件,并明确采购自主创新产品的具体要求。在国家和地方政府投资的重点工程中,国产设备采购比例一般不得低于总价值的60%。不按要求采购自主创新产品,财政部门不予支付资金。

但在后来,由于对自主创新产品的认定出现分歧,如跨国公司在中国生产的产品是否属于自主创新产品,自主创新是否意味着自主的知识产权,如果是,则相当多的外资企业的产品是不能享受这一政策的。这一政策因此受到了广泛的批评,政府采购促进创新的政策后来没有得到严格的执行。

12.5 结　　语

是否应该有技术创新政策,不同的国家体系会有不同的立场。在西方资本主义国家,一直信奉亚当。亚当·斯密的自主市场经济的信条。只要政府确保合同与产权,其他都不用管,则每个人在自利的前提下进行生产和交易,一只看不见的手就会使经济增长,社会福利就会提高,这里,创新也会自然而然地涌现。因此,除非有市场失灵的区域,否则政府不应该有所为。美国长期认为没有明确的产业政策,市场是比政府更有效的资源配置模式。美国政府社会不认可产业政策。这一理念后来发展成所谓的华盛顿共识(Consensus),基本信条有:信奉自由市场经济,全球自由贸易体系,允许利率与汇率由全球市场决定,缩小公共部门的规模,取消各种补贴,保护财产权(Williamson,1989)。

总的来说,所有国家都实施了不同的科学技术和创新政策。而且是创新政策越来越得到重视。但什么样的创新体系和创新政策才能有助于一个国家的创新能力,则会因国情不同而不同。

作为一个社会主义市场经济的国家,我国强调了市场经济作为资源配置的决定性制度;作为一个从计划经济向市场经济过渡的国家,我国还强调了政府对市场的积极干预。因此,我国的科技政策一直有着自己的特色,比如对高技术产业发展的特殊重视、对海归人才的特殊政策等,都是中国国情下的技术与创新政策。

参 考 文 献

[1] Arrow K. 1962. Economic Welfare and The Allocation of Resources for Innovation, in Richard Nelson. Ed., The Rate and Direction of Inventive Activity. Princeton:Princeton University Press.

[2] Block F,Matthew R,Keller (edits). 2011. State of Innovation:the U. S. Government's Role in Technology Development. Boulder:Paradigm Publisher.

[3] Jain R,等著.柳卸林,等译.2005.研发组织管理.北京:知识产权出版社.

[4] Mowery D. 2009. What Does Economic Theory Tell us About Mission-oriented R&D? In D. Foray (edit), The New Economics of Technology Policy. Cheltenham:Edward Elgar.

[5] Negoita. Marian. 2011. To Hide or Not To Hide? The Advanced Technology Program and The Future of U. S. Civilian Technology Policy. In F. Block and M Keller (edits) State of Innovation:the U. S. Government's Role in Technology Development. Boulder, Paradigm Publishers.

[6] Nelson, Richard R. 2006. Reflections on The Simple Economics of Basic Scientific Research:Looking Back and Looking Forward. Industrial and Corporate Change, Oxford University Press,15 (6):903-917.

[7] Porter, Michael E. 1990. Competitive Advantage of Nations. New York:The Free Press.

[8] Rothwell R,W Zegveld. 1985. Reindustrialization and Technology. London:Longman,183.

[9] Rothwell R. 1986. Public Innovation Policy:To Have or to Have not? R&D Management, 16 (1):25.

[10] Stiglitz J E,Justin Lin Yifu, Esteban J. 2013. The Industrial Policy Revolution I:The Role of Government Beyond Ideology. Palgrave Macmillan.

[11] Stokes D E. 1997. Pasteur's Quadrant:Basic Science and Technological Innovation. Washington. D. C.:Brookings Institution Press.

[12] Williamson, John. 1989. What Washington Means by Policy Reform, In:Williamson, John (ed.):Latin American Readjustment:How Much Has Happened, Washington:Institute for International Economics.

[13] J D 贝尔纳.1982.科学的社会功能(英文1939年版).北京:商务印书馆.

[14] 荀仲文.2006.我国电子信息产业创新体系的形成机理研究.北京:中国软科学.

[15] 江小涓.2002.跨国投资、市场结构与外商投资企业的竞争行为.北京:经济研究(9).

[16] 柳卸林,何郁冰.2011.基础研究是中国产业核心技术的源泉.北京:中国软科学(4).

[17] 科技部,2012.中国科技统计数据.

教学支持说明

▶▶ 课件申请

尊敬的老师：

您好！感谢您选用清华大学出版社的教材！为更好地服务教学，我们为采用本书作为教材的老师提供教学辅助资源。鉴于部分资源仅提供给授课教师使用，请您直接手机扫描下方二维码实时申请教学资源。

任课教师扫描二维码
可获取教学辅助资源

▶▶ 样书申请

为方便教师选用教材，我们为您提供免费赠送样书服务。授课教师扫描下方二维码即可获取清华大学出版社教材电子书目。在线填写个人信息，经审核认证后即可获取所选教材。我们会第一时间为您寄送样书。

任课教师扫描二维码
可获取教材电子书目

清华大学出版社

E-mail: tupfuwu@163.com　　　　　　　　网址: http://www.tup.com.cn/
电话: 8610-62770175-4506/4340　　　　　 传真: 8610-62775511
地址: 北京市海淀区双清路学研大厦B座509室　邮编: 100084